Marc Chagall - Fast ein Jahrhundert

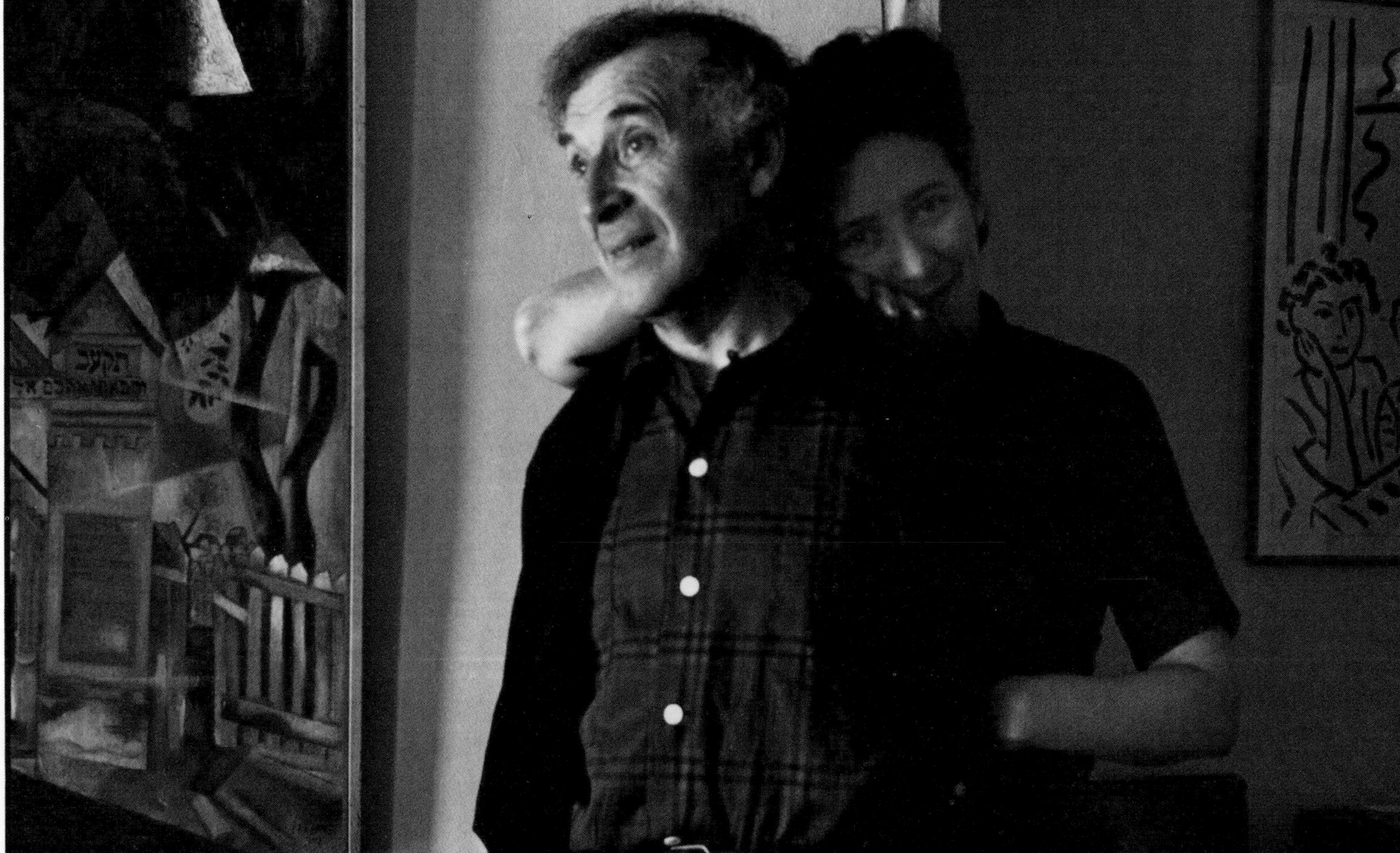

Pierre Schneider

Marc Chagall
-
Fast ein Jahrhundert

Mit einer Biographie des Künstlers
von Meret Meyer

DACO-Verlag ∘ Günter Bläse ∘ Stuttgart

Der vorliegende Band übernimmt den nur wenig veränderten Text aus dem 1991 erschienenen Ausstellungskatalog anläßlich der Chagall-Ausstellung im Centro Cultural Arte Contemporaneo in Mexico. Die Schirmherrschaft der von uns damals organisierten Ausstellung hatte die Fundación Cultural Televisa de Mexico, der wir unseren besonderen Dank dafür aussprechen, daß sie uns erlaubt hat, den Text in einer veränderten Neuausgabe zu veröffentlichen. Die Retrospektive von 1991-1992, sicherlich die wichtigste der letzten Jahre, war die letzte, an deren Vorbereitung die Tochter des Künstlers durch ihre aufmerksame Unterstützung großzügig mitgewirkt hat. Deswegen möchten wir dieses Buch dem Andenken Ida Chagalls widmen.

PHOTONACHWEIS

Alle Rechte vorbehalten: S. 18, 23 rechts, 30
André Ostier: Abb. 64
André Villers, Mougins: S.136, Marc Chagall in Saint-Paul-de-Vence, 1977
Archive Ida Chagall, Paris: S.11, 22, 24-25, 28, 32 links, 34-36 unten, 38 oben, 39, 46-48, 50, 52-55, 81, 84, 86, 88-89, 106-107, 110, 112-113, Detail auf der Buchrückseite, 120-123, 127-129 und Abb. 1 bis Abb. 7, Abb. 9 bis Abb. 28, Abb. 30 bis Abb. 39, Abb. 42 bis Abb. 53, Abb. 56, Abb. 59 bis Abb. 62, Abb. 66, Abb. 68, Abb. 82 bis Abb. 83, Abb. 88
Arnold Newman, New York: S 8, Marc Chagall in New York, 1942. Im Hintergrund, Der Viehhändler, 1923
Claude Gaspari, Paris: S. 124
Claude Germain: S. 36 oben
Color Photo Hinz, Basel: S. 32 rechts
David Heald: S. 29
David Rubinger, Jerusalem: Abb. 77
Fondation Pierre Gianadda, Martigny: S. 38 unten, 59, 77 unten, 78-80
France-Soir: Abb. 80
France-Soir, Photo Jacques Boissay: S. 176-177
Freund: Abb. 67
Giorgio Dettori, Cagliari: Abb. 79
H. Preisig: S. 76-77
Izis, Paris: Abb. 69, Abb. 74 bis Abb. 75, Abb. 89
Jacqueline Hyde, Paris: S. 43
Jour de France, Photo Fournol: Abb. 72
Kurt Blum, Bern: Abb. 70
Kunstmuseum Bern, Bern: S. 51, 93
Le Figaro, Photo Hecky: Abb. 76
LIFE PHOTO, Photo Loomis Dean: S. 189, Marc Chagall, 1959; Abb. 71, Abb. 73
Lipnitzki-Viollet, Paris: Abb. 40, Abb. 41, Abb. 55, Abb. 57
Lotte Jacobi, New York: Abb. 54
Maywald: S. 134-135, Marc Chagall in Orgeval, 1945; Abb. 58, Abb. 65
Musée d'Art moderne de la Ville de Paris, Paris: S. 92
Musée des Beaux-Arts, Grenoble: S. 100
Musée national d'Art moderne, Centre Georges Pompidou, Paris: S. 13, 15-16, 19-20, 33, 56, 60, 64-65, 67, 70, 73-75, 83, 85, 87, 90-91, 96-98, 102, 104, 105, 109, 111, 114, 117-119, 130
Musée national Message biblique Marc Chagall, Nizza: S. 14, 23 links, 40 oben, 41, 49, 101
Nachlaß Galerie Pierre Matisse, New York: S. 125-126
Paris-Match, Photo Azoulay: Abb. 85
Paris-Match, Photo Izis: Abb. 78
Paris-Match, Photo Jeannelle: Abb. 84
Paris-Match, Photo Pagès: Abb. 81
Paris-Match, Photo Picherie: Abb. 86, Abb. 87
Philadelphia Museum of Art, Sammlung Louise and Walter Arensberg, Philadelphia: S. 27
Philippe Colignon, ville de Saint-Dié (88): Abb. 29
Photo Cauvin, Paris: Abb. 8
Photo Colin, Vence: Abb. 63
Rheinhard Truckemüller, Stuttgart: S. 26
Rheinisches Bildarchiv Köln, Köln: S. 17
Sammlung Marcus Diener, Basel: S. 66, 68, 71
Michel Sima/Selon: S. 2, Marc und Ida Chagall, Paris, um 1951.
The Museum of Modern Art, New York: S. 40 unten, 72, 99
The Museum of Modern Art, New York, Photo Malcolm Varó Arón: S. 45
The Saint-Louis Art Museum, Saint-Louis, Missouri: S. 37
The Solomon R. Guggenheim Foundation, New York, Photo David Heald: S. 42
The Trustees of the Tate Gallery, London: S. 61
Walter Breitinger, Frankfurt: Umschlag, S. 31
Walter Dräyer, Zürich: S. 69

Die französische Originalausgabe mit dem Titel
"Marc Chagall - À travers le siècle"
ist 1995 im Verlag Flammarion, Paris, erschienen.

Konzeption: Meret Meyer und Ewald Graber, Bern
Übersetzung: Daniela Becker, Paris
Lithographie und Satz: Leyre, Paris und Roetherdruck, Darmstadt
Druck und Bindung: Mame Imprimeurs, Tours

Schneider, Pierre:
Marc Chagall - Fast ein Jahrhundert
Mit Beiträgen von Pierre Schneider und Meret Meyer,
Stuttgart: Daco-Verlag Günter Bläse, 1995

ISBN 3-87135-022-2

Inhalt

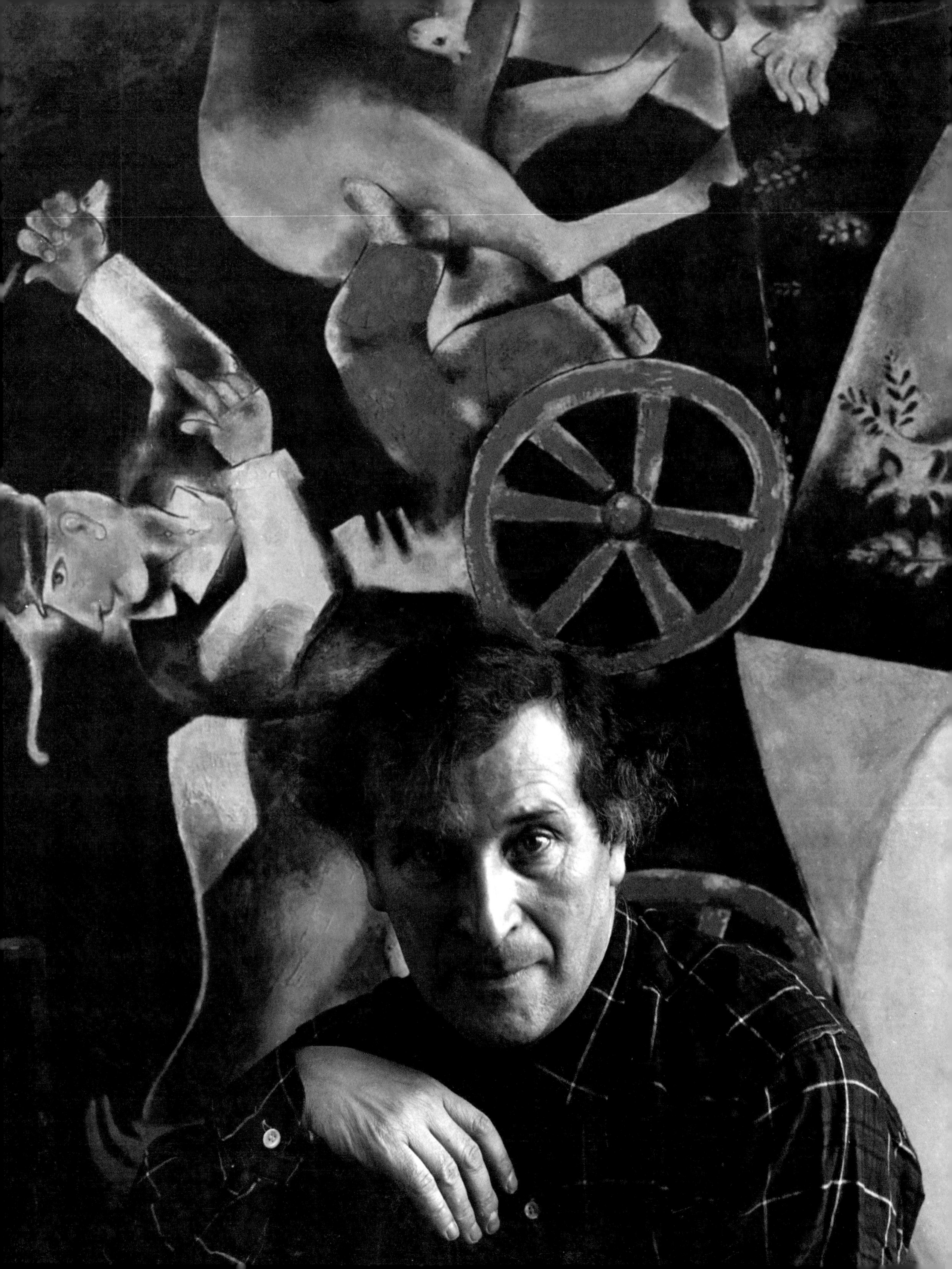

Einleitung

"Dada und Surrealismus, die Bewegungen, die das Ineinander von Dichtung und bildnerischer Kunst bewirken wollten, begingen zu Anfang den schwerwiegenden Fehler, Chagall keine Gerechtigkeit widerfahren zu lassen[1]", schrieb André Breton im Jahre 1942. Tatsächlich könnte man meinen, das Werk Marc Chagalls hätte überall außer bei der Kunstgeschichte Anklang gefunden. Sie hat ihm, wenn auch widerwillig, seinen Platz zugewiesen. Indessen hat sie ihm nur ein befristetes Visum erteilt, keine endgültige Aufenthaltserlaubnis. Man hatte damals den Ausdruck *displaced persons* erfunden, um Flüchtlinge im Exil zu bezeichnen; und das waren sie im doppelten Wortsinn: entwurzelt und störend. Genau diese Rolle spielt Chagall in den Augen der Kunstgeschichte: ein "deplazierter Künstler". Wir müssen allerdings zugeben, daß er es der Kunstgeschichte nicht gerade leicht gemacht hat. Gefallen findet hier zuerst, was in Bewegungen und Schulen feste Konturen angenommen hat. Nun hat aber Guillaume Apollinaire Chagall schon 1914 einen "äußerst vielseitigen, zu monumentalen Gemälden fähigen Künstler" genannt und hinzugefügt: "Er ist in kein System eingebunden"[2]. Seine Abneigung gegen jegliche Regel grenzt tatsächlich an Phobie. Wenn in den Nachbarateliers von La Ruche eine der endlosen Diskussionen über die Kunst nachts seine Kollegen zusammenführt, dann hält er sich auf seine Art die Ohren zu: nämlich mit Malen. Die Kunstgeschichte sieht er eher wie einen Zusammenstoß zwischen eingeborener Begabung, die nicht zu ersetzen ist, und angelerntem Wissen, das überflüssig ist. Als er sich sehr viel später an seine Entlassung aus der von ihm 1919 in Witebsk gegründeten Kunstakademie erinnert, bemerkt er: "Nach und nach hatten sich die alten Lehrer wieder durchgesetzt, und die Neuerer mußten ihre Schüler verlassen"[3]. Das hatte nichts mit Feindseligkeit zu tun, sondern beide Seiten erwiesen sich ganz einfach als unverträglich. Das Fehl-am-Platze-sein, die *dislocation*, ist eine Grunderfahrung von Chagall: zu Hause ist ihm das Malen nicht möglich; und dann ist er fern von der Heimat, die er malt. In der Kunstgeschichte findet ein Künstler nur dann Anerkennung, wenn er eine künstlerische Richtung begründet hat oder wenigstens Mitglied einer Gruppierung war. Und in dieser Hinsicht hatte Chagall nichts vorzuweisen. Für den Kubismus kam Chagall zu spät, denn der war bei seiner Ankunft in Paris schon bei seinen Häretikern und Epigonen angelangt. Mit der Sicherheit und Gleichgültigkeit eines Schlafwandlers ging er durch ihn hindurch. Dem Expressionismus in Deutschland war er zu fremd und dem Surrealismus in Frankreich zu weit voraus. Wenn er wenigstens Nachfolger gefunden hätte, wo ihm schon die ästhetischen Mitstreiter fehlten. Die Kunsthistoriker betrachten nämlich, ähnlich wie die Liebhaber von Pferderennen, ihre Disziplin als eine Art Genealogie und messen die Größe eines Malers an der seiner Nachfolger. Leider hat Chagall davon nicht mehr gehabt als Soutine oder Modigliani (auch sie Juden und Einzelgänger - es wäre übrigens interessant, über dieses Zusammentreffen weiter nachzudenken). Die Nachkommenschaft gibt Aufschluß über ihre Stammeltern und weist ihnen ihren Platz zu, wohingegen der Einzelgänger allen Gesetzen der Wissenschaftler hohnspricht. Es ist deswegen nicht erstaunlich, daß André Malraux die Frage stellen kann: "Welcher Meister der Gegenwart ist mehr verkannt worden?"[4]

Die Schwierigkeit seines Unternehmens zwingt den Interpreten Chagalls zur Bescheidenheit, nicht aber zum Verzicht auf seine Arbeit. Zumindest wird er die große Widerstandskraft von Chagalls Werk gegenüber jedem neuen Interpretationsversuch beweisen. Vielleicht wird er etwas Licht auf die Mittel werfen können, mit denen Chagall die Fallen, die die Geschichte stellt, umgeht. Wenn er auch unaufhörlich versucht hat, der Geschichte zu entgehen, tat er dies nie mit geschlossenen Augen, sondern mit einigem Sachverstand und weit geöffneten, stets wachen Augen: denn, wenn man sich bedroht fühlt, liest man die Zeitung genau. Marc Chagalls Kunst läßt sich nicht in die Geschichte einbinden, sondern er fügt sie umgekehrt in seine Kunst ein. Und das ist vielleicht das Geheimnis des großen zeitlosen, trotz der unbeständigen Zeiten intakten Werkes, das zu beleuchten die folgenden Seiten versuchen.

1. André Breton, *Der Surrealismus und die Malerei,* Berlin, 1965, S. 69
2. Guillaume Apollinaire, *Chroniques d'art,* Paris, 1960, S. 391
3. Zitiert von Paul Fierens, *Marc Chagall,* Paris, 1929, S. 11
4. "Chagall monumental", *XXe siècle,* Paris, 1973, S. 12

"Meine Stadt, ein Zuhause - für immer"

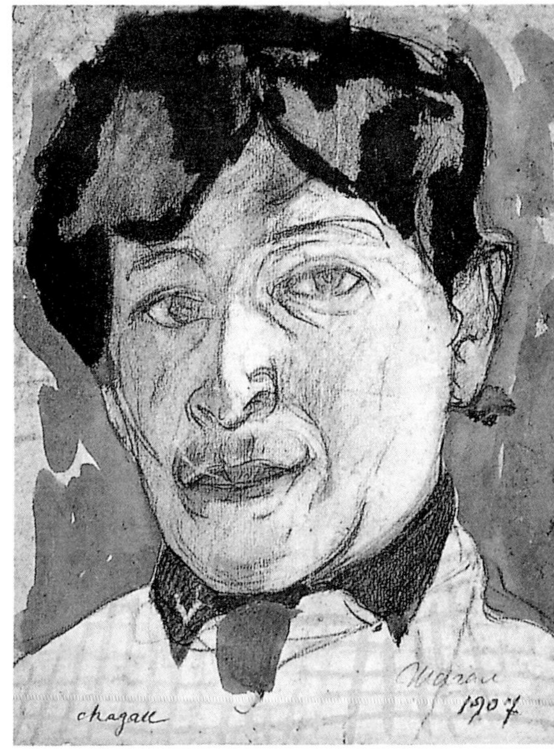

Selbstbildnis, 1907
Bleistift und Aquarell auf Papier
20,5 x 16 cm
Musée National d'Art Moderne,
Centre Georges Pompidou, Paris

Moses und Chagall hatten eines gemeinsam: beide stotterten. Bei Moses geht der Sprachfehler zurück auf die Erschütterung durch die Stimme des Herrn und den Auftrag, die göttliche Botschaft seinem Volk zu verkünden. Bei Chagall trat er auf, als der Lehrer ihn an die Tafel rief, um ihn seine Lektion aufsagen zu lassen. Er, der kleine jüdische Junge, der sich plötzlich aus dem hebräischen Cheder in eine russische Schule verpflanzt sah, brachte kein Wort über die Lippen, obwohl er alles auswendig gelernt hatte. In beiden Fällen ist die Ursache der Hemmung dieselbe: die Kluft zwischen Ausdruckswillen und Ausdrucksvermögen scheint unüberbrückbar.

Für Chagall selbst sind es aber weniger die kleinen Kümmernisse in der Schule, die für die "verletzliche Kinderseele eines Stotterers"[5] zur Zerreißprobe werden, sondern er wird dies bald mit dem von Jugend an großen und einzigen Leitmotiv seines Lebens - der Malerei - in Verbindung bringen. Später, als er nach der Ursache für seinen Drang nach Paris sucht, wird er sagen: "Aus meinem Herzen drängten Wörter an meine Lippen. Sie erstickten mich fast. Ich stotterte. Die Wörter strebten heraus, denn sie bangten darum, sich vom Pariser Licht bescheinen zu lassen und sich mit ihm zu schmücken"[6].

Die Hürden lagen hoch. Denn die Malerei war für das Kind einer kleinbürgerlichen jüdischen Familie aus Witebsk etwas Undenkbares. Chagall erinnert sich: "das Wort 'Künstler'", das war "so ein phantastisches, literarisches Wort, ein Wort wie aus einer anderen Welt, ja vielleicht hatte ich es schon gehört, aber in meiner Stadt hatte es noch keiner je ausgesprochen. (...) Nie hätte ich von mir selbst dieses Wort zu sagen gewagt"[7]. Man durfte singen, Geige spielen, im äußersten Falle schreiben. Aber Bilder anfertigen, hieß gegen das zweite Gebot verstoßen: "Du sollst Dir kein Bildnis noch irgend ein Gleichnis machen, weder des, das oben im Himmel, noch des, das unten auf Erden, oder des, das im Wasser unter der Erde ist." Zeichnen und Malen war ein Verstoß gegen das Gesetz, Gotteslästerung. "Mein Onkel hat Angst, mir die Hand zu reichen. Alle sagen, ich sei Maler. Und wenn ich mich nun daran machte, ihn zu zeichnen? Gott erlaubt es nicht. Sünde"[8]. Entrüstet wirft sein Vater die fünf Rubel, um die er ihn für die Bezahlung seiner Zeichenkurse gebeten hat, weit von sich in den Hof.

Gewiß, im Laufe der Jahrhunderte war häufig gegen das biblische Malverbot verstoßen worden. Allerdings blieben das Ausnahmen, zu selten und zu verstreut, um künstlerische Traditionen auszubilden. Auf sich selbst gestellt, erlagen solche Vorstöße regelmäßig dem Einfluß der sie umgebenden Kulturen.

Zu Beginn des 20. Jahrhunderts war man jedenfalls in Witebsk noch weit von liberalen Grundsätzen entfernt. Die jüdische Bevölkerung war ständigen Schikanen, Erpressungen, wenn nicht

5. Marc Chagall, *Mein Leben,* Stuttgart, 1959, S. 94
6. Marc Chagall, "Quelques impressions sur la peinture francaise" *Renaissance,* Bd. II und III, New York, 1944-1945, S. 46
7. Marc Chagall, *Mein Leben,* S. 52
8. Ibid., S. 21

gar Pogromen ausgesetzt, und sie klammerte sich an ihre Vergangenheit, die mit den althergebrachten Riten, Gebräuchen und Glaubenssätzen Identität stiftete und sichern half. Eine Zeit also, die für Neues nicht sehr empfänglich war. Und bei seiner Familie hoffte der junge Marc vergeblich auf Unterstützung: sein Großvater war Vorsänger, der Vater sehr fromm, nur bei der Mutter traf er auf Verständnis, seine Mutter ermunterte ihn. Chagalls Entschluß bedeutete so den Bruch mit dem Elternhaus und auch eine Herausforderung. Denn, wenn das alttestamentliche Tabu tatsächlich alle Formen von Bildern betrifft, so gilt es besonders für die Darstellung des Menschen, den Gott nach seinem Ebenbilde geschaffen hat, von dem er kein Abbild duldet. Ein jüdischer Maler konnte deshalb nur dann auf mildernde Umstände hoffen, wenn er sich auf die Landschaftsmalerei oder Stilleben, Zimmerlandschaften aus Obstschalen und Blumensträußen, beschränkte. Bei Pissarro, dem ersten jüdischen Maler der modernen Zeit, ging das so weit, daß sich in seinem ganzen Werk nicht die geringste Spur seines Judentums findet. (Aber gilt dies nicht auch für Lewitan?) Sein Malstil ist sozusagen vollständig assimiliert.

Diesen bequemen Weg wählt Chagall nicht. Reine Landschaftsbilder und Stilleben sind bei ihm selten. Von seinen frühen, noch tastenden Anfängen an malt er Leute, *seine* Leute: seine Familie, die kleinen Handwerker, Ladenbesitzer und Arbeiter aus den armen Vororten voller Synagogen, die kaum weniger armselig sind als die Holzhäuser der Bewohner des Schtetl, das sich an das andere, wohlhabende Witebsk anlehnt, dessen Zwiebelkirchtürme sich vom Hintergrund abheben. "Dutzende, nein Hunderte von Synagogen, von Fleischerläden, von Passanten", deren Gebräuche, Gesichter und Gesten er so wahrheitsgetreu wiedergibt, daß man kaum ein lebensnäheres Porträt des polnischen und weißrussischen Schtetl findet. Sie sollten bald von der Erdoberfläche verschwinden, nicht aber von Chagalls Leinwänden und Blättern. Der Kunsthistoriker Meyer Schapiro erkennt in seinen Bibelillustrationen - und dies gilt gleichermaßen noch für sein Spätwerk - "den wunderbaren Wahrheitsgehalt jener den osteuropäischen Ghettos entstammenden Gesichter und Gestalten" und hebt die "ganz seltsame Gegenwärtigkeit und Glaubwürdigkeit des spirituellen Lebens"[10] hervor, die sich in seinen Bildern für das Alte Testament finden. 1933 antwortet Chagall auf eine surrealistische Umfrage, die von den Befragten wissen will, was denn die prägendste Begebenheit ihres Lebens gewesen sei, ganz einfach und wahrheitsgemäß: "Als ich meine Augen zum ersten Mal auftat, sah ich die Welt, meine Stadt, ein Zuhause - für immer".[11]

Diese an Besessenheit grenzende, unauslöschliche Liebe zu Witebsk, "dieser unglücklichen, langweiligen Stadt",[12] ist nicht verwunderlich. Ist es nicht so, daß Eltern die schwächsten ihrer Kinder am meisten lieben? Chagall konnte sich noch so weit von Witebsk entfernen, vom Gefühl her blieb er dort verwurzelt. "Mir scheint, daß ich der Heimat näher stand als viele Leute, die dort lebten, obgleich ich weit weg von ihr war".[13] Als man ihm 1941 ein Emigrationsvisum für die Vereinigten Staaten anbot, das ihn vor den Naziverfolgungen rettete, hätte er es beinahe abgelehnt. Der Gedanke einer endgültigen Trennung, der mit dem Wort "Emigration" verbunden ist, war ihm unerträglich.[14] Bei seiner Rückkehr nach Westeuropa im Jahre 1922 sind seine dort zurückgelassenen Gemälde in alle Winde zerstreut. Er malt deswegen "Repliken", nicht, um die Nachfrage von Kunstsammlern zu befriedigen, sondern um seine Werke in ihrer unersetzbaren physischen Präsenz wieder um sich zu haben. Er schreibt *Mein Leben*, die "meinen Eltern, meiner Frau und meiner Heimatstadt" gewidmete Autobiographie, nicht wie üblich an der Schwelle zum Alter, sondern an der ins Exil. Darin ist zu lesen: "Hier ist meine Seele. Sucht mich hier, hier bin ich, hier sind meine Bilder, meine Geburt".[15]

Von Anfang an steht Chagall vor einem scheinbar unlösbaren Dilemma: will er malen, dann muß er Witebsk verlassen; und wenn er darauf verzichtet, Witebsk zu malen, beraubt er sich des Grundes, der ihn zum Malen treibt. Die Bindung an die Stadt wie auch die Loslösung von ihr sind für ihn gleichermaßen notwendig. Vielen Malern ist der Grundwiderspruch zwischen Ausdruckswillen und Ausdrucksmitteln vertraut. Aber nur für wenige ist dieser Widerspruch so radikal zur Zerreißprobe geworden.

9. Marc Chagall, *op. cit.*, S. 117
10. Meyer Schapiro, "Chagall's illustrations for the Bible" (1956) *Modern Art: Selected Papers*, New York, 1978, S. 128
11. *Minotaure*, Nr. 3-7, 1933, zitiert von Viviane Tarenne, Katalog Chagall, München, 1991, S. 44-45
12. Marc Chagall, *op. cit.*, S. 117
13. Katalog Chagall, München, 1991, S. 16
14. Zeugnis von Ida Chagall.
15. Marc Chagall, *op. cit.*, S. 28

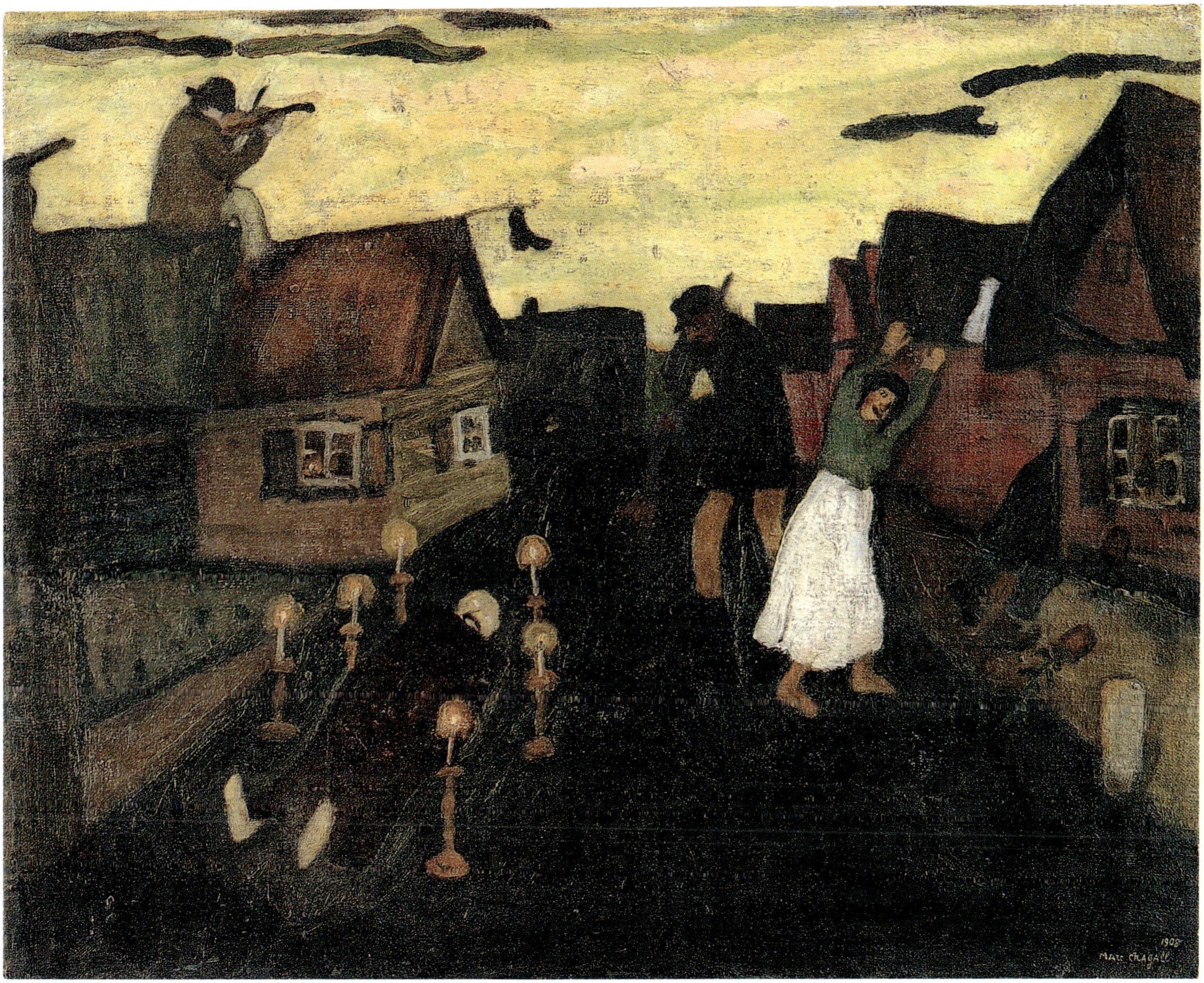

Der Tote, 1908
Öl auf Leinwand
68,2 x 86 cm
Musée National d'Art Moderne,
Centre Georges Pompidou, Paris

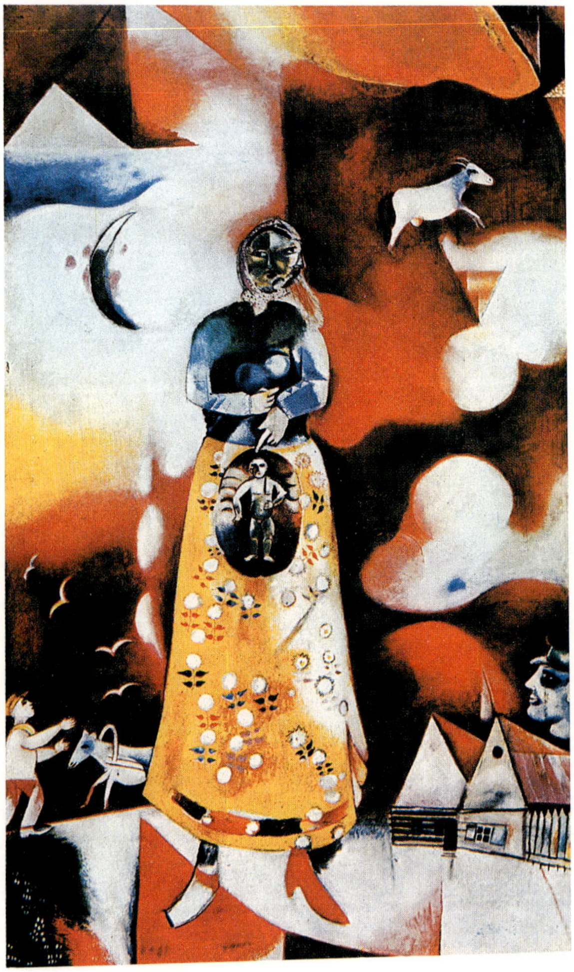

Mutterschaft, 1913
Öl auf Leinwand
193 x 116 cm
Stedelijk Museum, Amsterdam

Der Planet Witebsk: "Zwischen Himmel und Erde"

Chagall schreibt: "Hier ist meine Seele. Sucht mich hier." Aber er fügt nicht ohne Grund hinzu: "Hier sind meine Bilder". Es wäre übertrieben, um nicht zu sagen falsch, zu behaupten, der Planet Witebsk habe Chagall zwar die künstlerischen Motive geliefert, sei jedoch im Hinblick auf die künstlerische Form ein Hindernis gewesen. Es ist vielmehr so, daß bestimmte und zwar wesentliche Aspekte seines Werkes ohne Rücksicht auf seine Herkunft kaum zu erklären sind. Er schreibt: "Die Malerei erschien mir wie ein Fenster, durch das ich in eine andere Welt davonflog." Die diesseitige Welt - das war nicht allein der dunkel schraffierte Hintergrund, auch wenn bisweilen bei ihm das drückende Gefühl des Gefangenseins aufkam, etwa an den Abenden, wo "Papa am Tisch einschlief, die Lampe müdes Licht gab und die Stühle sich langweilten"[16]. "Gerade in diesen Augenblicken, wenn ich meinen Vater im Licht der Lampe betrachtete, träumte ich von Himmeln und Monden, ganz weit weg von meiner Straße"[17]. Das Naheliegende und das Kosmische - Lampe und Mond - sind miteinander verbunden, rufen einander etwas zu und geben Antwort : "Mal ist's die Kerze, die zum Mond hinaufsteigt, mal der Mond, der in unsere Arme herunterfliegt"[18].

Genau diese Verbindung zwischen dem Nahvertrauten und der Unendlichkeit, diese doppelte und zwiespältige Zugehörigkeit, dieses kaum faßbare Nebeneinander von Mikrokosmos und Makrokosmos bilden einen Grundzug von Chagalls Kunst, der in seinen Ursprüngen auf Witebsk und das Seelenleben seiner Bewohner zurückgeht. Das Schtetl hat mit den westlichen Ghettos, etwa dem in Venedig (woher der Name kommt), kaum etwas gemein. Diese Gefangenengehege mitten im Herzen vieler Städte hatten kaum noch Verbindung hinaus zur Natur. Ganz anders das Schtetl, das sich, den Rücken zur Stadt, in die freie Landschaft öffnet. Die Fassaden der Häuser sind der Straße zugekehrt, in der die Straßenbahn fährt (zumindest in manchen), während im Hinterhof Esel wiehern, Kühe brüllen und Hühner gackern. Die Grenze zwischen dem

16. Marc Chagall, *op. cit.*, S. 11
17. Zitiert in Katalog Chagall, Paris, 1959, S. 23
18. Marc Chagall, *op. cit.*, S. 68

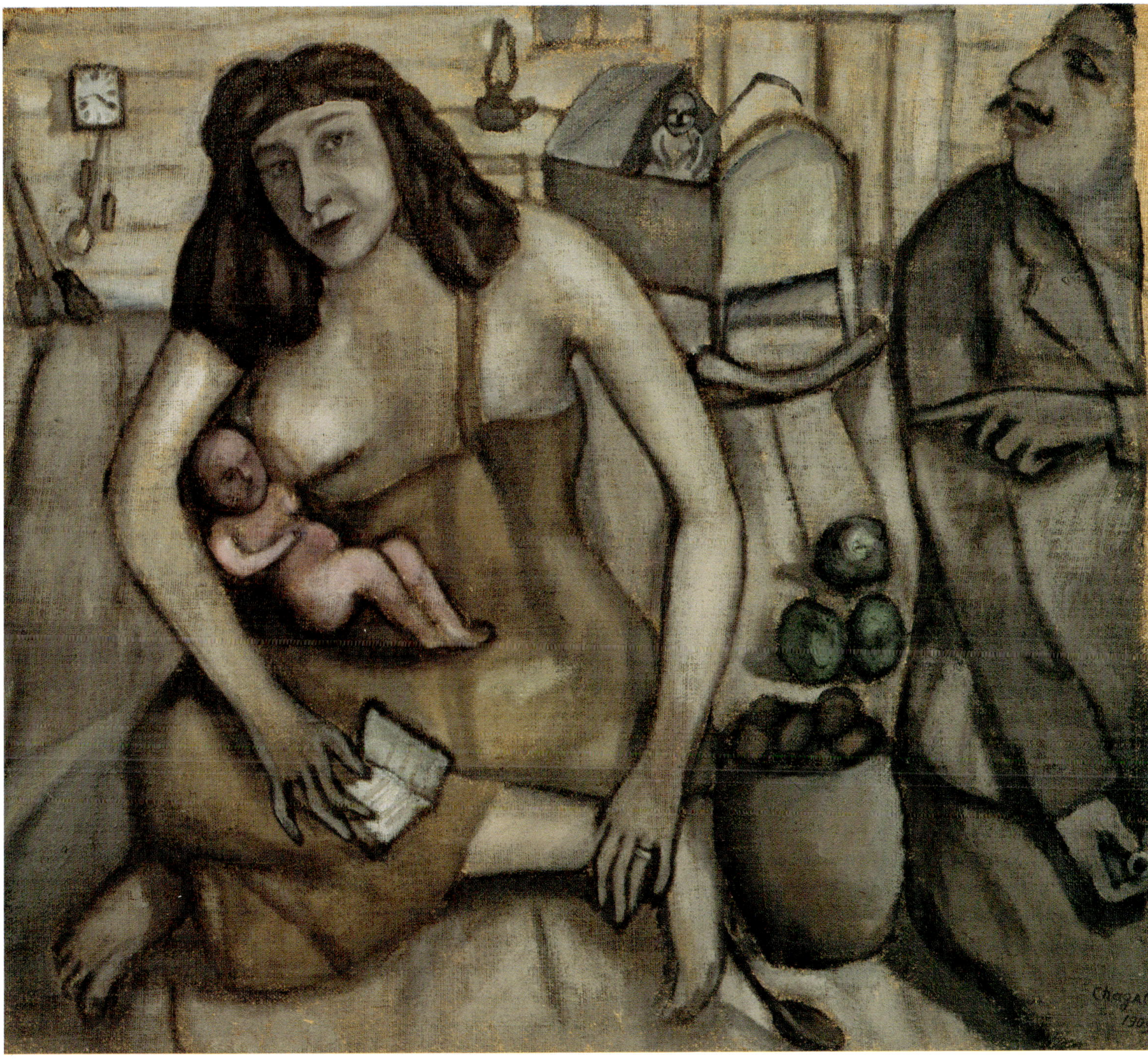

Die Heilige Familie (oder *Das Paar*), 1909
Öl auf Leinwand
91 x 103 cm
Musée National d'Art Moderne,
Centre Georges Pompidou, Paris

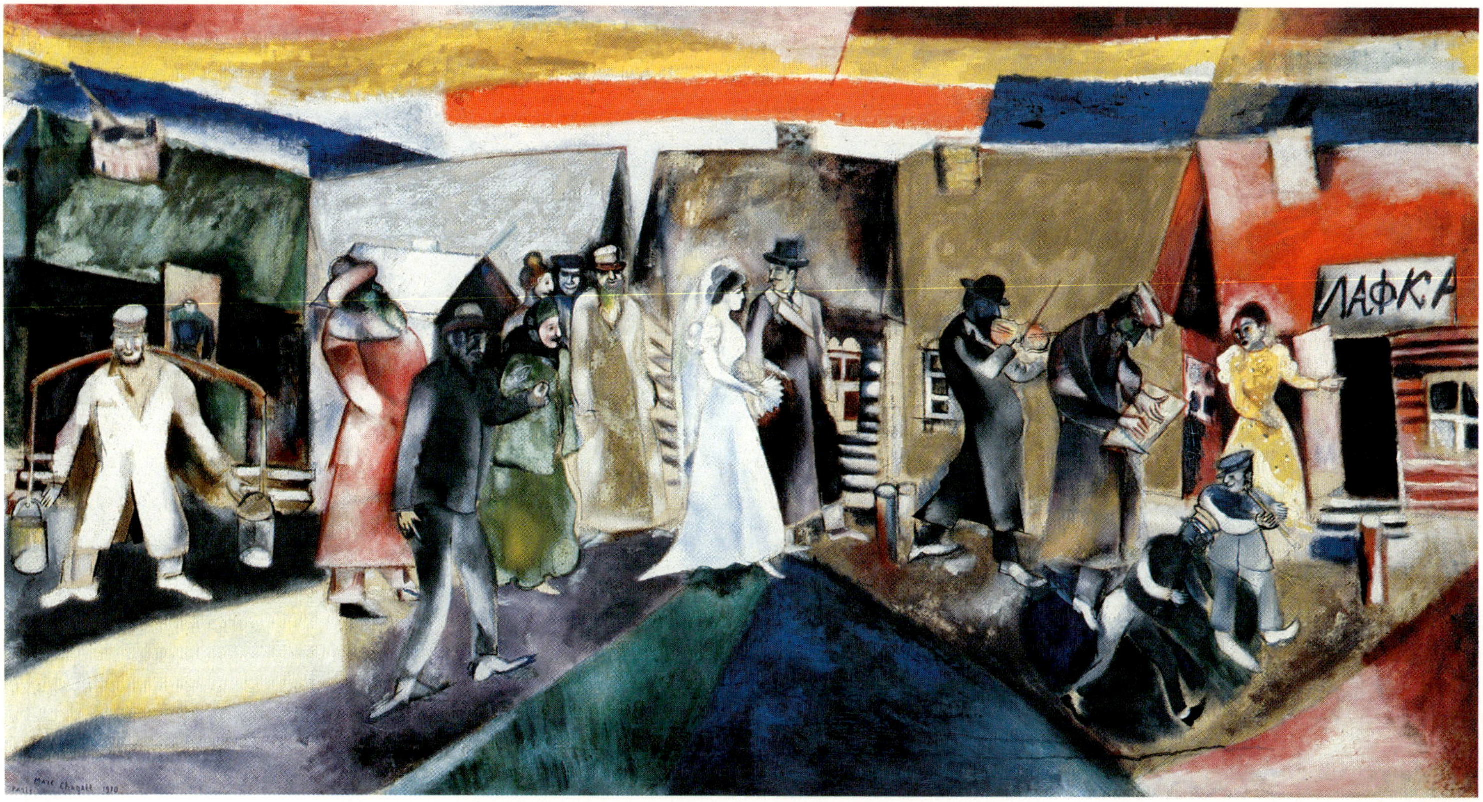

Die Hochzeit, 1910
Öl auf Leinwand
99,5 x 188,5 cm
Musée National d'Art Moderne,
Centre Georges Pompidou, Paris

ersten Vorort und dem letzten Dorf ist fließend. Das Universum des Schtetl ist der ländlichen Welt benachbart und lebt in Symbiose mit ihr. Der Wechsel der Sternbilder und der Rhythmus der Jahreszeiten haben noch ihren festen Sitz im Leben, Stadt und Land sind noch eng verflochten. "Der Himmel dringt von allen Seiten"[19] durch "die transparente Zimmerdecke". "Die Wolken und die bleichen Sterne dringen zusammen mit dem Geruch der Felder, der Ställe und Wege"[20] ein. Der Abgrund der Nacht und des endlosen Weltalls öffnet sich an den Fenstern, sprengt die Türen ("die Kühe bringen das Dach zum Bersten")[21] und wie im starken Rausch lösen sich Wände und Dächer auf. Das bedrohte und zugleich wunderreiche Dasein entfaltet sich *sub specie aeternitatis*. Für die glaubensfesten kleinen Leute in Witebsk heißt die Ewigkeit Gott. Er, der Unsichtbare, ist allgegenwärtig, "in den Wolken oder hinter dem Haus des Schusters"[22].
Und deshalb finden das alltäglichste Geschehen und das harmloseste Gebaren nicht nur auf der kleinen Bühne des Lebens, sondern zugleich auf der großen Szene des Kosmos statt. Als Kind verrichtet Marc seine Notdurft hinter dem Zaun des väterlichen Hauses - eines dieser "einfachen und für die Ewigkeit bestimmten" Häuser "wie man sie in Giottos Fresken findet"[23] - und unter dem versteinerten Auge der Sterne. Draußen herrscht die Nacht gebieterisch. Sie zieht an, ein Sog geht von ihr aus - manchmal sogar buchstäblich, wenn der Onkel Neuch auf dem Dach sitzt und Geige spielt[24]. Im ersten Gemälde, in dem Chagalls künstlerische Eigenart sich offenbart, *Der Tote* (1908, S. 13), steht eine von Kerzen umgebene Totenbahre mitten auf der Straße. Dieses nur auf den ersten Blick naive Bild schildert wirklichkeitsgetreu den Ablauf der Ereignisse des Lebens in Witebsk (Geburt, Hochzeit und Tod stehen hier als die wichtigsten im Vordergrund), einmal nur in aller Kargheit irdischen Daseins, zugleich jedoch im Glanz des Sternenhimmels. Ganz vorsichtig versucht *Der Tote* diesen Übergang anzudeuten.
Der Tote lenkt den Blick auf einen anderen Hauptzug in Chagalls Werk, nämlich seine Vorliebe für nächtliche Szenen, die sich schon in seinem Frühwerk ankündigt, um später, in reiferen Arbeiten, dominierend zu werden. Die Nacht verschluckt den mittleren Bildgrund, und nur die

19. Marc Chagall, *op. cit.*, S. 39
20. *Ibid.*, S. 20
21. *Ibid.*, S. 15
22. *Ibid.*, S. 94
23. *Ibid.*, S. 6
24. *Ibid.*, S. 16.

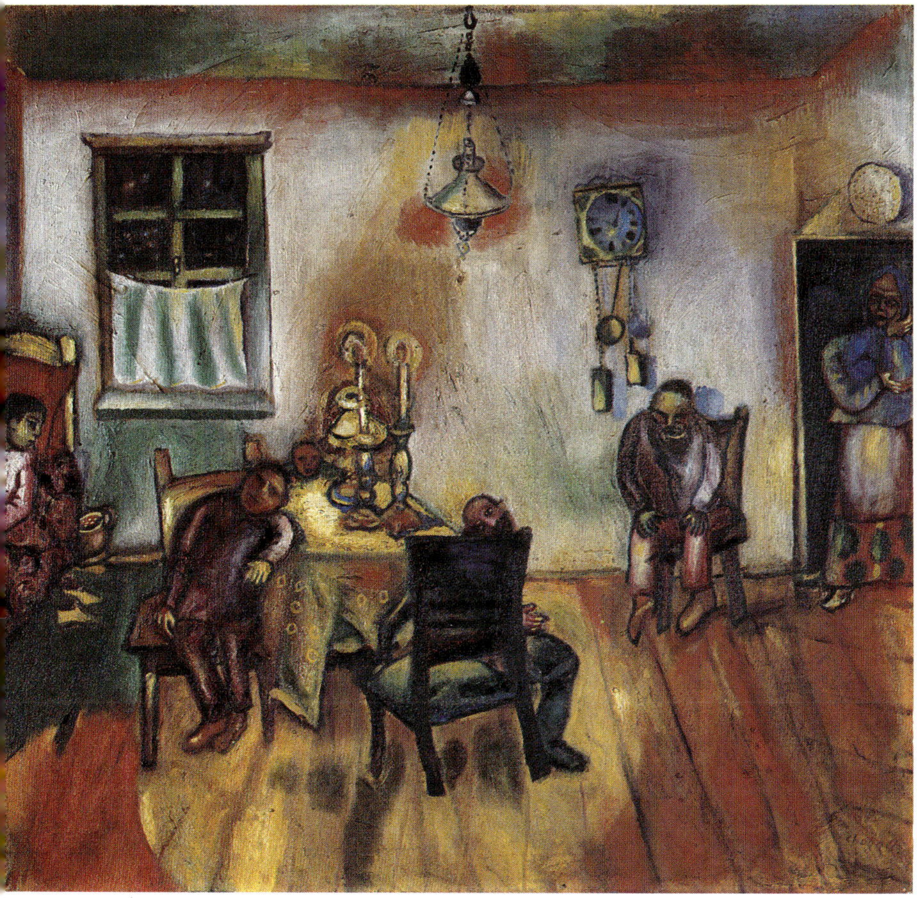

Sabbat, 1910
Öl auf Leinwand
90 x 95 cm
Museum Ludwig, Köln

Lampe und die Sterne, das Naheliegende und das Unergründliche, stehen einander plötzlich gegenüber. Wir wollen dem Einwurf zuvorkommen, *Der Tote* sei gar keine Nachtszene, denn es herrsche ja Tag! Aber ist dies denn wirklich der Fall? Handelt es sich nicht vielmehr um ein farbloses, gleichsam ausgeblutetes Licht, weit davon entfernt, an die Sonne zu erinnern? Es herrscht Nacht immer dann, wenn der Mittelgrund - den nur die Sonne sichtbar macht - verschwindet, wenn die Endlichkeit auf die Unendlichkeit trifft, wenn Pulsschlag und Sphärenmusik ans Ohr dringen, wenn sich diesseitige Wesen in einer unwirklichen, abstrakten Welt bewegen. Falls wir diese Definition akzeptieren, stellt sich die Frage, ob Chagall jemals etwas anderes als Nachtszenen gemalt hat, auch dann, wenn seine Gemälde in blendendes Licht getaucht sind - eine gewissermaßen verklärte Nacht? Eine Nacht so ganz anders als jene, die, indem man die Augen öffnet, verfliegt und mit ihr die Phantasiegebilde und tröstenden Wunschträume. Das Sichtbare und das Traumhafte liegen für die Leute in Witebsk auf der gleichen Ebene, haben den gleichen Anteil an der Wirklichkeit. Wo beide auseinanderstreben oder gar Gegensätze bilden, wird dies in höchster Anspannung durchlebt, insbesondere von denen, die, wie Marc Chagalls Vater, Anhänger des Chassidismus sind. Diese Ende des 18. Jahrhunderts als Reaktion auf die verknöcherte talmudistische Orthodoxie entstandene "pietistische" Bewegung hatte sich im Laufe des 19. Jahrhunderts besonders in den leidgeprüften Gemeinden Polens und Weißrußlands entfaltet (Witebsk hat sogar einen berühmten Chassid, den Rabbi Mendel, hervorgebracht). Schon wieder im Abklingen, bleibt der Chassidismus vor allem im Volks- und Aberglauben, in Spruchweisheiten und Erzählungen lebendig. Wenn auch abgewandelt, so doch immer noch erkennbar, überlebte hier das mythische und metaphysische Erzählgut der alten Zaddiks. Eine dieser Anekdoten erzählt die Geschichte eines Chassid, der so gewaltig vom Himmel angezogen wurde, daß er nur dadurch, daß er seinen Blick fest auf seine Uhr heftete, wieder auf die Erde gelangte. Ein anderer rettete sich aus ähnlicher Not dadurch, daß er seine Brille aufsetzte, genauso wie man einen Ballon mit Ballast beladen würde, um ihn am Aufsteigen zu hindern. Martin Buber überliefert die Legende des Baalschem, des Stifters des Chassidismus: dieser begegnete einem "riesenhaften Mann", der mit wenigen Schritten den Erdkreis durchmißt, im Vorbeigehen das himmlische Tohuwabohu in Ordnung bringt, um im nächsten Augenblick - aber war es nicht der selbe? - nur ein bescheidener Bediensteter zu sein, der ihn in der Herberge bediente[25].

Wir werden auf den Chassidismus zurückkommen. Im Moment wollen wir uns damit begnügen, noch einmal zu unterstreichen, welche Bedeutung dem dualistischen Denken im Chassidismus zukommt und wie sehr er darauf dringt, die beiden Seiten des Lebens, das Tragische und das Komische oder, anders gesagt, die Rolle des Don Quijote und die Sancho Pansas mit gleichem Eifer und gleicher Energie zu verknüpfen. Martin Buber beschreibt das Muster, nach dem die Chassidim sich Geschichten von den Zaddiks erzählen: "Von hohen, ja höchsten Dingen war hier die Rede, aber auch von den Begebenheiten

25. Martin Buber, *Die Legende des Baalschem*, Zürich, 1955, S. 94-95

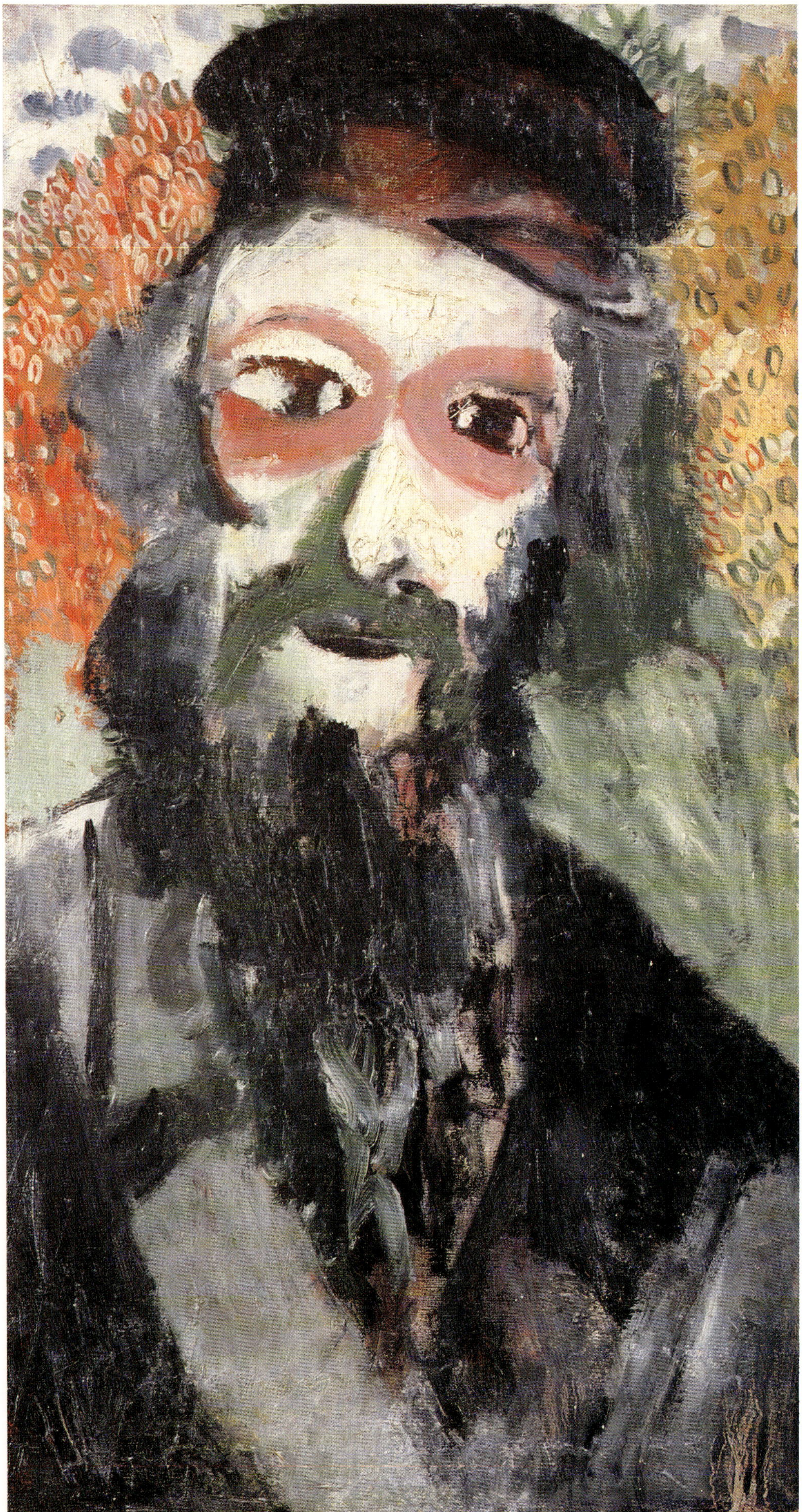

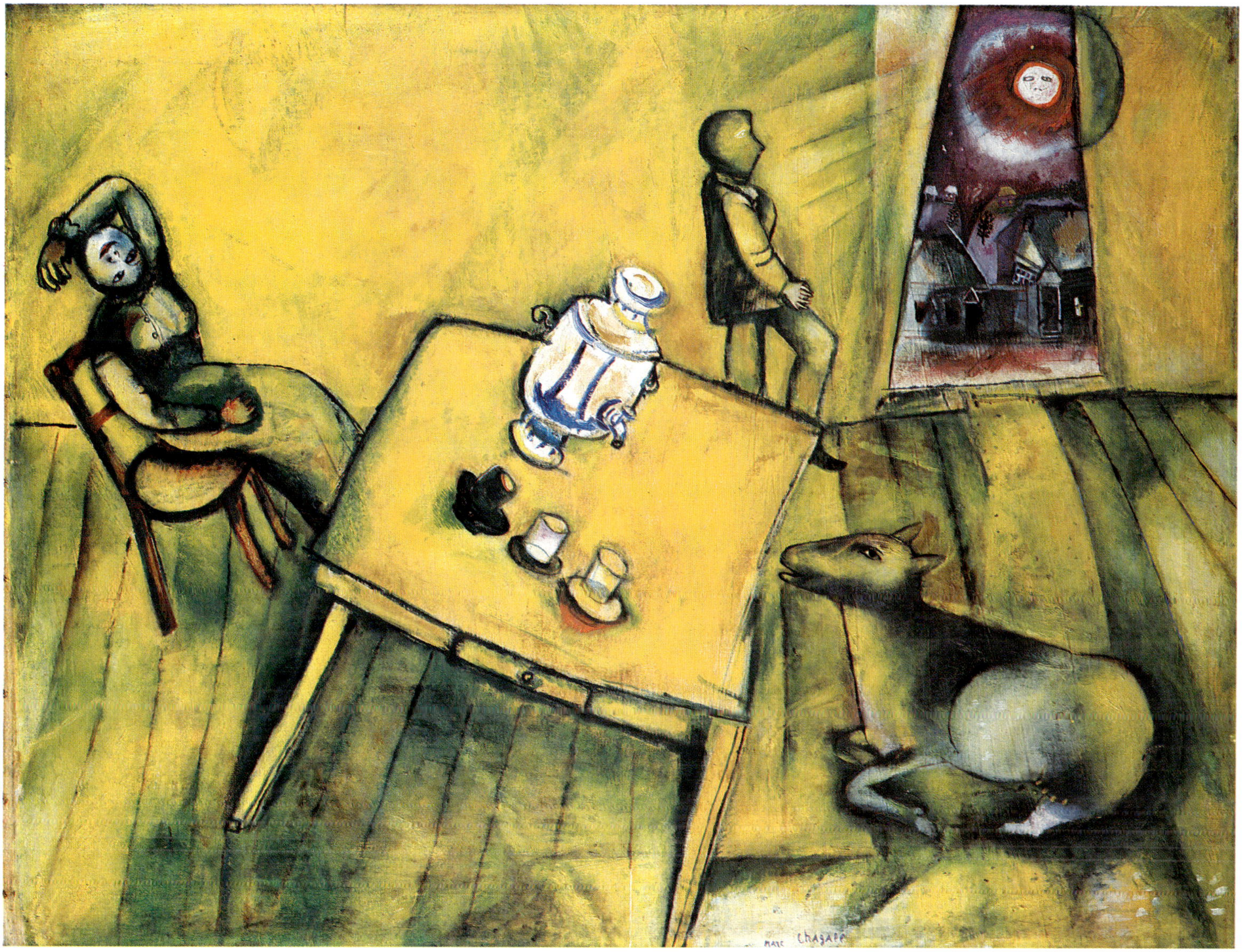

Der Vater (oder *Bärtiger Greis*), 1910
Öl auf Leinwand
80 x 42,2 cm
Musée National d'Art Moderne,
Centre Georges Pompidou, Paris

Das gelbe Zimmer, 1911
Öl auf Leinwand
84 x 112 cm
Privatsammlung

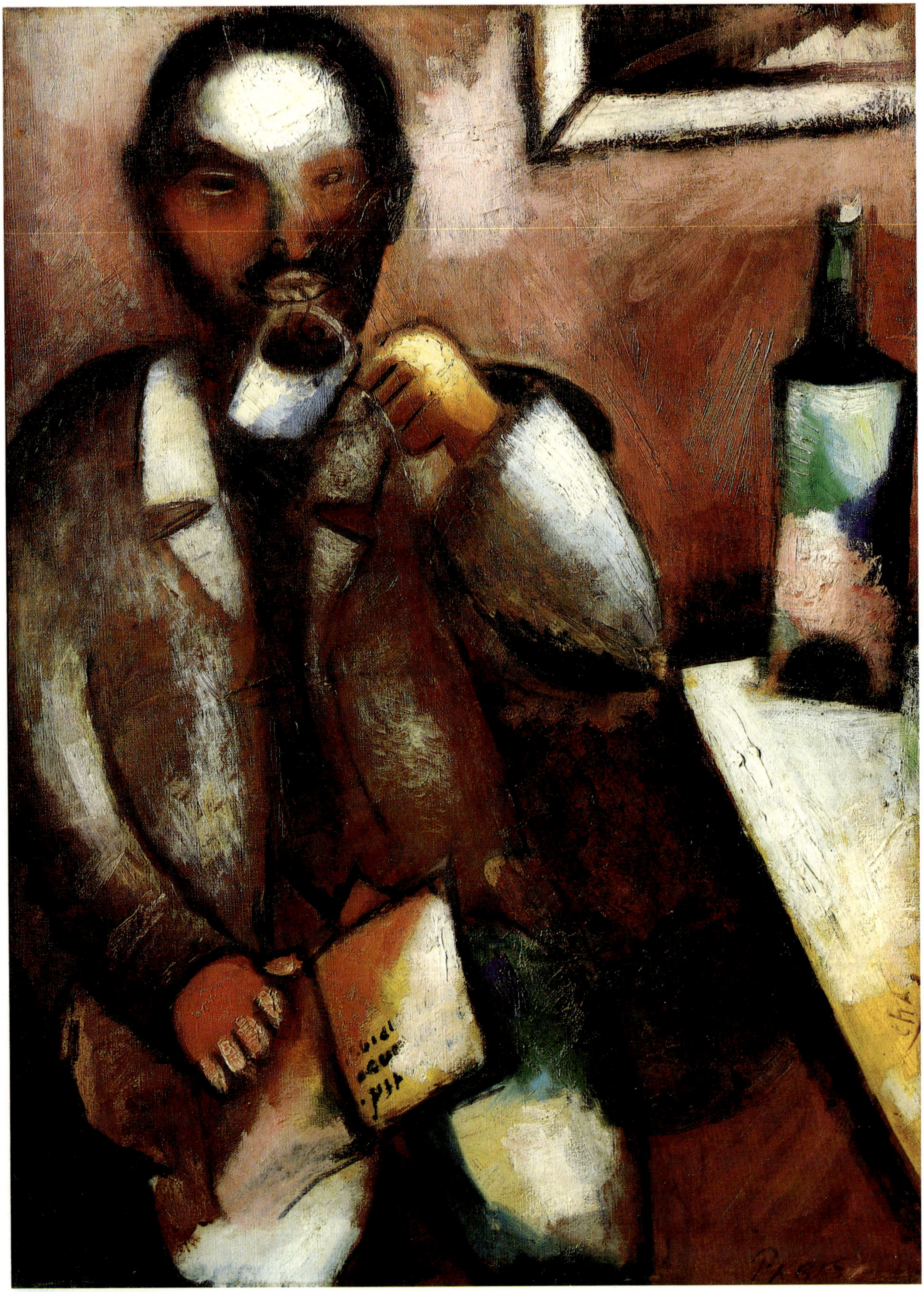

Der Dichter Mazin, 1911-1912
Öl auf Leinwand
73 x 54 cm
Musée National d'Art Moderne, Centre Georges Pompidou,
Schenkung Ida Chagall (1984), Paris

des Alltags. Und sie sprachen von den letzten Dingen genauso wie sie über ihre irdischen Angelegenheiten redeten, und über dieses Irdische, die Vorfälle, die sich in der Nachbarschaft ereigneten, so, als wären sie aus himmlischem Stoff gewebt".[26] Will der Mensch den gegensätzlichen Ansprüchen dieser und der "anderen Welt" gerecht werden, die mitunter deckungsgleich, dann aber wieder völlig konträr sind, muß er zu einer Übung Zuflucht nehmen, auf die sein ungelenker Geist nicht vorbereitet ist: den Spagat. In Chagalls Zeichnungen und Gemälden sieht man häufig eine Figur (in der man sein Selbstbildnis erkennen mag) diesen übertrieben gespreizten Schritt tun. Diese Verrenkung ist das Los des Witebskers: "Ich bin sozusagen zwischen Himmel und Erde geboren."

Genau das aber wird auch das Problem seiner Malerei. Seine Heimatstadt konnte ihm keine künstlerischen Lösungen bieten. Doch hat er es ihr zu verdanken, daß er Lösungen finden und sie sich aneignen konnte, selbst wenn sie sich ihm in unerwarteten Formen zeigten. Von diesem heimlichen Einverständnis zeugt *Der Tote*. Dieses Bild, das Chagall malte, noch bevor er weit weg von Witebsk seine eigene Sprache gefunden hat, enthält schon alles, was er noch nicht darstellen kann. *Der Tote* eine Vorwegnahme, ein Vor-Bild? Zunächst aber ist ihm das Bild wenig hilfreich, denn Weissagungen erhellen sich erst im nachhinein.

Lehrjahre: St. Petersburg

Wir werden uns nicht länger als er selbst mit den wenigen Monaten beschäftigen, die der junge Malschüler in den St. Petersburger Akademien unter Roerich und Bakst verbrachte. Unter dem Eindruck der Erschütterung, die der blendende Glanz von Paris bei Chagall bewirkte, hat er die Bedeutung seiner ersten Arbeiten und der Einflüsse dieser Ausbildungszeit heruntergespielt. Doch die fortschrittlichen Künstlerkreise waren durchaus auf der Höhe der Zeit, was die vielfältigen neuen Impulse in der westlichen Kunst betraf. Sie wurde ausgestellt und in den Zeitschriften publiziert. Chagall wandte sich bald Cézanne, bald Van Gogh, bald Gauguin zu. Doch die Reproduktionen boten nur gespenstisch-blasse Abbilder, die ihm nicht erlaubten, über die Oberfläche hinaus tiefer in diese neuen Bilderwelten vorzudringen. Als Arbeiterkind und Jude gleich doppelt benachteiligt, fand er keinen Zugang zu den neo-primitivistischen Avantgarde-Künstlern, die sich damals gerade einen Namen machten, wie Larionow, Gontscharowa, Malewitsch und Tatlin. Das heißt nicht, daß er sich weniger für die volkstümliche Kunst interessiert hätte, als diejenigen, die sich hier neue künstlerische Inspiration holten, um die eingeschliffenen akademischen Traditionen zu überwinden. Doch konnte er dies schon deshalb nicht als Last empfinden, weil es solche Traditionen in Witebsk gar nicht gab. Auf der anderen Seite war ihm die Volkskunst nur allzu vertraut[27] (hatte er nicht eine Zeit lang als Schildermaler gearbeitet?), zu vertraut jedenfalls, um in ihr jenen Zauber des Fremdartigen entdecken zu können, der als frohe Botschaft die Rettung der Kunst verhieß. Chagall war diese "Naivität", wenn man so will, angeboren: sie mußte nicht erst durch den Neo-Primitivismus hindurch, um ans Tageslicht zu treten.

Lang anhaltenden Eindruck machte die Ikonenmalerei auf ihn. Ihre ästhetischen Mittel und Merkmale konnte Chagall wahrscheinlich erst später voll erfassen. Die vereinfachten, ausdrucksvoll stilisierten Formen, die reinen Farben und der feierliche geometrische Aufbau eines Heiligenbildes aus Novgorod hat ihn zu dem Gemälde *Mutterschaft* (1913, S. 14) angeregt. Gerade weil die Ikonen seit seiner Kindheit starken Eindruck auf ihn machten - beim Großvater in Liosno, wenn es Abend wurde, "belebten sie sich"[28] - blieb ihr künstlerischer Einfluß unbewußt und war um so nachhaltiger. Sie verstärkten bei ihm die Neigung zu einer Kunst, die man (mit Vorsicht und Vorbehalten) als religiöse Kunst charakterisieren könnte. Hier fand er gelungene Vorbilder für die Verwandlung des Geschichtlichen ins Heilige,[29] indem sich die Szenerie der Erzählhandlung (der Geburtsstall, das Sterbezimmer, der Kreuzigungshügel) in die Unendlichkeit des Weltalls ausdehnt.

Während ein westeuropäischer Maler auf nur einen großen heimischen Traditionsstrang zurückgreifen kann, nämlich auf den in der Renaissance entstandenen Realismus, dessen jüngste Ausformung der Impressionismus ist, steht dem russischen Maler darüber hinaus die Kunst der

26. Martin Buber, *Gog und Magog*, Gerlingen, 1949 (1993)
27. Er schreibt über Liosno, der kleinen Ortschaft, in der sein Großvater lebte: "Eine Vorstadt, wie aus dem Bilderbuch." (*Mein Leben*, S. 40)
28. Marc Chagall, *op. cit.*, S. 41. Er sagt später (Franz Meyer, *Marc Chagall*, Köln, DuMont, 1961): "Mein Herz beruhigte sich mit den Ikonen".
29. Chagall zählt die "Mystik der Ikonen" und die "chassidistische Mystik" zu den wichtigsten Elementen seiner Kunst.

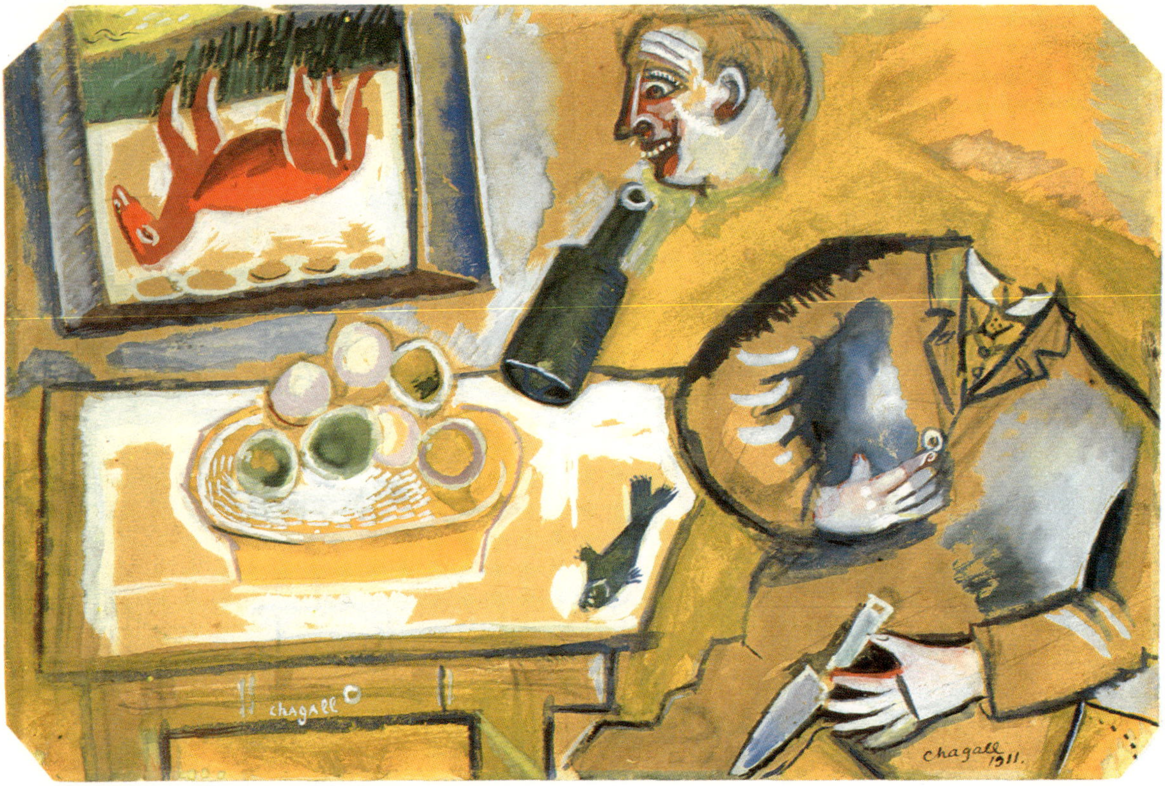

Recto : Studie zu *Der Trinker*, 1911
Gouache auf Papier
16,5 x 25,4 cm
Musée National d'Art Moderne,
Centre Georges Pompidou, Paris

Ikonen, welche auf Byzanz zurückgeht, zu Gebote. So als ob Manet oder Van Gogh die Wahl zwischen zwei Stilrichtungen von gleichrangiger Aktualität, zum Beispiel zwischen Courbet und der romanischen Kunst, gehabt hätten oder, um es genauer zu sagen, die Möglichkeit, beide miteinander zu verbinden - ein Privileg der Zeitgenossenschaft.
Ein vom Dualismus so stark geprägter Künstler wie Chagall konnte gar nicht anders als der Faszination, die von der Verbindung zweier so gegensätzlicher Sprachen ausging, zu erliegen. Er hat sich darin tatsächlich mehrmals zwischen 1909 und 1910 versucht: *Mutter und Kind* und *Die Heilige Familie* (oder *Das Paar*, 1910, S. 15) sind realistische Szenen von einer stilistischen Ausformung, die nur wenig von der religiösen Thematik verrät. Doch gerade dies ist für Chagall zu offenkundig, und bald schon rückt er von diesem Verfahren ab, dessen Grenzen in den religiösen Gemälden von Maurice Denis deutlich werden: Vorgegebene Entsprechungen und buchstäbliche, den Dualismus nachahmende Übertragungen konnten einen Geist, der den Bruch wollte, nicht zufrieden stellen, und seine Kunst sollte dies bald überwinden. Dieser erwünschte Bruch war genauso groß wie der Abgrund, der sich seit seinem Entschluß, Künstler zu werden, zwischen ihm und seiner Familie, seiner Heimatstadt, seinem Milieu und seiner Vergangenheit aufgetan hatte. Er mußte allem Vertrauten und Beruhigenden den Rücken zukehren, damit er eine solche riesige Kluft aufreißen konnte. Er mußte fort nach Paris.

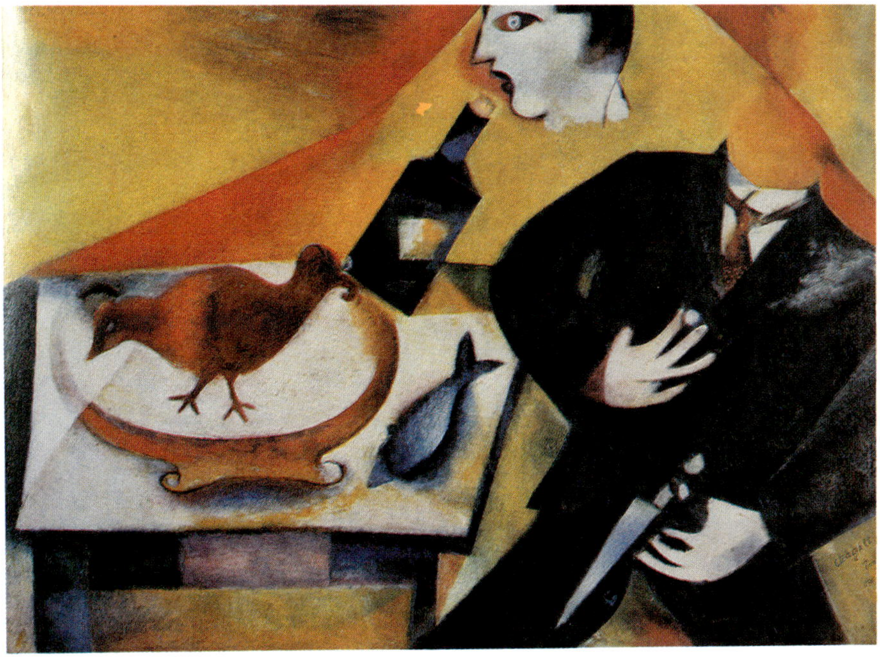

Der Trinker (oder *Der Betrunkene*), 1911-1912
Öl auf Leinwand
85 x 115 cm
Privatsammlung

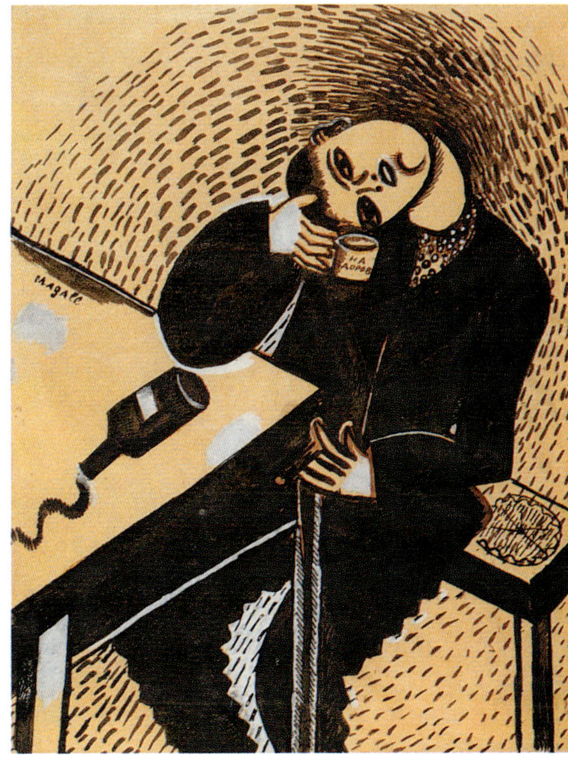

Der Trinker, 1911
Tinte und Gouache auf braungetöntem Papier
22,3 x 17,6 cm
Sammlung Marcus Diener, Basel

Paris: Die Befreiung

Als Chagall im August 1910 "wie vom Schicksal getrieben"[30] nach Paris kommt, ist das ein regelrechter Zusammenstoß. Kaum angekommen, eilt er in den *Salon des Indépendants*, dann in den Louvre. So begeisternd diese erste Berührung mit dem "genialen Friedhof"[31] auch ist, so sieht sich Chagall doch eher bestätigt als beunruhigt. Cimabue? Er kann einen Nachahmer Rubljows nicht überraschen. *Christi Geburt* von Bassano? Der junge Mann aus Witebsk und Liosno kennt diese Überlagerungen zwischen der Bibel und dem Landleben sehr wohl. Gewiß, er stürzt sich mit einem solchen Heißhunger auf alles, was er sieht, und eignet es sich mit solcher Schnelligkeit an, daß man kaum erstaunt ist, die horizontal ausgerichtete Prozession des Gemäldes *Begräbnis in Ornans* von Courbet in der *Hochzeit* (1910, S. 16) wiederzufinden, wobei hier die Horizontale nicht durch die Doppellinie der Felsen, sondern durch zwei parallele Farbbänder unterstrichen wird. (Ein merkwürdiges Vorbild für ein doch normalerweise frohes Ereignis, möchte man sagen. Wenn man jedoch Chagall Glauben schenkt, so war seine eigene Hochzeit nicht gerade ein Fest von überschwenglicher Fröhlichkeit).[32]
Obwohl ihm seine Entdeckungen im Louvre nützlich sind, erweisen sie sich für seine Kunst nicht als ausschlaggebend; denn ein Friedhof bleibt doch ein Friedhof, auch wenn sich dort viele Genies finden. Um der Zeit zu entrinnen, muß man durch sie hindurch. *Im Salon des Indépendants* erlebt Chagall den Schock der Gegenwart.
Das ist keine Übertreibung. Der Kontrast zwischen den unausgesprochenen Kinderträumen des Witebskers und dem Formrepertoire des Kubismus ist enorm. Er ist um so größer, als der Kubismus inzwischen dogmatisch geworden ist, seitdem seine Begründer nichts mehr mit ihm zu tun haben (Picasso und Braque meiden die Salons),

30. Marc Chagall, "Quelques impressions ...", *op. cit.*, S. 46.
31. zitiert in Pierre Schneider, *Les Dialogues du Louvre,* S. 39.
32. Marc Chagall, *Mein Leben,* S. 120-122.

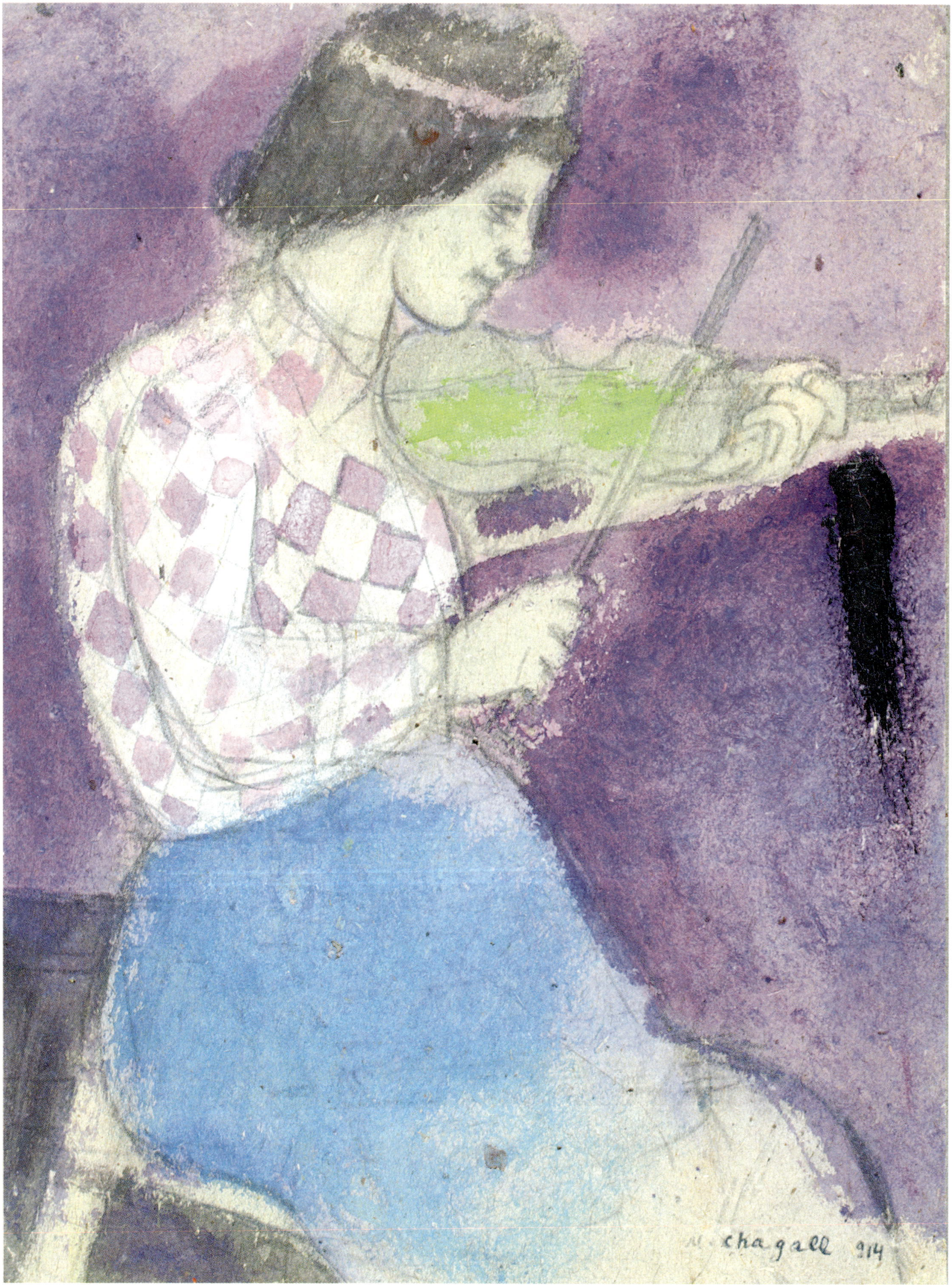
chagall 914

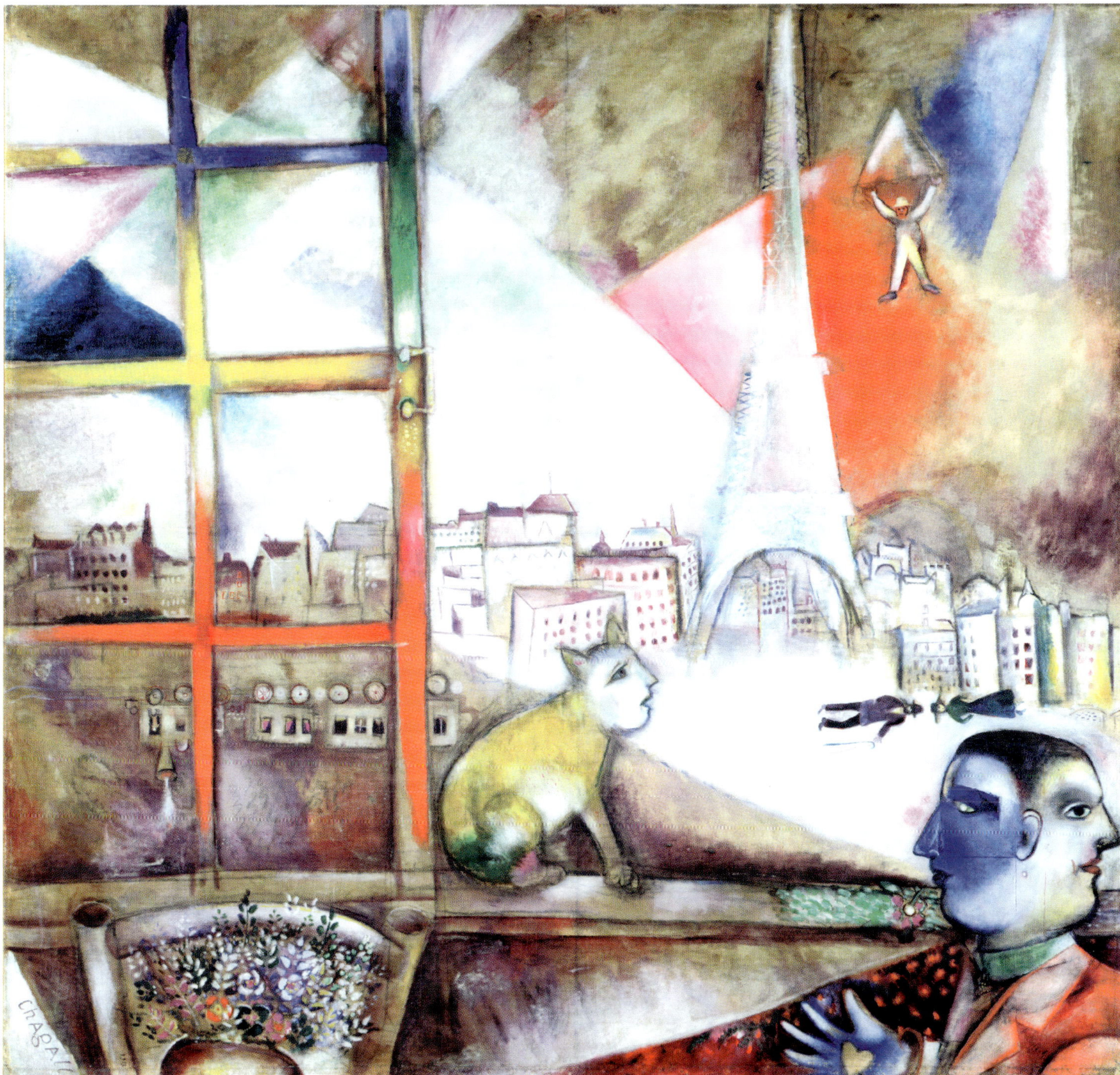

Bella mit Geige, 1914
Bleistift, Aquarell und Gouachehöhungen auf Papier
24,8 x 18,8 cm
Nachlaß Ida Chagall, Paris

Paris durch mein Fenster, 1913
Öl auf Leinwand
135,8 x 141,4 cm
Solomon R. Guggenheim Museum,
Schenkung Solomon R. Guggenheim (1937),
New York

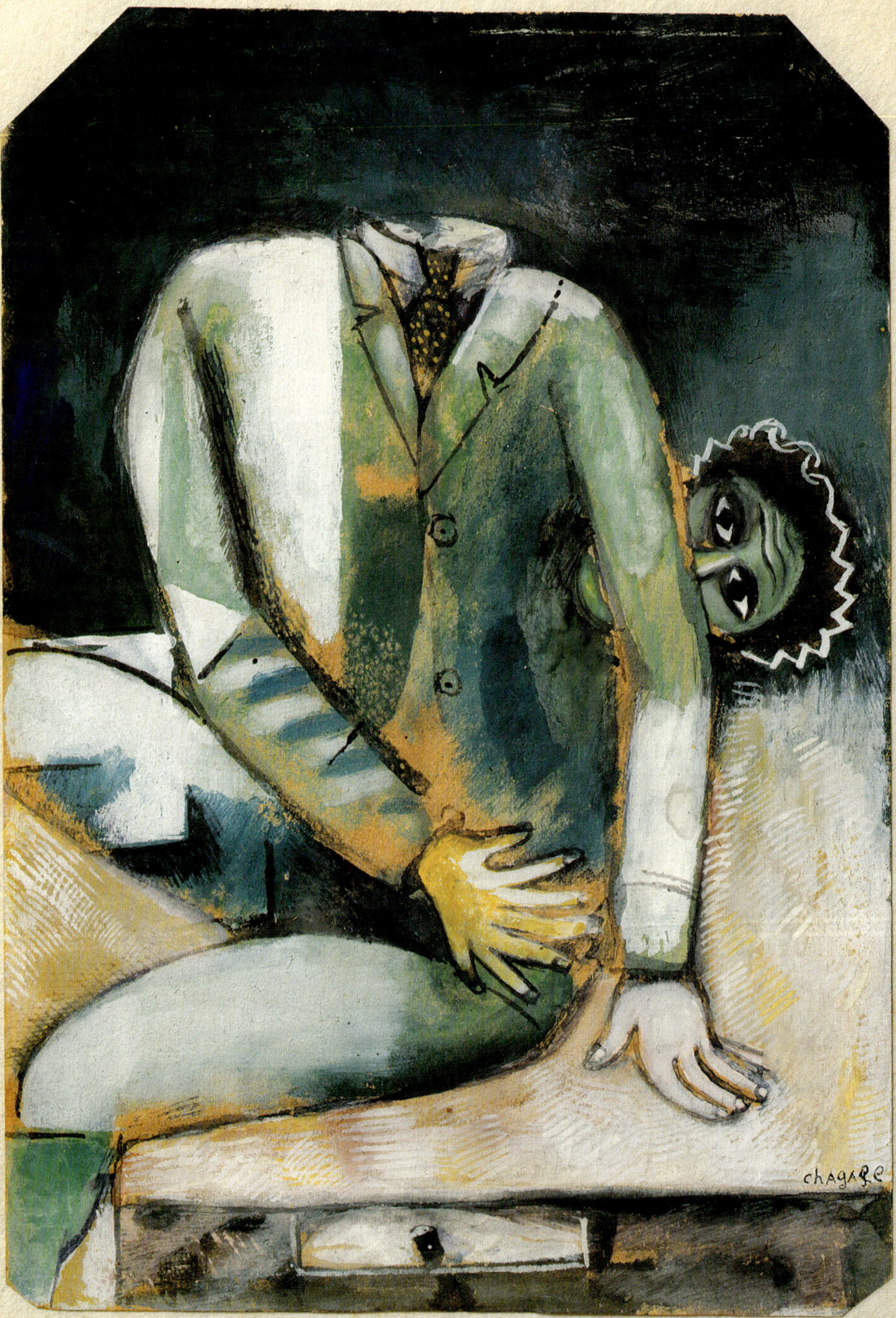

1912-13
Paris

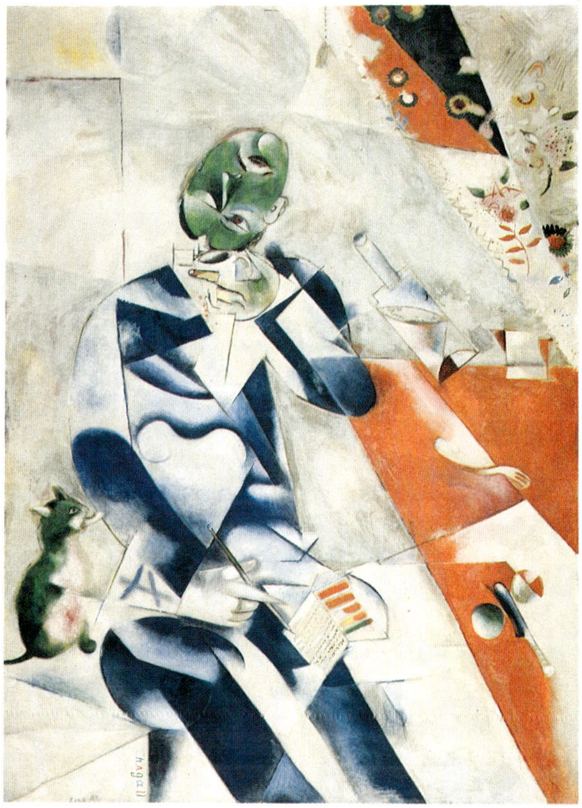

Der Dichter (oder *Half past three*), 1911
Öl auf Leinwand
196 x 145 cm
Philadelphia Museum of Art,
Sammlung Louise und Walter Arensberg, Philadelphia

sondern nur noch deren Nachahmer. Der Anfänger aus dem Osten, der darauf brennt, seine von unsichtbaren psychischen Quellen gespeiste "Weltanschauung"[33] zu materialisieren, stößt mit "dieser einzigartigen technischen Revolution der französischen Kunst"[34], mit dieser "Revolution des Auges"[35] zusammen. Auf der einen Seite steht eine ganze Welt von Bildern, die umso stärker nach Ausdruck verlangt, als sie nie zuvor auf der Leinwand formuliert wurde; auf der anderen Seite steht eine Ästhetik, für die das Sujet höchstens ein Vorwand ist, den die verwegensten Künstler bald ganz abstreifen. Nie erscheint die Kluft, die den Gestaltungswillen von seinen Ausdrucksmitteln trennt, so tief und unüberwindlich.

Chagall beginnt, sich damit abzufinden und spielt bereits mit dem Gedanken, nach Rußland zurückzukehren. Die Bilder des dortigen Lebens, vervielfacht in Zeichnungen und Skizzen, stellen für ihn eine Art geistiger Rückkehr dar. Er sucht nach einem modernen, ihm angemessenen Stil (*Sabbat*, 1910, S. 17), der seinen Bedürfnissen näher kommt, als die Produktion der künstlerischen Wortführer im Paris des Jahres 1910. Deshalb experimentiert er mit den künstlerischen Entdeckungen von gestern, insbesondere mit dem Fauvismus. Er übernimmt die leuchtende und nachtfarbene Skala, die von Gustave Moreau an Matisse und Van Dongen vererbt worden ist: rosa, grün, rot und violett (*Das gelbe Zimmer*, 1911, S. 19; *Paris durch mein Fenster*, 1913, S. 25 und *Der Vater*, 1910, S. 18). Sein Temperament kann sich in den lebhaften Farben ausleben. Vom gängigen kubistischen Vokabular zurückgestoßen, wendet er sich Formen zu, die seinem Ausdruckswillen näher stehen. Der durch die Sprachhemmung noch verstärkte, machtvolle Drang, sich auszudrücken, verwandelt das anfängliche Stottern in einen schrillen Schrei, der einzig möglichen Artikulation eines Stummen. In den Werken dieser Phase kündigt sich Chagalls Expressionismus an. Er ist aufgebracht, aber er hält durch.

Einige Monate, vielleicht auch nur Wochen später ist der Bruch vollzogen. Chagall hört auf zu stottern. Die Anstrengung, das Aufbäumen, führt zu einem neuen, bis dahin unbekannten Zustand, der vorher unerreichbar schien. Und doch ist er da: zweifellos erwachsen aus ihm die Meisterwerke der folgenden Jahre, durch die wir einen der Propheten unseres Jahrhunderts zu uns sprechen sehen.

Vorstellung, 1912-1913
Gouache auf Papier
33,5 x 16,5 cm
Archiv Baumeister, Deutschland

33. Katalog Chagall, Paris, 1959, S. 10.
34. Marc Chagall, "Quelques impressions ...", *op. cit.*, S. 46.
35. *Ibid.*, S. 47.

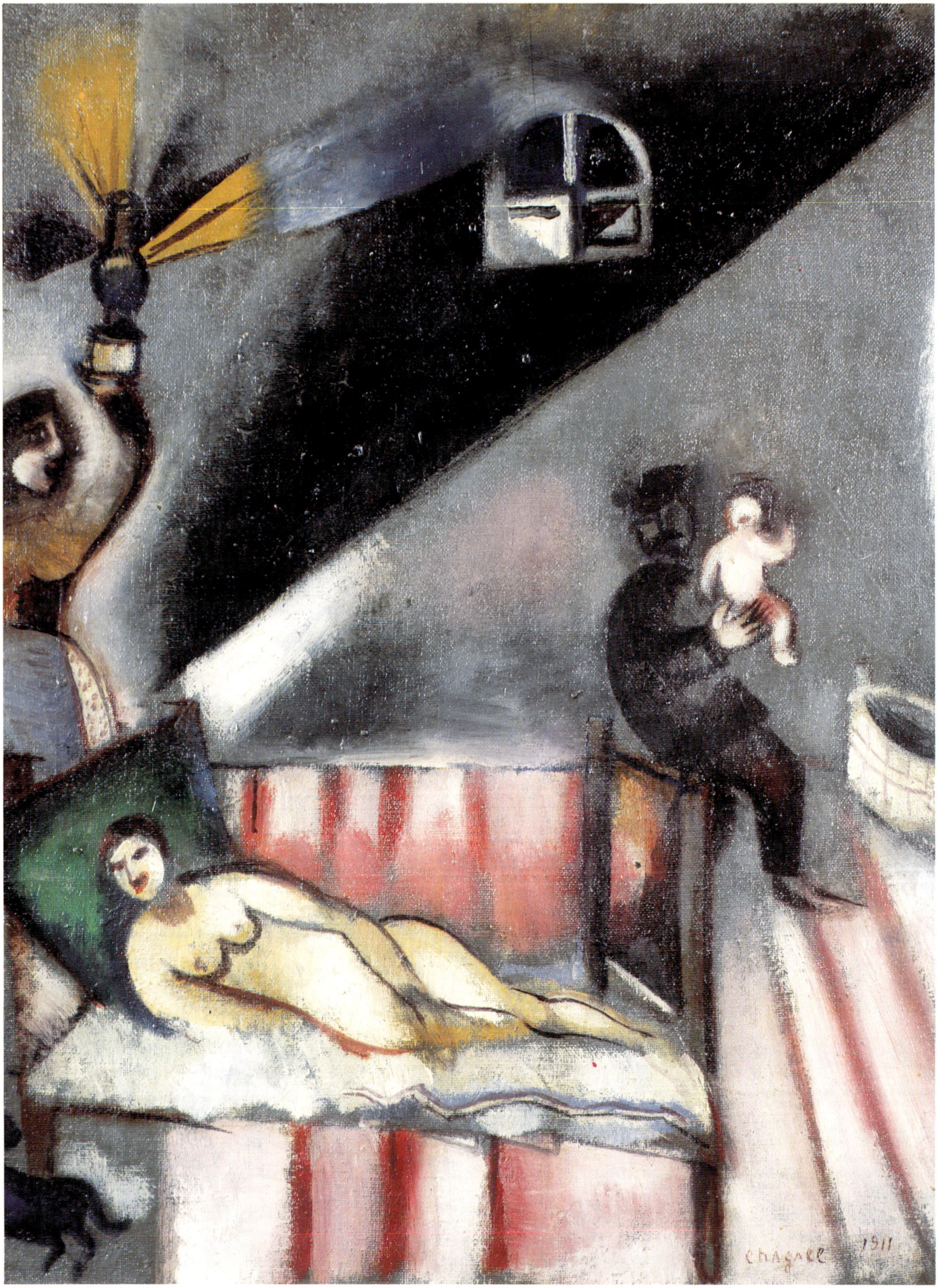
Chagall 1911

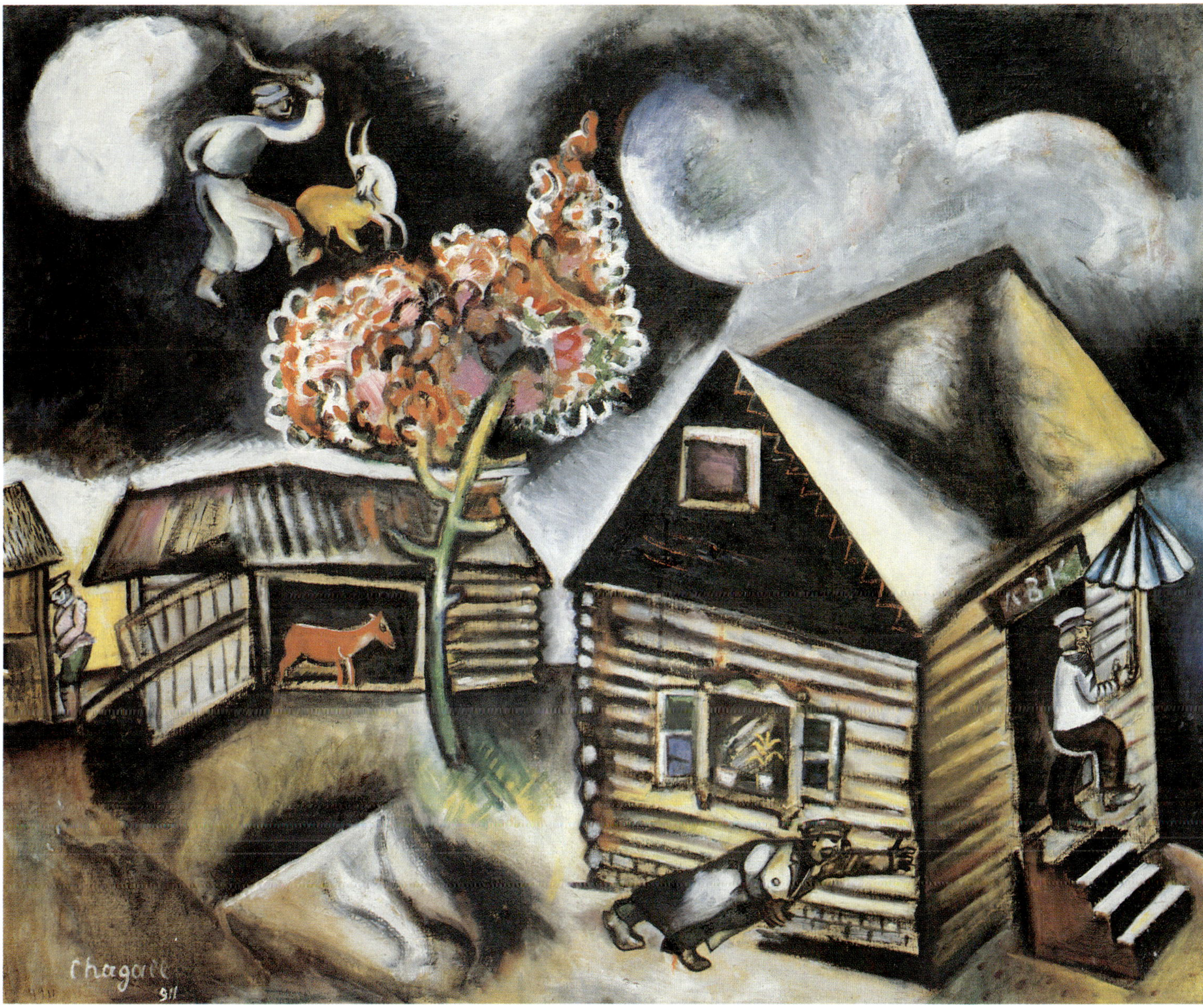

Die Geburt, 1911
Öl auf Leinwand
46 x 36 cm
Nachlaß Ida Chagall, Paris

Der Regen, 1911
Öl auf Leinwand
85,1 x 104,2 cm
Sammlung Peggy Guggenheim, Venedig

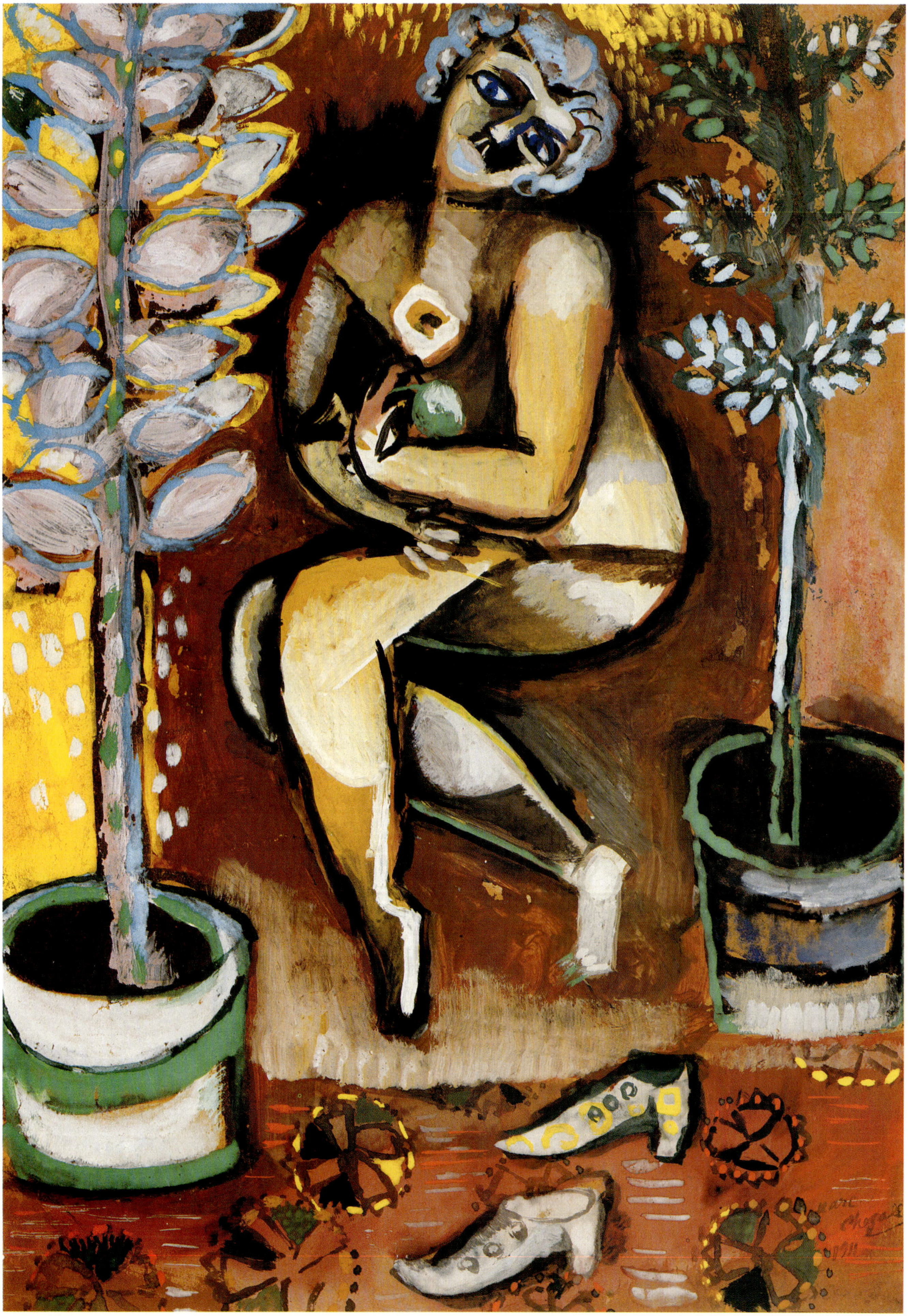

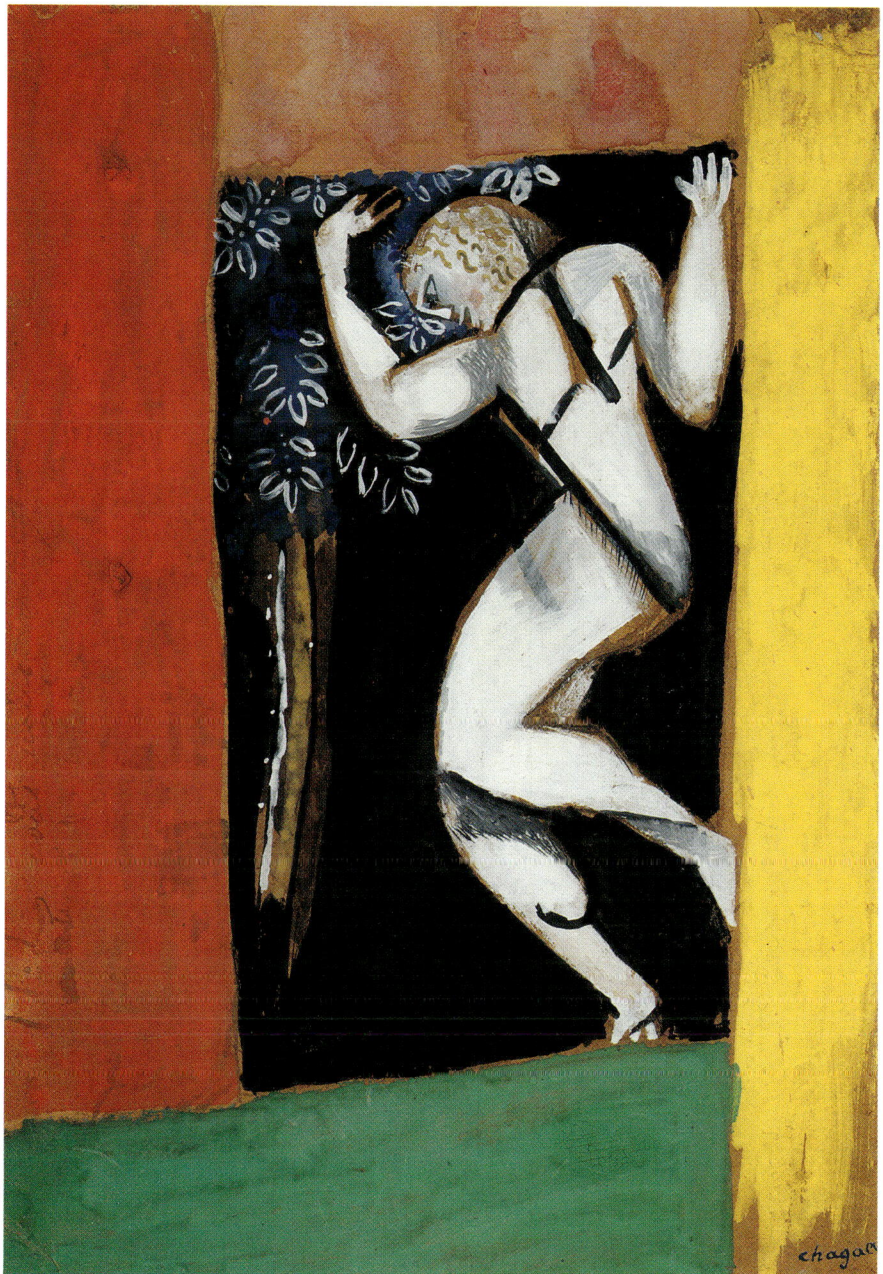

36. Obwohl diese Lösung in diesem Augenblick bereits überholt ist, greift Chagall doch mehrmals auf sie zurück: die übertriebene Drehung des Kopfes ist immer das Symptom eines die Entfernungen aufhebenden Wunsches. Siehe *Akt in Bewegung, Liebespaar* etc.

Akt mit Baum, 1911
Gouache auf Papier
34 x 24 cm
Privatsammlung, Deutschland

Sitzender Akt mit Blumen, 1911
Gouache auf Papier
33,6 x 23,8 cm
Privatsammlung

Das Wesen dieser Verwandlung läßt sich anhand der Entwicklung eines Themas nachvollziehen, das Chagall in dem Bild *Der Dichter Mazin* aufgreift (1911-1912, S. 20): die dumpf-flammenden Farben, die sowohl zarten als auch rohen Formen, die spitzkantigen Gegenstände, die die abgerundeten Konturen der Figur des trinkenden Dichters zu bedrohen scheinen, verleihen dem Gemälde eine Intensität, die über den Realismus hinausführt, dessen Regeln es im Prinzip noch folgt. Die Gestalt des Trinkers findet sich in einer Zeichnung wieder, die sicherlich mit dem gleichnamigen Gemälde (*Der Trinker,* 1911, S. 23) in Verbindung steht. Das Blatt aus der Sammlung Marcus Diener zeigt einen Mann, dessen Kopf sich aus Gier nach der Flasche in einer schmerzhaften Verdrehung windet[36]. In dem darauffolgenden Gemälde (S. 23 l.) und der entsprechenden Zeichnung (S. 22) setzt Chagall dieser Qual ein Ende: er köpft den Mann. Ein sauber abgeschnittener Kopf fliegt dem Wein entgegen. Das Instrument seiner Befreiung hält der Trunkenbold in der Hand: ein Messer. Geholfen hat dem Maler bei dieser Operation die scharfe Klinge des Kubismus, dessen sektiererische Natur Chagall zwar abgeschreckt, dessen Verfahren, die Gegenstände aufzuspalten, er jedoch für sich zu nutzen versteht.

Der Trinker wird auf diese Weise zum emblematischen Selbstbildnis, dessen Bedeutung das Bild *Der Dichter oder Half past three* (1911, S. 27) bekräftigt und verdeutlicht. Die Figur, deren abgeschnittener Kopf (siehe *Die Vorstellung*, 1912-1913, S. 26) mehr auf den Schultern gelandet als dort verwurzelt zu sein scheint, stützt sich auf den Ellbogen, die Tasse in der Hand. Das Messer liegt auf dem Tisch, die Flasche schwebt darüber. Doch die Szene zeigt eine weitere Verwandlung. Der Maler hat sich nämlich nicht damit zufrieden gegeben, den Kopf vom Rumpf zu trennen, sondern er hat den ganzen Körper des Gemäldes - die Bildfläche - säuberlich und peinlich genau in Streifen zerschnitten. Das gleiche Messer war schon in *Die Geburt* (1911, S. 28) am Werk - auch wenn in diesem Bild, einem wunderbaren *schwarz-rosafarbenen Schmuckstück*, die scharfkantigen Geraden durch entsprechende Motive gerechtfertigt erscheinen: Fußbodenbretter, ein Bett, die Diagonalen der Zimmerdecke, Schattenränder. Noch einmal ist das Messer geschärft. Es wird mit der chirurgischer Präzision, oder viel-

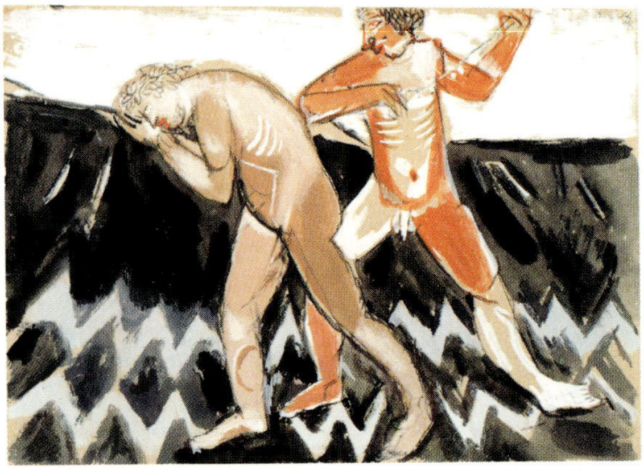

Kain und Abel, 1911
Gouache auf Papier
22 x 28,5 cm
Nachlaß Ida Chagall, Paris

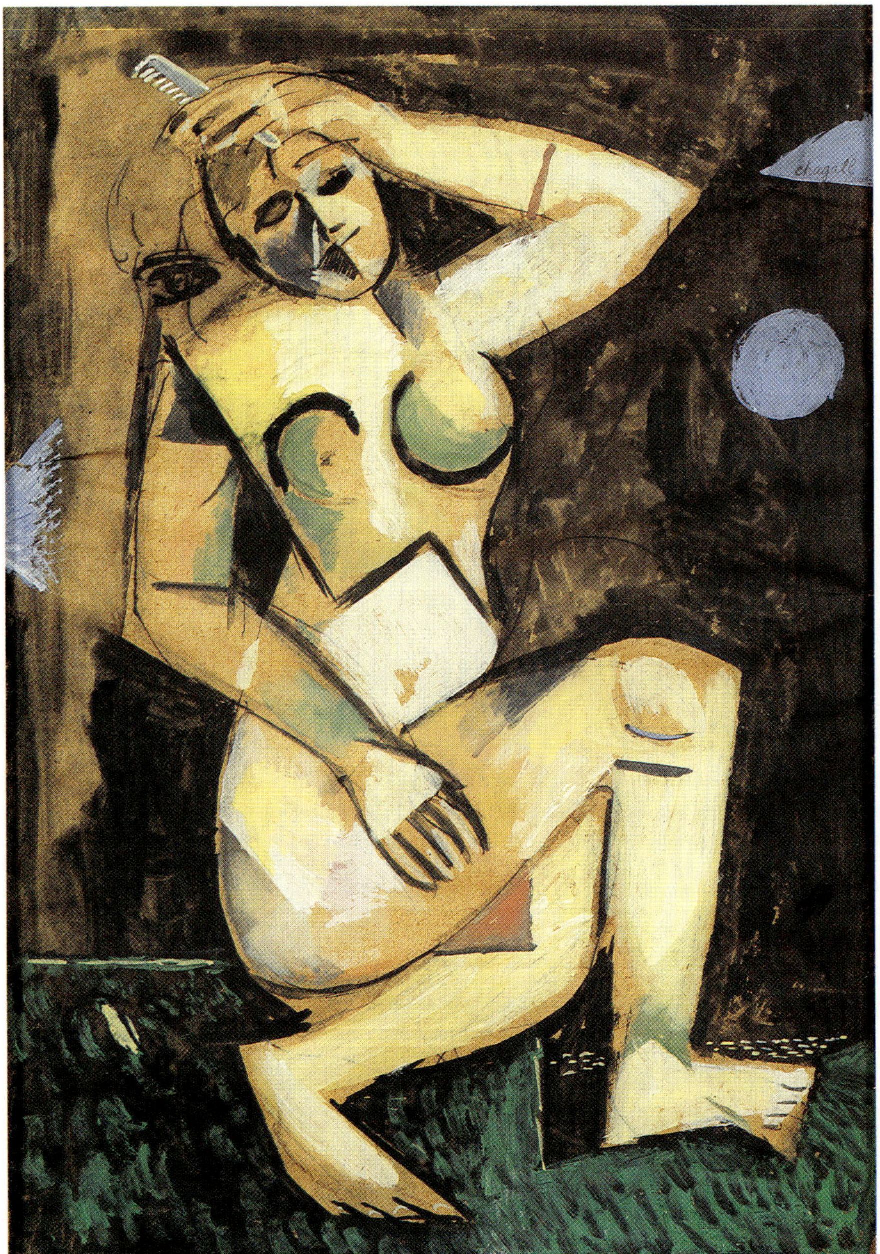

Akt mit Kamm, 1911-1912
Gouache auf Papier
33,5 x 23,5 cm
Privatsammlung

mehr mit der ruhigen Gewissenhaftigkeit eines Fleischers gehandhabt, die jeden Eindruck von Sadismus oder Schmerz ausschließt. Chagall überträgt gewißermaßen die Arbeitsweise seines Großvaters, des Schächters, den er in *Mein Leben* erwähnt, in den Bereich der Malerei. Der Großvater hatte mit den Tieren beruhigend gesprochen, bevor sein Beil auf sie niederfiel und er sie in Fleischstücke zerteilte. In den meisten Bildern dieser Zeit trifft man auf eine ähnliche Verbindung von Sanftmut und entschiedenem Zugriff der Form. Auf der Innenseite scharfkantiger Konturen werden die Farbtöne in wunderbar lieblichem *rubato* von der reinen Farbe bis hin zum Weiß abgestuft (*Der Regen,* 1911 S. 29). Und so wie das "technische" Vorgehen des Großvaters durch seine rituelle Bedeutung feierlich wird - Abraham zückt das gleiche Messer gegen Isaak, als Chagall diese Bibelszene illustriert -, so strahlen *Der Dichter* und die Familienbilder etwas Heiliges aus. Man sagt von altersher, die Inspiration des Dichters oder des Malers sei göttlicher Natur. Die vom *Trinker* bis zum *Dichter* sichtbaren Merkmale der Trunkenheit bestätigen sowohl die religiöse Bedeutung als auch den autobiographischen Charakter von Chagalls Werk. Einer der Hauptvorwürfe an die Chassidim war, daß sie übermäßig tranken, bevor sie sich der

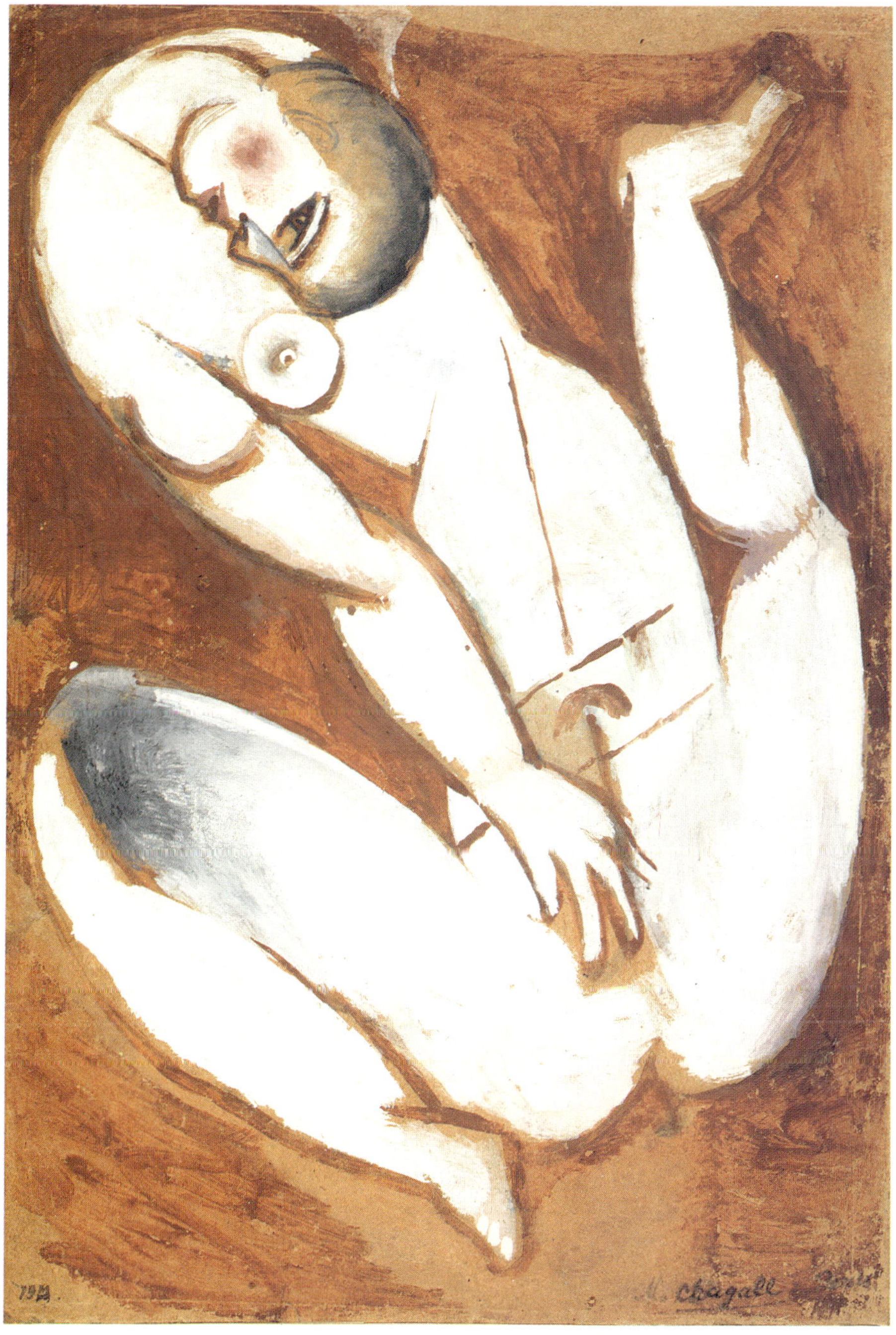

Kommunion mit Gott hingaben. Erinnert Chagall uns nicht ständig daran, daß die Pfeiler seiner Arbeit "die Mystik der Ikonen" und "die Mystik des Chassidismus[37]" waren?
Jetzt flieht Chagall den Kubismus nicht mehr, obwohl dieser seinen eigenen Zielen völlig entgegengesetzt ist. Gerade diese Unvereinbarkeit zieht ihn an, denn sie zwingt ihn dazu, den Zwiespalt, den er für seine Kunst braucht, ganz zu durchleben, so beschwerlich dies auch sein mag. Der Spalt verläuft zwischen dem künstlerischen Prinzip der Formzergliederung und dem Anspruch nach Ausdruck visionärer Inhalte (*Akt mit Baum*, 1911, S. 31; *Akt mit Blumen*, 1911, S. 30; *Akt mit Kamm*, 1911-1912, S. 32; *Akt in Bewegung*, 1913, S. 33; *Akt*, 1913, S. 34; *Stehender Akt*, 1913, S. 35). Die mit sich selbst und der optischen Zerlegung immergleicher Gegenstände befaßte Avantgarde-Kunst um 1910 vertieft den Graben zwischen sich und Chagall, stößt ihn zurück, läßt ihn allein mit seiner heimatlichen Traumwelt. "Während ich an dieser einzigartigen technischen Revolution der französischen Kunst teilnahm, kehrte ich in Gedanken, tief in meiner Seele, gewissermaßen in meine Heimat zurück. Ich lebte so, daß ich dem vor mir befindlichen den Rücken zukehrte"[38]. Noch klarer fährt er fort. "Auf diese Weise bildete sich in mir eine Art Dualismus. Auf der einen Seite war ich von den genialen Beispielen formalisierender Kunst begeistert (...). Auf der anderen Seite sank meine Seele trotz allem in Traurigkeit und dürstete nach einem Ausweg"[39]. Dieser Ausweg lag jedoch nicht in der Eliminierung eines der beiden Pole des Dilemmas. Mit Blick auf diese aufregenden Jahre bemerkt Chagall: "Es war einmal eine Zeit, in der ich zwei Gesichter hatte"[40].
Das Thema der Doppelgesichtigkeit taucht 1911 auf und kehrt im Laufe seiner Karriere häufig wieder (zum Beispiel *Doppelgesichtiger lilafarbener Akt*, 1950). Die im allgemeinen getrennten Köpfe vereinigen sich in einem einzigen Körper. Zwei in eins: dies ist die Alchimie der Liebe, aber auch das Ziel, das sich Chagall mit seiner Kunst gesteckt hat. Die lange Serie von Liebespaaren, Verlobten und Ehepaaren spiegelt die Liebe des Malers zu Bella und meint gleichzeitig, in einem übertragenen, symbolischen Sinne, die Aufgabe seiner Malerei. Es ist deswegen nicht erstaunlich, daß der monumentalste Ausdruck dieses Themas einem Dichter und Kritiker gewidmet ist, der als

Akt in Bewegung, 1913
Gouache auf braunem Packpapier
34,7 x 23,9 cm
Musée National d'Art Moderne,
Centre Georges Pompidou, Paris

37. Marc Chagall, "Quelques impressions ...", *op. cit.*, S. 46.
38. *Ibid.*, S. 49.
39. Katalog Chagall, Paris, 1959, S. 11.
40. *Ibid.*, S. 228.

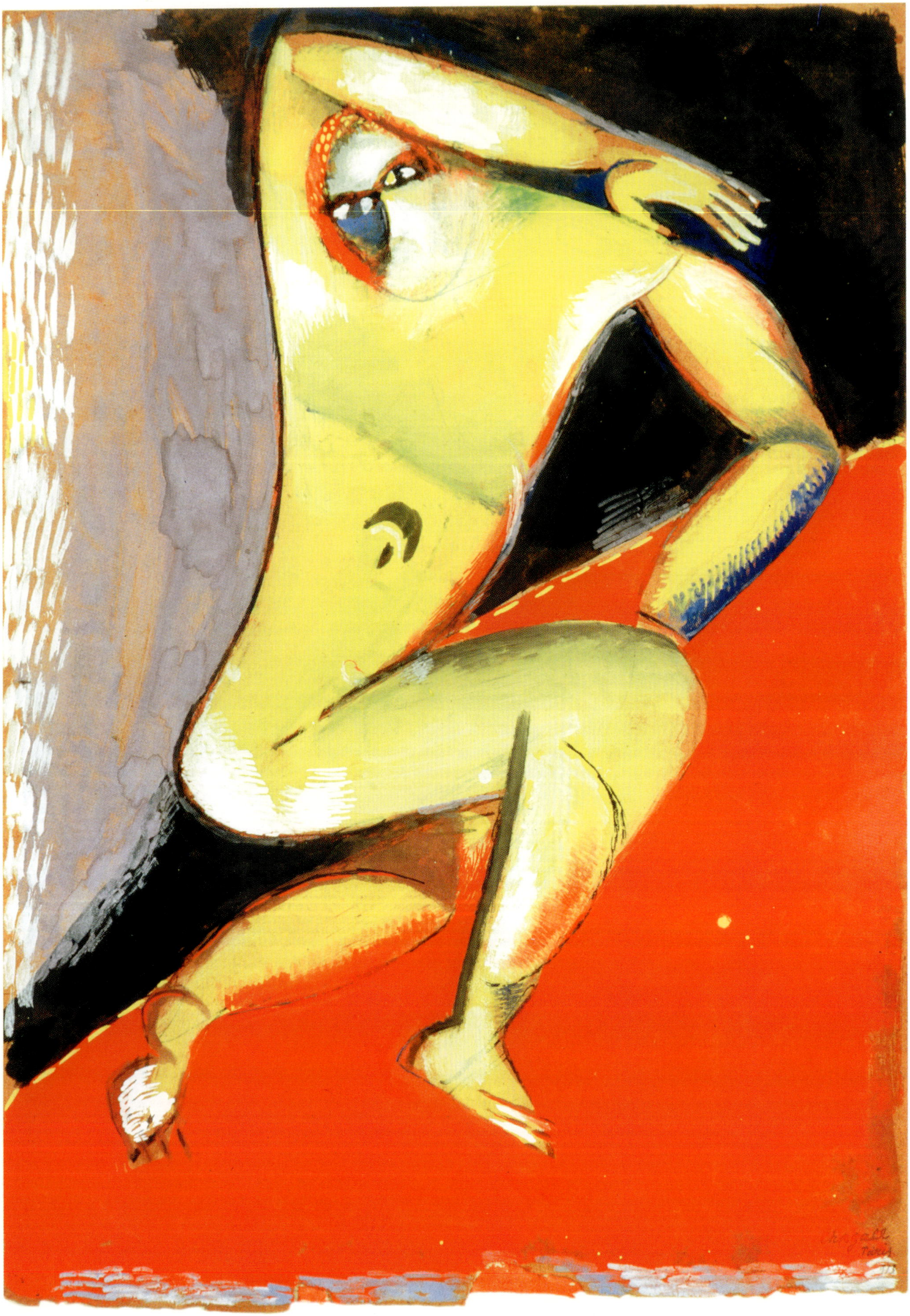

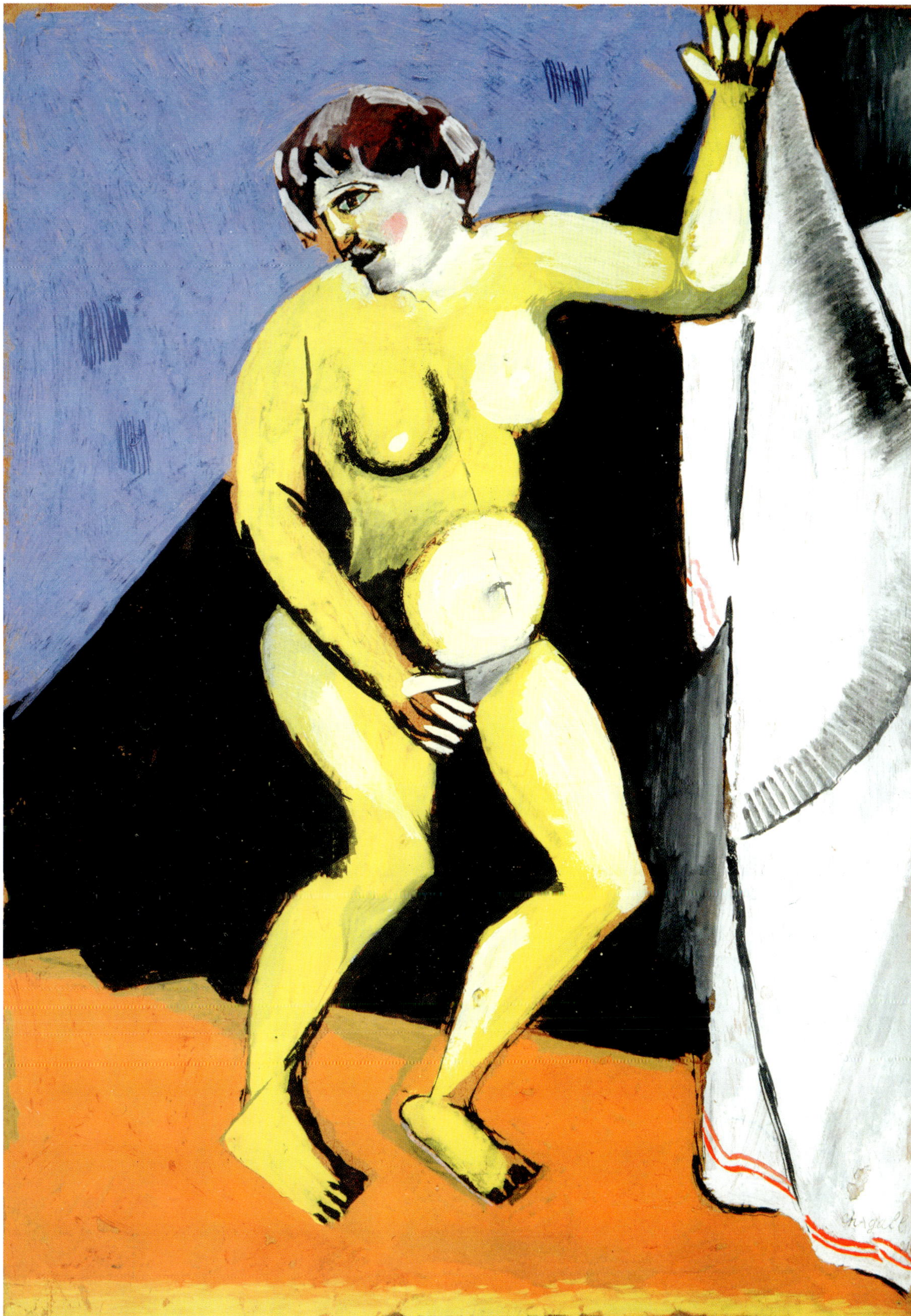

Akt, 1913
Gouache auf Papier
34 x 24 cm
Stiftung Sammlung Thyssen-Bornemisza, Madrid

Stehender Akt (oder *Gelbe Badende),* 1913
Gouache auf Papier
34 x 24 cm
Sammlung E.W. Kornfeld, Bern

erster zu Chagalls Fürsprecher wurde: in *Hommage à Apollinaire* (S. 36) vereinigt die doppelköpfige Figur in ihrem Mittelpunkt, dem Ort der geschlechtlichen Vereinigung (*Adam und Eva*, 1912, S. 37), die auseinanderstrebenden Teile des kosmischen Rades, so, wie die Uhrzeiger auf einem Zifferblatt die Minuten einfangen. Unter den Vorstudien dieses Werkes enthüllt eine farbenfroh-dekorative Gouache mit dem Titel *Adam und Eva* (1911-1912, S. 36) den biblischen Ursprung des Themas. Nun ist die ursprüngliche Einheit aber durch die Erbsünde verloren. Chagall verzichtet jedoch bewußt darauf, die Vertreibung aus dem Paradies zu malen, vielmehr stellt er deren erste Folge im erschütternden Sinn des Wortes dar: *Kain und Abel* (1911, S. 32). Auf diese Weise kann er die durch den Sündenfall bewirkte Trennung gleichsam im visionären Vorgriff thematisieren, ohne sie selbst darstellen zu müssen.

*

Der Weg der Ewigkeit führt durch die Geschichte. Man kann sich jedoch nicht aussuchen, wann man in die Geschichte eintritt: als Chagall an die Tür klopft, schlägt gerade die Stunde der Kubisten der zweiten Generation, von Gleizes, Metzinger, Lhote, Delaunay und vor allem Léger. Chagall zögert einen Moment, wie wir gesehen haben. Aber als er endlich einen Entschluß gefaßt hat, steht er aus ganzer Kraft dafür ein. Dank seiner unglaublichen analytischen Begabung und seiner Assimilationsfähigkeit spielt er mit dem Kubismus und kann mit ihm ausdrücken, was er will. Das allerdings ist dem, was die Kubisten ausdrücken wollen, genau entgegengesetzt.

"Kontrast" ist das Modewort dieser Zeit und Kontraste liefern den beiden Malern, deren Werk Chagall am meisten interessiert, die Basis ihrer Arbeit. Es handelt sich zum einen um Delaunay, der sich, von Seurat ausgehend, den "Simultankontrasten" der Farbe verschreibt, und zum anderen um Léger, der die Betonung auf "Formkontraste" legt. Beide peilen scharfe Gegensätze an. Cézanne hatte bereits mit impliziten Diskontinuitäten gearbeitet. Braque und Picasso bringen sie mit dem Kubismus explizit zum Vorschein. Der Modekubismus von 1910 verhärtet die Kontraste bis zu ihrer Aufsprengung - für Gris gilt das genauso wie für Gleizes. Das (von Cézanne

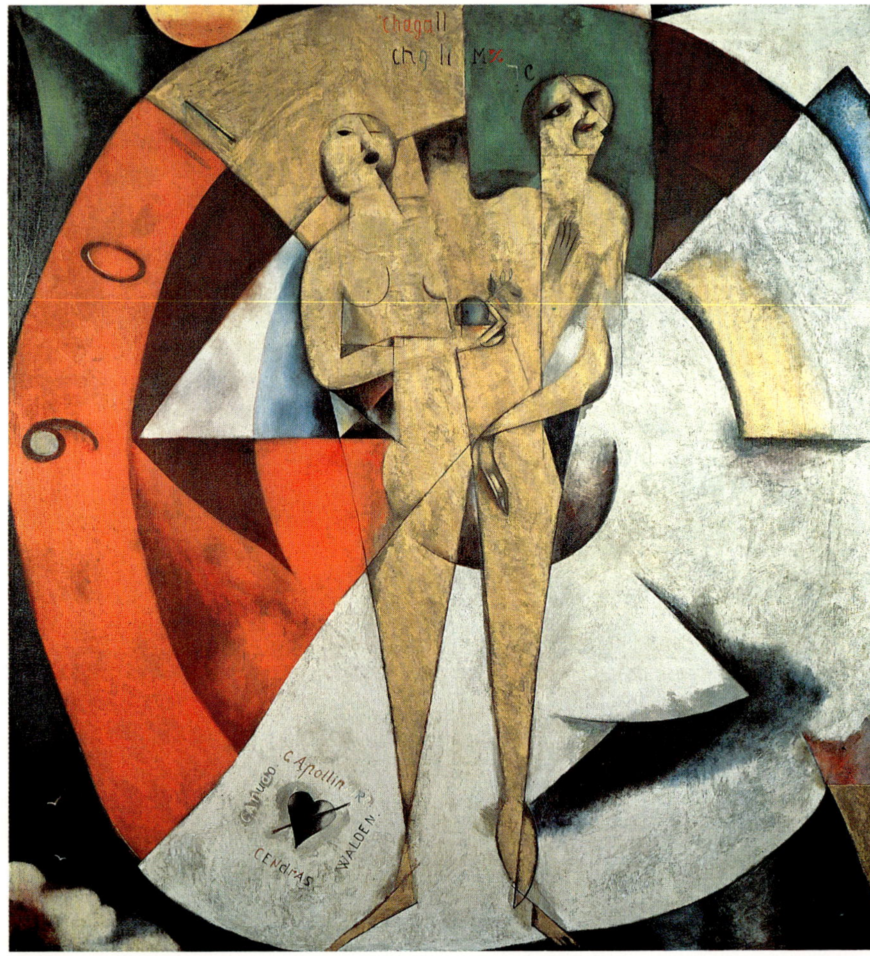

Hommage à Apollinaire, 1911-1912
Öl auf Leinwand
209 x 198 cm
Stedelijk Van Abbemuseum, Eindhoven

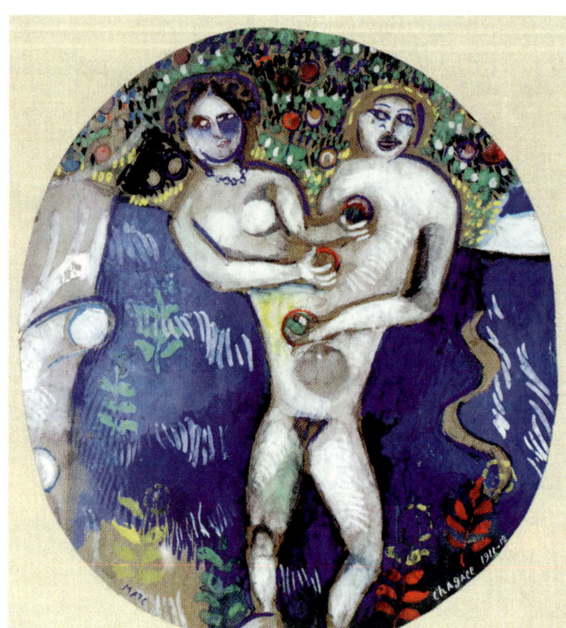

Studie zu *Adam und Eva,* 1911-1912
Gouache auf Papier
27,5 x 24 cm
Privatsammlung

Adam und Eva, 1912
Öl auf Leinwand
160,5 x 114 cm
The Saint-Louis Art Museum, Saint-Louis, Missouri

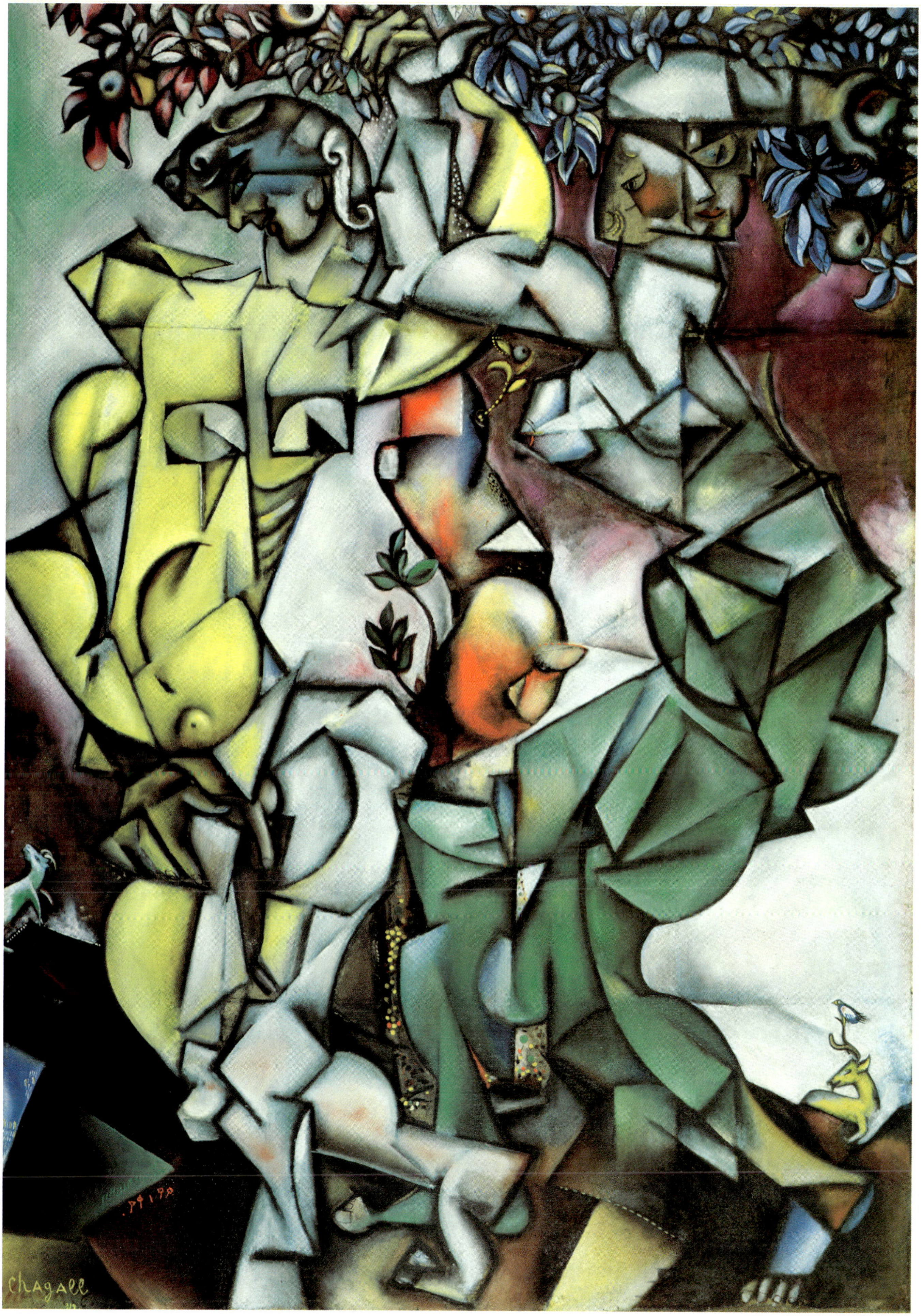
Chagall

nur erträumte) Messer ist dasselbe, aber es ist neu gezückt und geschärft worden. Wie Franz Meyer ganz richtig bemerkt, ist die Periode von 1911 und 1912 vom plötzlichen Einbruch der Geometrie in der Malerei gekennzeichnet (Mondrian, Kupka, die Mitglieder der *Section d'Or* etc.).
Wenn man mit einem Instrument wie der Geometrie bewaffnet ist, kann man die einzelnen Elemente der Figuren noch weiter auflösen. Als Delaunay im Jahre 1939 an sein Bild *Eiffelturm* von 1910 zurückdenkt, betont er besonders einen Gedanken, "der alles, was ich in dieser Zeit tat, beherrschte", nämlich den "Wunsch, die Linie zu unterbrechen"[41]. Léger behauptet seinerseits: "Der Kontrast ist die Basis aller Dinge, ja er ist das einzig generelle Gesetz aller großen Kunst"[42]. Er geht wie mit heftigen Axthieben auf die Formen los, zerschlägt sie, renkt sie aus und dreht sie aus den Gelenken. Das Risiko - doch auch die Hoffnung - dieser zerstückelnden Arbeitsweise besteht darin, daß der letzte Rest von Bedeutung verloren geht, wenn die einzelnen Teile ihres gemeinsamen Nenners beraubt werden. Die logische Konsequenz dieses Vorganges heißt Abstraktion. Tatsächlich haben Picasso und Braque weder die Homogenität der Figuration noch ihre Dichte je in Frage gestellt. Nun aber schleichen sich Risse ein und werden immer größer, und die Zerstückelung bringt das Risiko der Zerstreuung mit sich.
Boccioni scheint sich dieser neuen inneren Leere zu erfreuen, füllt sie aber sogleich wieder auf. "Laßt uns die Figur wie ein Fenster aufreißen", lautet seine Forderung. Doch er fügt hinzu: "Und laßt uns die Umgebung, in der sie lebt, in sie einschließen". Der durch die Unterbrechung der Linie erzielte Kurzschluß wird schnell wieder repariert indem eine Entlastungsleitung eingezogen wird, deren Erfindung gewöhnlich den Futuristen zugeschrieben wird. Dennoch findet man auch bei Delaunay den Willen, die Homogenität der Figuren wieder herzustellen, nachdem er sie aufgelöst hat, und dies mit den gleichen Mitteln. Delaunays Ziel ist, so Roger Allard, "die einen Aspekt darstellenden Gegenstände so weit voneinander zu trennen, daß zwischen ihnen eine bewegliche Verflechtung entsteht"[43]. Léger wiederum "repariert Formen", indem er Kompositionen mit vervielfältigenden Kontrasten"[44] schafft. Boccioni macht die von den Dingen in

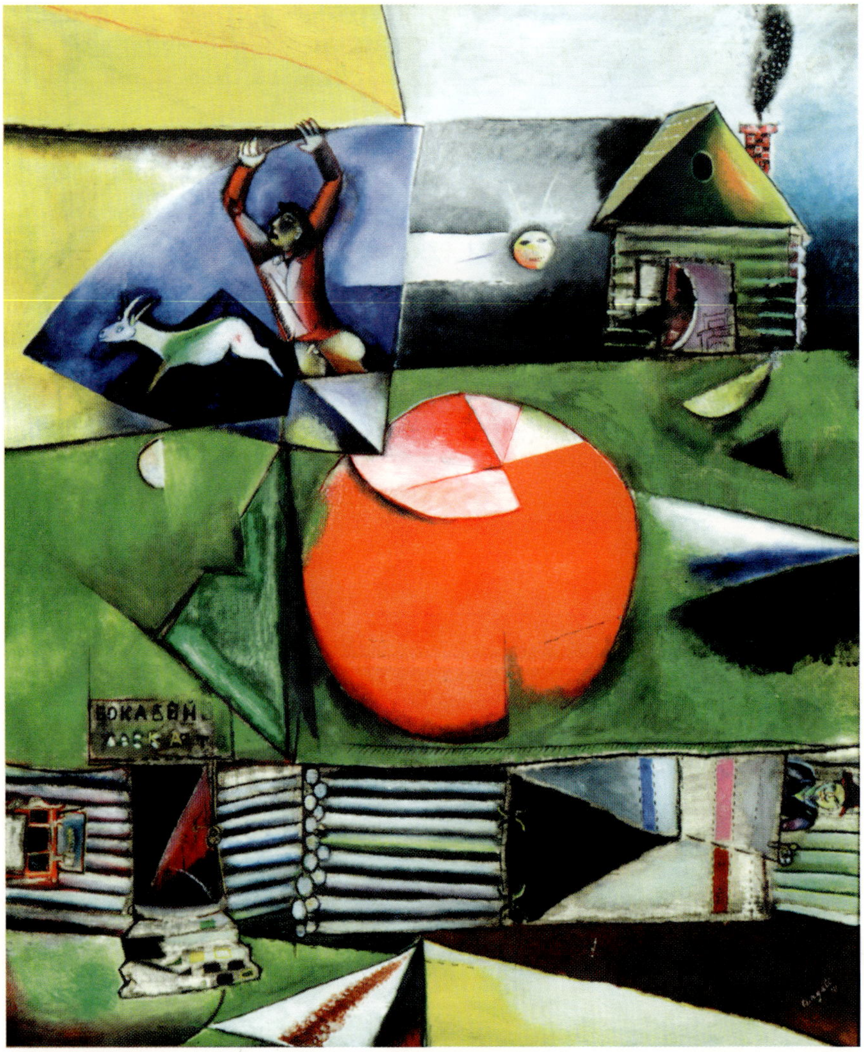

Vom Monde, 1911
Öl auf Leinwand
126 x 104 cm
Bayerische Staatsgemäldesammlungen, Staatsgalerie moderner Kunst
(Leihgabe der Sammlung Lange),
München

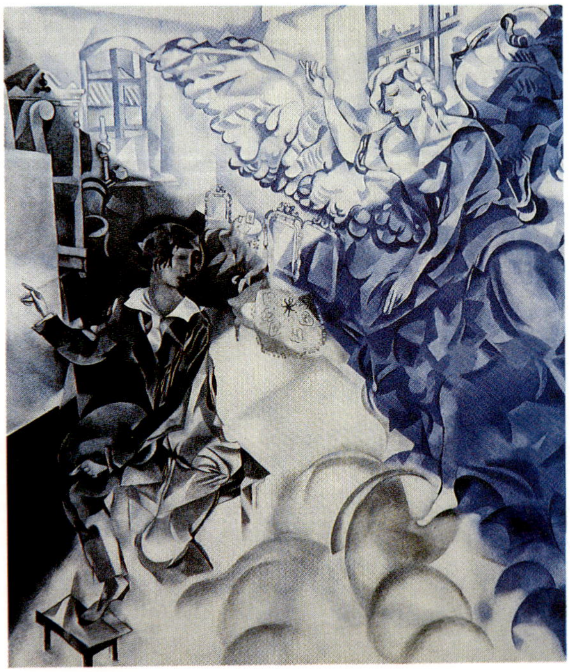

Die Erscheinung, 1917-1918
Öl auf Leinwand 157 x 140 cm
Sammlung Zinaida Gordeeva, St. Petersburg

41. *Fernand Léger*, Paris, 1985, S. 19.
42. Katalog Robert Delaunay, *Fernand Léger,* Paris, Grand-Palais, 1971-1972, S. VII.
43. Zitiert von Giovanni Lista, Katalog *Fernand Léger*, Villeneuve d'Asq, 1990, S. 32.

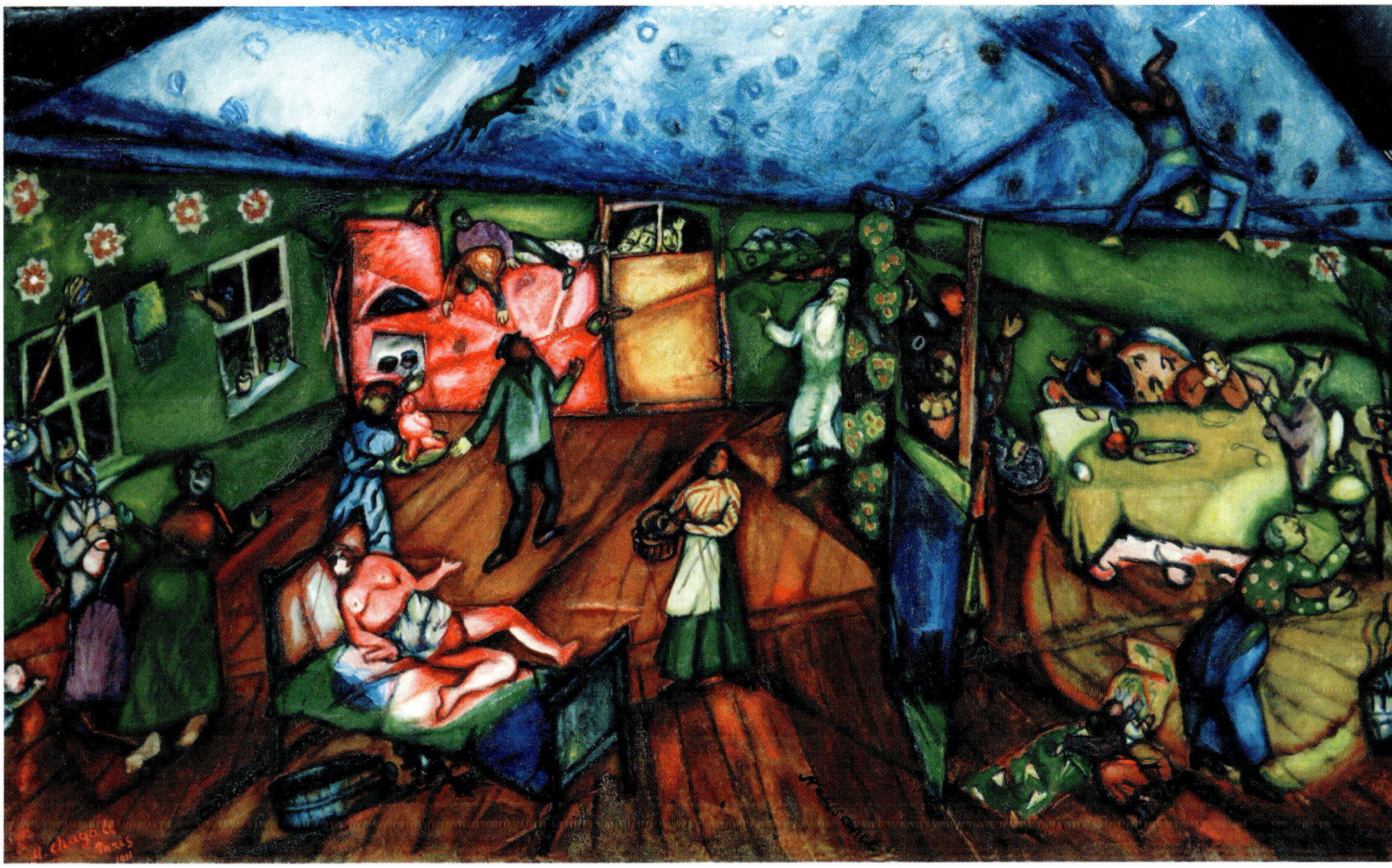

Die Geburt, 1911
Öl auf Leinwand
113 x 195,3 cm
The Art Institute of Chicago
Schenkung Herr und Frau Maurice E. Culberg, Chicago

unserem Bewußtsein hervorgerufenen Schockwellen sichtbar, während Giacomo Balla die aufeinanderfolgenden Positionen eines Objektes in Bewegung durch ihre räumliche Stilisierung verdeutlicht. Léger und Delaunay hingegen übersetzen Körper in ein Vokabular aus Kurven und Linien. Obwohl die Absichten sehr unterschiedlich sind, erzielen alle diese Versuche einen ähnlichen Effekt. Es ist als ob sie den Betrachter dazu veranlassen, ja sogar dazu zwingen wollten, die zerstreuten Elemente der Figur wieder zusammenzufügen, so wie Isis die Glieder des Osiris. Diese an uns gestellte mühsame Aufgabe macht solche Bilder dynamisch. Für den Fall, daß das Zusammensetzen "wie der Blitz" geht, wird das Bild schnelle Bewegung. Die "Schönheit der Schnelligkeit", die Marinettis Manifest von 1909 proklamiert, belebt die Werke der Simultanisten genauso wie die der Futuristen. Chagall liefert dafür ganz eindeutig den Beweis. In dem Gemälde *Die Erscheinung* (1917-1918, S. 38) ist die Figur des Malers im Grunde realistisch wiedergegeben, während die Darstellung des Engels weitgehend dem Prinzip des vervielfachenden Kontrastes gehorcht. Ganz instinktiv hat Chagall für die plötzliche Erscheinung eine Ausdrucksweise gewählt, die den Eindruck von höchster Schnelligkeit, oder anders ausgedrückt, von Augenblicklichkeit[45] geben kann. Eine göttliche Botschaft mit den formalen Mitteln auszudrücken, die zur Darstellung eines fahrenden Automobils erfunden worden sind, markiert eine Sinnverschiebung, die bestens geeignet ist, zu veranschaulichen, auf welchem Weg Chagall sich die Errungenschaften Légers und Delaunays aneignet[46].

Dem Maler von *Die Hochzeit, Rauch über den Dächern* und *Die Frau in Blau* entlehnt Chagall das Verfahren, die Bildfläche durch Rechtecke und Kreise, die sich gegenseitig überschneiden und unterbrechen, zu organisieren[47] (*Vom Monde*, 1911, S. 38; *Stilleben,* 1911, S. 40; *Die Geburt,* 1911, S. 39).

Er folgt Légers Beispiel auch in den Fällen, wo dieser auf "Kontraste zwischen weichen und harten Formen"[48] zurückgreift. So stellt er Häuser und Wolken, Passanten und Rauch einander gegenüber (*Selbstbildnis mit sieben Fingern*, 1912-1913, S. 41). Und er übernimmt die von Léger bevorzugte Methode, Umriß und Körpermodellierung zu verbinden, wobei die Kontur tief ein-

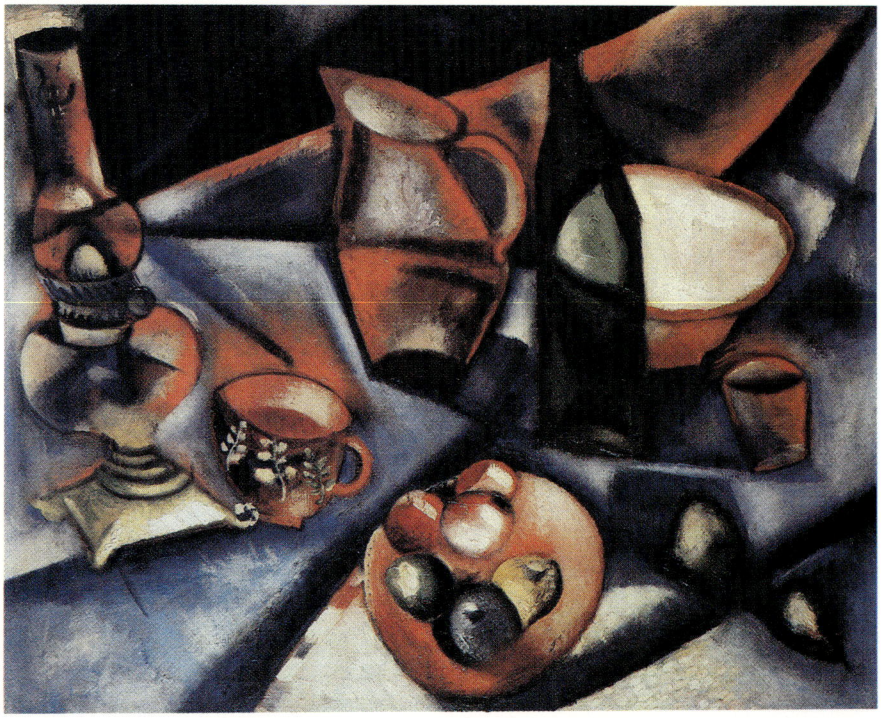

Stilleben, 1911
Öl auf Leinwand
63 x 78 cm
Erick Estorick Familiensammlung

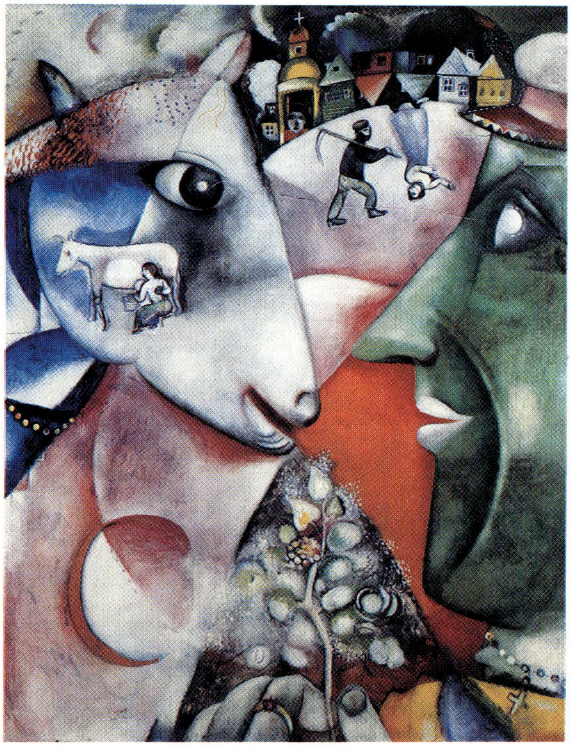

Ich und das Dorf, 1911
Öl auf Leinwand
192,1 x 151,4 cm
The Museum of Modern Art, New York

44. Fernand Léger, Konferenz (9. Mai 1914), Georges Bauquier, *Fernand Léger,* Paris, Adrien Maeght, 1984, S. 37.
45. Chagall benutzt den "vervielfachenden Kontrast" in einem anderen Bild, *Adam und Eva*: die erzielte kinetische Wirkung kann hier vielleicht mit dem Fall nach dem Biß in den Apfel gerechtfertigt werden. Dieser schwindelerregende Sturz wird gewissermaßen von Adams und Evas Schritten langsam eingeleitet.
46. Nicht sicher ist, ob jene Chagalls Art gutgeheißen haben. Denn Delaunay schreibt in einem Brief an *Franz Marc*: "Ich finde, daß es für die Kunst und für die Bewegung in der Kunst weder eines christlichen noch eines jüdischen Mystizismus bedarf." (Claus Pese, Franz Marc, 1990, Paris-München, Schirmer-Mosel, S. 18) Denkt er dabei an Chagall ?

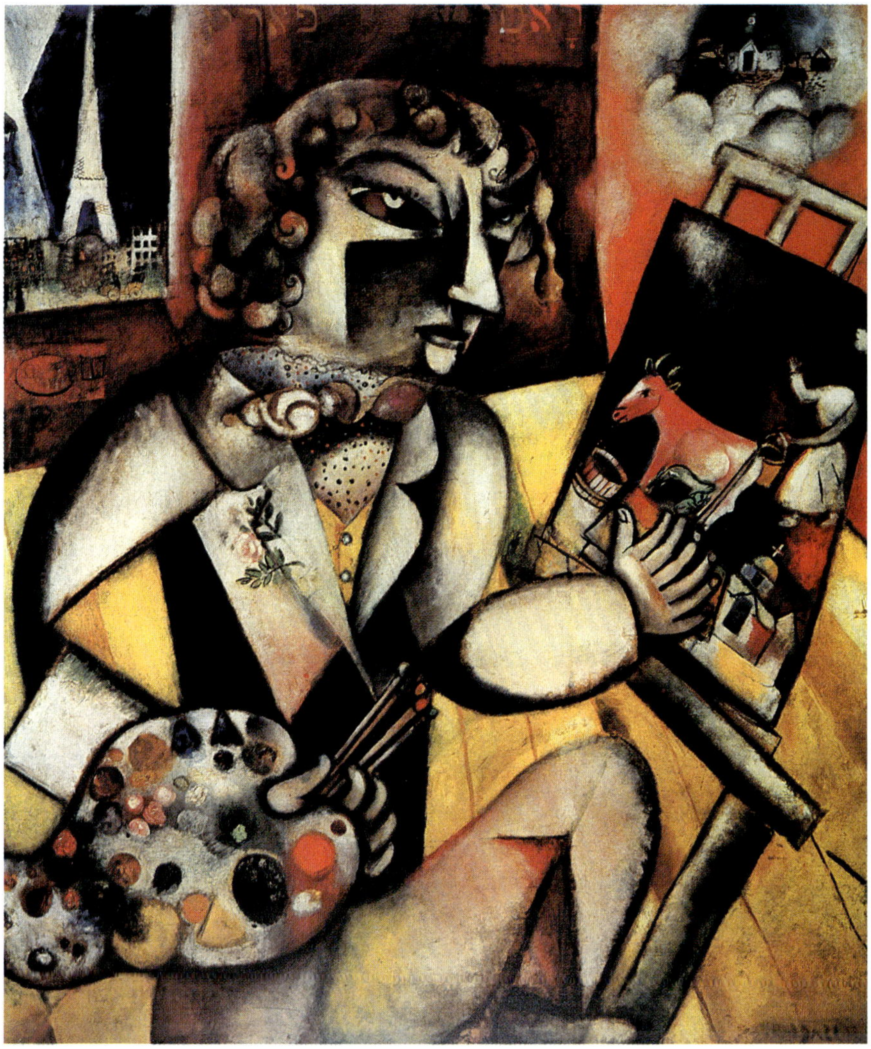

Selbstbildnis mit sieben Fingern, 1912-1913
Öl auf Leinwand
128,1 x 107 cm
Dienst Verspreide Rijkskollekties, Den Haag,
Leihgabe an das Stedeljk Museum, Amsterdam

gegraben und dadurch betont wird, während die Modellierung in weichen Übergängen erfolgt. Diese Kombination von *hard edge* und *sfumato* erscheint weniger eine Frage des Kontrastes als vielmehr ein Ausdruck von Widersprüchlichkeit. Während die Kontur in den Bereich der Abstraktion vorstößt, insbesondere dann, wenn ihre Stilisierung sich geometrischen Elementarfiguren annähert, zählt die Körpermodellierung zum Vokabular des Realismus. Léger greift immer dann auf realistische Ausdrucksmittel zurück, wenn er den dargestellten Dingen jene materielle Dichte erhalten will, die ihnen durch die Formabstraktion entzogen wird. Selbst wenn in den Bildern reine Farbformen erscheinen (ein ungemischtes Blau, Rot und Weiß, wie es in der sogenannten Serie der "Formkontraste" der Fall ist), nehmen sie die Gestalt räumlicher Körper an, die uns glauben machen, sie seien ihrer physischen Natur nach geeignet, Licht zu reflektieren und sich in Schatten zu hüllen.

Anstatt die immanenten Widersprüche dieser Vorgehensweise zu mildern, indem er der visionären Räumlichkeit durch realistische Körpermodellierung das zu retten versucht, was die verselbständigte Kontur in den neuen, beängstigend abstrakten Raum projiziert hat, betont Chagall die Gegensätze noch stärker als Léger. Innerhalb klarer Konturen und einfacher Überschneidungen in dem Bild *Der Viehhändler* (1912, S. 84; 1923, S. 85) deuten die von reinen Tönen bis zum Weiß hin abgestuften (im übrigen den naturalistischen Anforderungen gegenüber völlig gleichgültigen) Farben keineswegs die undurchsichtige Schwerfälligkeit des Tieres an. Dank ihrer feinen, leuchtenden und transparenten Modellierung öffnen die Farben in der schmalen Flanke des Tieres ein Fenster, das den Blick auf eine endlose kosmische Dämmerung lenkt. In den Jahren 1911 bis 1914 sind die Beispiele solcher unergründlichen Himmel zahlreich. Sie werden von unwirklichen Nordlichtern durchkreuzt, die sich tief in die Körper eingraben, um ihnen jenes Relief zu verleihen, nach dem ihr dreidimensionaler Status verlangt: der Kopf der Kuh in *Ich und das Dorf* (1911, S. 40), der Tisch in *Der Soldat trinkt* (1911-1912, S. 42) und der flauschige Bauch der Katze in *Der Dichter oder Half past three* 1911, S. 27). Kurz gesagt, da wo Léger sich bemüht, den von ihm geöffneten Riß zu schließen, legt Chagall alles darauf an, diesen zu vergrößern und zu ver-

47. Diese Entlehnung wird umso deutlicher, als daß sie Chagall hilft, eine von Léger nicht einmal erträumte Richtung einzuschlagen, wie wir sehen werden : *Die Liebe auf der Bühne* (1920, S. 77) mit dem in einem System von Geraden und Kurven und dem Verhältnis zwischen den raffinierten Grautönen und den reinen Farben Weiß, Blau, Rot, Gelb konstruierten Paar ist ein Hommage an den fernen Freund.
48. Gaston Diehl, *Léger*, Paris, Flammarion, 1985, S. 20.

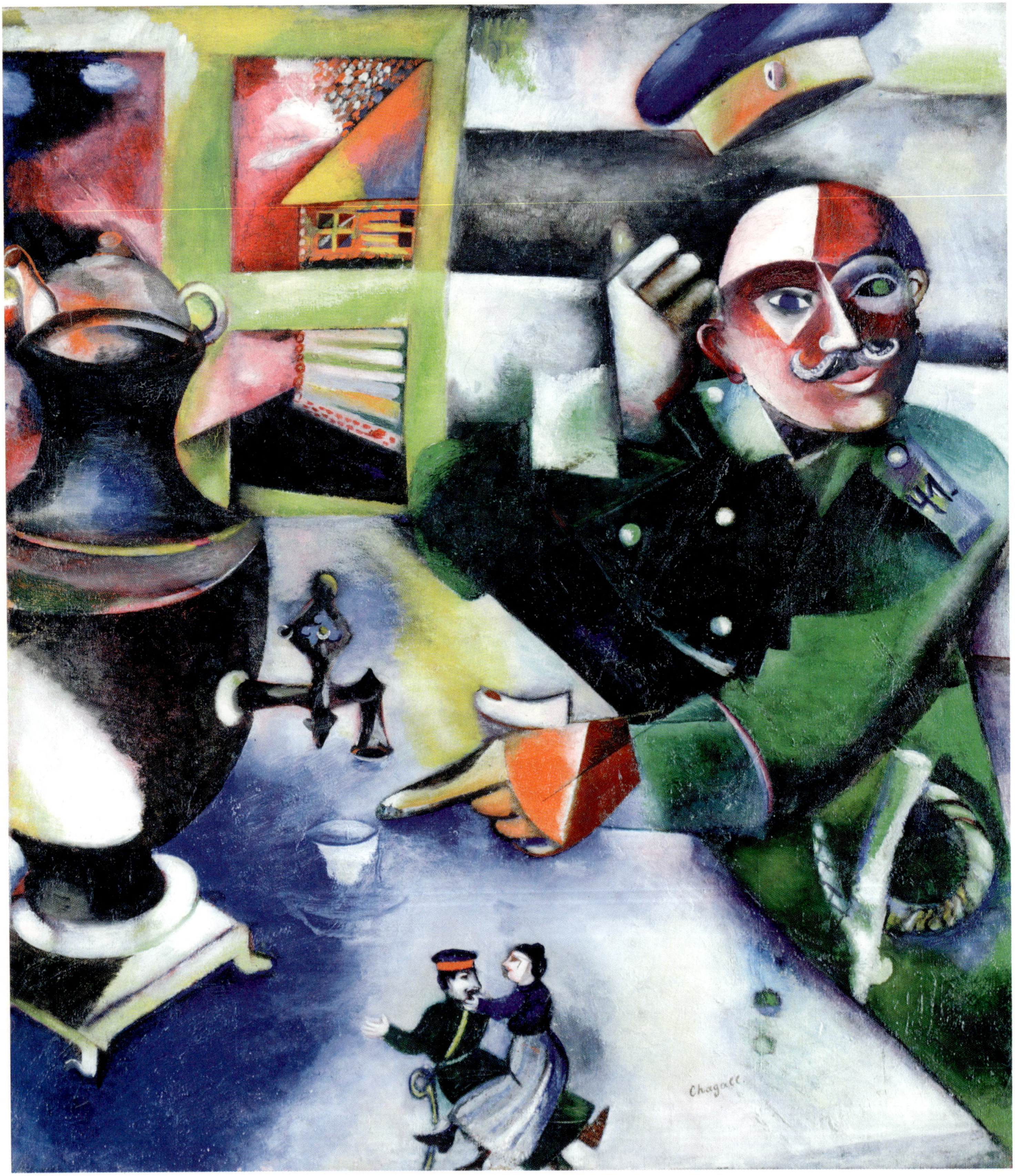

Der Soldat trinkt, 1911-1912
Öl auf Leinwand
110,3 x 95 cm
The Solomon R. Guggenheim Museum,
New York

Rußland, den Eseln und den Anderen, 1911
Öl auf Leinwand
157 x 122 cm
Musée National d'Art Moderne, Centre Georges
Pompidou,
Schenkung des Künstlers (1949), Paris

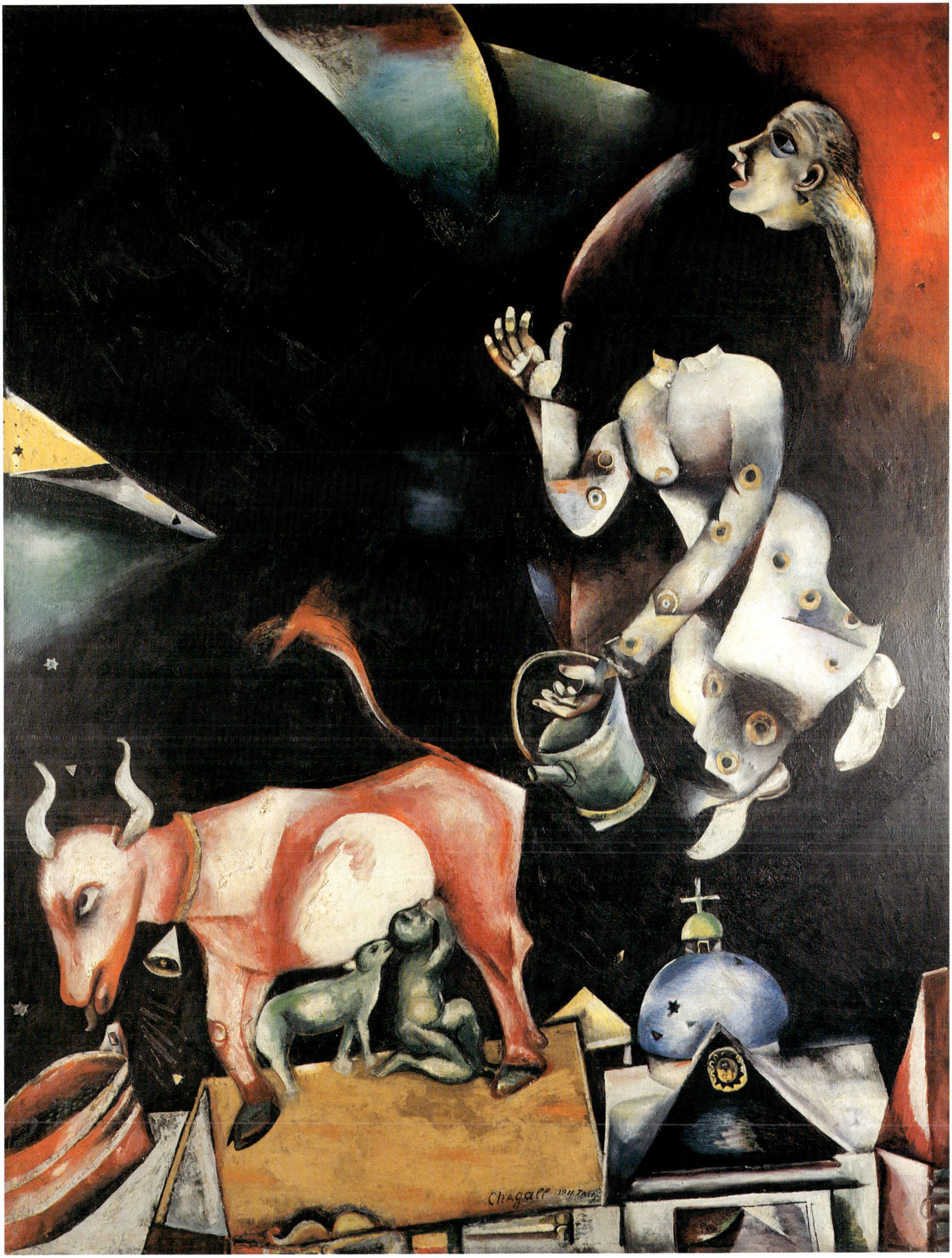
Chagall 1911 Paris

tiefen. Der Formkontrast wird unter seinen Händen zum Streit zwischen verschiedenen Stilrichtungen und damit zu einer feindlichen Gegenüberstellung zweier Welten. Denn der Realismus gibt das körperliche Aussehen wieder, während die Abstraktion ein unsichtbares Jenseits andeutet oder verkörpert.

Chagall benutzt den Formkontrast in der gleichen Weise wie Delaunay. Wie Léger gibt sich dieser eine Zeit lang einem regelrecht holzhackerischen Kubismus hin, denn er zerhackt die Figuren in Stücke und verschont davor nicht einmal den Eiffelturm. Nur das Riesenrad, Überbleibsel der Weltausstellung von 1900, kommt dabei glimpflich davon. Delaunay distanziert sich schließlich von Léger. Er verändert seine Palette nun immer mehr hin zu fauvistisch sonnenfarbenen von allen Zwängen befreiten Tönen und unterwirft seine Kompositionen immer deutlicher dem Gesetz von Geraden und Kreisen. Dadurch kommt er der Abstraktion viel näher als Léger. Allerdings steht er nur am Rande des gefährlichen Abgrundes und stürzt sich nicht Hals über Kopf hinein (noch nicht). Ein Netz von Fensterkreuzen verleiht den reinen und dadurch zum Irrealismus tendierenden Farben ein naturalistisches Alibi: es funktioniert nämlich wie ein Prisma, ein Wechselspiel zwischen dem in Spektralfarben zerlegten Sonnenlicht und der Transparenz.

Als komplizierter erweist sich die Auseinandersetzung mit dem Kreis, die ab 1913 Delaunays ganze Aufmerksamkeit auf sich zieht; sie ist eine Hommage an den von den Farbkreisen Chevreuls und Henrys begeisterten Maler Seurat. Da ein Kreis, ob er nun still steht oder in Bewegung ist, den gleichen Platz im Raum einnimmt, versöhnt er den statischen Kubismus mit dem dynamischen Futurismus. Das Riesenrad kann allerdings nicht ewig als Alibi für den Kreis dienen, genauso wenig wie Kürbisse und pralle Hinterteile. Mit den gewöhnlichen Sinnen kann man die triumphalen Drehbewegungen des Kreises nicht mehr wahrnehmen. Diese "neue Realität"[49] erweitert die Bedeutung der Formen, so wie der Intellekt das Sehfeld vergrößert. Gleizes kommentiert das Bild *Kreisförmiges Gemälde* seines Freundes ganz richtig mit folgenden Worten: es "proklamierte die Überlegenheit der Zeit über den Raum, des Geistes über die Materie". Wir fügen hinzu, daß die Zeit, die er meint, von der Uhr abhängt und die von ihm angesprochene Materie von der Wissenschaft. Es handelt sich hier also um einen verallgemeinerten, nicht verleugneten Realismus. Delaunay ersetzt die sonnige impressionistische Landschaft nur durch eine andere mit kreisenden Sternen. Chagall hat ganz recht, wenn er behauptet, daß der Übergang zur Abstraktion bei seinem Freund keine grundlegende Änderung herbeigeführt hat: man darf den Feuerwagen des Elias schließlich nicht mit einem Raumschiff verwechseln.

Chagall übernimmt mit Leichtigkeit Delaunays orphische Farbskala. Die Verbindungen von grün und gelb, violett und rosa, blau und rot aus dem Bild *Hommage à Blériot* finden ganz einfach ihren Platz auf Chagalls Palette. Genauso wenig fällt es ihm schwer, Delaunays Quadrierungen, Kreise oder Kreisabschnitte in seine Kompositionen zu übertragen. Sein Verhältnis zur Geometrie war immer gut. Sie war das einzige Schulfach (den Zeichenunterricht ausgenommen), das ihm nie Schwierigkeiten bereitet hatte. "Die Geometrie habe ich am meisten gemocht. Darin war ich unschlagbar. Die Linien, Winkel, Dreiecke und Quadrate entführten mich in verlockende, ferne Gefilde"[50].

Doch diese Ferne ließ sich weder mit Teleskopen noch mit Raketen erforschen. Wenn sich auf dem Bildhintergrund Kreise fächerförmig ausbreiten oder der ganze Hintergrund in Kristalle zerfällt, dann wird damit kein meteorologisches oder astronomisches Phänomen dargestellt, sondern die Interferenzen der beiden Welten, im Vordergrund wie im Hintergrund, auf der Erde wie im Himmel. Kleine Sonnen leuchten wie Knöpfe auf dem Rock der Bäuerin im Bild *Rußland, den Eseln und den Anderen* (1911, S. 43); in einem im Himmel des Bildes *Vom Monde* (1911, S. 38) schwebenden Würfel nistet eine *isba* (ein russisches Holzhaus). Chagall ist auf seine Art ein Simultaneist, da er zwei weit voneinander entfernte Orte (Paris und Witebsk), verschiedene Wesen und zeitlich auseinanderliegende Ereignisse (das Melken der Kuh in deren Kopf) in einem Raum vereinigt. Er fügt heterogene Elemente zusammen, um ihre Verschiedenheit zu betonen. In ihrem Zimmer verleiht die Ekstase dem *Liebespaar* (1913, S. 45) Flügel, während ein Huhn unter dem Tisch nach Körnern pickt. Hinter der *Kreuzigung* fährt ein Kahn auf der durch Witebsk fließenden Düna. Wenn man das Auge rund um das Bild *Ich und das Dorf* gleiten

49. Albert Gleizes, Katalog Robert Delaunay, Paris, 1976, S. 75.
50. Marc Chagall, *Mein Leben,* S. 50

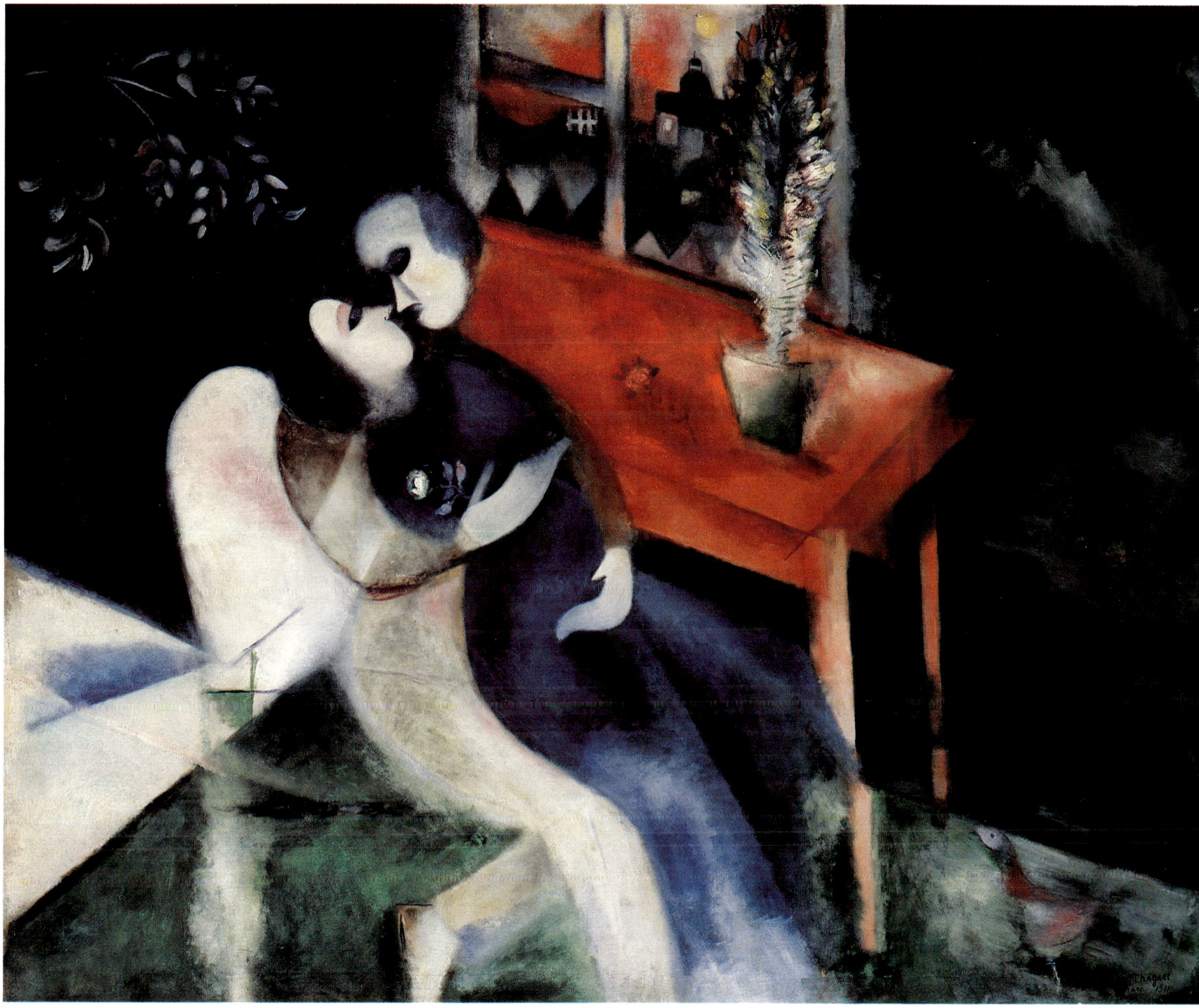

Liebespaar, 1913
Öl auf Leinwand
109,2 x 1347 cm
Sammlung Jacques und Natasha Gelman, New York

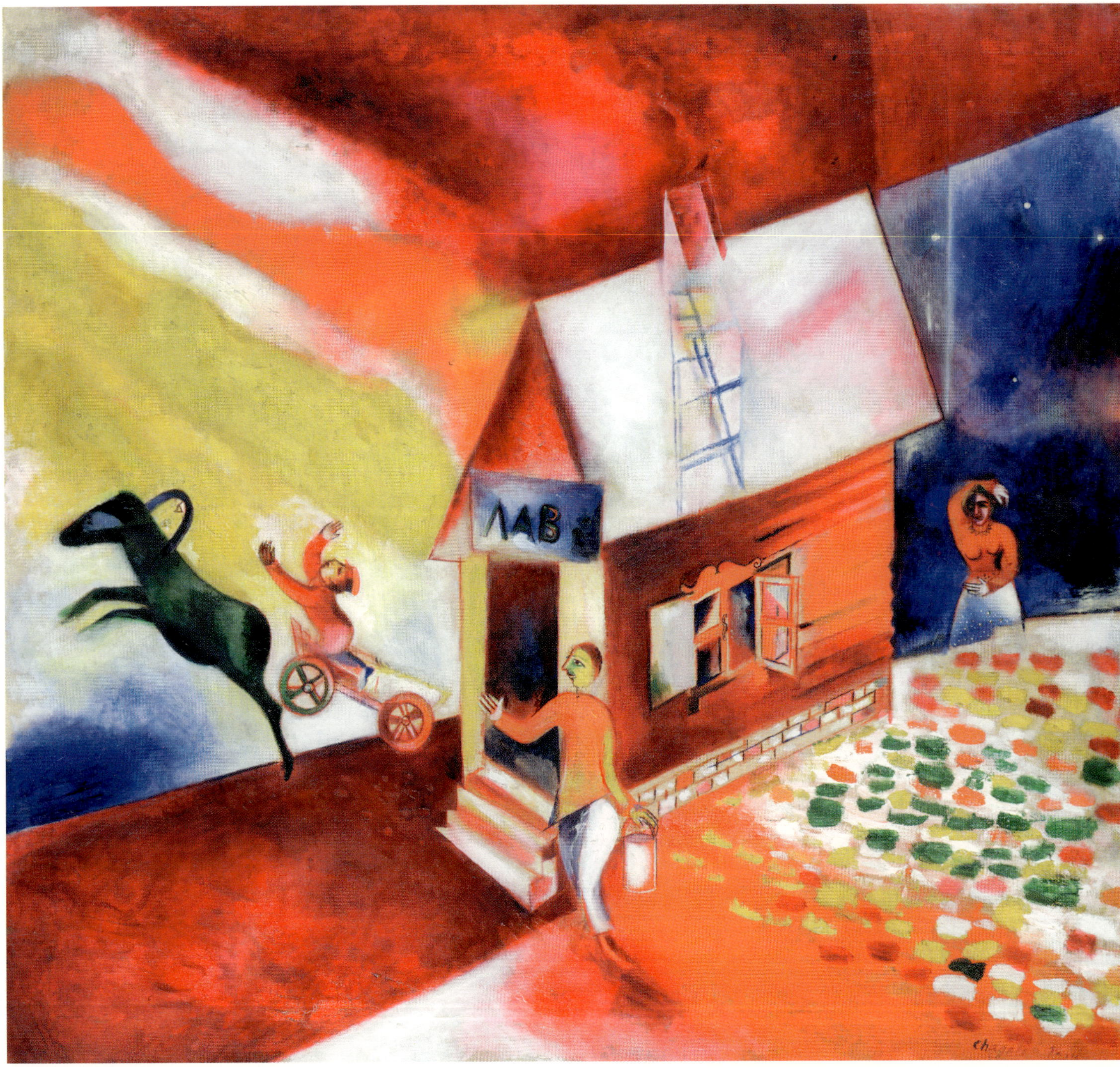

Das brennende Haus, 1913
Öl auf Leinwand
107,2 x 120,5 cm
The Solomon R. Guggenheim Museum, New York

Irgendwo außerhalb der Welt, 1915
Öl auf Karton auf Leinwand
61 x 47,3 cm
Gunma Museum of Art, Takasaki

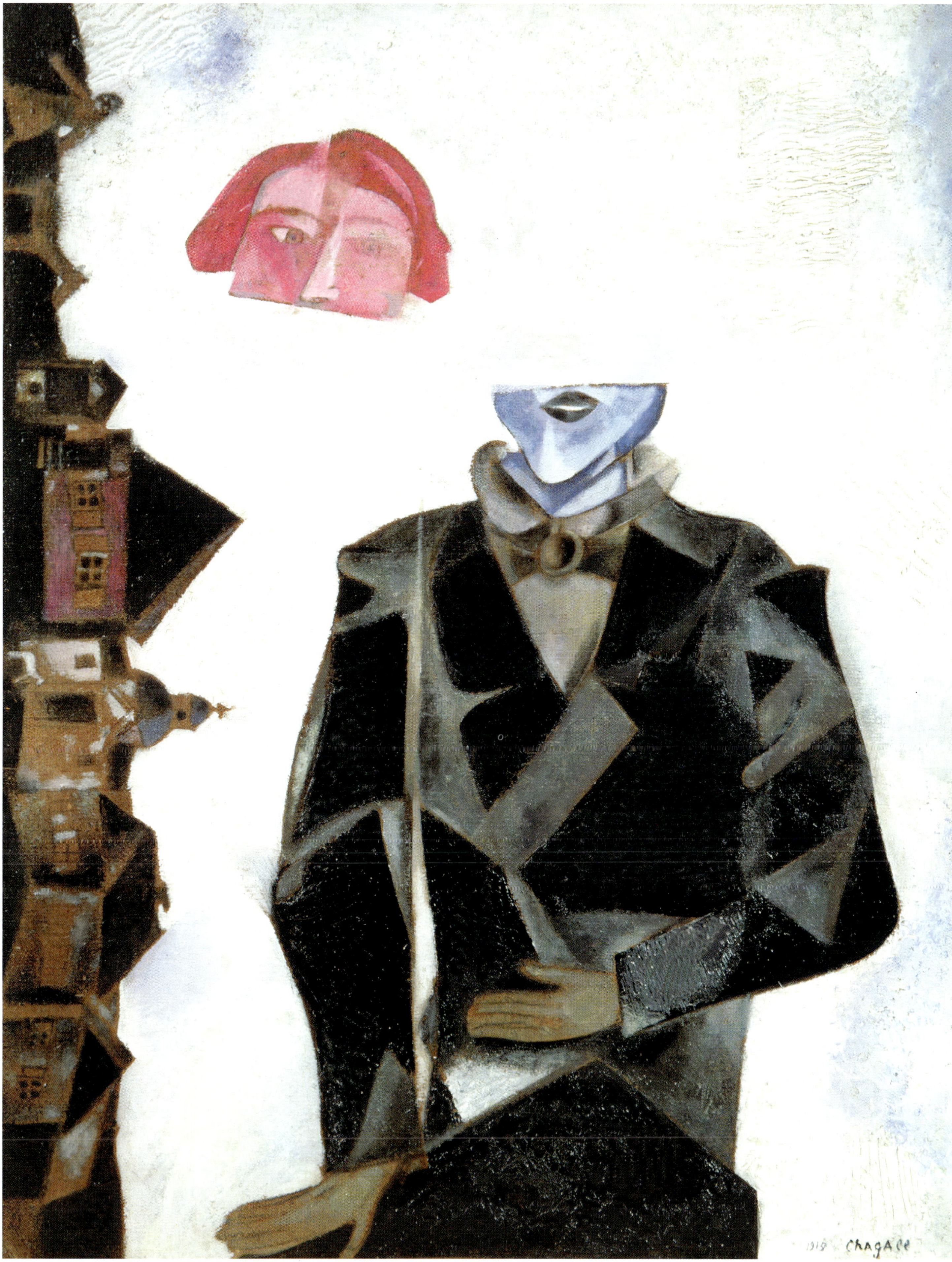
1918 CHAGALL

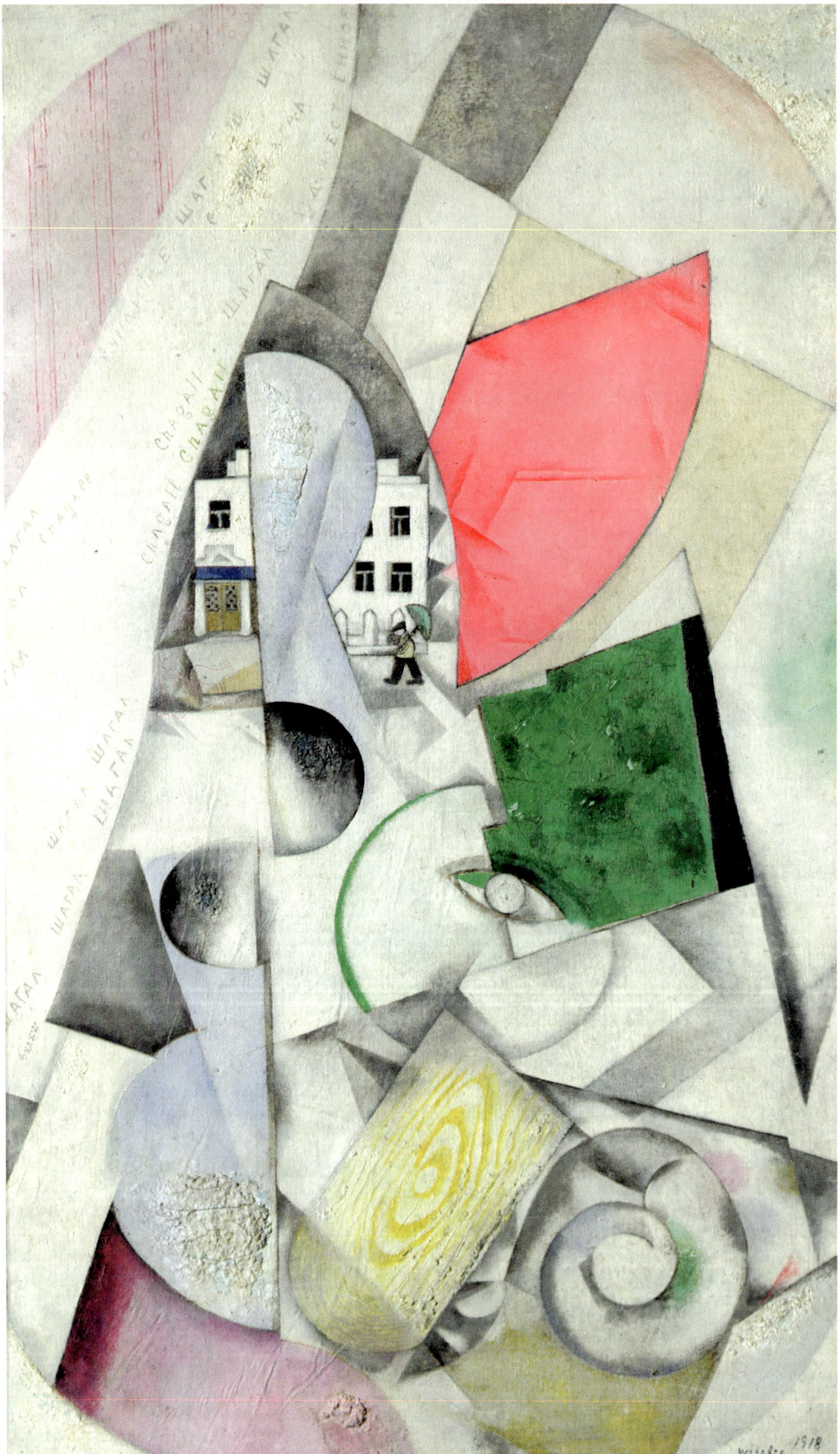

Kubistische Landschaft,
1918
Öl auf Leinwand
100 x 59 cm
Musée National d'Art
Moderne, Centre
Georges Pompidou,
Schenkung Ida Chagall
(1984), Paris

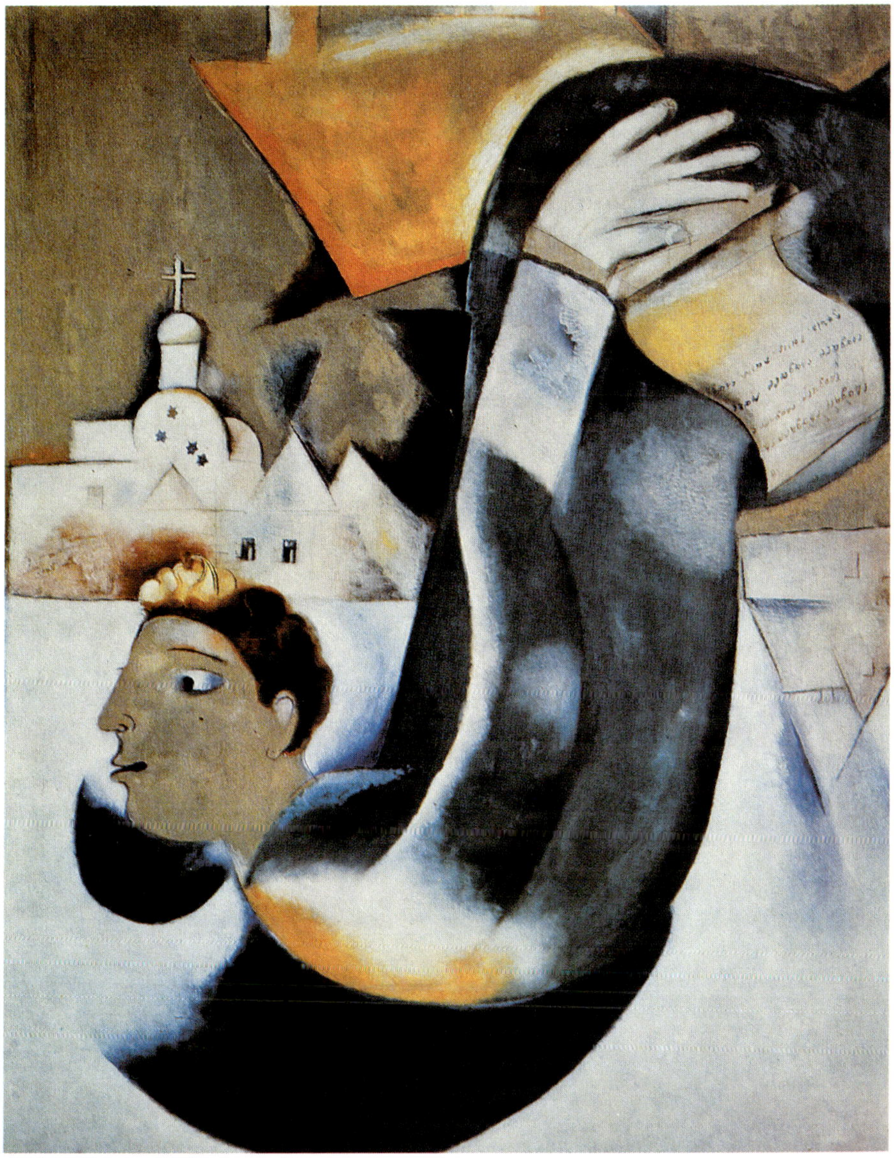

51. Das ist André Bretons Meinung und das Argument, das ihm erlaubt, Chagall a posteriori mit dem Surrealismus in Verbindung zu bringen (André Breton, op. cit., S. 69).

Der heilige Droschkenkutscher,
1911-1912
Öl auf Leinwand
145 x 118,5 cm
Privatsammlung

läßt, sieht man das riesige Profil einer Kuh, eine Sonne, eine Blume, die so groß wie ein Baum ist, das breite Profil eines Mannes und ein winziges Paar... *Der Soldat trinkt* und mehr noch das Bild *Vom Monde* oder das außergewöhnliche *Witebsk* sind Patchworks aus realistischen Nahszenen und abstrakten Fernen, deren Maßstäbe unvereinbar sind. So tanzen der Soldat und die Dienstmagd zu Füßen des Samowars auf dem Tisch. Oder Chagall reißt im Gegenteil zusammengehörende Teile auseinander (*Das brennende Haus,* 1913, S. 46): die Schirmmütze schwebt über der Stirn (*Der Soldat trinkt*), oder die Stirn selbst fliegt über dem Kopf (*Irgendwo außerhalb der Welt,* 1915, S. 47), oder der ganze Kopf geht weit ab vom Rumpf seinen eigenen Weg (*Rußland, den Eseln und den Anderen*). Alles trägt dazu bei, dem Gemälde die tragikomische Koexistenz unverträglicher Dinge als Evidenz aufzuerlegen und es somit dem unerbittlichen Gesetz des Dualismus zu unterwerfen. Dieser Dualismus eliminiert alles, was in der Mitte liegt und setzt bis zum Geht-nicht-mehr auf den scharfen Kontrast zwischen hier und anderswo, zwischen Realismus und Abstraktion.
Ich habe mit Absicht das Wort "Evidenz" gebraucht. Die Tatsache, daß gegen die gewöhnliche Logik verstoßen wird, hat keinesfalls zur Folge, daß die Gemälde, von denen hier die Rede ist, der Willkürlichkeit oder dem Zufall überlassen sind, oder daß sie zu liebenswürdigen oder gar phantastischen Ergötzlichkeiten werden. Zu behaupten, daß das Gesetz, welchem diese Malerei gehorcht, das Unterbewußtsein ist, wäre zu simpel[51]. Wir geben gerne zu, daß wir ihre Logik nicht wirklich kennen, glauben aber, sie an ganz präzisen sichtbaren Effekten festmachen zu können. Wir erkennen sie an einer die Gegensätze einhüllenden, elektrisierenden Feierlichkeit, mit der sie spaßige Geschichtchen oder bäuerliche Fabelgedichte in mythische Szenen verwandelt: zum Beispiel streiten eine Bäuerin, ein Kalb und ein Kind um die nährende Milch (*Rußland, den Eseln und den Anderen*). Nicht das Chaos, sondern eine andere Logik herrscht hier: trotz des großen Abstandes zwischen Kopf und Rumpf der Bäuerin leben beide in Harmonie. So wie der Lichtbogen den positiven Pol eng mit dem negativen Pol verbindet, ruft der Abstand (der die beiden normalerweise zum Tode verurteilt) einen Funken hervor, welcher die beiden "blitzschnell" miteinander verbindet, während wir das Bild betrachten.

Dieser Blitz (dessen Kometenschweif die Gemälde von den Familienbildern bis zu *Rußland, den Eseln und den Anderen* durchzieht) ernährt sich von der Nacht, die er erhellt. Obwohl die Szenen der zwanzig Bilder von *Rußland, den Eseln und den Anderen* bis zum *Liebespaar* sich am hellichten Tag mit leuchtenden Farben abzuspielen scheinen, sehen sie eher wie Nachtszenen aus. In seinem Atelier in La Ruche malt Chagall nachts. Die Nacht über Peskowatik und Montparnasse ist dieselbe, nämlich heimat- und zeitlos. Sie löscht das Meßbare, löst die gewohnten Beziehungen auf und bringt die heilige Ordnung herab in die profane Welt. Chagall schreibt in einem seiner Gedichte:

"Du schreckst in der Nacht auf,
Du fühlst in Dir die Ewigkeit.
Die endlose Nacht".

Endlos und ohne Grund. Unter dem Deckmantel nächtlicher Szenen führt Chagalls Werk den *fond perdu*, den Flächengrund, wieder ein, nämlich den unbegrenzten Raum der byzantinischen und romanischen Kunst[52], den die Renaissance durch einen simulierten, von der Horizontlinie in zwei gleiche Hälften geteilten, materialisierten Hintergrund ersetzte, somit einen stabilen und undurchdringlichen Untergrund. Bei Chagall stehen die Figuren nicht mehr auf dem Boden, sondern stürzen in eine bodenlose Tiefe oder tauchen aus schwindelnden Abgründen auf. Was die "kopflose Frau" aus dem Bild *Rußland, den Eseln und den Anderen* betrifft, bemerkt Chagall: "Ich brauchte einen leeren Raum, deswegen habe ich den Kopf vom Rumpf getrennt"[53]. Das Nachtschwarz ist die Farbe der Leere. Obwohl die *Kubistische Landschaft* (1918, S. 48) eines der radikalsten Beispiele für Chagalls dualistisches System liefert, hat sie nichts Nächtliches an sich. Man kann sie als eine elegante Stilübung betrachten, die virtuos die kubistische und die realistische Vorgehensweise miteinander verwebt: keine Spur von russischem Roulette, das die Formen ins Nichts stürzt, in der Hoffnung, die Leere in eine tragende, heilende Fülle, in ein embryonales Bad zu verwandeln, was bei Chagall wie in den Manuskripten und Mosaiken von Ravenna oder Konstantinopel die Äußerung der Heiligkeit ist.

Der Raum in Chagalls Bildern ist weder strukturiert noch eindeutig orientiert - zumindest nicht so wie ein natürlicher Raum. Die Lebewesen in ihm fliegen nicht, sondern sie befinden sich in

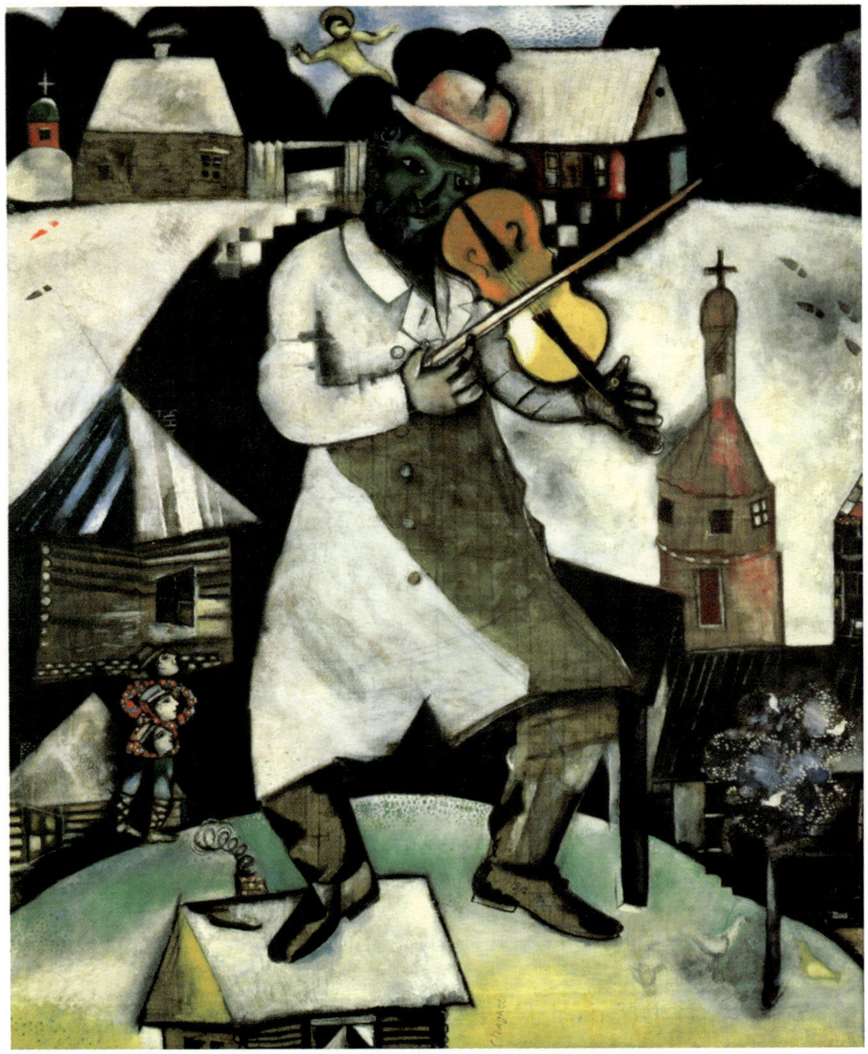

Der Geiger, 1912-1913
Öl auf Leinwand
188 x 158,5 cm
Stedeljk Museum, Amsterdam

52. Dieser Grund macht aus den marionettenhaften Figuren feierliche, sogar monumentale Gestalten, oder er dient als Kulisse. Das ist der Fall vom Gemälde *Das Heil*, einem der Bilder, in denen das Komische und das Kosmische ineinander verschmelzen.
53. Katalog Chagall, Paris, 1959, S. 162.

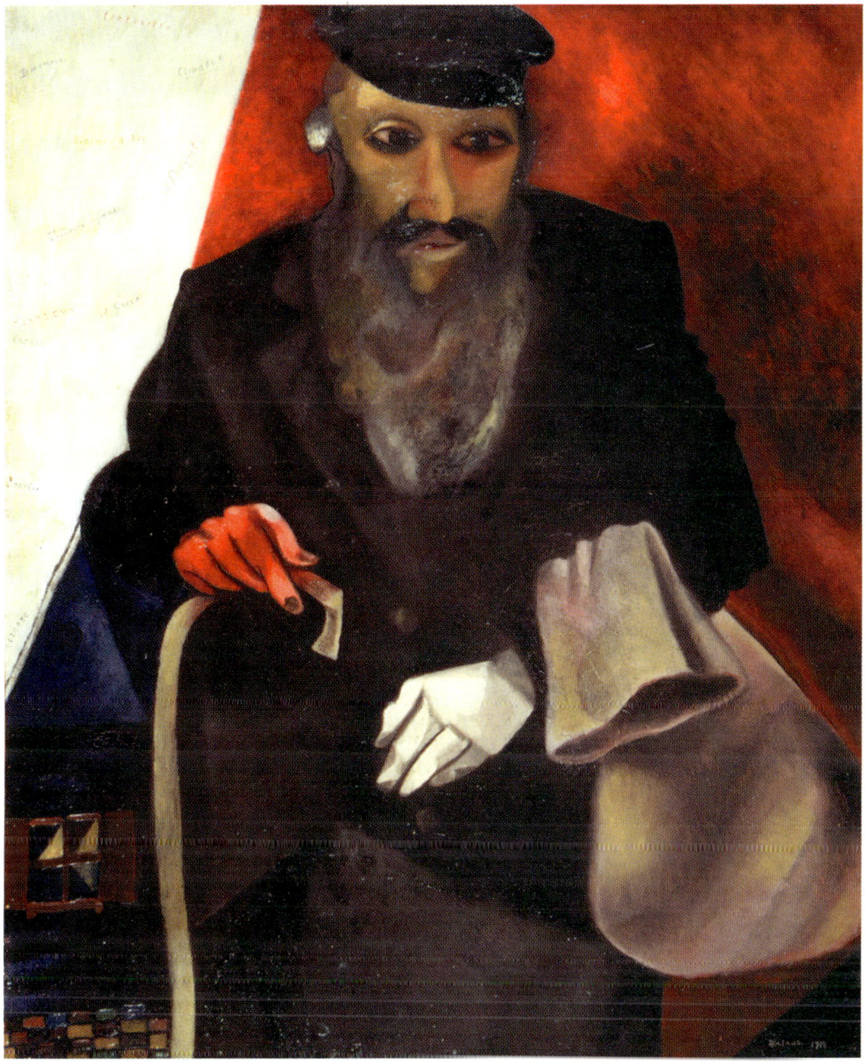

Der Bettler in Rot, 1915
Öl auf Karton auf Leinwand
100 x 80 cm
Stiftung Karl und Jürg im Obersteg

einem Zustand der Schwerelosigkeit. Hier gibt es kein oben oder unten. *Der heilige Droschkenkutscher* (1911-1912, S. 49) läßt sich genausogut von oben nach unten wie von unten nach oben anschauen. Weit oder nah, groß oder klein: es ist eins in dieser aller Himmelsrichtungen beraubten Umgebung ohne Oberfläche und Hintergrund, die keinen Maßstab für die in ihr schwebenden Gegenstände liefert. Der Raum der traumbildhaften Gemälde von 1911 bis 1914 entspricht der berühmten Definition von Pascal: "Ein Kreis, dessen Mitte überall und dessen Umfang nirgendwo ist". Diese Formel war für den Autor der *Pensées* eine metaphysische Definition Gottes. Chagall, dessen Hommage à Apollinaire im Grunde ein geistiges Selbstbildnis darstellt, ignoriert keineswegs die Bedeutung, die der Kreis beschwört. Während er als Heiligenschein auf den russischen Fresken und Ikonen erscheint, ist der Kreis mit dem Namen "Jahwe" in seiner Mitte das einzige "Bild", das der Gott der Juden von sich toleriert.

Der Kreis ist jedoch nur eine Metapher für den wundererzeugenden Raum, den Chagalls Gemälde eröffnen. In *Mein Leben* schreibt der Maler: "Als Antwort scheint die Stadt wie die Saiten einer Geige gespannt zu sein. Ihre Bewohner fangen an, sich in der Luft schwebend fortzubewegen und ihren gewöhnlichen Platz zu verlassen. Die vertrauten Figuren lassen sich auf den Dächern nieder und ruhen sich dort aus. Alle Farben werden ausgeschüttet und lösen sich in Wein auf, und meine Malerei sprudelt aus dem Getränk heraus" (*Der Geiger*, 1912-1913, S. 50). Als Antwort wor auf? Auf die höchst begeisterte und deutlichste Anrufung: "Gott, der Du Dich in den Wolken oder hinter dem Haus des Schusters verbirgst"[54]. Der Ton dieser Anrufung, der sowohl intime als auch feierliche Ausdruck der göttlichen Offenbarung - sollte sie auch negativ sein - und die Vision des Göttlichen: alles dies erinnert uns daran, daß Chagalls Erfahrung oder zumindest seine religiöse Erziehung durch den Chassidismus geprägt ist.

Es kommt uns nicht in den Sinn, in Chagalls Malerei nur eine Verherrlichung des Chassidismus zu sehen. Chagall läßt eher sein Herz sprechen als den Verstand, der das Herz nicht ergründen kann. Dies findet man im übrigen auch in anderen Religionen. Wenn wir dennoch die erwähnten

54. Marc Chagall, op. cit., S. 94

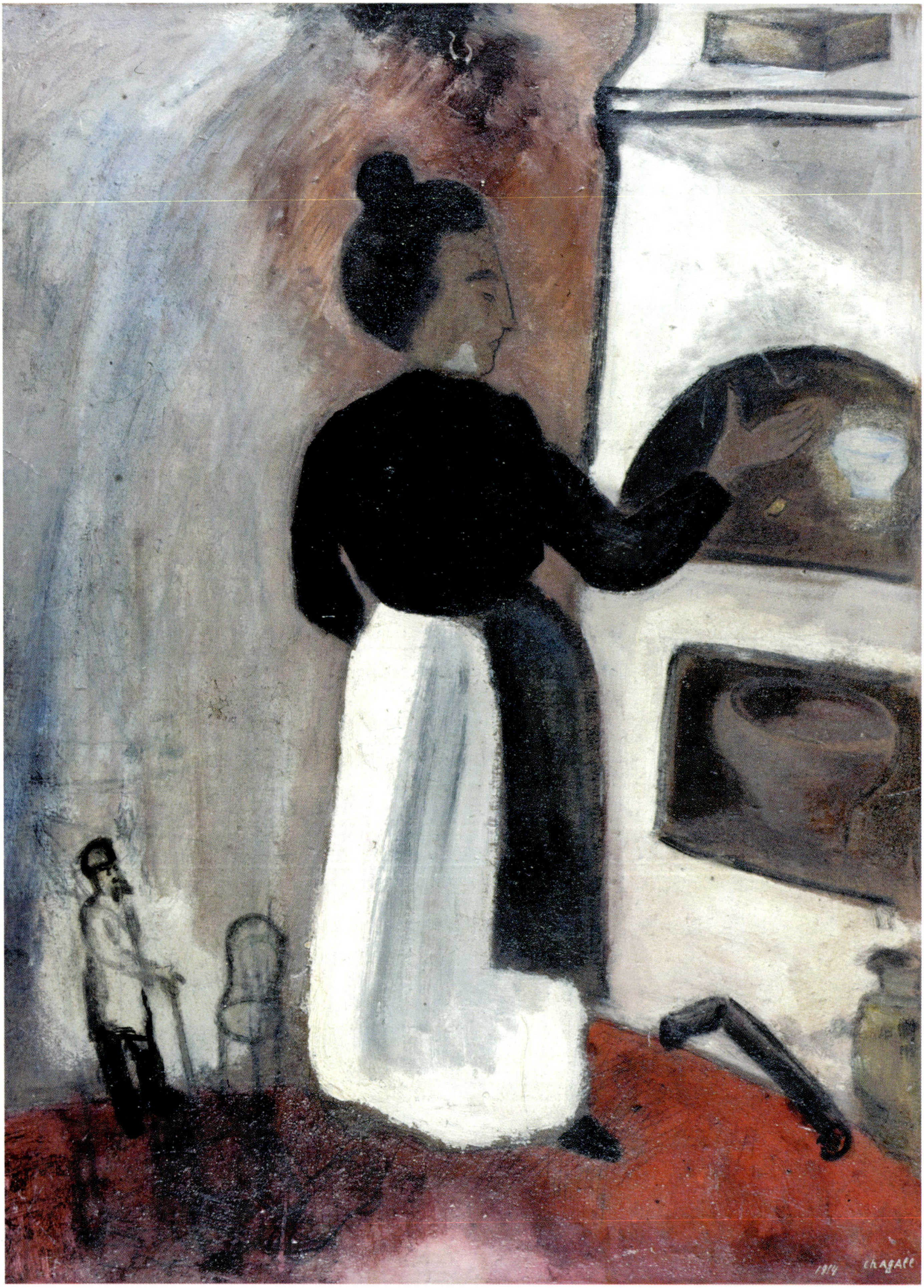
1914 Chagall

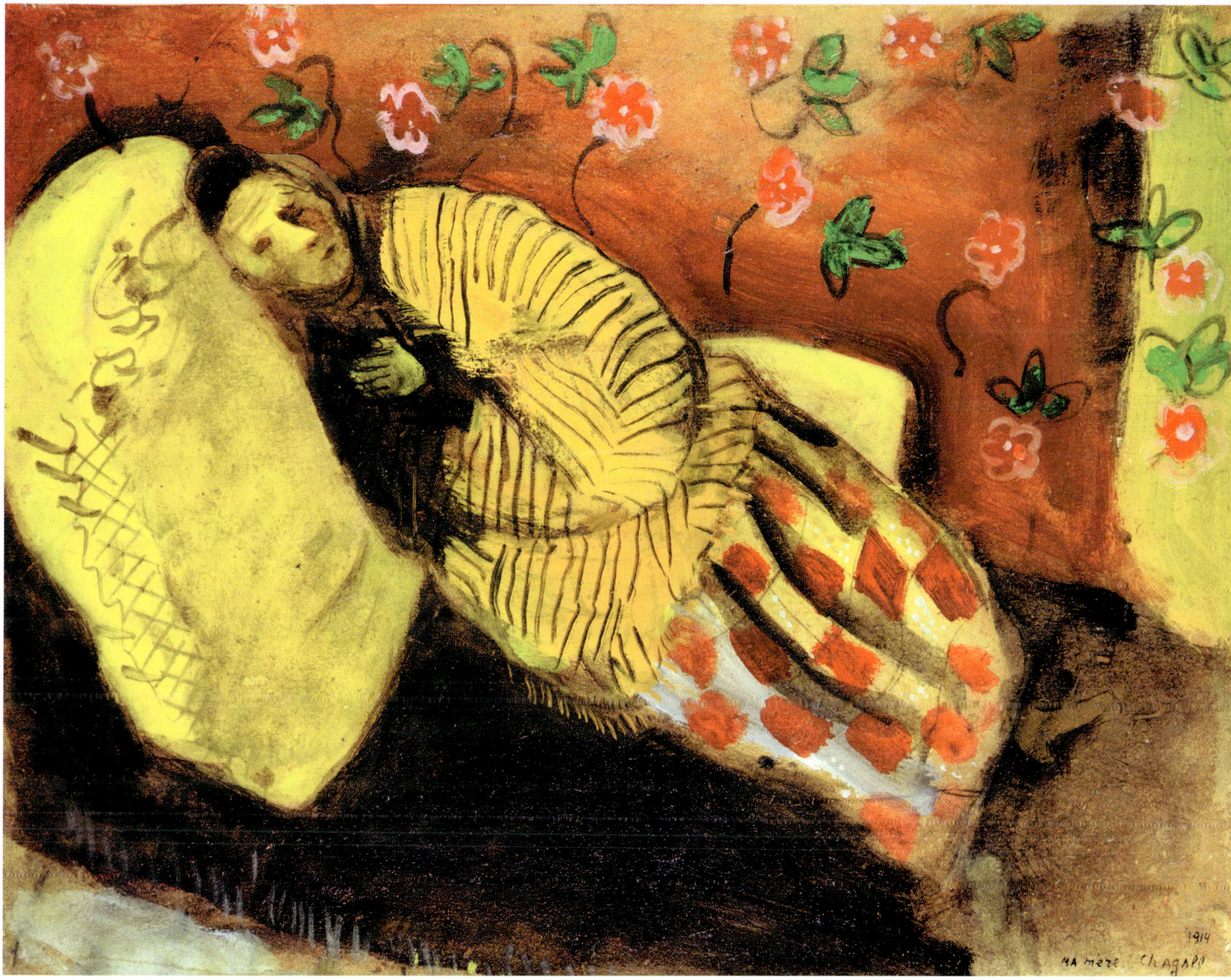

Die Mutter am Ofen, 1914
Öl auf Papier auf Leinwand
63 x 47 cm
Nachlaß Ida Chagall, Paris

Die Mutter auf dem Sofa, 1914
Öl auf Leinwand
37,5 x 50 cm
Privatsammlung

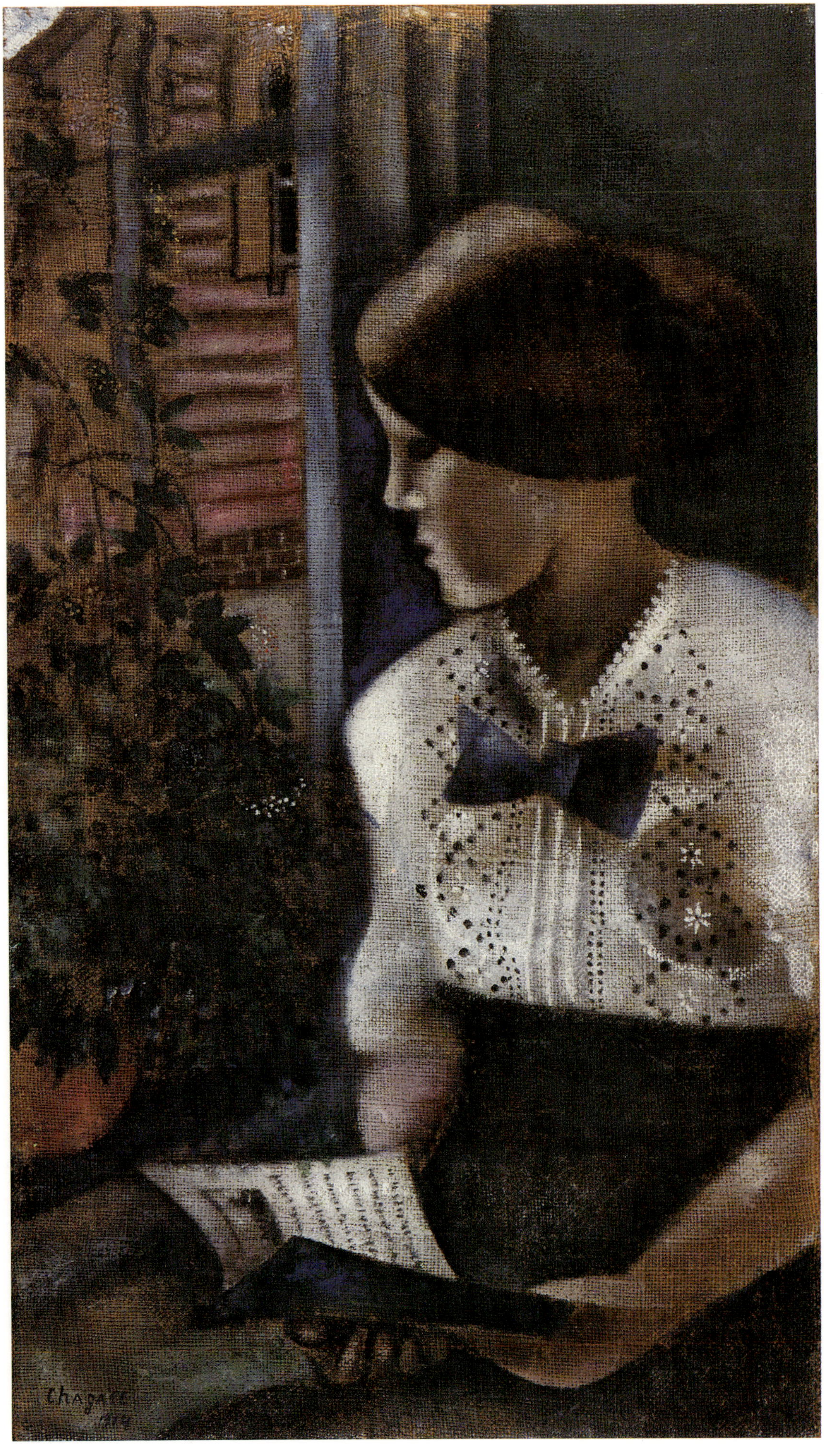

Lisa am Fenster, 1914
Öl auf Leinwand
76 x 46 cm
Privatsammlung, Basel

Der Zeitungsverkäufer,
1914
Öl auf Leinwand
98 x 78,5 cm
Musée National d'Art
Moderne, Centre
Georges Pompidou,
Schenkung Ida Chagall
(1984), Paris

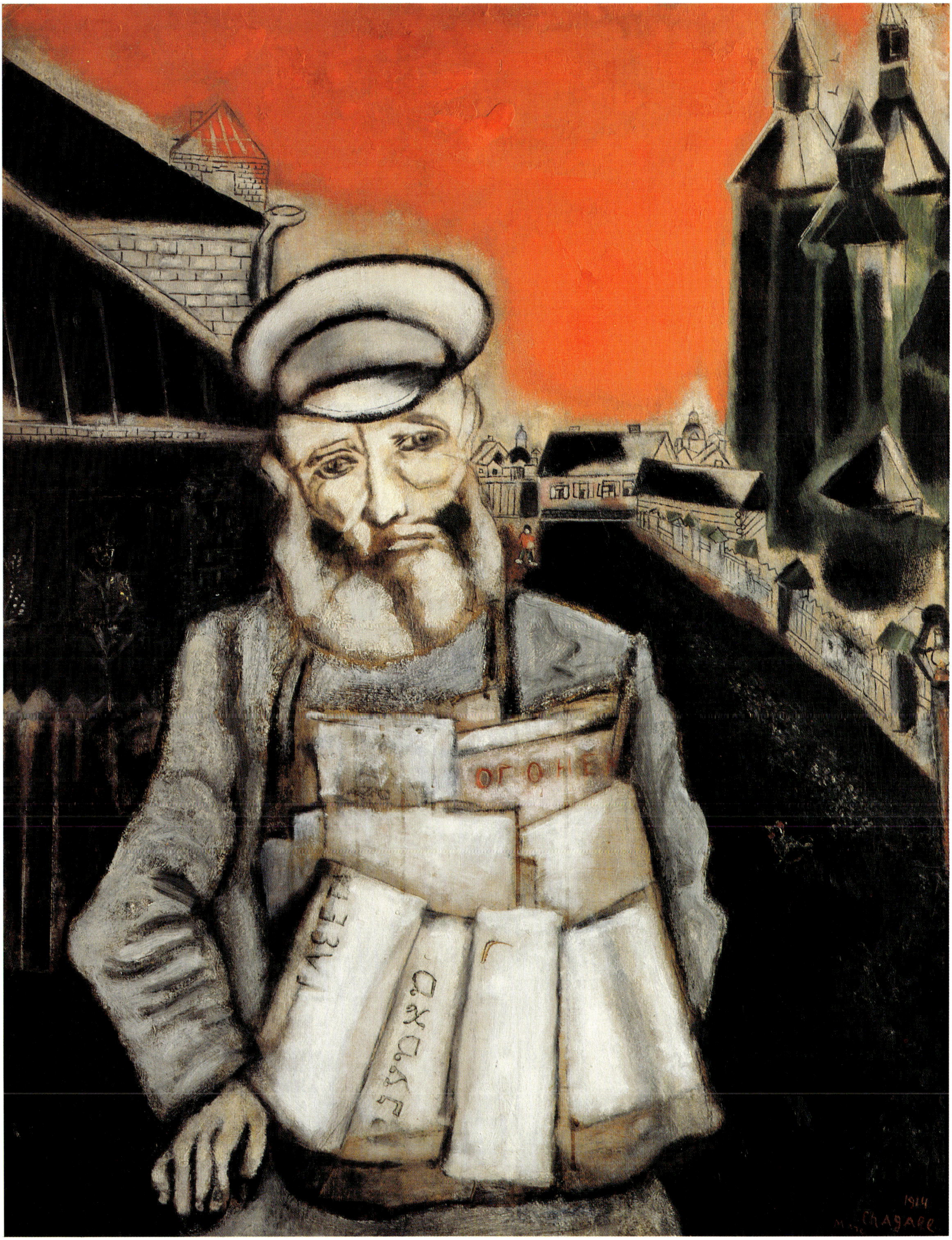
ОГОНЕ
1914

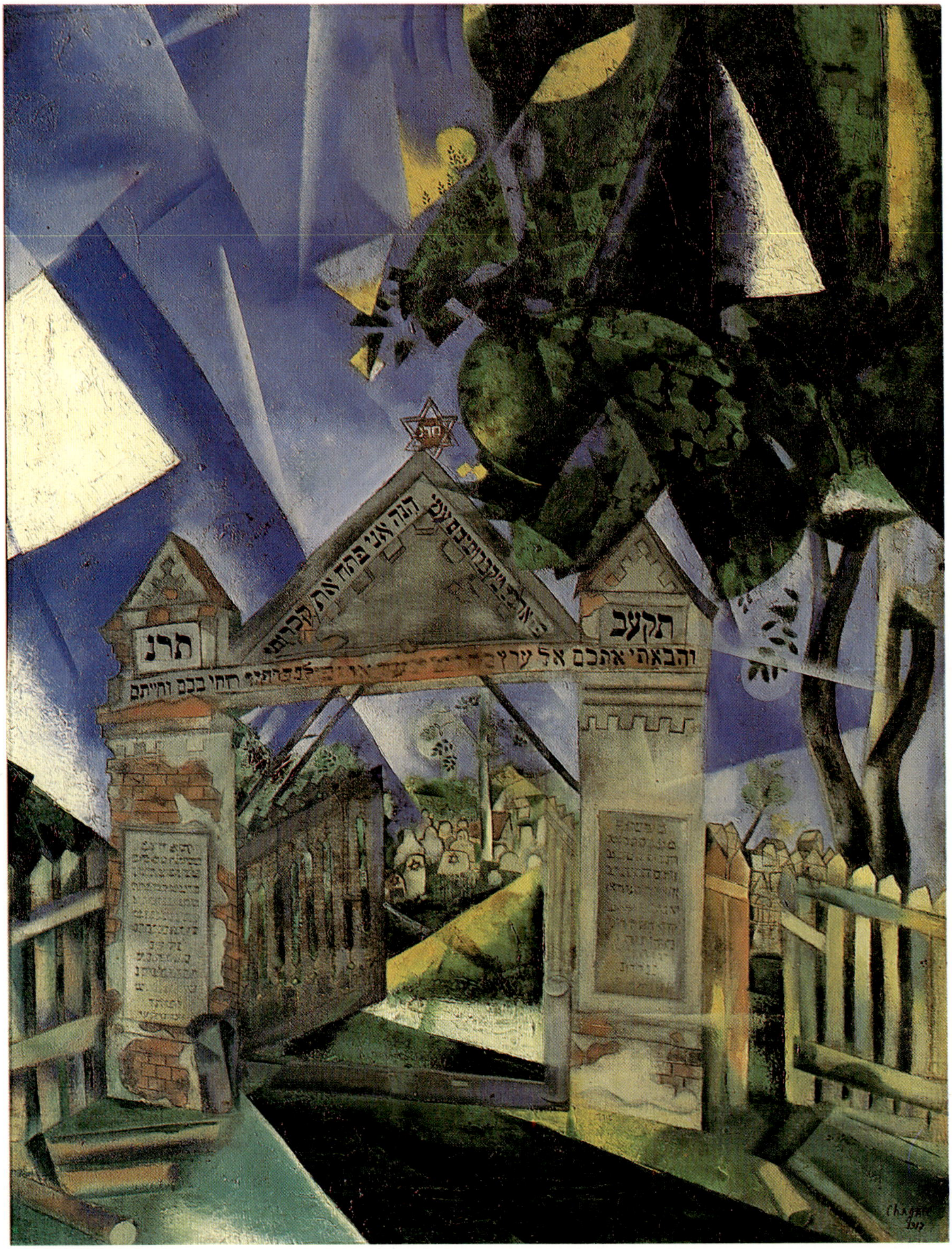

Das Friedhofsportal, 1917
Öl auf Leinwand
87 x 68,5 cm
Musée National d'Art Moderne, Centre
Georges Pompidou,
Schenkung Ida Chagall (1984), Paris

Gemälde mit dem Begriff des Heiligen in Verbindung bringen, geschieht dies nicht, weil Chagall ein gläubiger Mensch war (das weiß ich gar nicht). Er selbst schrieb später: "Für mich ging es nur darum, ein plastisches Problem zu lösen und mit faßbaren Mitteln eine andere Realität aufzubauen"[55]. Allerdings können wir einige Ähnlichkeiten zwischen der chassidistischen Weltanschauung und seiner Malerei beobachten. Es fällt uns auch auf, daß er durch den Chassidismus in seinem Vertrauen bestärkt wurde und daß gewisse Eigenheiten des chassidistischen Denkens es ihm erleichterten, Widersprüche zu akzeptieren, die ihn sonst gewiß entmutigt hätten. Der Chassidismus war, wie wir gesehen haben, zutiefst dualistisch. Das Los des Chassid war, ständig auf zwei verschiedenen Ebenen zugleich zu leben und zu denken, nämlich in der Wirklichkeit und im Übernatürlichen und sich zu der schwierigen geistigen Übung zu zwingen, gleichzeitig die Geschichte und die Ewigkeit zu erleben. Er konnte dieses Schicksal freudig akzeptieren; nicht nur, weil es die Hoffnung in sich barg, daß das leidvolle und unglückliche diesseitige Leben parallel verlief zu einem anderen, freien und ehrenvollen Leben in unvorstellbarer Entfernung, die jedoch blitzschnell aufgehoben werden konnte, sondern auch, weil es Wiederschein und Folge der Kosmogonie war.

Denn der Chassidismus hatte seine Vorstellung von der Erschaffung des Menschen und der Welt von der Kabbala geerbt. Die Kabbala ist eine der merkwürdigsten mystischen Glaubenslehren, die versucht, die Angst vor dem Bösen und der Endlichkeit zu überwinden. Wie konnte Gott, der doch unendlich und unfehlbar ist, etwas Begrenztes und Unvollkommenes wie die Welt erschaffen? Dadurch, daß er sich in einer unglaublichen Kontraktion, dem *Zimzum*, in sich selbst zurückzog und somit in dem Raum, den er zuvor vollkommen ausfüllte, eine Leere, einen mystischen Urraum schuf. Die Schöpfung begann in dieser Leere. Als er sich in sich zusammenzog, hinterließ der Unendliche nicht nur das Nichts, sondern auch Gefäße, welche Teile seines Lichts enthielten. Die Gefäße zersprangen jedoch durch die Glut, die sie enthielten, in unzählige Funken. Diejenigen, die rein genug waren, stiegen sofort wieder auf in den göttlichen Schoß. Die anderen stürzten hinab in die Geschichte, aus welcher unsere Welt besteht: eine riesige, aus der Urexplosion enstandene Diaspora, die uns dazu verpflichtet, das Desaster zu beheben und die zerstreuten Lebensfunken wieder zusammenzuführen, um sie wieder - mit Hilfe eines *Tikkun* genannten Prozesses - in das Urfeuer zurückzubringen.

Wäre es gewagt, eine Verwandtschaft zwischen der kabbalistischen Weltauffassung des Isaak Luria (die der Baalschem und seine Jünger übernommen haben) und den Anschauungen Chagalls zu sehen? In seiner Malerei öffnet sich ebenfalls ein schrecklicher Abgrund, aus dem die Figuren entstehen können (ein Maler kann schließlich nicht leichter als Gott etwas Unendliches erschaffen). Diese verletzten, zersprungenen, zerstückelten und auf den Kopf gestellten Figuren - denn die Urkatastrophe setzt sich ständig bis in die kleinste Parzelle der Schöpfung fort - tragen in sich die sehnsüchtige Erinnerung an die verlorene Einheit. Die zerstreuende Bewegung ist zugleich eine zurückführende Bewegung: der Dualismus zerreibt. Dieses Gefühl der Zerrissenheit, das jeder Mensch durchleben soll, bringt Heilung. Chagalls Ästhetik der Vorkriegsjahre liest sich wie eine Übertragung, wenn nicht sogar wie eine Projizierung der Simultankontraste der chassidistischen Philosophie. Ein Maler - dieser Maler - vereinigt auf seiner Leinwand die extremsten Widersprüche, die, obwohl sie unvereinbar bleiben, künftig ein homogenes Werk bilden. Chagall schenkte der chassidistischen Botschaft wahrscheinlich schon längst kein Ohr mehr, und dies endgültig. Was aber von ihr beharrlich übrigbleibt, genügt, um die buchstäblich außergewöhnliche Resonanz seiner Malerei zu verstärken, ohne daß der Künstler sich dazu je hat zwingen müssen. Über diese Resonanz besteht kein Zweifel, denn als Guillaume Apollinaire (ein dem religiösen Gefühl kaum zugänglicher Geist) Chagalls Gemälde 1912 zum ersten Mal im Atelier La Ruche sieht, bezeichnet er sie als "übernatürlich".

55. Katalog Chagall, Paris, 1959, S. 86.

Rückkehr nach Russland

Wem der Dualismus und damit das innere Gespaltensein eine lebensnotwendige Bedingung dafür ist, zum Wesenskern seiner Persönlichkeit vorzudringen, aus dem heraus sich das künstlerische Werk entfaltet, dem droht die Gefahr des Spannungsverlustes sobald sich ein *modus vivendi* findet, der das Gleichgewicht zwischen beiden Polen stabilisiert.
Würde Chagall die konzentrierte Anspannung, aus der seine Gemälde zwischen 1911 und 1914 entstanden waren, noch länger durchhalten? Oder würde sich aus der Herausforderung, die Paris für ihn bedeutet hatte, mit der Zeit jene routinierte Geschmeidigkeit entwickeln, die dem guttrainierten Turner erlaubt, mit unangestrengter Leichtigkeit in den Spagat zu fallen?
Die Umstände sorgten dafür, daß er dieser Gefahr nicht ausgesetzt war. 1914 veranlaßt ihn eine Einzelausstellung seiner Werke zu einer Reise nach Berlin, von wo aus er sich zu einem kurzen Besuch in Rußland entschließt. Kaum dort angekommen, bricht der Krieg aus, und er kehrt erst acht Jahre später in den Westen zurück.
Eigentlich hätte diese Rückkehr in die Heimat für den Fortgang seiner Arbeit keine Störung bedeuten sollen. War denn Witebsk nicht ohnehin schon das Hauptthema seiner Malerei? Und hatte er sich nicht längst die in Paris entdeckte revolutionäre Maltechnik auf Dauer einverleibt? Tatsächlich aber wird dies alles jetzt erschüttert. In seinen Pariser Bildern hat der Planet Witebsk die kristallklare, ins Abstrakte geläuterte Präzision der Erinnerung. Die Fähigkeit, zum Kern der Dinge vorzustoßen (das Privileg des Gedächtnisses), erklärt, warum Matisse zum Beispiel als über Siebzigjähriger in den *Gouaches découpées*, seinen farbkräftigen Papierschnitten, zur Abstraktion gefunden hat. Nun, Chagall war kaum vierundzwanzig Jahre alt als er nach Paris kam. Aber bei ihm hat die räumliche und kulturelle Entfernung von seiner Heimat die Rolle der zeitlichen Distanz übernommen.
Und plötzlich wird diese Distanz aufgehoben. Das Witebsk, in das Chagall jetzt zurückkehrt, ist "eine Saustadt"[56], eine "unglückselige, eine langweilige Stadt"[57], die im Dreck versinkt und über der "der Geruch der Front, die scharfe Ausdünstung von Heringen, Tabak, Flöhen"[58] hängt. Kurz gesagt, Witebsk ist nicht mehr durch die Kunst verklärt, sondern eine reale Stadt, deren ehemalige, nun durch das Kriegselend noch verstärkte Gedrücktheit er wiederfindet (Abmarsch der Soldaten, Rückkehr der Verletzten, Ankunft von Gefangenen...). Chagall steht nun wieder mit beiden Füßen auf dem Boden der Realität, die das prekäre Gleichgewicht der letzten Jahre ins Wanken bringt.
Jetzt mehren sich bei Chagall die Familienporträts und Bildnisse von als Rabbiner verkleideten Bettlern, und er malt zahlreiche Ansichten von Witebsk oder anderen Orten (*Die Mutter auf dem Sofa*, 1914, S. 53; *Die Mutter am Ofen*, 1914, S. 52; *Lisa am Fenster*, 1914, S. 54; *Bella mit Geige*, 1914, S. 24; *Der Zeitungsverkäufer*, 1914, S. 55; *Das Friedhofsportal*, 1917, S. 56; *Der Bettler in Rot*, 1915, S. 51). Diese Werke sind wirkliche Porträts und wirkliche Landschaften und vertragen sich deshalb nur schwer mit dem in Paris entwickelten nicht-realistischen Stil. Die Rollen sind nun vertauscht: "Paris, Du mein zweites Witebsk!".[59] Jetzt betrachtet er die "Lichterstadt" und die dort entdeckte, freie plastische Sprache durch das verkehrte Fernglas der Erinnerung. Dreiecke und Kreise ersetzen in den Zeichnungen oder Gemälden, in denen er sich selbst vor seiner Staffelei darstellt, die Esel aus seiner Heimatstadt. Umgekehrt wird der Bildaufbau der zwischen 1914 und 1917 entstehenden Arbeiten nicht mehr von kubistischen Strukturen geprägt. Der kubistische Einfluß überlebt hier meist nur in Restformen, einem Stückchen Himmel, einem Kleiderzipfel oder Hausmauern, die, eingeschlossen in ein Würfelfragment, dem massiven, stereometrischen Realismus Widerstand leisten. Der Realismus dominiert nun wieder, nachdem er in den vorausgehenden Werken in den Hintergrund gedrängt worden war.
In Bildern wie *Rußland, den Eseln und den Anderen* erschienen die zerstückelten Glieder des Realismus vor einem unwirklichen Hintergrund. Innerhalb dieses abstrakten, traumbildhaften Raumes waren die schlimmsten Zerstückelungen, die gewagtesten Überschläge, die unwahrscheinlichsten Zusammenstöße von Objekten und das Nebeneinander von verschiedenen Maßstäben ganz selbstverständlich. Es wäre unlogisch gewesen, wenn die in eine verklärte Nacht getauchten Bilder den Gesetzen des Diesseits gehorcht hätten.

56. Marc Chagall, *op. cit.*, S. 116.
57. *Ibid.*, S. 117.
58. *Ibid.*, S. 123.
59. *Ibid.*, S. 114.

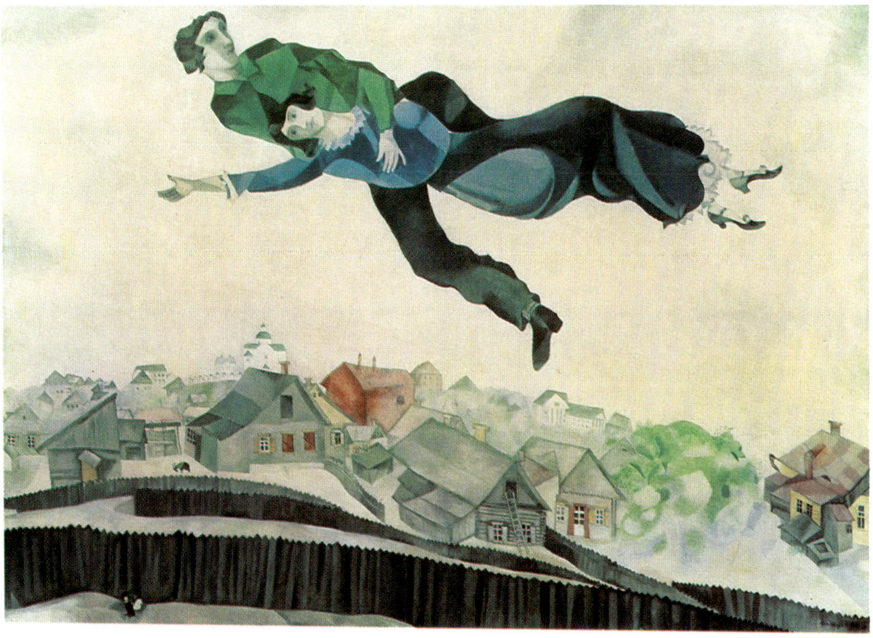

Über der Stadt, 1914-1918
Öl auf Leinwand
141 x 198 cm
Tretjakow Galerie, Moskau

Diese verklärte oder, besser gesagt, verklärende Nacht ist aber nun, bis auf wenige Ausnahmen, vorbei. Die großen Werke von 1912 bis 1914 waren Nachtszenen (zumindest machten sie diesen Eindruck), auch wenn sie wie vom Tageslicht beleuchtet schienen, denn ihre dunkle Helligkeit stammte aus keiner materiellen Quelle: das Licht der Unendlichkeit ist schwarz. Dagegen geben die Gemälde der russischen Jahre nie Nachtszenen, auch wenn die Sonne fehlt. Der Realismus, die Kunst des Sichtbaren, Meßbaren und Endlichen findet zur Unendlichkeit keinen Zugang.

Deswegen erscheinen uns die genannten Anomalien nicht mehr selbstverständlich. Die Liebenden sehen nicht mehr aus, als wären sie in Ekstase (im etymologischen Sinn des Wortes: Aus sich herausgetreten), sondern als trüge sie eine unsichtbare fliegende Maschine. In *Der Spaziergang* (1917-1918) oder *Über der Stadt* (1914-1918, S. 59) resultiert die Elevation der Frau nicht mehr aus einer metaphysischen Exaltation, sondern aus dem physischen Phänomen der Levitation. Der rote Engel aus der *Religiösen Hochzeit* sieht trotz seiner Flügel weniger einem übernatürlichen Wesen als dem (bereits recht stämmigen) Kind der Brautleute ähnlich. Die im großen und ganzen realistische Atmosphäre verlockt uns dazu, das Dutzend und das Hundert mikroskopisch kleiner Kreaturen (die in einer Ecke des Bildes an einem Zaun ihre Notdurft verrichten, am Rande eines riesigen Tisches träumen oder in den Ästen eines übergroßen Baumes Geige spielen) nicht mehr als Hinweis auf die Koexistenz unvereinbarer Welten zu betrachten (etwa Vergangenheit und Gegenwart), die durch extreme Maßstabsunterschiede angedeutet werden. Diese Atmosphäre bewirkt im Gegenteil, daß wir die Figürchen für Zwerge in einer Welt von Riesen halten. Das Hinübergleiten der Szenen von der Nacht zum Tag läßt uns in den gleichen, vorher als metaphysisch interpretierten Merkmalen nun einen physischen Sinn erkennen. Indem das Heilige aus Chagalls Werk schwindet, werden andere Register gezogen, das Mythische geht ins Lyrische und das Epische ins Romanhafte über.

Auch wenn Chagall dem Profanen wieder Eingang in seine Kunst verschafft, bleibt er nicht dabei stehen. Und wenn er sich selbst als realistisch bezeichnet, denkt er dabei an den transzendentalen Realismus der Pariser Periode. Der Verlust der Vergangenheit, in der die Dinge in einem ganz anderen Licht erschienen, beunruhigt ihn so sehr, daß er bei einem gelehrten Rabbiner Rat nachsucht. "Ich wollte mit ihm über die Kunst im allgemeinen und über meine im besonderen sprechen. Vielleicht würde er mir etwas göttlichen Geist einhauchen? Wer weiß?"[60]

Daß dieser Besuch für ihn enttäuschend war, ist keineswegs erstaunlich: der "göttliche Geist" läßt sich schließlich nicht durch künstliche Beatmung einhauchen. So einfach entkommt man seiner eigenen Zeit nicht: der Träumer ist zu Füßen der riesigen Weltuhr nur eine Zwergengestalt. Aber Chagall gibt trotzdem nicht auf: er bleibt bei den der Transzendenz nächstverwandten Themen, vor allem den Liebespaaren, und greift auf die in Paris entwickelten Techniken zurück, um eine "Ent-Wirklichung" zu bewirken. Chagall ist sich jedoch durchaus bewußt, daß diese Techniken den nüch-

60. Marc Chagall, *op. cit.*, S. 126.

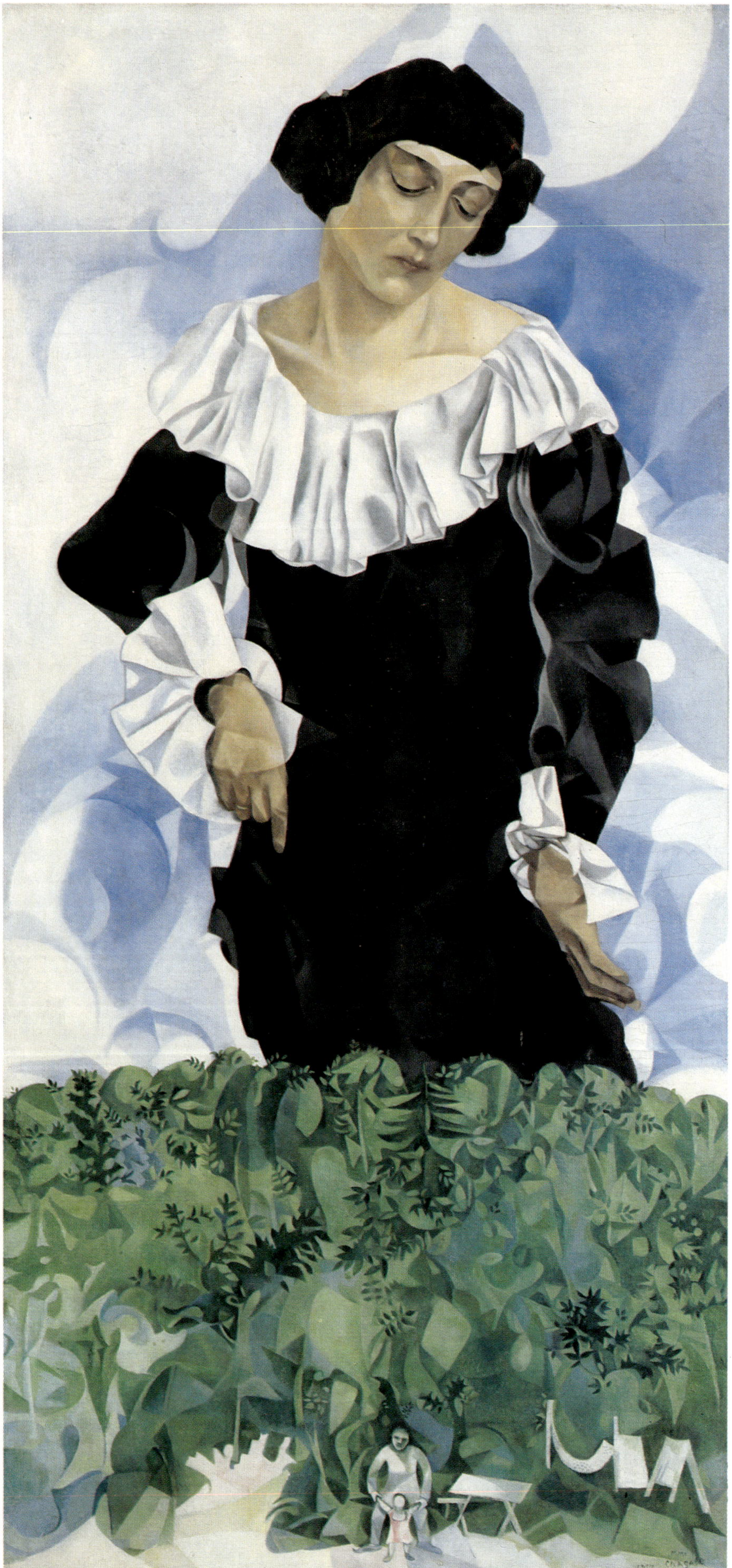

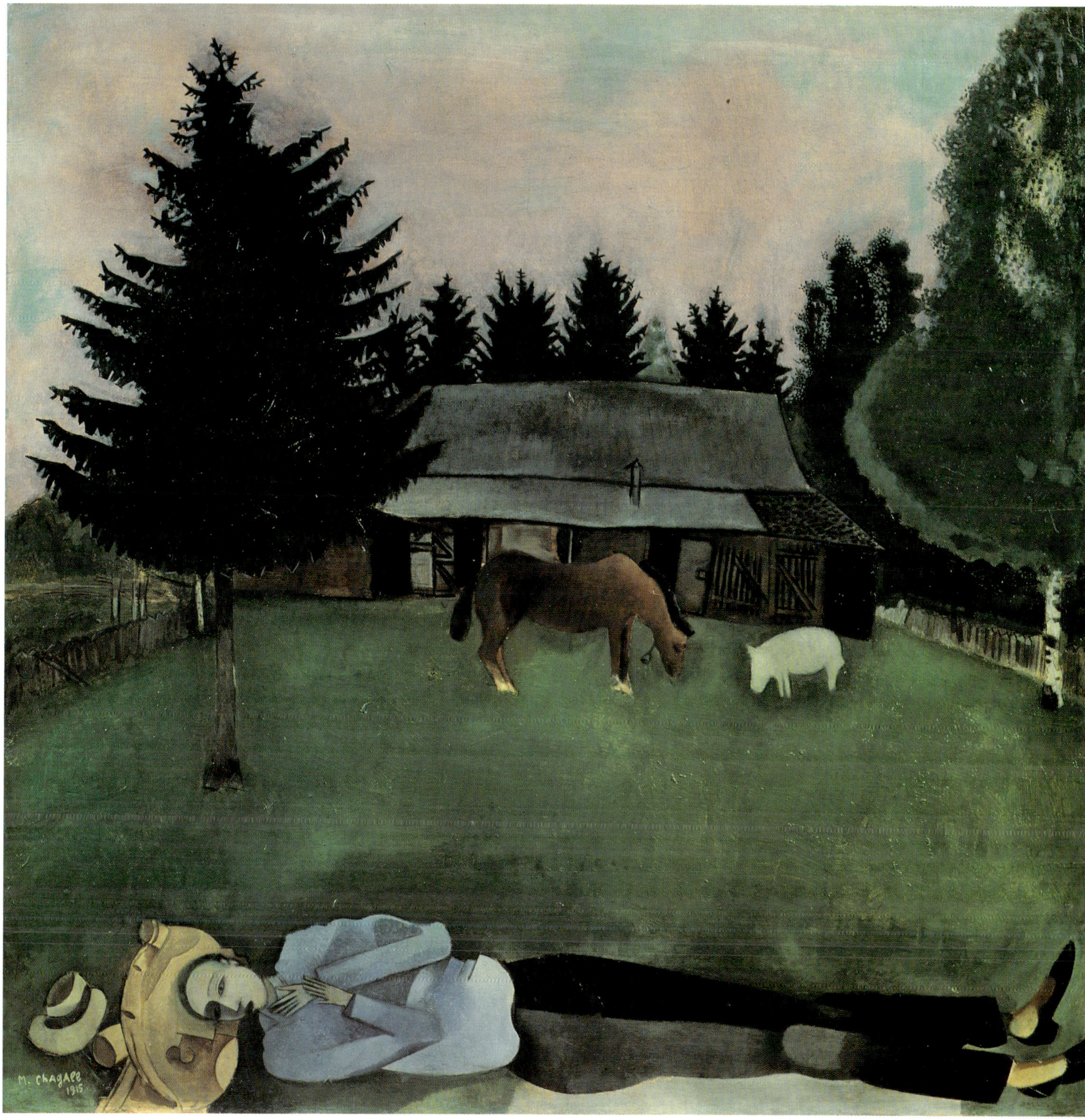

Bella mit weißem Kragen, 1917
Öl auf Leinwand
149 x 72 cm
Musée National d'Art Moderne, Centre Georges Pompidou, Paris

Der liegende Dichter, 1915
Öl auf Leinwand
77 x 77,5 cm
Sammlung The Trustees of the Tate Gallery, London

ternen Betrachter kaum daran hindern können, seine Bilder "weltlich" zu interpretieren. Um den Pol des Übernatürlichen wieder zu stärken, sieht er sich zur Erfindung einer neuen Methode gezwungen.

Der Vergleich zwischen *Rußland, den Eseln und den Anderen* (1912) und *Bella mit weißem Kragen* (1917, S. 60) zeigt uns deutlich den Unterschied zwischen zwei verschiedenen Vorgehensweisen. Der Schock, den die in jeder Hinsicht voneinander so entfernten Motive im Bild von 1912 provozieren, gebietet geradezu ihre blitzschnelle Vereinigung, und dies nicht trotz, sondern gerade wegen ihrer unlogischen Zusammenstellung. "In diesem Augenblick hielt die Metapher allein durch Chagall ihren triumphalen Einzug in die moderne Malerei"[61], bemerkt André Breton ganz richtig dreißig Jahre später. Die Hauptwerke aus den Jahren 1911 bis 1914 gründen auf der Metapher, der funkenschlagenden Vereinigung zweier Bilder, die eigentlich nicht zusammengehen, wie Pierre Reverdy, der Dichter des Kubismus, das Verfahren genannt hat. Die Metapher ist hier wie in der Dichtung ein bildhaftes, anschauliches Stilmittel. Riesenhaft vergrößert erscheint in dem Gemälde Bella mit weißem Kragen die mit fast klassizistischer Strenge wiedergegebene Frauengestalt über der Waldlandschaft zu ihren Füßen. Allein dieser Proportionssprung durchbricht die Kohärenz der ansonsten realistisch angelegten Komposition (Mann und Kind sind im gleichen Maßstab gehalten wie der Wald). Formal veranschaulicht der Maler die (in seinen Augen) übernatürliche Natur seiner Frau genauso wie es früher schon Rogier van der Weyden getan hatte: bei ihm finden wir, in realistischer Manier, die riesenhafte Frau in ein gotisches Kirchenschiff gestellt, um anzuzeigen, daß es dabei nicht um irgendeine Frau und auch nicht um die Jungfrau Maria geht, sondern um die Personifikation der Kirche. Doch Rogiers Darstellung übersteigt die unmittelbare Anschaulichkeit der Metapher und wird zum Symbol, das gelesen, entziffert werden will[62].

Auch wenn sich nichts mehr verklärt, erscheint der Realismus der Kriegsjahre zumindest verschlüsselt. Indessen ist dies nicht das einige Mittel Chagalls, um seine irdischen Fesseln zu lockern oder ganz zu lösen. "In der Natur gibt es keine Linien", wiederholen von Delacroix bis Seurat die Verfechter der realistischen Malerei. Nun aber räumen Chagalls Gemälde ab 1914-1915 gerade der linearen Zeichnung einen wichtigen Platz ein. Die Bilder *Bella mit weißem Kragen* und *Der liegende Dichter* (1915, S. 61) erinnern in der zarten Eleganz der Konturen und der graziösen Arabesken, die in gewisser Weise die angedeuteten Formen wieder auflösen, an Ingres und an den Zöllner Rousseau.

Die neue bestimmende Rolle des Linearen wird an der Vielzahl und der Qualität der Zeichnungen innerhalb von Chagalls Produktion sichtbar. Die rohe und manchmal fast anarchistische Gewalt der früheren Zeichnungen verschwindet oder wird, genauer gesagt, gebändigt, das heißt, dem Gehorsam der Kontur unterworfen, die sich des spinnennetzartigen Geflechts feiner Haarlinien nach und nach entledigt. Natürlich wird das kalligraphische Element in den meisterhaften Zeichnungen deutlicher als in seiner Malerei. Kein Zweifel: wir sehen uns dem gegenüber, was Matisse "eine Linienschrift" nannte. Die Schrift entfaltet sich unter der Zeichnung, die ihre Gestalt annimmt und sie somit verdeckt. "Wald, Tannen, Einsamkeit. Der Mond hinterm Wald. Das Schwein im Stall, das Pferd hinterm Fenster auf den Äckern. Der Himmel lila."[63] Und der endlos lange Körper eines Träumers nimmt den ganzen unteren Rand dieser ländlichen Vision ein. Die gleiche überlange Silhouette finden wir in einer Zeichnung wieder, die zweifellos für ein Titelblatt bestimmt war: sie beansprucht hier, in einem Bett liegend, die ganze Seitenbreite. Anstelle des Körpers sind zwischen dem Kopf am einen und den Füßen am andern Ende die Buchstaben MARC CHAGALL geschrieben. Symbole fordern offen dazu auf, die Bedeutung eines Werkes zu entziffern; die in den Formen verborgene Schrift lenkt dagegen eher indirekt zum Gehalt: Der liegende Mann ist ein Dichter (*Ohne Titel*, um 1923, S. 63).

Es geht nicht um irgendeine Schrift: Die zugleich steilen und geschmeidigen Striche, abwechselnd knotig wie Äste und dann wieder spitz wie züngelnde Flammen, sind hebräische Lettern. Franz Meyer hat ganz treffend auf die Verwandtschaft (man könnte sogar sagen: Identität) zwischen Chagalls linearem Zeichenstil und der ersten Sprache, die er zu lesen und zu schreiben gelernt hat, hingewiesen[64]. Diese Sprache trägt dazu bei, daß die Figuren und Gegenstände in seiner Malerei fliegen und schweben können, und zwar

61. André Breton, *op. cit.*, S. 69.
62. Symbol und Symbolisiertes sind feste Werte; ihr Verhältnis zueinander ähnelt einer mathematischen Gleichung. Diese für die Kommunikation notwendige Konstante ist eine Erklärung dafür, daß die Symbole häufig codiert und über die Jahrhunderte wiederverwendet wurden. So ist der umgekehrte Kopf des Mannes mit der Thora ein oft von der byzantinischen Kunst benutzter Topos, welcher die Entrückung eines Menschengeistes durch das Göttliche versinnbildlicht.
63. Marc Chagall, *op. cit.*, S. 122.
64. Die kyrillische Schrift folgte und schließlich das lateinische Alphabet.

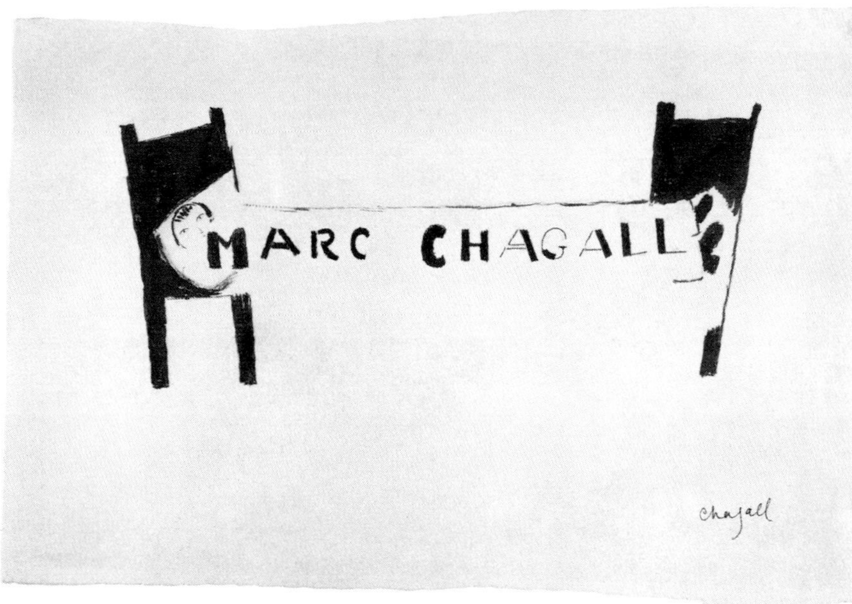

Ohne Titel, um 1923
Schwarze Tinte auf Papier
18,1 x 26,5 cm
Musée National d'Art Moderne, Centre Georges Pompidou, Paris

ganz unabhängig von der Erdanziehungskraft, der die griechisch-lateinische Welt sich nur ganz mühsam entziehen kann. Denn die lateinischen Lettern werden auf die Zeile gesetzt, während die hebräischen an ihr aufgehängt sind. In vielen Blättern wird die Verwandtschaft zwischen dem Hebräischen und Chagalls Zeichnung deutlich (*Mann und Gespann*, 1916, S. 64; *Die Bewegung*, 1921, S. 64); vor allem in den Blättern, die zur Illustrierung des *Zauberers* von Perez (S. 65) und der Fabelgedichte des Nisters (beide in Jiddisch verfaßt und in hebräischer Schrift abgedruckt) bestimmt sind. Eine oder mehrere Figuren nehmen wie in den illuminierten jüdischen Handschriften des Mittelalters die Form der verschiedenen Buchstaben aus dem hebräischen Alphabet an. Chagall wird dieses Verfahren erneut in seinen Dekorationen für das jüdische Volkstheater zur Anwendung bringen.
Als ob die versteckte Präsenz der Schrift ihm nicht ausreichen würde, finden sich jetzt vermehrt auch Inschriften in seinen Zeichnungen und Gemälden. Ihr Zweck liegt darin, beim Betrachter die Lesebereitschaft, die diese Malerei erfordert, anzuregen, die dort, wo nur Bilder gezeigt werden, einzuschlafen droht. Die Kubisten hatten ja von dieser Methode ausgiebig Gebrauch gemacht: Lesen ist ein intellektueller Vorgang, durch den eine abstrakte, an sich völlig plane Fläche mit Hilfe der Perspektive räumliche Tiefe simulieren kann. Es ist gar nicht nötig zu verstehen, was dort geschrieben oder gedruckt steht; es reicht, wenn man begreift, daß man es mit einem Text zu tun hat, um die Vorstellung "Lesen" auszulösen, durch die die Beziehung des Betrachters zum Kunstwerk verändert wird.
Picasso und Braque geben sich mit diesem "Texteffekt" zufrieden, nicht aber Chagall. Die hebräische Sprache ist von denen des Okzidents grundverschieden. Sie ist nicht nur Vehikel des Heiligen, sondern sie ist selbst heilig. Man kann den Gott, der von sich kein Abbild duldet, so wie Chagall es in einer seiner Bibelillustrationen gemacht hat, durch die Inschrift seines Namens in einem Kreis darstellen. Wer das hebräische Alphabet betrachtet - liest man im Safer-ha-temuna, einem der ältesten Bücher der spanischen Kabbala -, "sieht die Gestalt Gottes".[65] Die für die Niederschrift des Alten Testaments benutzten Buchstaben sind nicht Mittel zur Darstellung, sondern die Darstellung selbst. "Ich habe Himmel und Erde mit Worten erschaffen", sagt der Herr im *Zohar,* "und euch genauso".[66] Muß daran erinnert werden, daß die Juden auch das Volk des Buches genannt werden?
Es wäre sicherlich übertrieben zu behaupten, daß die Bedeutung, die Chagall der Schrift in seiner Malerei einräumt, die "Sünde" (er selbst gebraucht dieses Wort) der bildnerischen Tätigkeit kompensieren oder abschwächen soll.[67] Im Gegenteil, die Schrift dient hier dem Kunstwerk. Wenn Chagall versichert, er habe die hebräischen Lettern nur aus rein "formalen" Gründen so wie die Kubisten in seine Gemälde mit einbezogen, so ist dies nicht gelogen: er verschweigt lediglich, daß die Formen des hebräischen Alphabets die stoffliche Inkarnation des Geistes sind. Es ist gar nicht nötig, sie zu lesen, ja überhaupt lesen zu können, denn das Heilige zeigt sich in ihnen von selbst. Sie sind dazu da, seiner Malerei wieder etwas von dem Numinosen "einzuhauchen", das

65. Zitiert von Gershon Scholem, La Mystique juive, Paris, Editions du Cerf, 1985, S. 67.
66. Marc-Alain Ouaknin, Le livre brûlé, Paris, Lieu commun, 1986, S. 370.
67. "In den hebräischen Manuskripten hatte der Schreiber die dominierende Rolle". (Joseph Gutmann, Manuscrits hébreux, Paris, Chêne, 1978, S. 13)

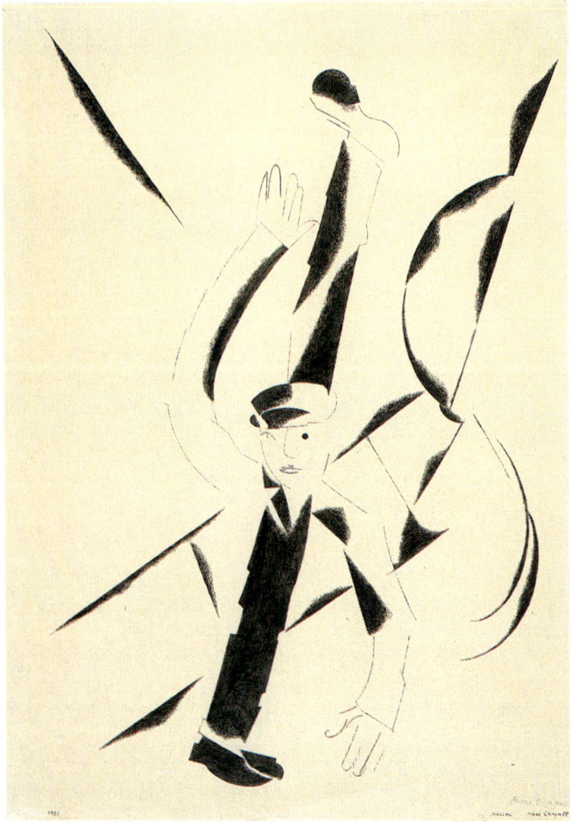

Recto : *Die Bewegung,* 1921
Schwarze Tinte auf Papier
47 x 34 cm
Musée National d'Art Moderne,
Centre Georges Pompidou, Paris

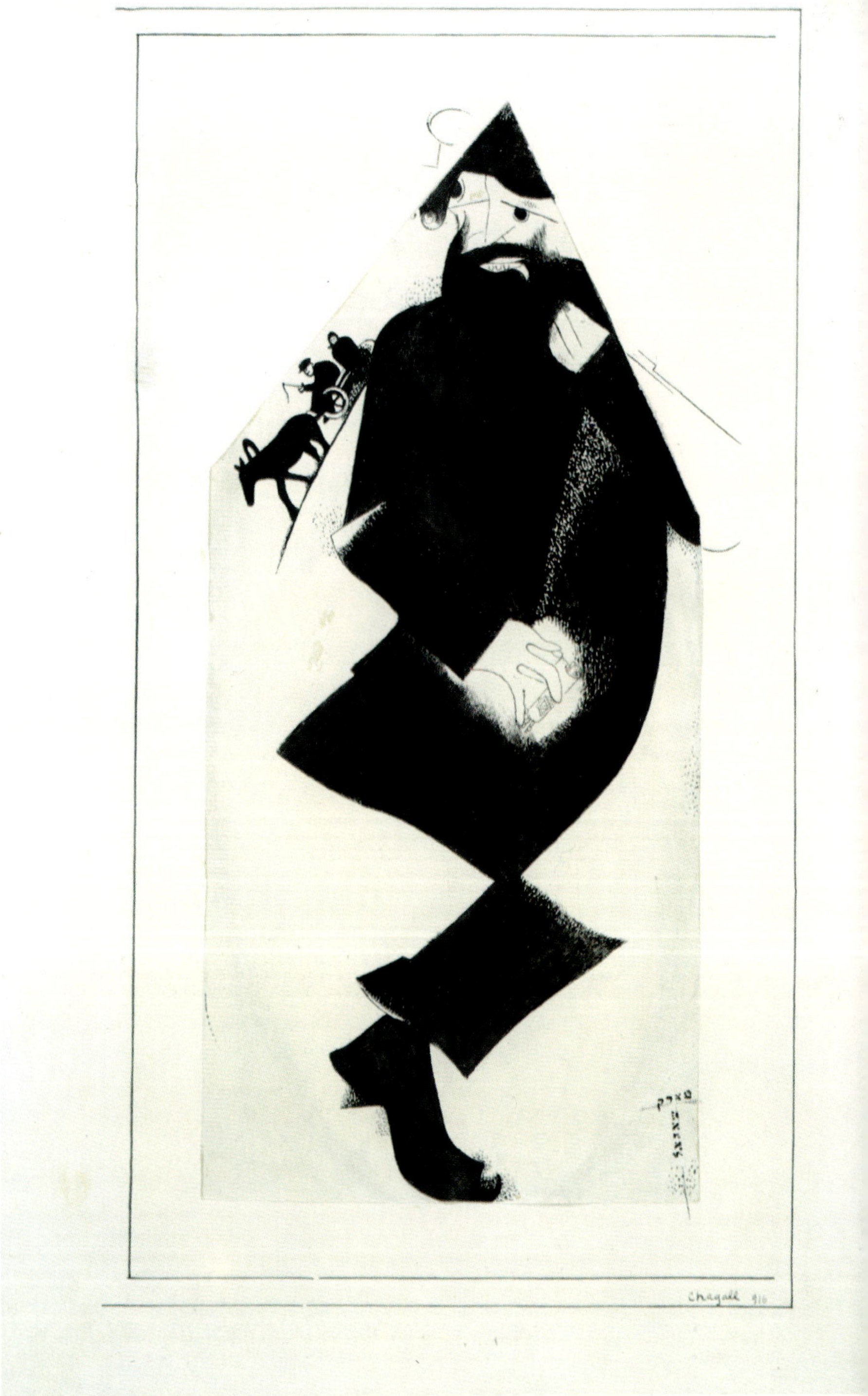

Mann mit Gespann, 1916
Schwarze Tinte auf Papier
24,3 x 11,2 cm
Musée National d'Art Moderne,
Centre Georges Pompidou, Paris

durch seine Rückkehr nach Rußland in den Hintergrund gedrängt worden war[68]. Dieses Privileg der hebräischen Schrift erklärt auch den Vorrang der Zeichnung und einer durch sie bestimmten Malerei in diesen Jahren und Chagalls Vorliebe für bestimmte Techniken, wie Gouache und Aquarell. Ihr Untergrund, nämlich das Papier, auf dem ja auch die Bibel geschrieben ist, erteilt seiner über alles geliebten freizügigen Farbe sozusagen Absolution.

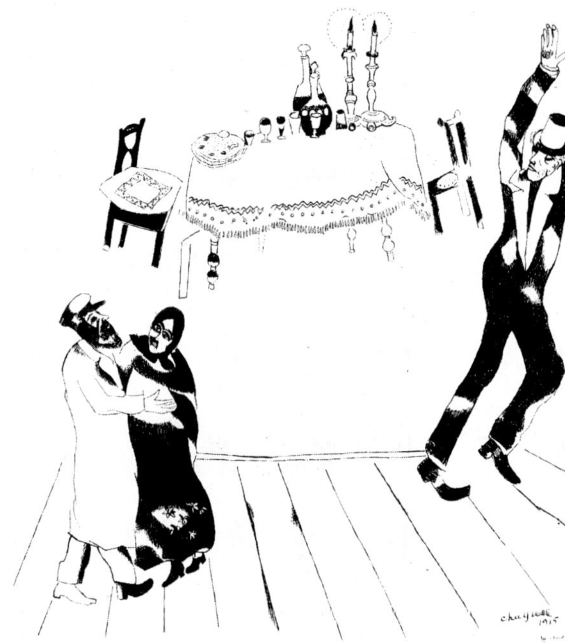
Illustration zu *Der Zauberer,* 1915
Schwarze Tinte und weiße Gouache auf Papier
22 x 18 cm
Musée National d'Art Moderne,
Centre Georges Pompidou, Paris

1917 bricht die Revolution aus. Sie findet Chagalls volle Zustimmung und er ergreift Partei für sie.
Das ist nicht erstaunlich, sondern ruft uns ins Gedächtnis, daß auch er "Sohn eines Arbeiters"[69] ist. Die Oktoberrevolution hat aus den russischen Juden vollwertige Staatsbürger gemacht, und sie im Gegenzug dazu gebracht, sich mit ihren Mitbürgern solidarisch zu fühlen. "Da begriff ich, daß in Rußland nicht nur die Juden kein Lebensrecht hatten, sondern auch ebensowenig viele Russen, die zusammengepfercht waren wie das Ungeziefer im Haar".[70]
Die Zugehörigkeit des Malers zur "Internationalen des Leidens" kann jedoch nur teilweise seine Begeisterung für die neue Ordnung erklären. Diese, so glaubt er, bietet ihm die Möglichkeit, die Verbreitung seiner Kunst ganz erheblich auszuweiten und eine schöpferische Universalität auszubilden, die im umgekehrten Verhältnis steht zu seiner Randexistenz und der kulturellen Isolierung, die er in seinen Anfängen am eigenen Leibe erfahren hat und die ihm sein ganzes Leben lang anhaften sollte. Genauso wie "die Revolution des Auges" ihm erlaubt hatte, seinen Platz in der Kunstgeschichte zu finden, wird die Oktoberrevolution ihn, wie er glaubt, in die Menschheitsgeschichte integrieren. Dies erscheint ihm umso plausibler, als er sämtliche Revolutionen - die künstlerischen, politischen wie sozialen - für unterschiedliche Aspekte einunddesselben Begeisterungssturms ansieht. Wenn er später von den Ereignissen des Jahres 1917 spricht, sagt er: "Das außerordentliche Schauspiel des dynamischen Elans dieser Revolution beeindruckte mich zutiefst. Dieser Elan durchdringt einen ganz und gar, übersteigt die Fantasie, brandet gegen die eigene innere Welt. Und all dies in einem Moment, wo einem die innere künstleri-

68. Marc Chagall, op. cit., S. 126.
69. Ibid., S. 103.
70. Marc Chagall, *op. cit.*, S. 82.

sche Welt ohnehin wie eine Revolution vorkommt".[71] Seine Überzeugung spiegelt sich noch naiver und lakonischer in *Mein Leben* wider: "Rußland lag unter einer Decke von Eis. Lenin hat ihm den Sinn für oben und unten vertauscht, so wie ich meine Bilder umdrehe".[72]
Diese Naivität ist zumindest vorläufig berechtigt. Als Protégé Lunatscharskijs wird Chagall zum Kommissar der Schönen Künste in Witebsk ernannt und gründet dort eine freie Akademie. Mit dem Auftrag, die Dekoration seiner Stadt anläßlich der Jahresfeier der Revolution im Jahre 1918 zu organisieren, verarbeitet er seine Bildmotive zu riesigen Transparenten und Fahnen im Maßstab der Straßen und Plätze. Einige Apparatchiks wundern sich sehr: "Warum ist die Kuh grün und warum fliegt das Pferd in den Himmel, warum? Was hat das mit Marx und Lenin zu tun?".[73] Ein offizieller Kritiker schließlich nennt diese Gedenkfeier ein "mystisches und formalistisches Bacchanal".[74] Aber warum diesen Kritiken Gehör schenken, solange ihn die fortschrittlichen Kräfte der politischen und künstlerischen Avantgarde unterstützte und Majakowskij zum Beispiel proklamierte: "Mache Gott, daß jedermann so 'chagalle' wie Chagall!"[75]
Manche Zufälle haben Beweiskraft: auf russisch heißt "chagall" nämlich "mit großen Schritten vorwärtsmarschieren". Die Leichtigkeit und Wirksamkeit mit denen der Maler ein ihm ureigenes Thema, das des Mannes im Spagat - etwa im *Reisenden* (1914, S. 66) - zum Emblem des energisch den Weg des Fortschritts voranschreitenden Kommunisten umarbeitet (Vorwärts!), ist ein Beweis dafür, daß diese Vertauschung nur allzu gerechtfertigt ist (*Der Mondmaler*, 1916, S. 68).
Man darf jedoch Chagalls Unschuld oder gar seinen Leichtsinn keineswegs überschätzen. Er bemühte sich nämlich, dem Vorwurf, daß er ein "poetischer" oder "literarischer" Maler sei (der ihm während seines ganzen Lebens gemacht wird) entgegenzutreten. Da dieser Ausdruck mit dem Begriff "bourgeois" gleichgestellt wurde, konnte er ihm zu dieser Zeit nämlich schwer schaden. In einem 1919 unter dem Titel "Die Revolution in der Kunst" veröffentlichten Artikel bekennt er öffentlich: "Die heutige wie die morgige Kunst will keinen 'Inhalt'. Die wirklich proletarische Kunst wird diejenige sein, die mit einfacher Weisheit innerlich und äußerlich mit allem zu brechen weiß, was man nur als 'Literatur' bezeichnen kann".[76]

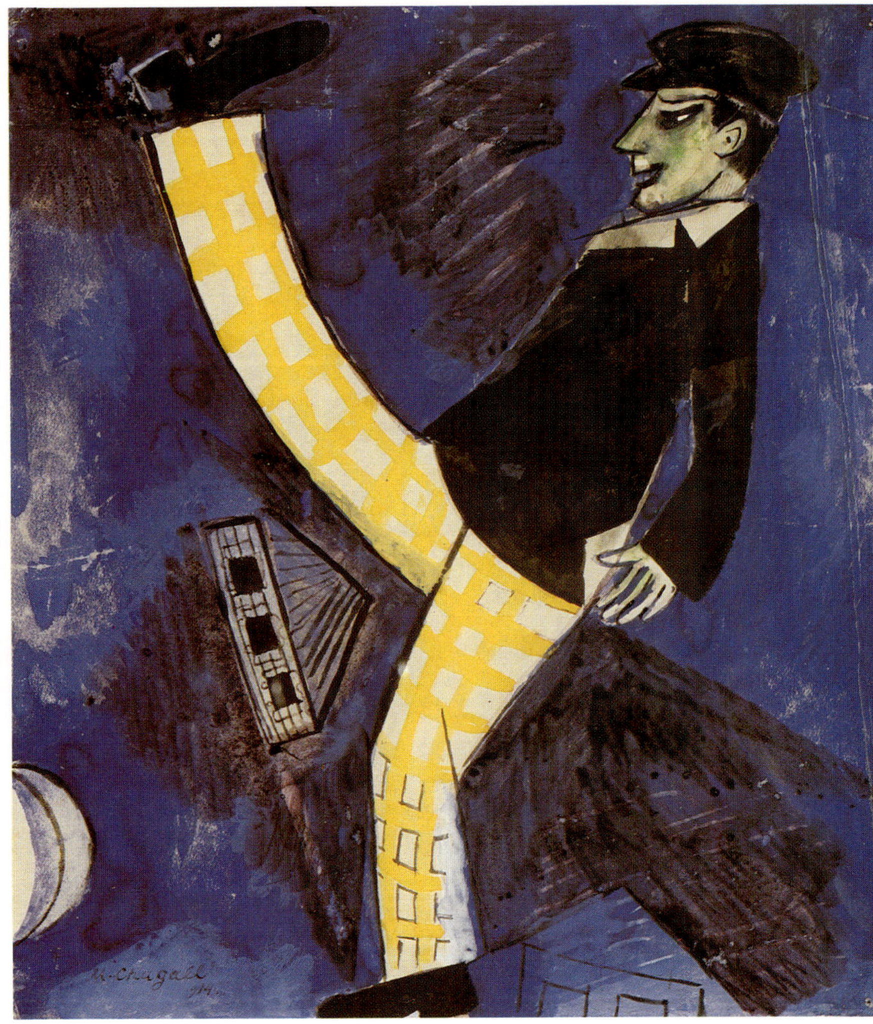

Der Reisende, 1914
Gouache auf Papier
20 x 18 cm
Sammlung Marcus Diener, Basel

71. Katalog Chagall, Paris, 1959, S. 13.
72. Marc Chagall, *op. cit.*, S. 135.
73. Marc Chagall, *op. cit.*, S. 137.
74. Franz Meyer, *op. cit.*, S. 266.
75. *Ibid.*, S. 269.
76. Franz Meyer, *op. cit.*, S. 270.

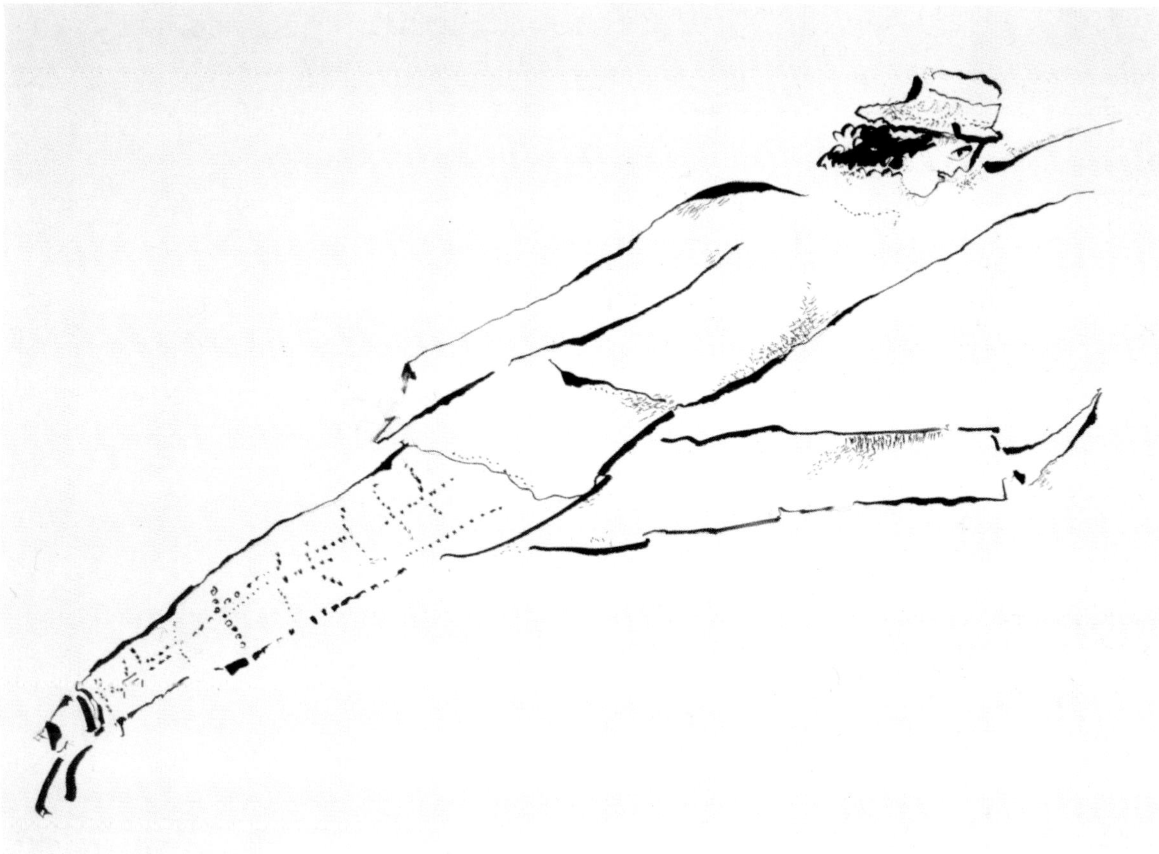

Der Reisende, 1917
Schwarze Tinte und weiße Gouache auf Papier
26 x 36,4 cm
Musée National d'Art Moderne,
Centre Georges Pompidou, Paris

Die Suche nach dieser "Echtheit" ist zum Teil die Erklärung dafür, daß nach 1917 der Kubismus in seinem Werk wieder auftaucht; allerdings ein abgeklärter, allem Illusionismus beraubter Kubismus, welcher bis auf eine einzige Dimension reduziert wird. Ähnlich wie seit 1914 bei seinen Pariser Freunden droht dieser Stil, in die geometrische Abstraktion umzuschlagen. Gewiß, er hat in diesem Zeichnungs- und Gemäldetyp nicht auf jede Form von realistischer Darstellung verzichtet, denn der Dualismus ist dafür zu tief in seinem Werk verwurzelt. Aber die realistische Darstellung beherrscht die Kompositionen nicht mehr wie in den Jahren von 1914 bis 1916. Die Ziege und der Baum aus der *Komposition mit Ziege* (1917-1922, S. 69), das Männergesicht im *Profil am Fenster* (1918, S. 70), der Fußgänger mit Regenschirm in der *Kubistischen Landschaft* (1918, S. 48) werden vom Gewicht der scharfen geometrischen Formen verwischt, erdrückt, verstümmelt (*Selbstbildnis an der Staffelei*, 1919, S. 71; *Collage ohne Titel*, 1921, S. 74). Als er solche geometrischen Elemente auch für die Bühnenbilder anwendet, sehen sie fast wie Maschinen aus, die dreidimensionale Form der Geometrie. In den außerordentlichen Entwürfen für die Bühnendekoration von Gogols *Revisor* (1920, S. 73) und für Synges *Held der westlichen Welt* (1921, S. 74) ist der Mensch nur noch Spielzeug der glänzenden und präzisen Zahnräder und

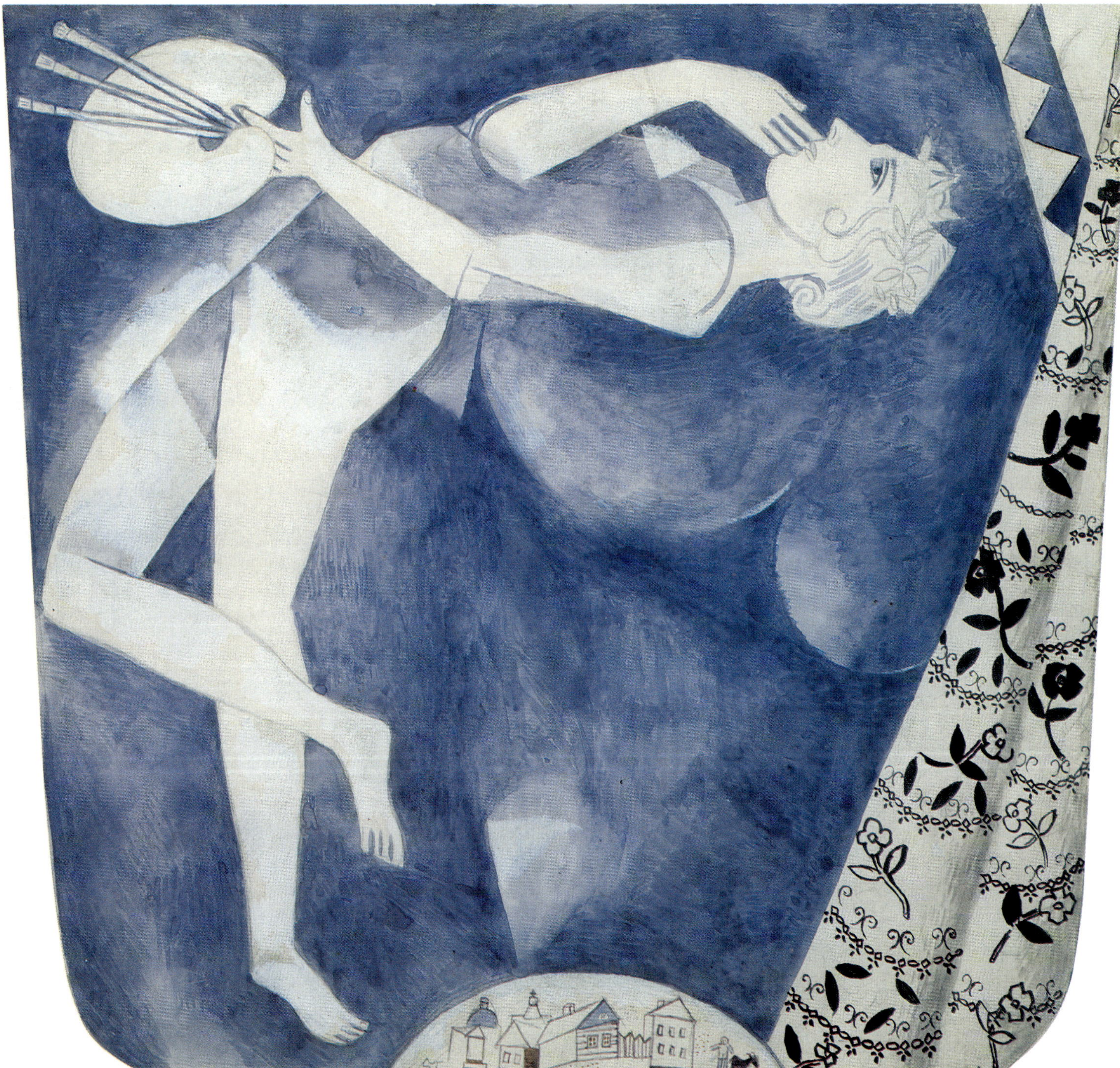

Der Mondmaler, 1917
Gouache, Aquarell, Tinte und Bleistift auf Papier
32 x 30 cm
Sammlung Marcus Diener, Basel

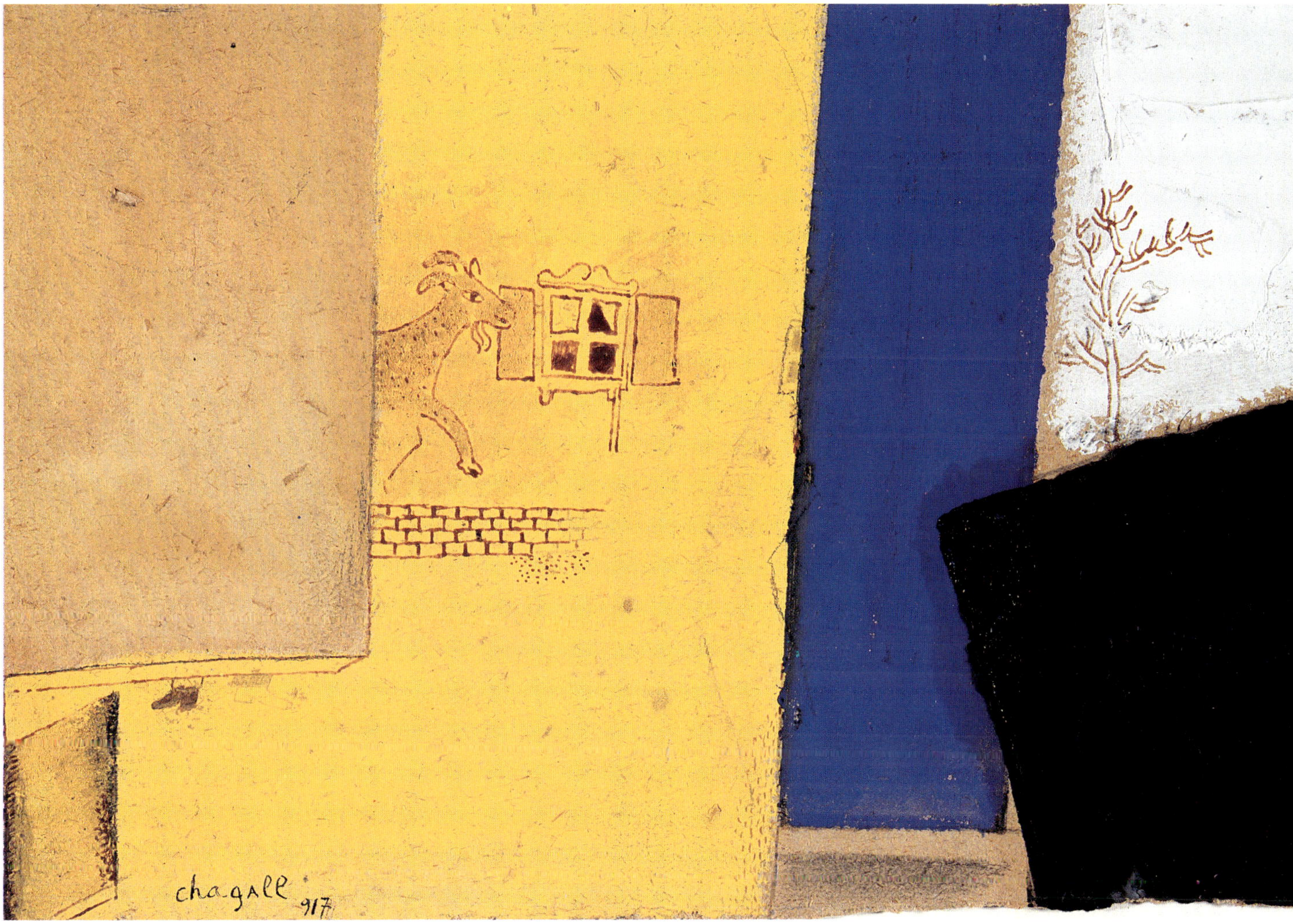

Komposition mit der Ziege, 1917-1922
Öl auf Karton
16,5 x 23,5 cm
Privatsammlung, Schweiz

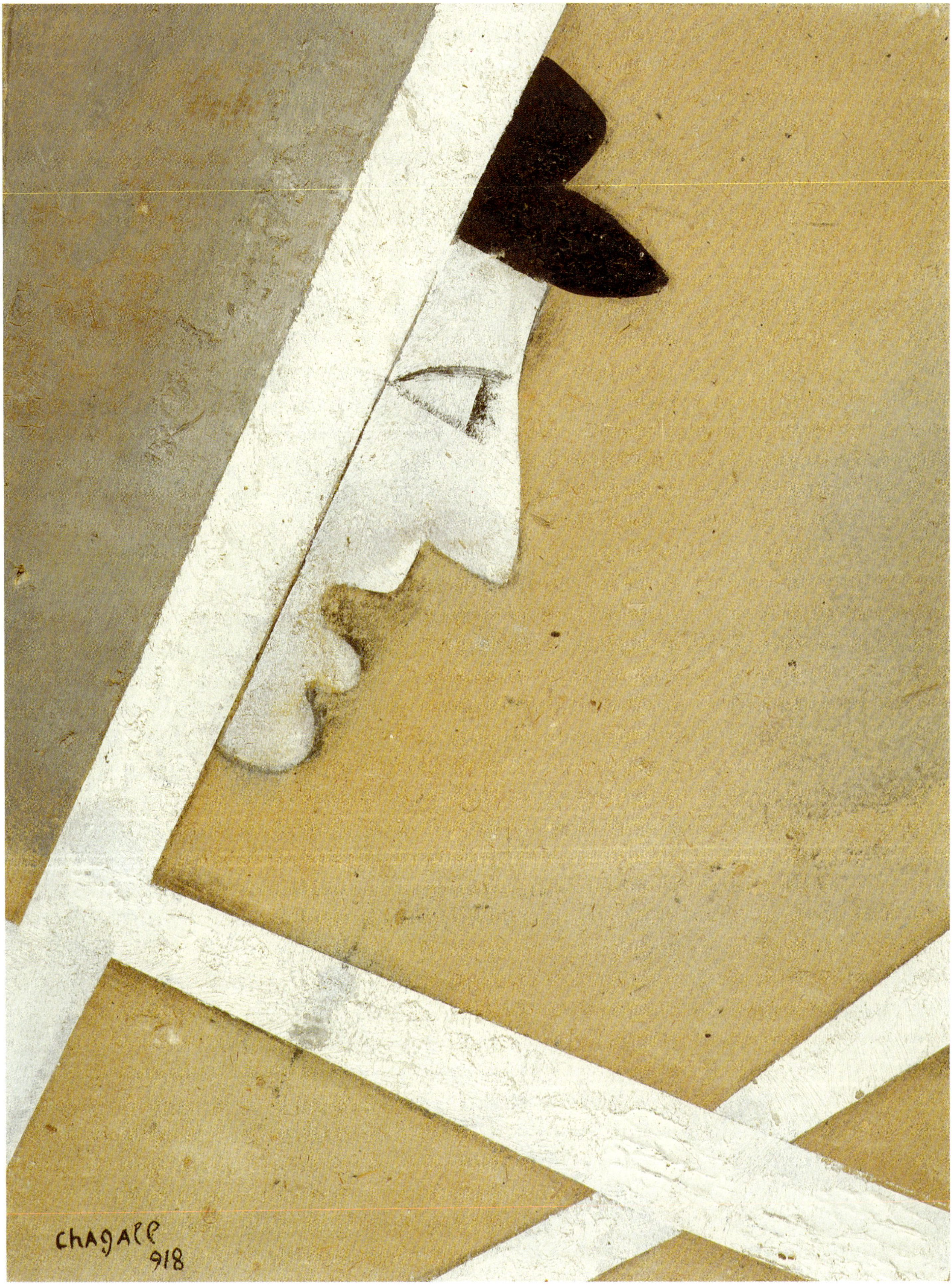
Chagall
918

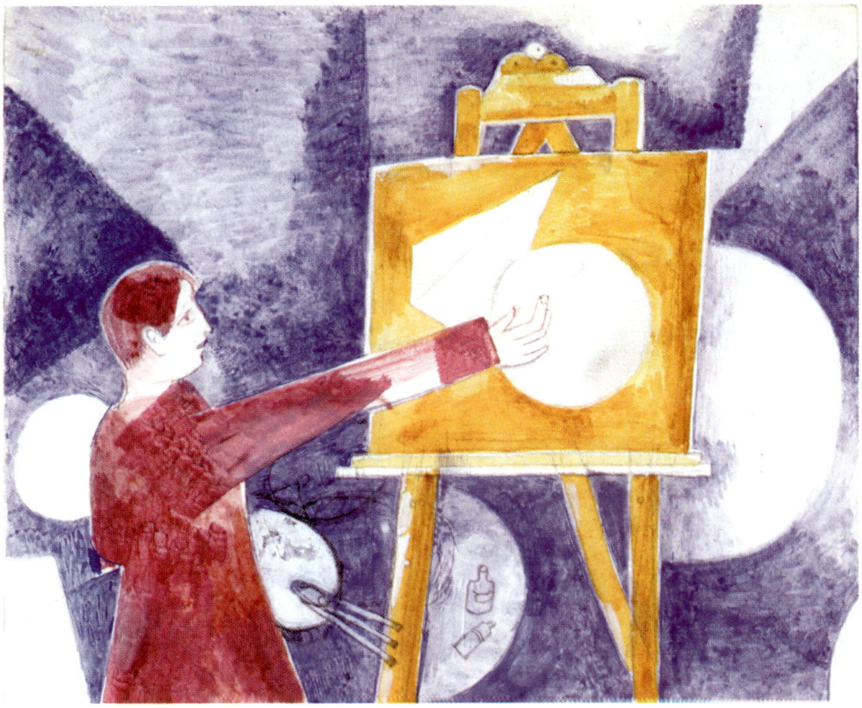

Selbstbildnis an der Staffelei, 1919
Gouache und Bleistift auf Papier
18,5 x 22,5 cm
Sammlung Marcus Diener, Basel

Scheiben eines tadellosen Mechanismus (*Zu Ehren Gogols*, 1919, S.72).
Diese Entwicklung kann mit der der Pariser Künstler, die den Weg der Geometrie eingeschlagen haben, ohne jedoch ganz auf die gegenständliche Darstellung verzichten zu wollen (Léger, Marcel Duchamp, Delaunay und Picabia), verglichen werden. Man kann sie aber auch mit der der italienischen Futuristen vergleichen, wo die Mechanik mit dem Dynamikbegriff kombiniert wird und eine optimistische Konnotation gewinnt, welche im übrigen beide bei Chagall abwesend sind.
Die Zweideutigkeit der Geometrie bewirkt allerdings, daß die Beziehung zwischen Mensch und Mechanik sowohl pessimistisch als auch optimistisch, sowohl tragisch als auch komisch interpretiert werden kann. Weniger als der Inhalt des Werkes selbst bestimmt der von 1917 bis 1922 so vollständig geänderte soziale Kontext das Verständnis des Werkes.

Ein roter Faden führt uns durch diese Entwicklung, nämlich die Beziehung zwischen Chagall und Malewitsch. 1919 lädt Chagall den Begründer des Suprematismus ein, sich den an seiner Akademie unterrichtenden Künstlern anzuschliessen: Pen, sein erster Lehrer, Ermolaewa, Puni, Lissitzky etc. bildeten eine genügend bunte Gruppe, um jeglichen Dogmatismus zu vermeiden. Im übrigen konnte er bei Malewitsch einen parallelen, wenn nicht sogar ähnlichen Werdegang beobachten.
Von einer Art ländlichem Neo-Primitivismus hatte Malewitsch recht schnell zu einem von Léger abgeleiteten röhrenförmigen Kubismus gefunden, der zur gleichen Zeit auch Chagall inspirierte. Dann stellte er die kontrastreichen Elemente des synthetischen Kubismus realistischen Formen gegenüber: der "A-Logismus" von Gemälden wie *Kuh und Geige* war der *Kubistischen Landschaft* verwandt. Zwischen 1913 und 1914 versuchte die Kunst überall, in Frankreich, Italien und Rußland, den äußeren Schein zu übertreffen. "Die Kunst ist der Vorkämpfer der psychischen Entwicklung", verkündete Kroutchenykh damals. Im Juli 1913 schreibt Malewitsch an Matchiouchine: "Wir haben die Vernunft verworfen, indem wir uns auf eine andere in uns erwachsene Vernunft stützen, welche wir im

Profil am Fenster, 1918
Gouache und Tinte auf braunem Karton
22,2 x 17 cm
Musée National d'Art Moderne,
Centre Georges Pompidou, Paris

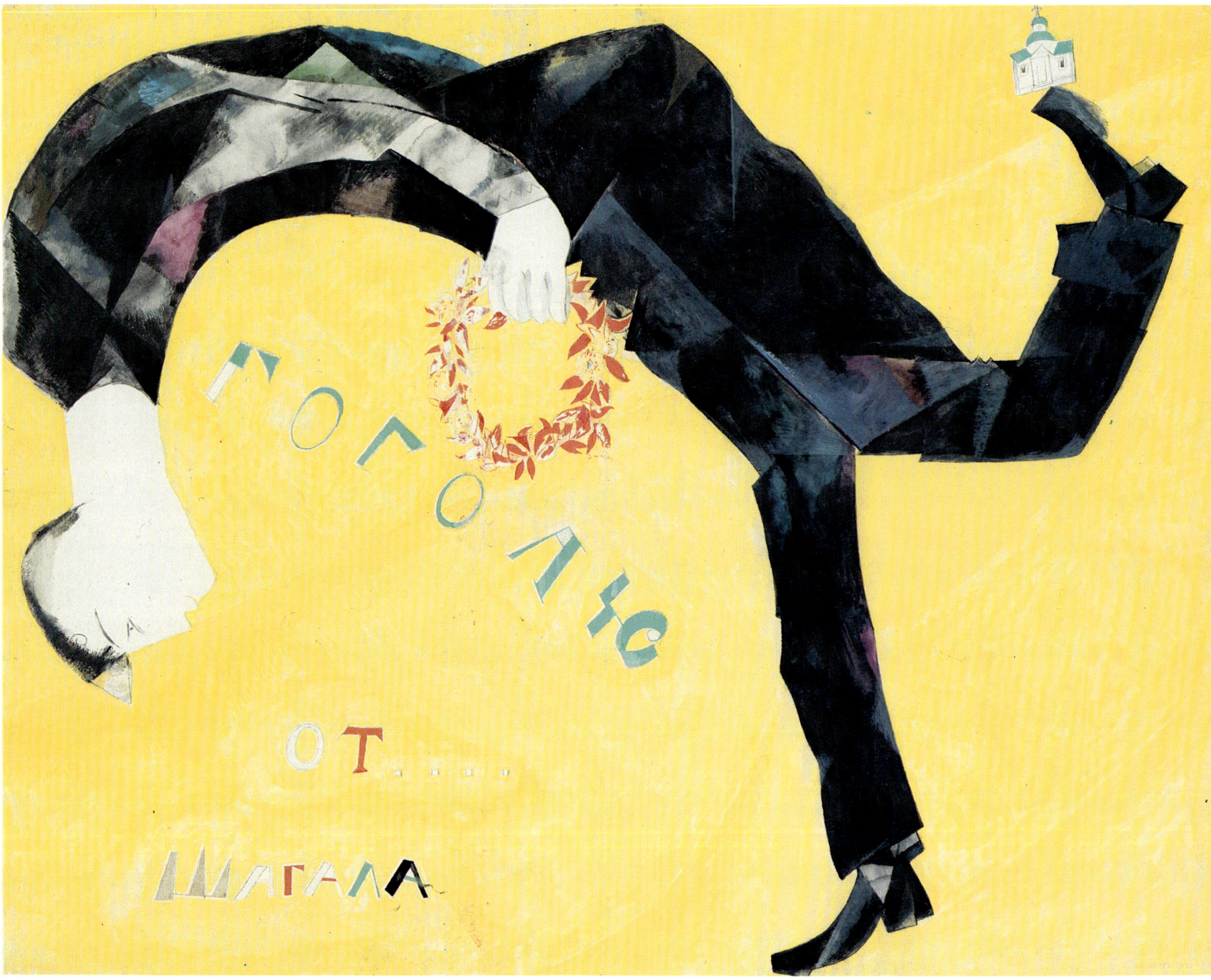

Zu Ehren Gogols 1919
Aquarell auf Papier
39,4 x 50,2 cm
The Museum of Modern Art,
Schenkung Lillie P. Bliss, New York

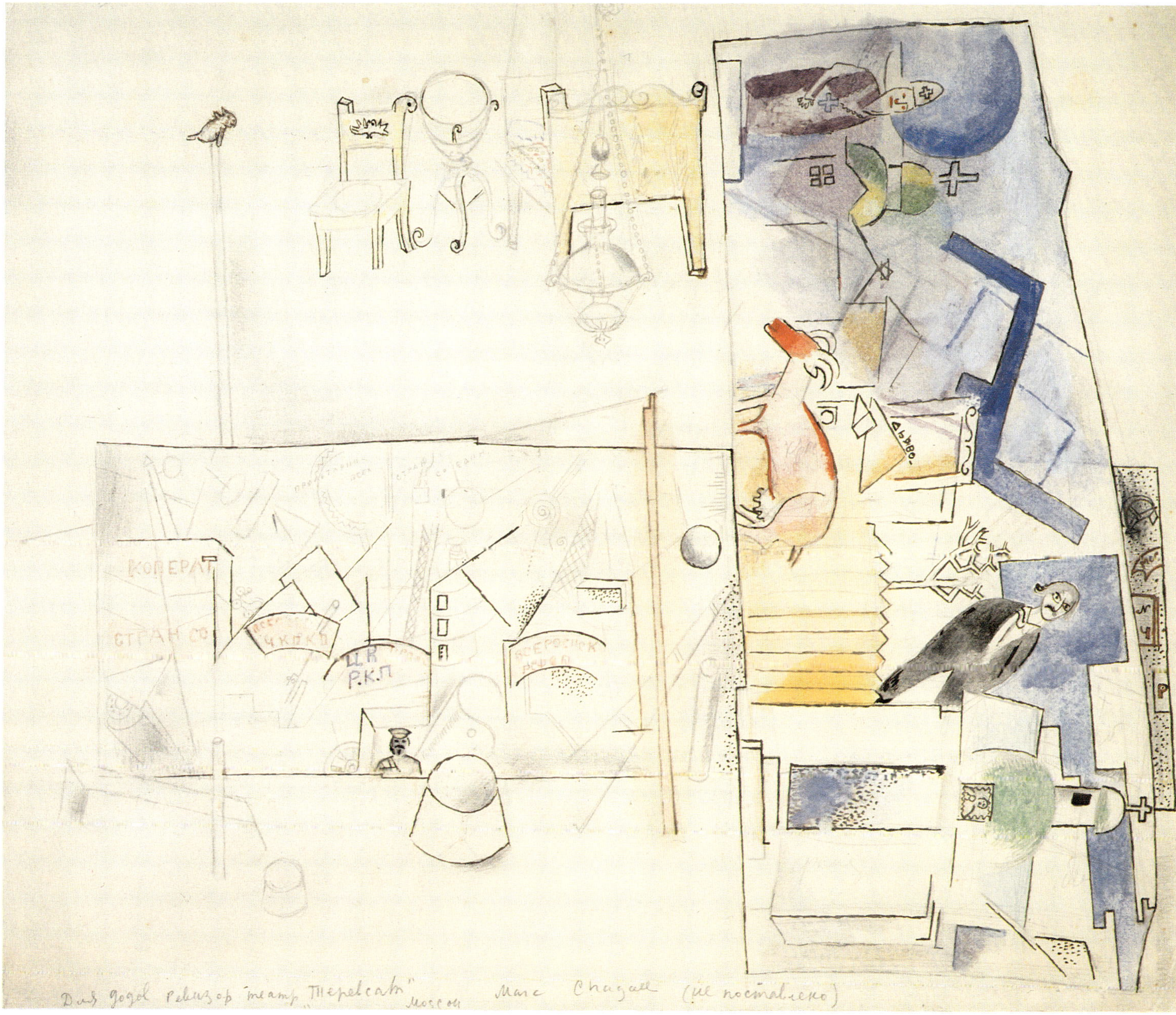

Bühnenentwurf mit der kleinen Ziege zu
Der Revisor von Gogol, 1920
Bleistift, Tusche, Gouache und Aquarell auf Papier
29,2 x 35,6 cm
Musée National d'Art Moderne,
Centre Georges Pompidou, Paris

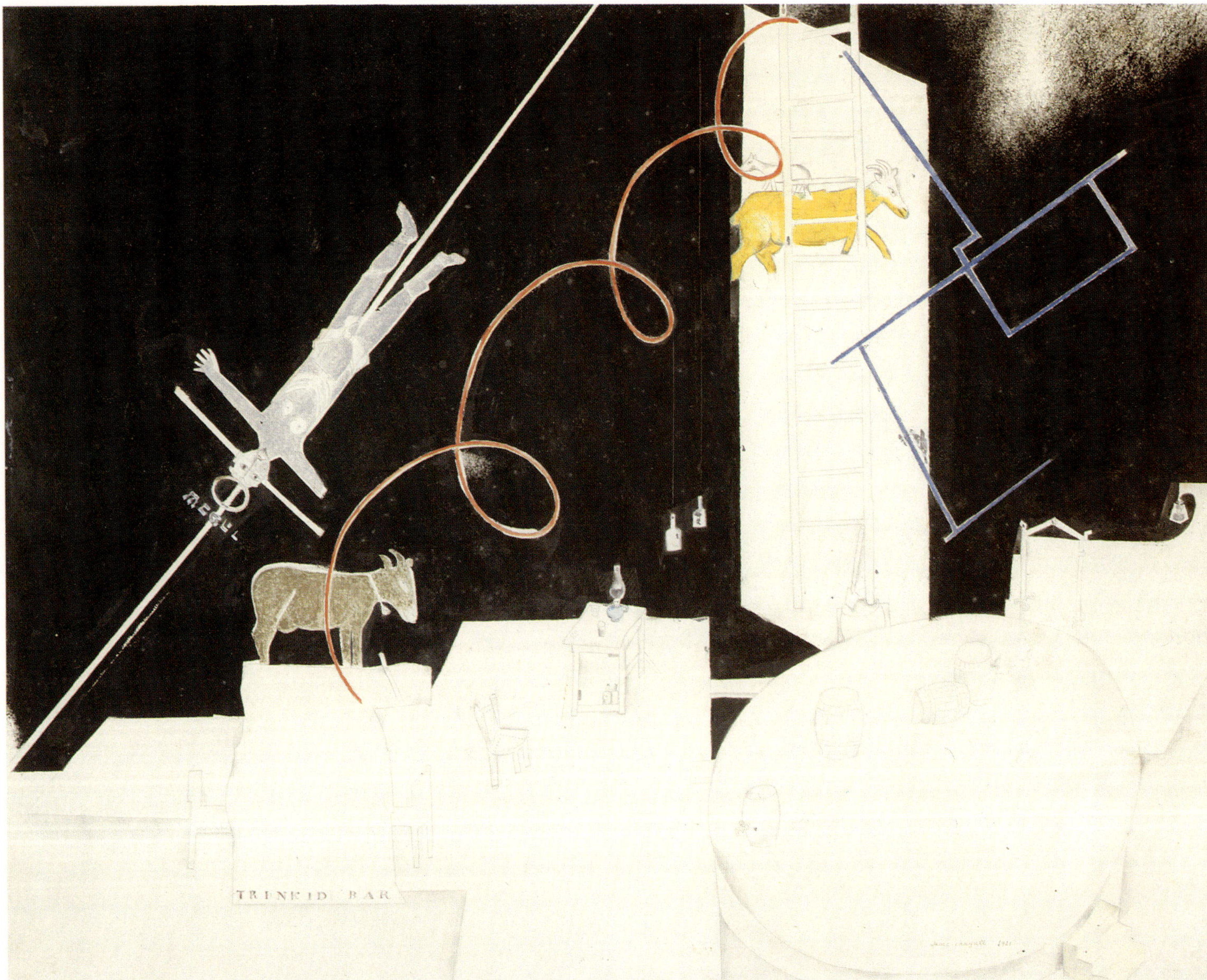

Bühnenentwurf zu *Der Held der westlichen Welt*
von Synge, 1920-1921
Bleistift und Gouache auf Papier
40,7 x 51,1 cm
Musée National d'Art Moderne,
Centre Georges Pompidou, Paris

*Collage (*oder *Ohne Titel),* 1921
Collage und Tusche auf Papier
34,2 x 27,9 cm
Musée National d'Art Moderne,
Centre Georges Pompidou, Paris

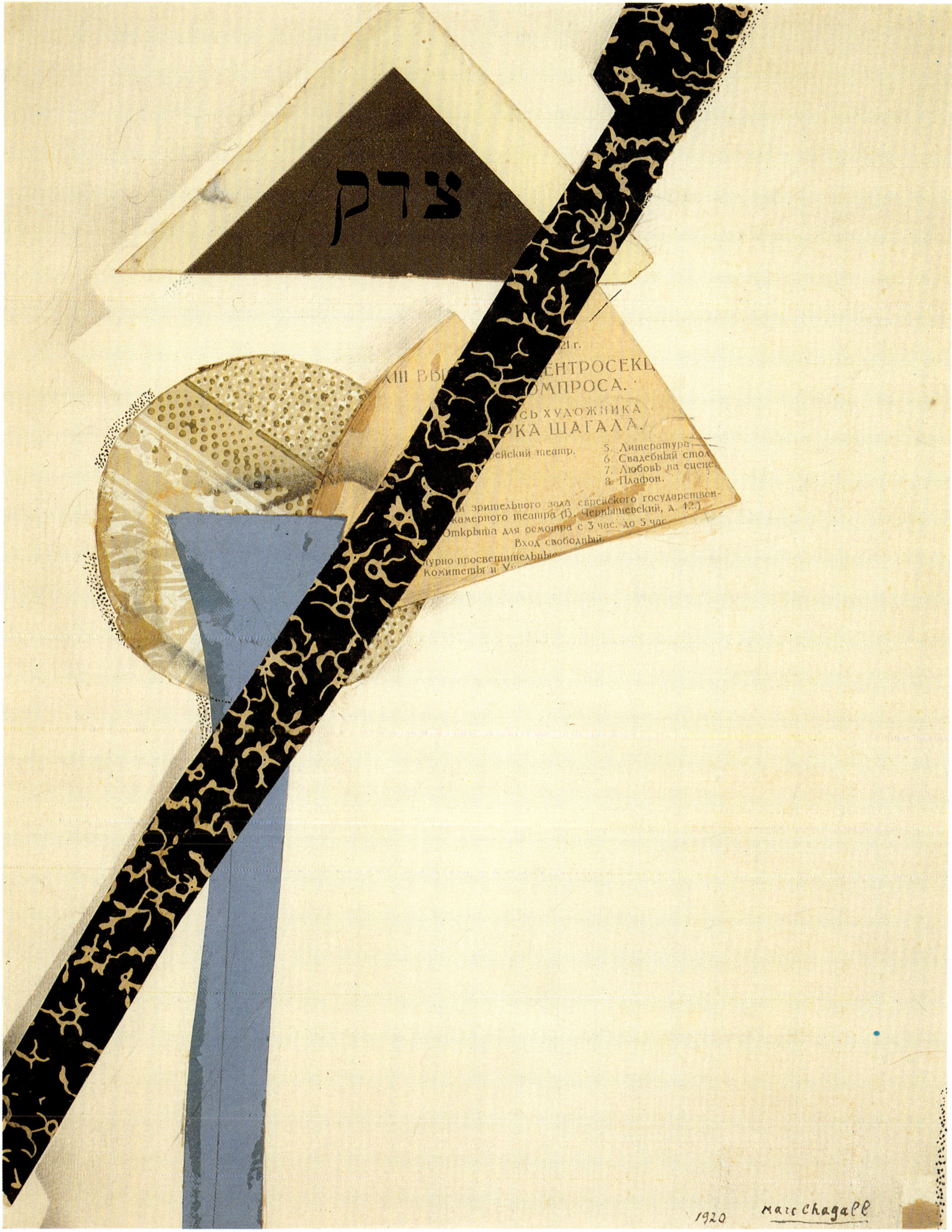
צדק
21 г.
XIII ВЫ
ЕНТРОСЕКЦ
ОМПРОСА.
СЬ ХУДОЖНИКА
РКА ШАГАЛА.
ейский театр.
5. Литература.
6. Свадебный стол
7. Любовь на сцене
8. Плафон.
зрительного зала еврейского государствен-
камерного театра (Б. Чернышевский, д. 12.)
Открыта для осмотра с 3 час. до 5 час.
Вход свободный.
Комитеты и У
1920
marc Chagall

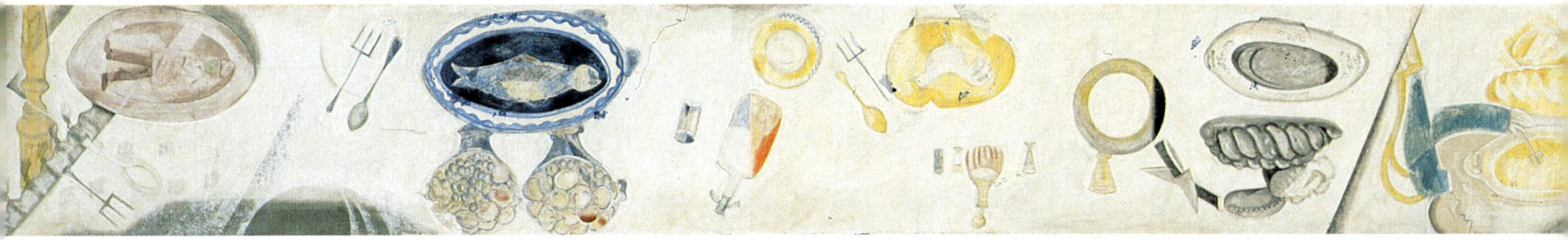

Jüdisches Theater, Fries: *Das Hochzeitsmahl,* 1920
Tempera, Gouache und weiße Kreide auf Leinwand
64 x 799 cm
Tretjakow Galerie, Moskau

Vergleich zu der von uns abgelehnten, das *Jenseits der Vernunft* nennen können".[77] Diese Übervernunft, die Kroutchenykh schon vorzeitig *Zaoum* ("Übergeist") genannt hatte, sollte sich in der Malerei zwei Jahre später in den suprematistischen Gemälden konkretisieren, die Malewitsch 1915 in Sankt-Petersburg ausstellte. Falls Chagall sie sah, konnte er wohl meinen, in Malewitsch einen objektiven Verbündeten gegen ihren gemeinsamen Gegner, den Realismus, gefunden zu haben.

Chagall, der den Individualismus bei seinen Schülern förderte, hatte nicht mit der charismatischen gebieterischen Haltung des Autors des *Carré noir* gerechnet, der darauf erpicht war, sich mit Bewunderern zu umgeben. Wenn Malewitsch auch Chagalls Interesse für die reine Geometrie wieder erweckt hatte - insbesondere seine Vorliebe für Diagonalen, die einen Eindruck von Dynamik und Bewegung erzeugen (diese Technik war im übrigen bereits von den italienischen Futuristen angewandt worden), war die Haltung der beiden Männer der Geometrie gegenüber genau entgegengesetzt. Für Malewitsch waren die geometrischen Figuren der eigentliche Zweck, nämlich die Inkarnation einer übernatürlichen Wirklichkeit *im* Bild, während sie für Chagall Mittel zum Zweck waren, nämlich das Übernatürliche mit *dem* Gemälde hervorzubringen und zu zeigen. Die radikale Gegensätzlichkeit der beiden Temperamente und ästhetischen Einstellungen, sowie die politischen Intrigen und die Streitigkeiten zwischen den verschiedenen Cliquen mußten zum Bruch führen: als Chagall von einer Reise zurückkommt, findet er das Schild mit der Aufschrift "Freie Akademie" durch ein anderes mit dem Titel "Suprematistische Akademie" ausgetauscht. 1920 verläßt er Witebsk in Richtung Moskau.

Nach Charybdis kommt Scilla. Zu der allgemeinen Misere, die Chagall mit den Seinen teilt, kommt seine Enttäuschung als Maler noch hinzu. Er sah sich der Unterstützung durch offizielle und politische Kreise entzogen, die auf die Gunst der Mächtigen setzten und bald mit Erleichterung die Ästhetik dem Nützlichen opferten als sie den sozialistischen Realismus bejubelten. Und auch die künstlerische Avantgarde kehrte ihm den Rücken. Allerdings schuf Chagall gerade in dieser Zeit der bitteren Enttäuschung und schmerzlichen Einsamkeit ein besonders extravertiertes, soziales und jubelndes Werk: die Dekoration des Jüdischen Volkstheaters.

Der Theaterdirektor Alexander Granowsky war dabei, das jüdische Theater in einer verwüsteten kleinen Wohnung einzurichten, die von ihren Besitzern bei der Flucht ins Exil leer zurückgelassen worden war. Nun ging es darum, die Räume für die Aufführungen herzurichten (der kleine Theatersaal faßt knapp hundert Zuschauer). Chagalls Freund Abram Efross, der die erste Monographie über den Künstler mitverfaßt hat, beschafft ihm den "Auftrag": "Diese Wände gehören dir. Mach mit ihnen, was du willst".[78]

Wie besessen vollendet Chagall innerhalb weniger Monate sechs große Bilder: *Die Liebe auf der Bühne* (S. 77), *Die Musik, Der Tanz, Das Schauspiel, Die Literatur* (S. 80) und *Die Einführung ins jüdische Volkstheater*(S. 78-79), ein Bild, das 2,84 mal 7,87 Meter mißt. Zusammen mit dem Fries *Das Hochzeitsmahl* (S. 76) schmücken sie die Wände des Zuschauerraumes.

Nichts kommt der Kühnheit des Bildes *Die Einführung ins jüdische Volkstheater* gleich, das den Blick des Zuschauers vom Eingang bis hin zur Bühne führt. Wie von einem heftigen Windstoß angetrieben und vornüber gebeugt, bewegt sich eine Gruppe von Menschen mehr fliegend als gehend in Richtung Mitte durch einen von Schrägen und Kreisen durchzogenen Himmel. In der Mitte aus konzentrischen Kreisen dirigiert ein Konzertmeister das Ganze. Dort kehrt sich die Situation um: der Sturm legt sich und die Personen stehen nicht mehr mit den Füßen auf dem Boden, sondern hängen in der Luft (sie machen aber gute Miene zum bösen Spiel und tun so, als ob sie Akrobaten seien, die auf den Händen gehen). Die hellen durchsichtigen Farben verjagen die dunklen undurchsichtigen Töne. Die vertrauten Erinnerungen aus der Kindheit vermischen sich immer mehr mit den rauhen Figuren der Gegenwart (Musikanten, Kellner und Schauspieler). In einer inspirierten Anarchie faßt *Die Einführung ins jüdische Volkstheater* alle von Chagall während der letzten zehn Jahre behandelten Themen zusammen: Witebsk; seine an Rubeln armen und an Träumen reichen *Luftmenschen,* die sich mit lächerlichem Notbehelf durchs Leben schlagen und von grandiosen Illusionen leben; seine Kühe, Gaukler, Bauern; die kosmische, bei Delaunay entdeckte Geometrie; roheste Wirklichkeit und engelsgleiche Abstraktion;

77. Jean-Claude Marcadé, Le Futurisme russe, Dessain & Tolra, Paris, 1984, S. 64.
78. Marc Chagall, *op. cit.*, S. 158.

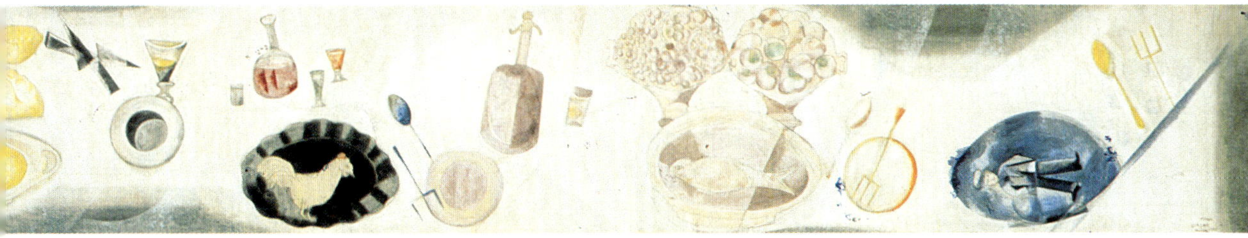

volkstümliche Motive und Heilige Schrift; Porträts von Freunden und der Familie - bis hin zur "neuen Ikone" von Malewitsch, dem *Schwarzen Quadrat auf weißem Grund*, das Chagall in der Hose des Klarinettisten unterbringt (so ist das nun mal im Kriege).

Die Einführung ins jüdische Volkstheater übernimmt die meisten bis zum äußersten durch ihre unmittelbare Konfrontation gesteigerten technischen Stilmittel, welche Chagall während der letzten zehn Jahre ausgearbeitet hat: auseinandergerissene Figuren und Bildgründe, Linearzeichnung und abgestufte Farben, Austauschbarkeit und Nebeneinander von Oben und Unten, Verflechtung von Mensch und Tier, von verschiedenen Zeiten und Orten... Dieses Bild unterstreicht die Verschiedenheit der gleichzeitig zur Anwendung gebrachten Maßstäbe, versteckt die Milchstraße in einer Halskrause, bringt ein ganzes Dorf in einer Gürtelschnalle unter und übermittelt ganz heimlich unendlich kleine Bilder und Botschaften in einer Manteltasche.

Die Einführung ins jüdische Volkstheater gibt sich jedoch nicht damit zufrieden, die zwischen 1910 und 1920 erworbenen Kenntnisse zu rekapitulieren, sondern stellt sie unter ein neues Licht, welches sie noch einmal umgestaltet. In seinen großen Gemälden griff Chagall bisher mal auf die Syntax der Stase, mal auf die der Ekstase (die eine "aus sich herausgetretene Stase" ist) zurück. Beide standen in Übereinstimmung für den nur einen Moment dauernden atopischen Ausdruck der Ergriffenheit und des Heiligen (das zeitlos ist). *Die Einführung ins jüdische Volkstheater* stellt jede Handlung bildlich dar. Die fröhliche Ausgelassenheit der Bande, die von links nach rechts über die Bildfläche defiliert, erinnert in seinem zugleich fröhlichen und panischen Ausbruch an den Auftritt von Zirkusclowns. Am Rande sei angemerkt, daß die Zirkusthematik hier zum ersten Mal eine Hauptrolle spielt. Von den Clowns haben die Figuren der Einführung ins jüdische Volkstheater ihre Vielseitigkeit: sie sind Musikanten, Spaßmacher, Akrobaten, Tänzer... Die Dynamik der *Einführung ins jüdische Volkstheater* steht durch nichts der Dynamik nach, welche die Futuristen in ihren Werken darzustellen versuchten. Sie drückt nicht, wie bei Balla und Boccioni, ein physisches Phänomen aus: *Die Einführung ins jüdische Volkstheater* ist das erste einzigartige Beispiel dessen, was ein

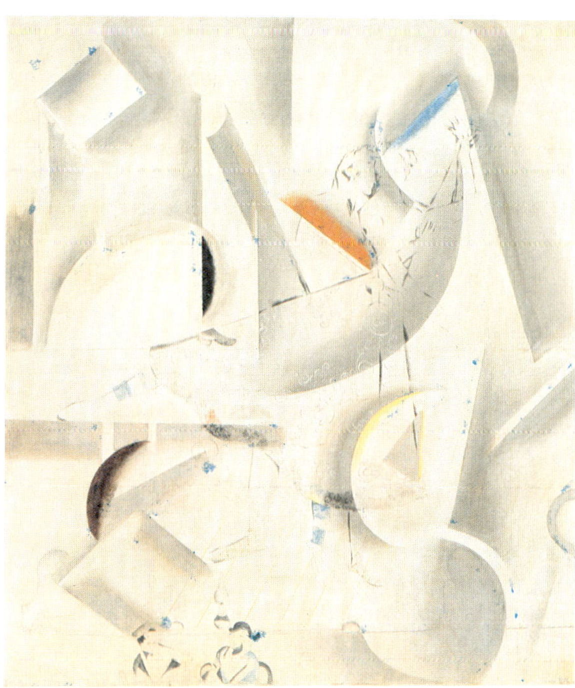

Jüdisches Theater, Fries: Die Liebe auf der Bühne, 1920
Tempera, Gouache und weiße Kreide auf Leinwand
283 x 248 cm
Tretjakow Galerie, Moskau

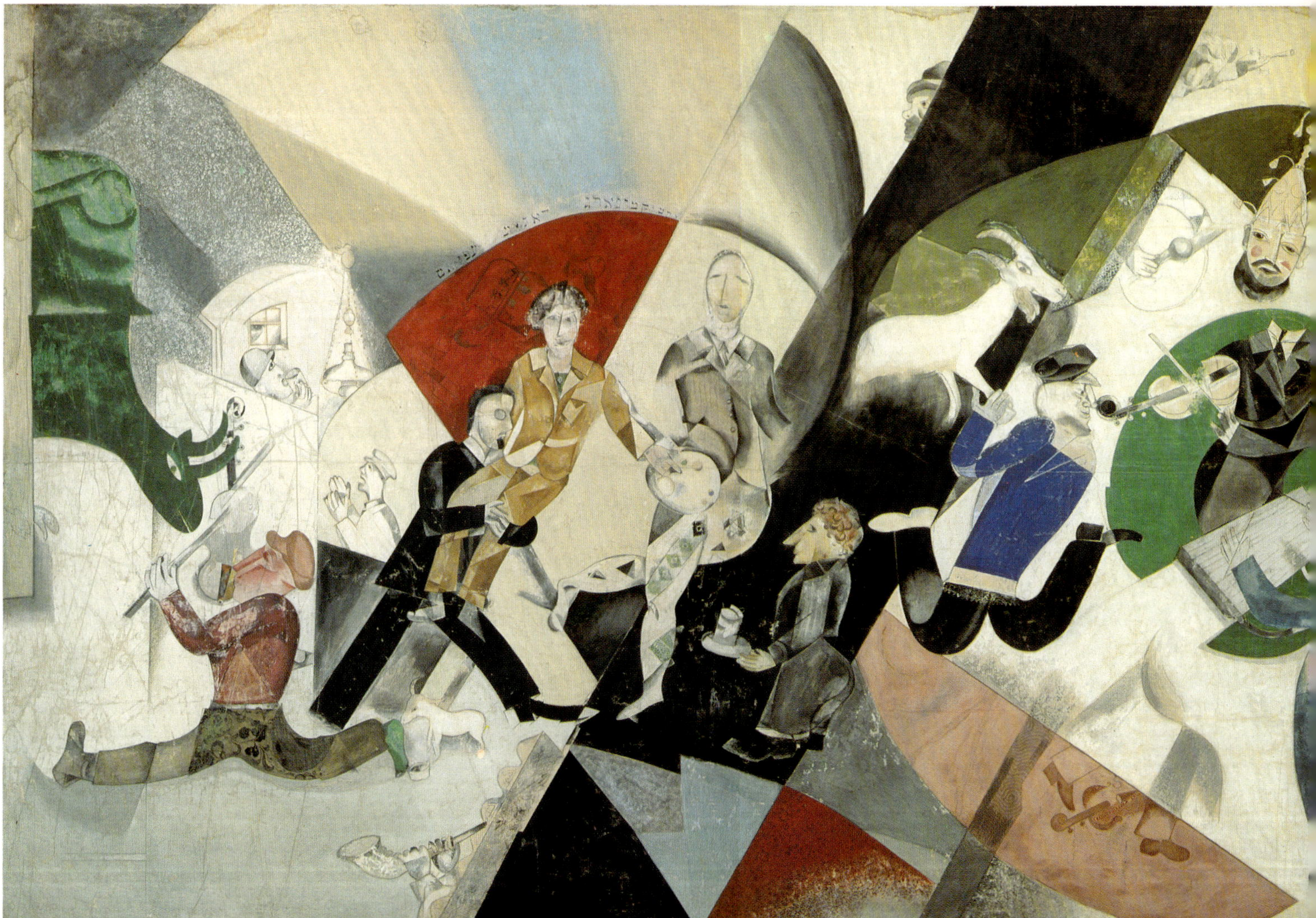

Die Einführung ins jüdische Volkstheater, 1920
Tempera, Gouache und Kaolin auf Leinwand
284 x 787 cm
Tretjakow Galerie, Moskau

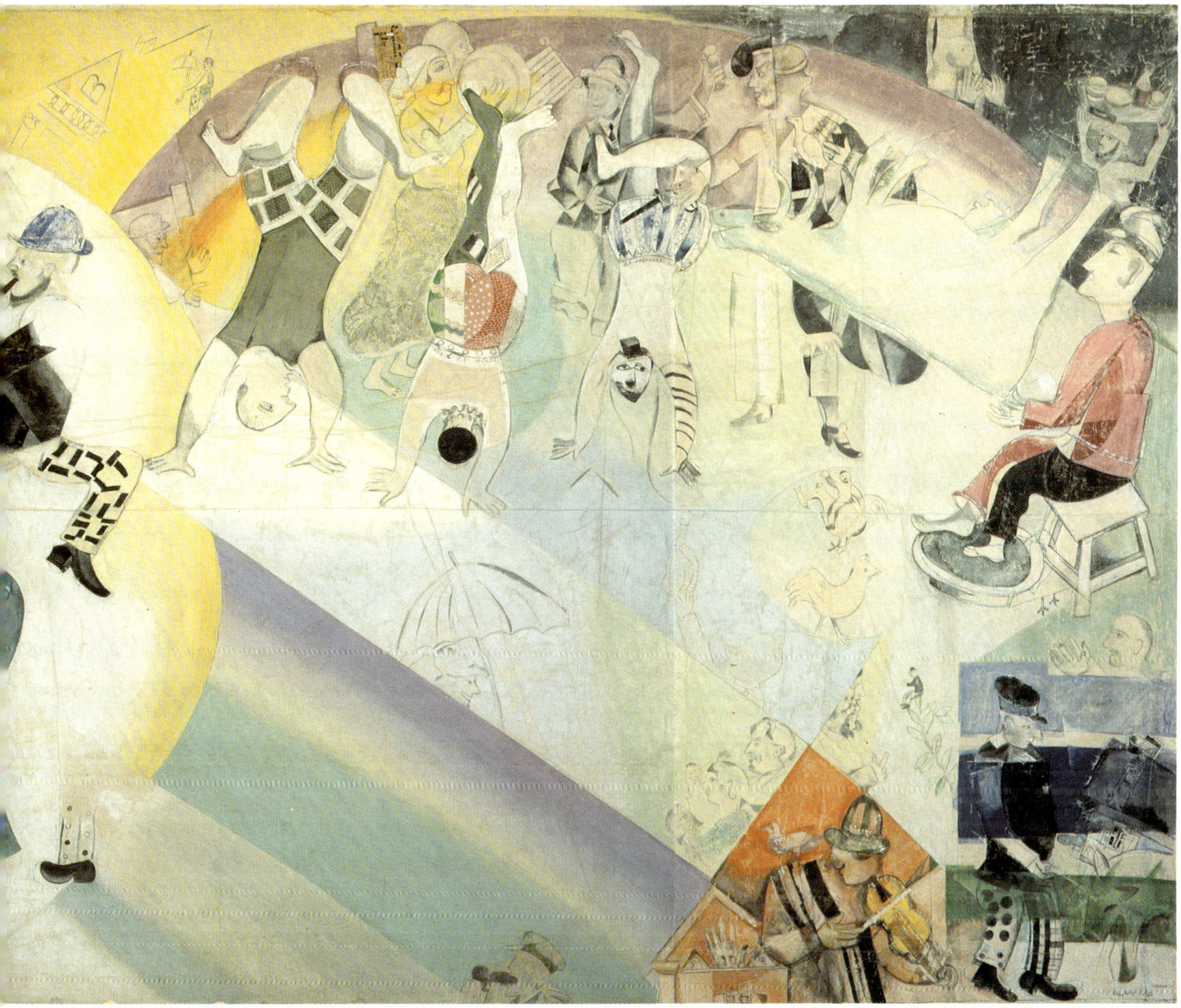

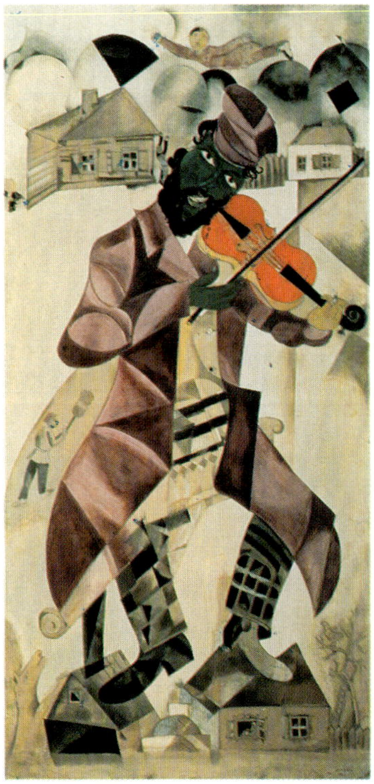

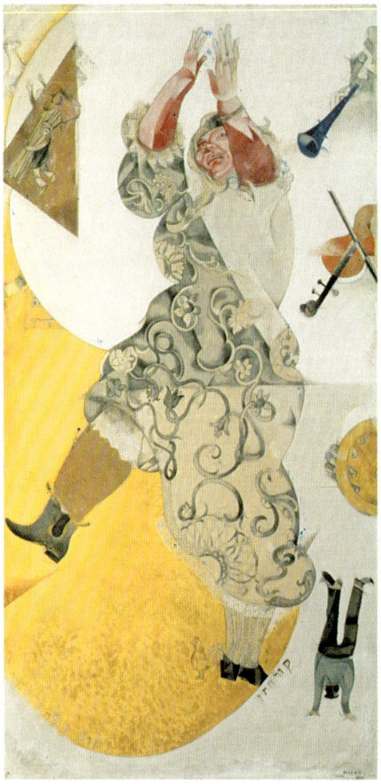

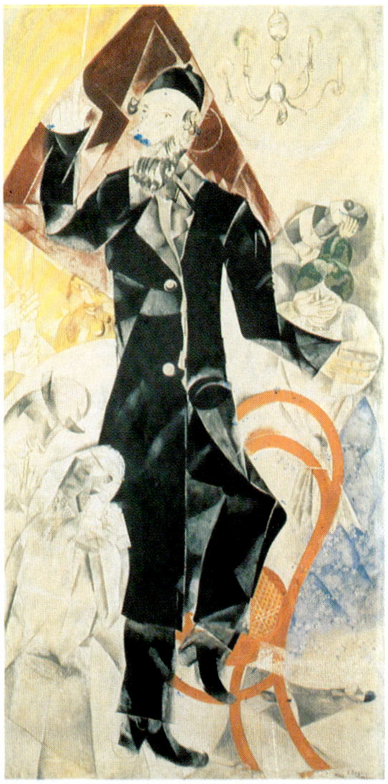

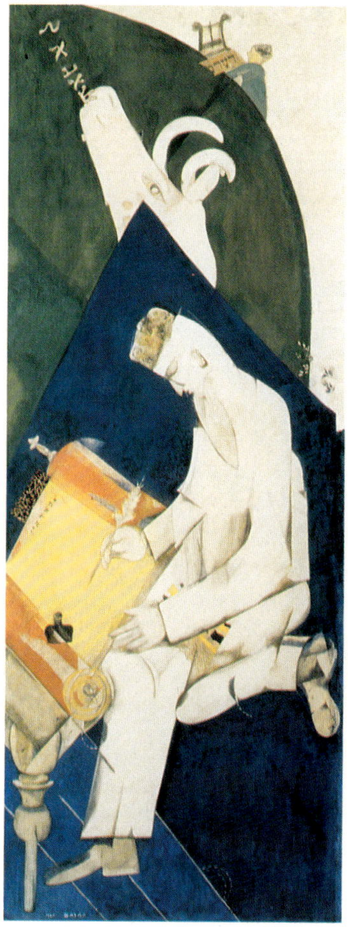

Jüdisches Theater, Tafel: *Die Musik*, 1920
Tempera, Gouache und Kaolin auf Leinwand
213 x 104 cm
Tretjakow Galerie, Moskau

Jüdisches Theater, Tafel: *Der Tanz*, 1920
Tempera, Gouache und Kaolin auf Leinwand
214 x 108,5 cm
Tretjakow Galerie, Moskau

Jüdisches Theater, Tafel: *Das Schauspiel*, 1920
Tempera, Gouache und Kaolin auf Leinwand
212,6 x 107,2 cm
Tretjakow Galerie, Moskau

Jüdisches Theater, Tafel: *Die Literatur*, 1920
Tempera, Gouache und Kaolin auf Leinwand
216 x 81,3 cm
Tretjakow Galerie, Moskau

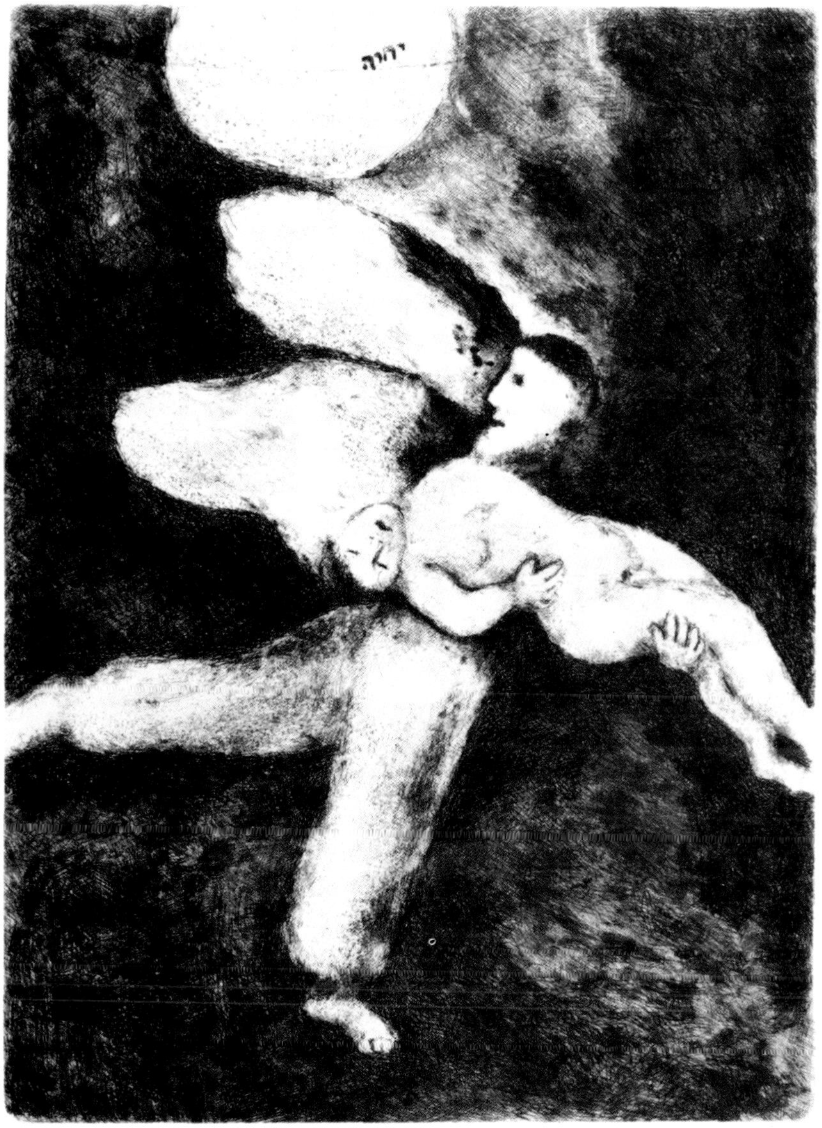

Die Bibel
Die Erschaffung des Menschen (Tafel I)
Genesis, II, 7
Paris, Verlag Verve, 1956
Radierung
31 x 23,1 cm
Privatsammlung

Kunsthistoriker ganz vortrefflich den "psychischen Futurismus" genannt hat. Die Behauptung, daß das riesige Gemälde fürs jüdische Volkstheater zwei im allgemeinen für völlig unvereinbar gehaltene Ausdrucksweisen in sich verschmilzt, nämlich das Narrative und das Heilige, ist tatsächlich nicht übertrieben.[79]
Das Nebeneinander von göttlicher Feierlichkeit und possenhaftem Unterhaltungsbetrieb mag erstaunen. Es hat sich Chagall aufgedrängt, als er sich ans Werk machen will und sich auf den Boden des noch leeren Saales legt. Er erzählt: "Gern bleibe ich so liegen und raune meine Gebete. Ich denke an mein bisheriges Leben und an meinen Großvater, an jenen, der Fresken für eine Synagoge gemalt hatte (...) Inspiriere mich, Großvater (...) Sag' mir, welche geheimnisvolle Kraft deinen Pinsel in Lejne führte. Gieß doch, mein bärtiger Großvater, ein oder zwei Tropfen jüdischer Weisheit in mich!"[80] In *Die Einführung ins jüdische Volkstheater* zeigt sich die Verbindung zwischen Profanem und Heiligem noch deutlicher, weil Chagall sich darin unbewußt zu ihr bekennt. Dieses Bekenntnis kommt in dem Paar zum Ausdruck, das Efross (der ihm die Theaterwände "geschenkt" hatte und der ihn hier auf dem Arm trägt) und Chagall bilden. Umgekehrt spielt der Engel in Chagalls Bibelradierung *Die Erschaffung des Menschen* (S. 81) die gleiche Rolle: als visuelles Substitut Gottes, den darzustellen ja verboten ist, trägt er den ersten noch nicht mit dem Lebenshauch belebten Menschen.
In der Tat hilft uns ein "Tropfen jüdischer Weisheit" zu verstehen, wie bei Chagall Theater und Zeremonie ineinandergreifen. Der Chassidismus betrachtet die körperliche Bewegung und die seelische Rührung als zwei Grenzzustände, wenn nicht sogar als einunddieselbe Sache. Hinreichend stimuliert, setzt die körperliche Anstrengung psychische Potentiale frei. "Ich könnte nur an einen Gott glauben, der tanzt", sagte Nietzsche. Durch den Tanz, lehrten die Chassidim, bringen sich die Menschen in Übereinstimmung mit Gott. David wirbelt vor Jahwe im Kreis herum, sagt die Bibel. Eine kleine chassidistische Geschichte erzählt von einem Kind, das seinem Großvater beim Tanzen zusieht: "Großvater, warum tanzt du so? - Weißt du, mein Kind, der Mensch ist wie ein Kreisel. Er gewinnt seine edle Würde und sein Gleichgewicht nur durch die Bewegung".[81] Rabbi Nahmann aus

79. Das gleiche Resultat, allerdings mit anderen Mitteln, erzielt Ensor mit seinem Bild *Christi Einzug in Brüssel.*
80f. siehe nächste Seite

Braslav behauptete: "Die Traurigkeit schlägt Gottes Gegenwart in die Flucht". Die Freude aber holt sie wieder zurück. "Wenn die Freude des Menschen Körper ergreift, heben sich seine Hände und Füße in die Luft. Er kann nicht anders als zu tanzen".[82] In *Die Einführung ins jüdische Volkstheater* rennen, fliegen und zappeln die Figuren. Chagalls Zeichnung wird zur Choreographie und seine Schrift wird kursiv. In *Die Einführung ins jüdische Volkstheater* sieht man die Merkmale und die Ausdrucksmittel der Trunkenheit: das Trinken aktiviert den Körper, macht ihn leichter und euphorisch und bringt ihn zum Gestikulieren - ob graziös oder grotesk ist ganz gleich, Hauptsache die Bewegung ist auf die Spitze getrieben. Ein talmudisches Gleichnis berichtet vom Rabbi Beroqa, der eines Tages den Propheten Elias darum bittet, ihm doch unter den Passanten auf der Straße die "Söhne der zukünftigen Welt" zu zeigen. Elias weist ihm zwei Leute. "Was macht ihr?", fragt sie der Rabbiner. "Wir sind Possenreißer", antworten sie ihm.

Während Chagall seine große Wanddekoration ausführte, war er, wie er später selbst gesteht, von heftiger Unruhe befallen. Wir erinnern uns, daß der Körper, in solche Erregung versetzt, zum Wohnsitz des Heiligen wird. Oder anders gesagt, dieser "ekstatische Eifer", auch *hithlahabuth*, das heißt "Glut" genannt, ist die Erklärung für die Besitzergreifung des Spielerischen durch das Numinose, da ja "nichts und niemand sich gegen seine eigene Kraft wehren kann, welche jeden Körper zum Geist erhebt",[83] wie Martin Buber schreibt.

Nehmen wir an, daß der Chassidismus auf diese Inbesitznahme hinzielt (wir unterstreichen, daß es sich hierbei nicht um eine symbolische Darstellung, sondern um die leibhaftige Präsenz handelt), so ist er keinesfalls der einzige Weg dorthin: denken wir nur an die rituellen Tänze der Stammesgesellschaften Afrikas, des Pazifiks oder Amerikas. Obwohl man den einen oder anderen Weg einschlagen muß, damit sich die Gegenwärtigkeit des "wilden Gottes" offenbart (dessen plötzliches Auftreten 1901 W.B. Yeats in dem Schwank *Ubu roi* begrüßt hatte), muß man diesen Wegen nicht einzeln folgen, um die Offenbarung zu erkennen. Wenn auch das Brennholz verschieden ist, bleibt doch das Feuer immer dasselbe.

Die Einführung ins jüdische Volkstheater ist mit dem Diptychon *Der Tanz* und *Die Musik* von Matisse (das vom Mythos des goldenen Zeitalters inspiriert ist) verwandt. Es ist merkwürdig, daß diese beiden Werke - unübertroffene Versuche, dem Heiligen in der Malerei wieder Geltung zu verschaffen - einem breiteren Publikum in der ehemaligen Sowjetunion bis heute vorenthalten werden.[84]

Chagall glaubte, der Sowjetunion mit der *Einführung ins jüdische Volkstheater* ein Programm anzubieten. Sah man in dem Bild denn nicht einen Weg vom rein Profanen zum Heiligen, einen Zugang zur Transzendenz? Diese liegt in einem Ort, den man dem Menschen nicht rauben kann, ohne ihm gleichzeitig das Leben zu nehmen: im Körper. Eine Heiligkeit, die nicht aus der individuellen Meditation hervorgeht, sondern aus der kollektiven Handlung. Ein Programm? Buchstäblich: Chagall erzählt, wie der erste Schauspieler der Truppe des jüdischen Volkstheaters von seinen Dekorationen so sehr angetan war, daß er sich anregen ließ, seinen Ausdrucksstil zu ändern und unter ihrem Eindruck seine verhaltene, Seelenzustände ausdrückende Mimik zugunsten einer exaltierten, energiegeladenen Körpersprache aufgab. Das war ein Programm, das Chagall zu Recht für revolutionär und folglich wie geschaffen für ein kommunistisches Land hielt. In dem Bild *Revolution* (1937, S. 83) wird Lenin als Akrobat dargestellt, der auf einer Hand am Rande eines Tisches balanciert. Aus der begrenzten Ausdrucksquelle einer Minderheit hatte Chagall ein universelles Werk geschöpft. Es war wie in eine Flasche eingeschlossen, die auf dem Meer des winzigen Saales in der Bolschoi-Tschernischewski-Straße tanzt.

Chagall bleibt nichts anderes übrig, als zu gehen. Er verläßt sein Heimatland 1922, in dem Jahr, in dem Stalin Sekretär der kommunistischen Partei wird.

80. Marc Chagall, "*Meine Arbeit im jüdischen Volkstheater*", Di jdise Velt, 1928, Nr. 2, S. 276-282; Alexander Kaminsky, Chagall, période russe et soviétique, Paris, 1988, S. 358. Siehe ebenfalls, *Mein Leben*, S. 158. Wir fügen hinzu, daß die Erinnerung an den Urahnen, "der die Fresken gemacht hatte", vielleicht zu Chagalls Wahl der Maltechnik - Kreide, Tempera - beigetragen hat, weil sie auf der Leinwand die Wandmalerei simulieren konnte.

81. Marc-Alain Ouaknin, *Ouvertures hassidiques*, Paris, Jacques Grancher, 1990, S. 7.

82. *Ibid.*, S. 165.

83. Martin Buber, *Die Legende des Baalschem*, S. 20

84. Chagalls Dekoration für das jüdische Theater ist im Westen zum ersten Mal in der Stiftung Gianadda in Martigny ausgestellt worden, nachdem man sie wieder ans Tageslicht gefördert, vor dem Verfall gerettet und restauriert hatte. Dieses Ensemble bildet einen Höhepunkt im Werk des Malers, ohne den man es genauso wenig verstehen könnte, als man Matisse ohne *Der Tanz* und *Die Musik* verstehen kann.

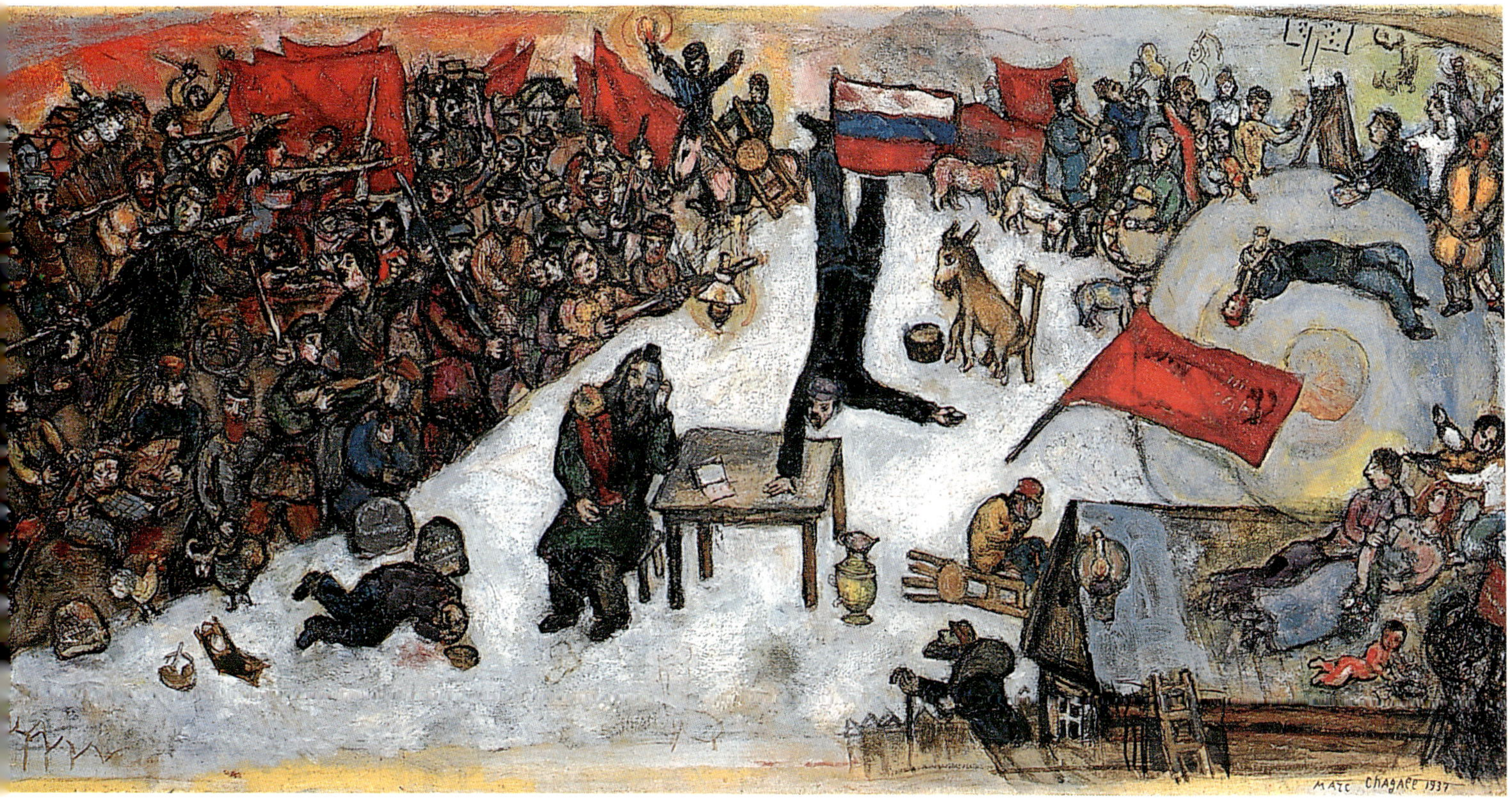

Studie zu Die Revolution, 1937
Öl auf Leinwand
49,7 x 100,2 cm
Musée National d'Art Moderne,
Centre Georges Pompidou, Paris

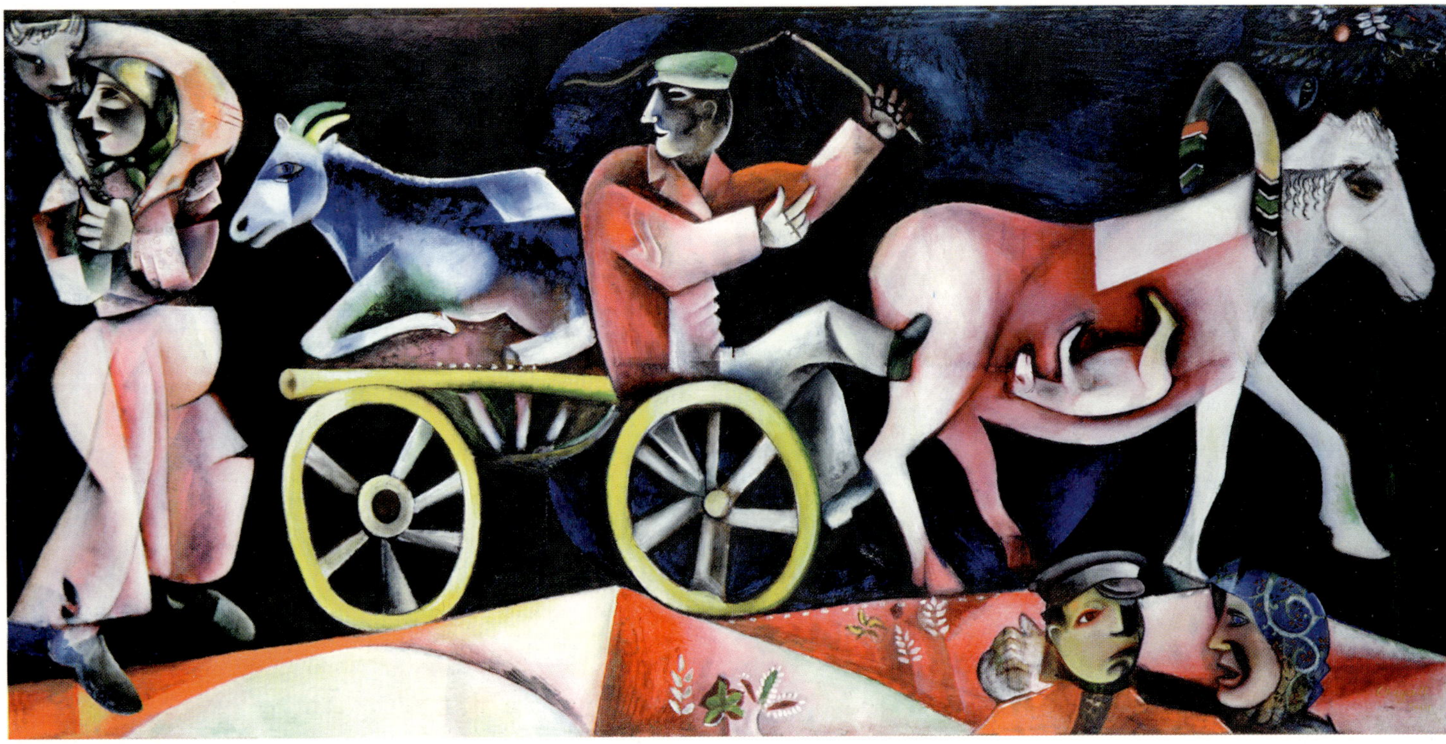

Der Viehhändler, 1912
Öl auf Leinwand
92 x 200,5 cm
Öffentliche Kunstsammlung,
Kunstmuseum Basel, Basel

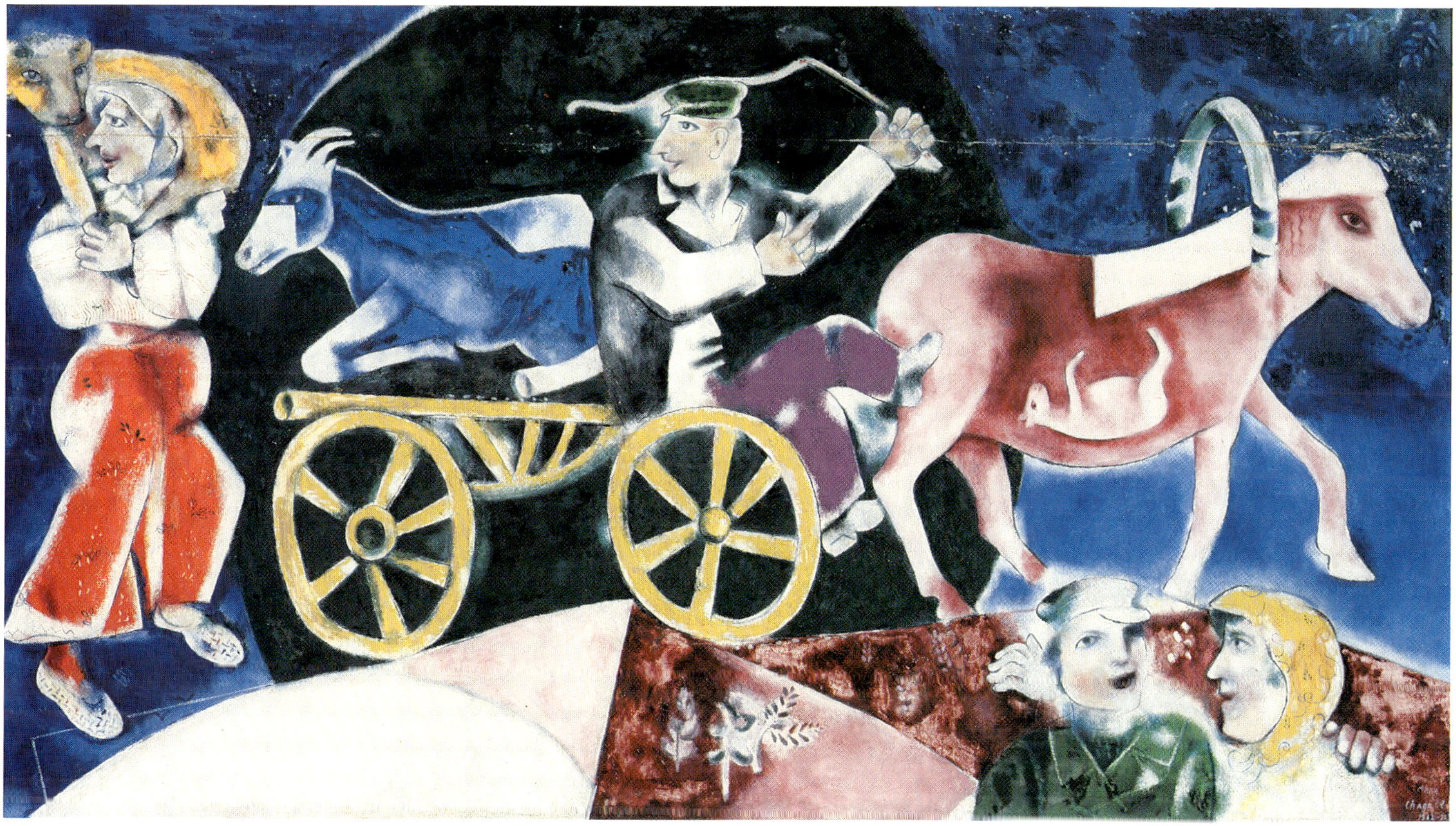

Der Viehhändler, 1922-1923
Öl auf Leinwand
99,5 x 180 cm
Musée National d'Art Moderne,
Centre Georges Pompidou, Paris,
deponiert im Musée des Beaux-Arts, Grenoble

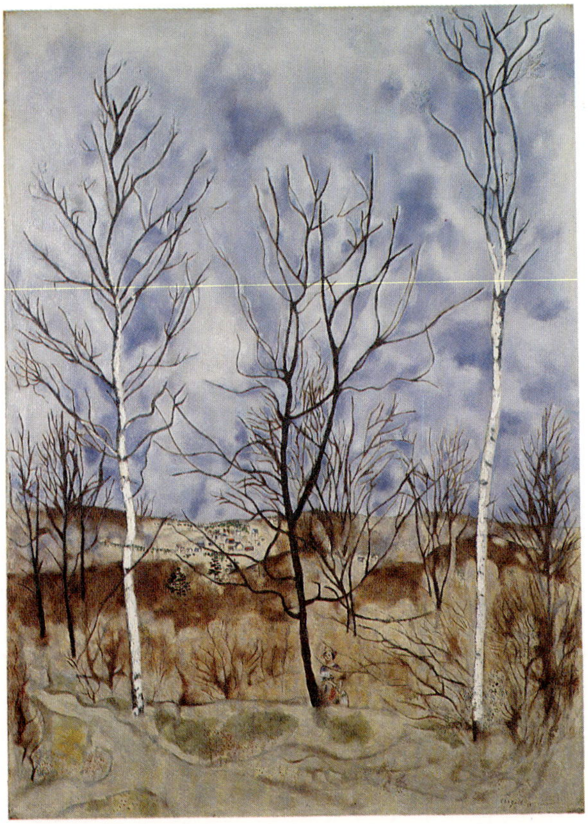

Landschaft bei L'Isle-Adam, 1925
Öl auf Leinwand
100 x 81 cm
Privatsammlung

Wiedersehen mit Paris: Die Einbürgerung

Chagall bleibt vom Sommer 1922 bis zum Winter 1923 in Berlin. Dort erfährt er, daß die Gemälde, die er in La Ruche und bei seinem Berliner Kunsthändler Walden zurückgelassen hat, in alle Winde zerstreut sind. Ende 1923 siedelt er nach Paris über. Kaum angekommen, fertigt er sehr genaue Repliken von einigen dieser Werke an. Dieses Nachbilden des eigenen Werks - eine vor der Moderne, als man noch keinen Begriff von Originalität oder Unikat hatte, durchaus gängige Praxis - ist im 20. Jahrhundert einzigartig. Ein Beweis mehr für Chagalls absolute Treue zum "Planeten" Witebsk, seiner ursprünglichen Inspirationsquelle, die zuerst in Bildern wie *Ich und das Dorf* oder *Der Viehhändler* (1912, S. 84; 1923, S. 85) deutlich wird. Eine endgültige, unverlierbare Vision. Und wenn er die eigenen Bilder tatsächlich eher kopiert als sich zu einer Neufassung zu entschließen, dann deshalb, weil die Zeiten sich geändert haben - und zwar so grundlegend, daß seine Vision Gefahr läuft, ihren zeitlos-unvergänglichen Charakter einzubüßen, wenn er sie der Dimension der Zeit unterwirft.

Es ist ein schwerer Schock für den Maler. Denn im ekstatischen Feuer der *Einführung ins jüdische Volkstheater* verschmolzen die frühe, ganz gegenwärtige Erinnerung an die Heimat, die "Revolution des Auges" und die der Kommunisten (Witebsk, Paris und Moskau) zu einem Ganzen. Bald jedoch divergierten Ewigkeit und Geschichte. Ja schon die unüberbrückbare stilistische Distanz zwischen diesen "Repliken" und der übrigen Produktion dieser Zeit liefert dafür einen sprechenden Beweis.

Das Paris, das Chagall 1923 wiederfindet, gleicht in nichts mehr dem 1910 entdeckten avantgardistischen Gebrodel. Es ist die Zeit des "Rappel á l'ordre" (Ruf zur Ordnung), wie ihr Protagonist Jean Cocteau diese Kunstepoche nannte. Vorbei sind die formalen Experimente und die permanente Revolution der Kunst. Man schwört auf Tradition, den Realismus und die "französischen Werte". Ingres, Courbet und Renoir sind die Schutzpatrone dieser Reaktion. Der brav gewordene Derain beherrscht die Szene. Picasso ist in seiner klassischen Phase. Matisse, der gerade den düsteren Ernst seiner durch die Kriegsatmosphäre noch feierlicher gewordenen Gemälde hinter sich läßt, widmet sich einer blumigen, "intimen Malerei". Chagall, dessen Sensibilität den Puls der Zeit erfaßt, und der doch unwandelbar zu seiner Sache steht, reagiert sofort auf das völlig unerwartet entspannte Klima des Konservatismus, das in so deutlichem Kontrast zu dem in Rußland steht. "Als mir dies (die Enttäuschung als Maler) ganz unabhängig von meinem eigenen Willen passierte, mußte ich in eine andere Wirklichkeit fliehen. Ich fand sie in den Landschaften Frankreichs, in den Blumen des Südens, den Horizonten von Peira-Cava und der Erde von Gordes und des Roussillon".[85]

Noch nie hatte er die Außenwelt so sehr gebraucht, um seine Malerei zu befruchten. Jetzt tauchen plötzlich Blumensträuße auf dem Tisch auf, und sie werden regelmäßig erneuert. Im Fensterrahmen zeichnen sich die bewaldeten

85. Katalog Chagall, Paris, 1959, S. 185.

Hügel des Pariser Beckens, die Gipfel der Alpen und der Pyrenäen, die Bauernhöfe der Auvergne oder die Atlantikküste ab. Mit der Landschaftsmalerei (ebenso wie das Stilleben, ein bislang von ihm kaum gepflegtes Genre) eignet er sich das häufig von ihm erwähnte, befreiende Licht an, das so spezifisch französisch erscheint. Sein Pinsel lernt, den Nebel mit seinen subtilen, irisierenden Grau- und Erdtönen wiederzugeben, welche nichts mehr mit der "Kartoffelfarbe" seiner Anfänge zu tun haben.[86]

Manche seiner Landschaften erinnern an Corot (*Landschaft von L'Isle-Adam*, 1925, S. 86; *Mont-Chauvet,* 1925). Und manche seiner Porträts verraten mit ihrer skeptischen Eleganz den Zeitgenossen Derains. Allerdings nur manche. "Ich will eine Kunst der Erde und nicht eine Kunst nur des Kopfes", erklärt er einem zeitgenössischen Kunstkritiker, einem Verfechter des "Rufes zur Ordnung".[87] "Nicht nur" heißt nicht "überhaupt nicht". Die Aneignung der naturalistischen Ästhetik bedeutet in seinen Augen keineswegs, daß er auf das "übernaturalistische" Element, welches für ihn zugleich Sinn des Lebens und der Malerei ist, verzichten müßte. Dieses irrationale Element, das nur mit dem Auge des Geistes wahrgenommen werden kann, ist absolut unvereinbar mit dem positiven, vernunftbetonten System des Realismus, das die Epoche ihm anbietet, ja sogar aufzwingt. Auch Matisse wird es aufgezwungen, so daß er seine Bilder tarnen muß, wenn er dem Thema seiner monumentalen Gemälde, nämlich dem Mythos vom goldenen Zeitalter, treu bleiben möchte. Deshalb ändert er die Tonart seiner Malerei von Dur zu Moll; und aus seinem großen abstrakten Stil wird eine scheinbar realistische "intime Malerei". Der gleiche Wille (den Chagall allein mit dem Maler der *Joie de vivre/Lebensfreude* teilt), diesen grundlegenden Widerspruch zu überwinden, verleiht Chagalls Produktion der zwanziger Jahre seine Originalität und Spannung.

Es gibt ein bewährtes Rezept, wenn man unter einem feindseligen Regime überleben will: im Verborgenen bleiben. Chagall ist seit langem Meister in der Kunst des Verbergens, indem er sich zum Liliputaner in Gullivers Welt macht. Bei seinen Wanddekorationen für das jüdische Volkstheater hatte er dieses Mittel bereits angewandt. Es war ihm gelungen, unendlich kleine Bilder oder Wörter darin unterzubringen, die dem unaufmerksamen oder zerstreuten Blick entgingen.[88] Er macht das jetzt häufiger. Zum Beispiel malt er zu Füßen eines Tisches und einer durchs Fenster sichtbaren Landschaft eine daumengroße Frauengestalt (*Akt unter dem Tisch*). Am Rande eines anderen Tisches, der unter dem Gewicht eines riesigen Blumenstraußes fast erdrückt wird, spaziert eine winzige Frau mit Regenschirm (*Die Blumen vom Mourillon*, 1926). Hinter einem von einer riesenhaften Gauklerin gebildeten, sich über Paris erhebenden Triumphbogen geschickt versteckt, wird die französische Hauptstadt mit winzig kleinen Figürchen gleichsam russifiziert, trotz des unbe-

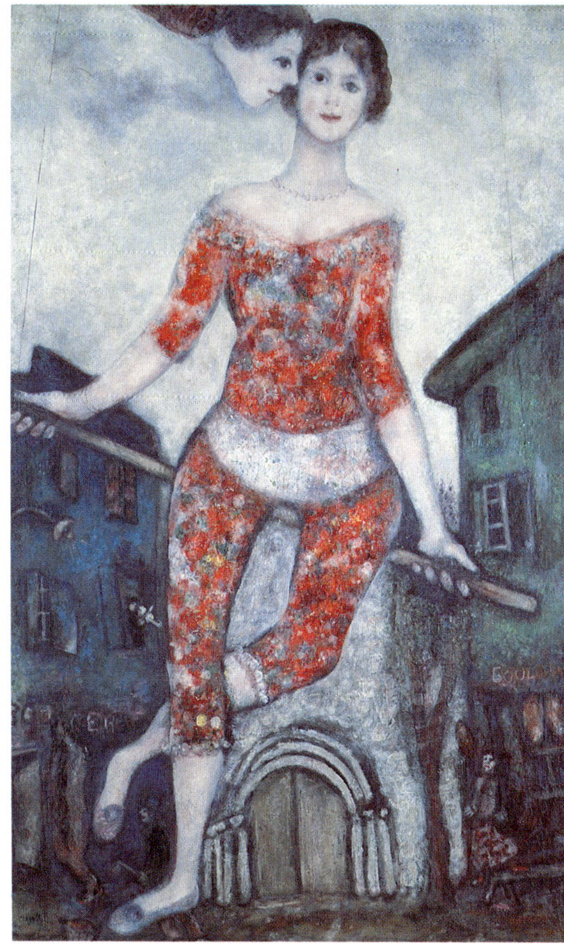

Die Akrobatin, 1930
Öl auf Leinwand
117 x 73,5 cm
Musée National d'Art Moderne,
Centre Georges Pompidou, Paris,

86. Pierre Schneider, *op. cit.*, S. 51.
87. Florent Fels, Propos d'artistes, Paris, 1925, S. 32, zitiert von Viviane Tarenne, Katalog Chagall, München, 1991, S. 40.
88. Malewitsch wendet das gleiche Verfahren an: Als er unter dem Druck der stalinistischen Macht auf die Abstraktion verzichten muß, versteckt er ein winziges Quadrat im Kleiderkragen einer scheußlich realistisch gemalten Bäuerin.

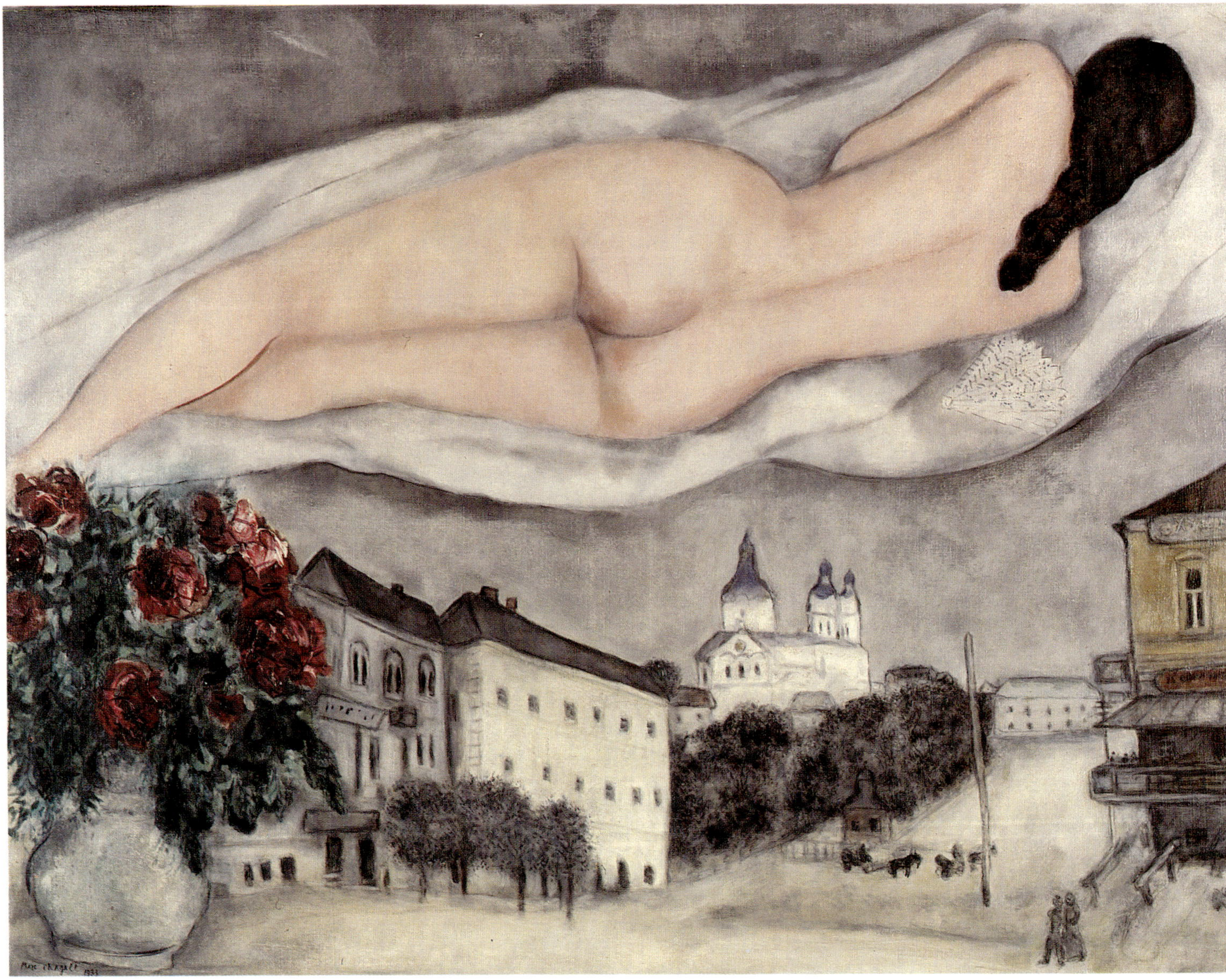

Akt über Witebsk, 1933
Öl auf Leinwand
87 x 113 cm
Nachlaß Ida Chagall, Paris

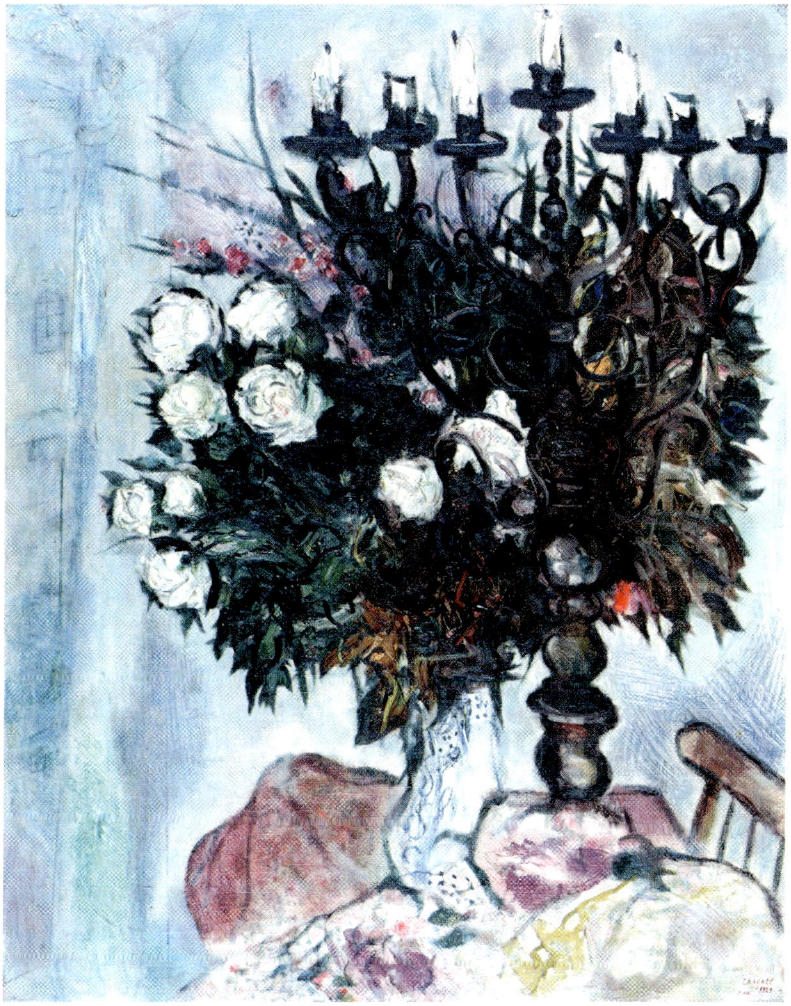

Der Leuchter mit den weißen Rosen, 1929
Öl auf Leinwand
100 x 81 cm
Nachlaß Ida Chagall, Paris

streitbar parisischen Kolorits von Bäckerei und Fleischerladen *(Die Akrobatin,* 1929-1930, S. 87). Mit diesen Maßstabsunterschieden und ihrem unvermittelten Aufeinandertreffen sucht Chagall nicht mehr ein Spannungsfeld aufzubauen, das den Zwiespalt zur visionären Einheit umformt, wenn es sich entlädt. Er versucht im Gegenteil, unbemerkt einen Störfaktor in das sonst homogene Bild einzuschmuggeln. Diese Störung kann durch eine Kleinigkeit hervorgerufen werden; denn es ist nicht nötig, daß das störende Element anderer Natur ist als das Übrige. Es genügt, wenn es einen anderen Maßstab hat (*Akt über Witebsk,* 1933, S. 88).

Im allgemeinen wählt Chagall noch eine andere Lösung, zu der auch Matisse in diesen Jahren aus den gleichen Gründen greift: Tarnen, was man auf keinen Fall verraten möchte. Die Sinnbilder, welche einst das Heilige, einen Mythos, eine übernatürliche oder rein subjektive Wirklichkeit darstellten, werden "naturalisiert". Und da ihr äußerer Schein mit dem der physischen Welt verschmilzt, erwecken sie keinen Verdacht mehr. Somit können sie weiterhin einen "abstrakten" oder "irrationellen" Sinn vermitteln. Ein Engel gibt sich jetzt für Charlie Chaplin aus; Kuh, Hühner, Bauern - die Schutzgeister des nebeligen Witebsk - tun so, als ob sie dafür geschaffen wären, auf einem Ladenschild für Butter, Eier und Käse zu werben. Und der üppige Blumenstrauß, der sich in der Vase aufplustert, will nicht verraten, daß er in Wirklichkeit der brennende Dornbusch aus der Bibel ist.

Diese "tiefere" Bedeutung entschlüsselt sich eher dem Unterbewußtsein, während ihre "natürliche" Tarnung unser Bewußtsein daran hindert, sie überhaupt zu entdecken. Das Wild-Bedrohliche dieser Blumen entspringt wahrscheinlich dem unbewußten Empfinden des Malers selbst und des von ihm geleiteten Betrachters beim Anblick des Bouquets; falls sie nicht ohnehin das Göttliche erkennen, das sich hinter den Blüten verborgen hält und dessen Gegenwart unbequem ist (*Der Leuchter mit weißen Rosen,* 1929, S.89). Denn wenn der Betrachter darin Gott erkennt, wirkt der Zauber nicht mehr, denn er ist der Verborgene. Deswegen vermeidet Chagall in seiner Malerei während der zwanziger Jahre Themen, deren biblischer Sinn allzu einfach entschlüsselt werden könnte.

Im Rückblick auf seine französischen Impulse

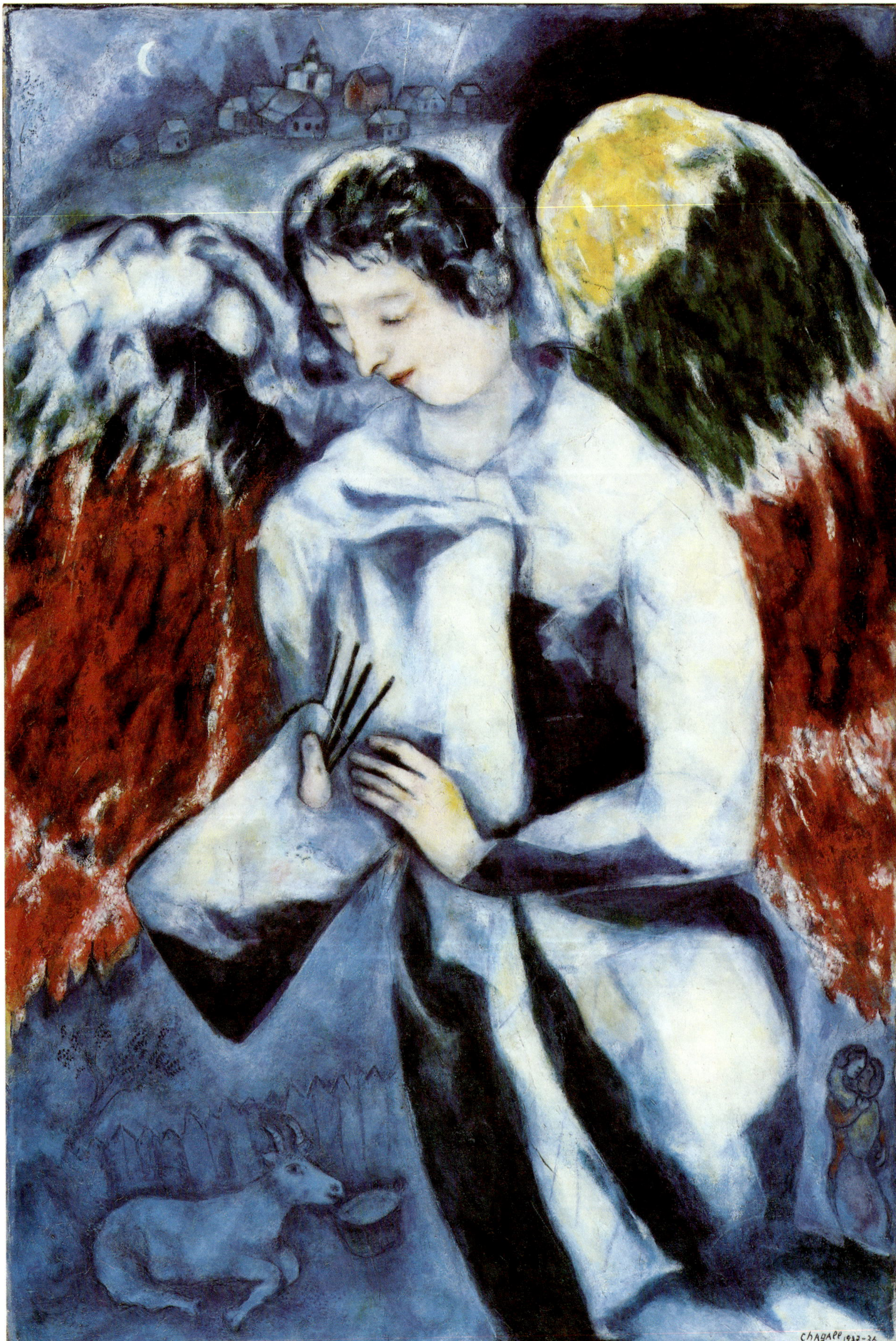
Chagall 1927-36
Marc

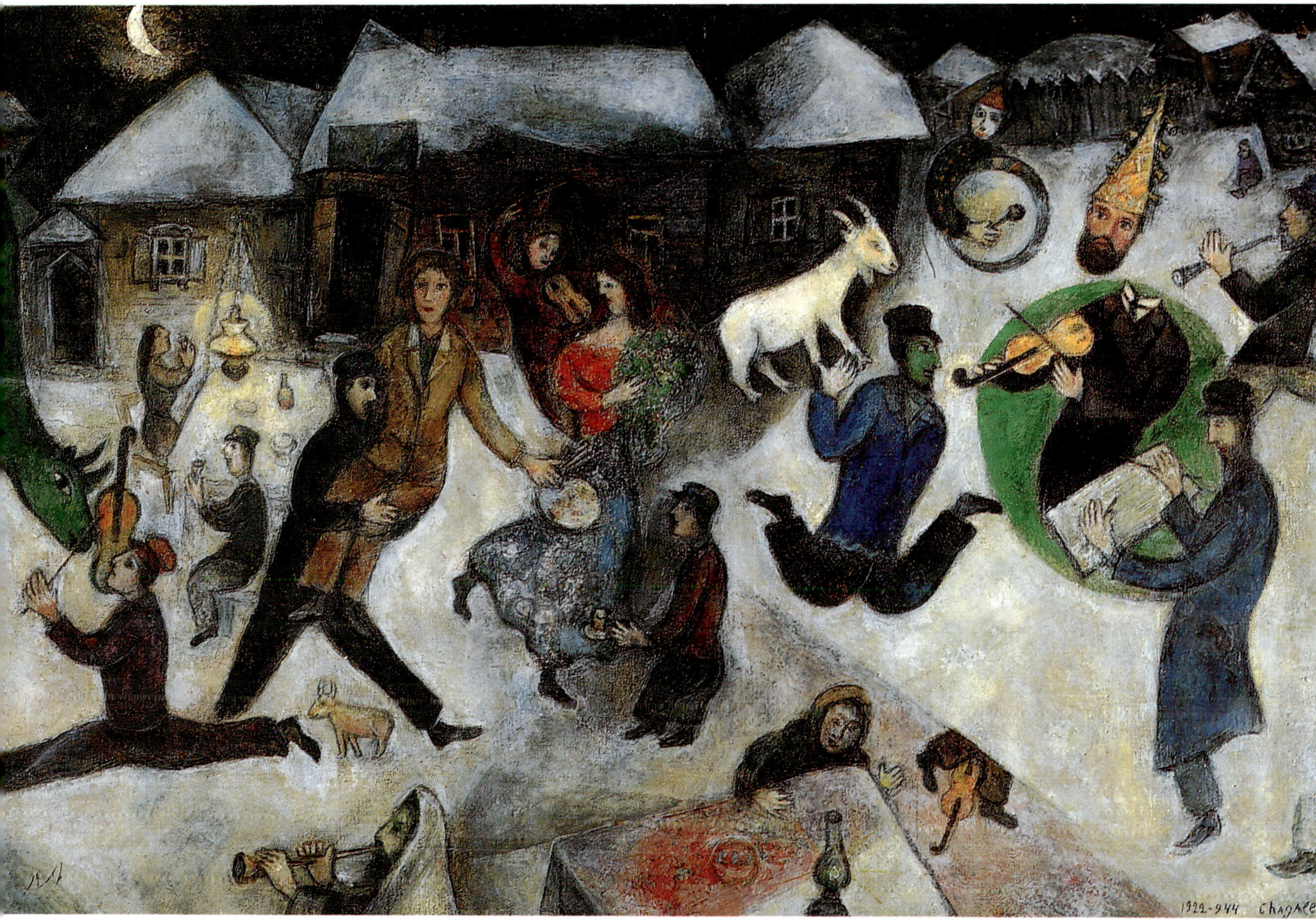

Der Engel mit der Palette, 1927-1936
Öl auf Leinwand
131,5 x 89,7 cm
Musée National d'Art Moderne,
Centre Georges Pompidou, Paris,
deponiert im Musée Cantini, Marseille

Die Harlekine, 1922-1944
Öl auf Leinwand
56,5 x 86,8 cm
Musée National d'Art Moderne,
Centre Georges Pompidou, Paris

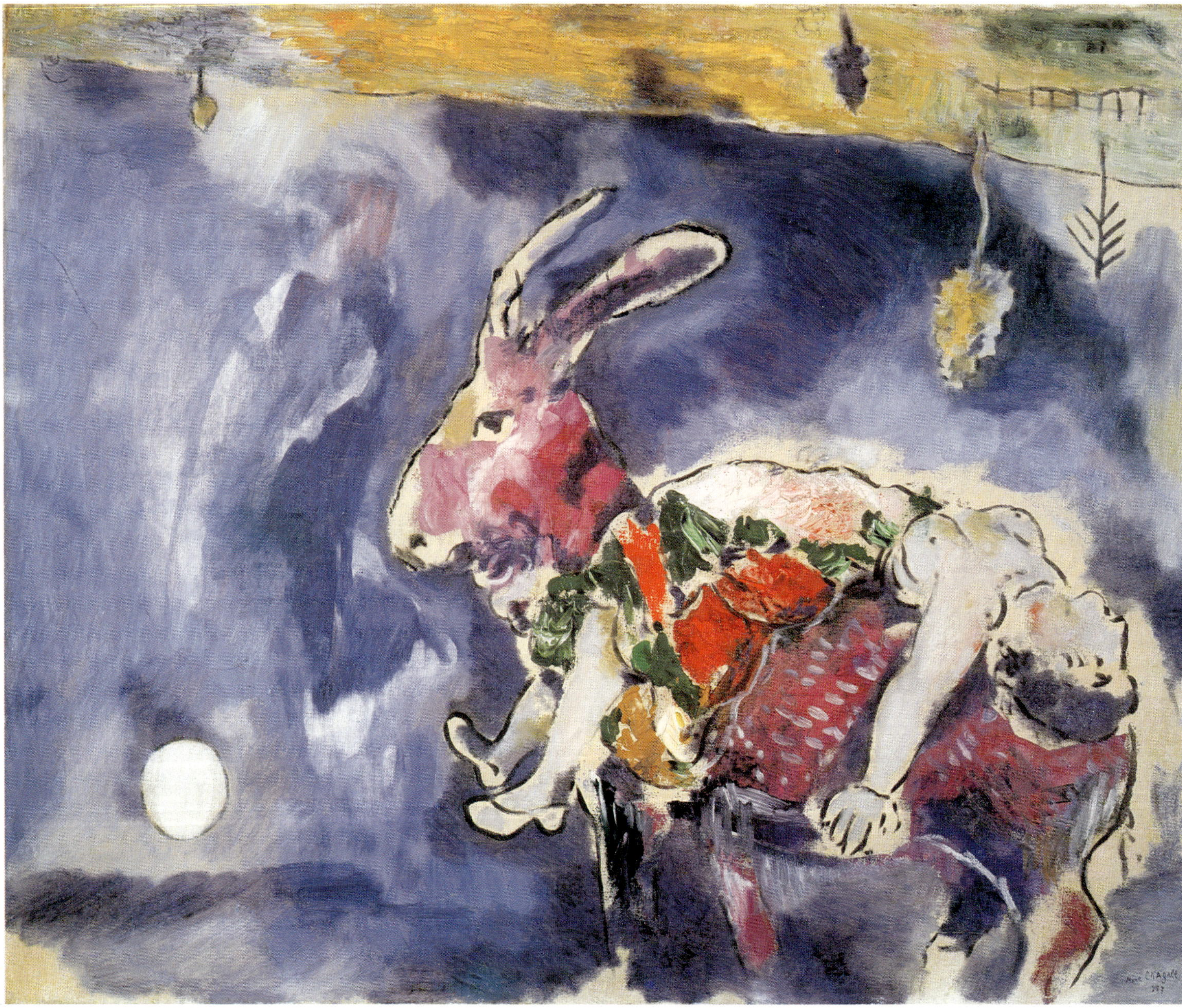

Der Traum, 1927
Öl auf Leinwand
81 x 100 cm
Musée d'Art Moderne de la Ville de Paris, Paris

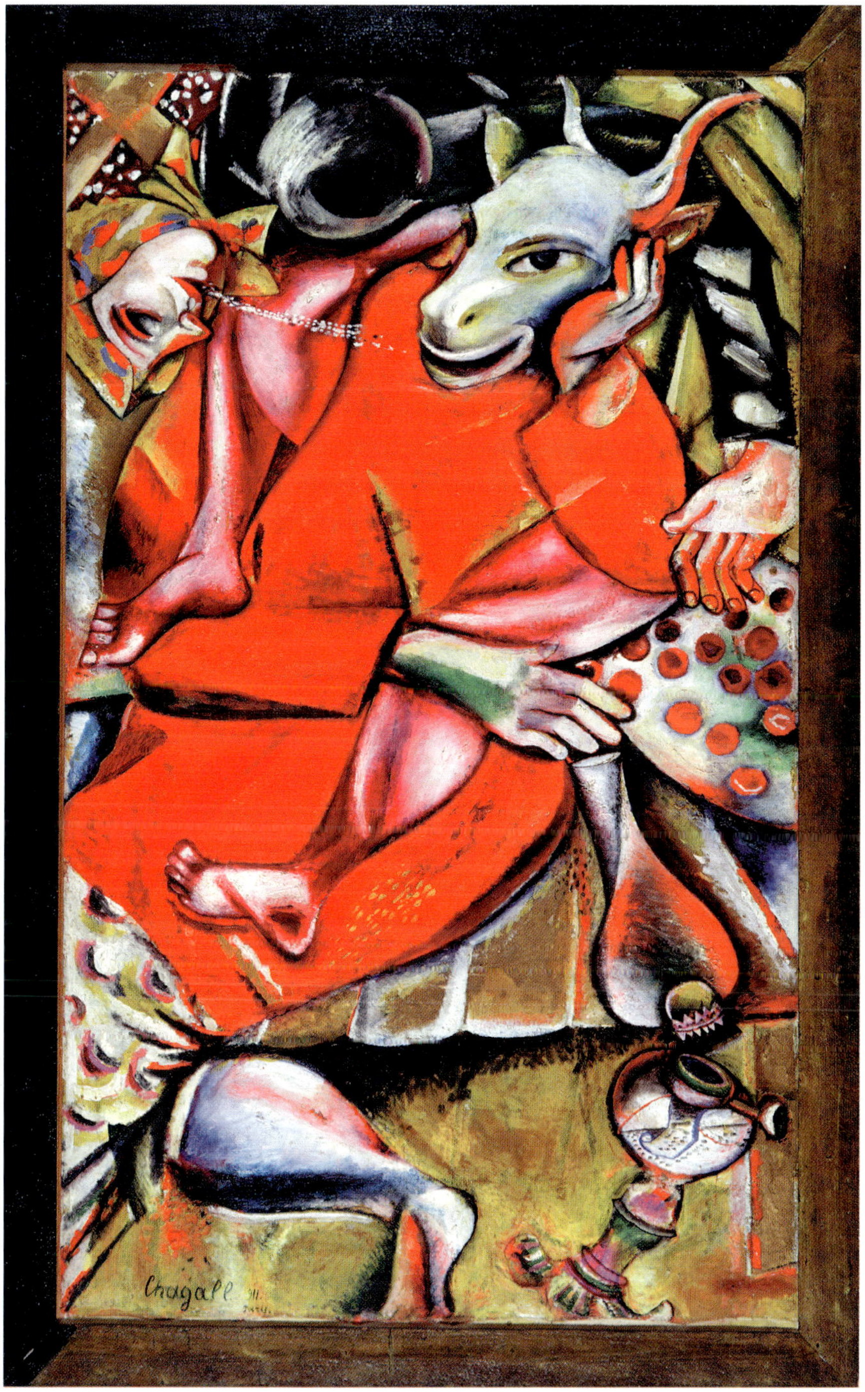

Meiner Braut gewidmet, 1911
Öl auf Leinwand
196 x 114,5 cm
Kunstmuseum Bern, Bern

würdigt Chagall besonders die Verdienste von Ambroise Vollard. Und diese Würdigung ist durchaus gerechtfertigt. Denn der berühmte Kunsthändler konzentrierte seine Bemühungen auf eine schwere Aufgabe: die Kunst der Buchillustration neu zu beleben. Er hatte dafür gesorgt, daß Chagall zurück nach Frankreich kam; nun verschaffte er ihm die Gelegenheit, vollkommen im Verborgenen zu wirken, was ihm das Überleben in seiner neuen Umgebung und die Erneuerung seiner Motive ermöglichte. Berühmte Bücher zu illustrieren, war für einen Sohn aus dem Volk des Buches von besonderem Reiz. Vor allem aber zwangen die Texte, die ihm Vollard nicht von ungefähr vorschlug, Chagall zu einer positiveren, französischeren Darstellung überzugehen, indem sie kaum Berührungspunkte zu seinem malerischen Universum aufwiesen. Kurz, Chagall hatte es Vollard zu verdanken, daß er die Tarnung und Verschleierung seiner Lebensthemen perfektionieren konnte. Er beginnt die Reihe der Buchillustrationen mit Gogols *Toten Seelen*. Diese Arbeit erlaubt Chagall, sich aus den Bindungen zu lösen, die aus den Erinnerungen an Witebsk eine Art persönlichen Kult machten. Er verleiht ihnen jetzt einen profanen Status. In den Bibelillustrationen, die Chagall ab 1930 in Angriff nimmt, gibt er ihnen ihre religiöse Konnotation zurück. Zwei seiner Lieblingsthemen nehmen in dieser Zeit eine ganz spektakuläre Wendung: der Zirkus und das Tier. Es ist kein Zufall, daß sie beide Gegenstand von Buchillustrationen werden, wo sie die vom "Ruf zur Ordnung" verlangte "Einbürgerung" erfahren.

Die Gaukler, mal Musikanten, mal Akrobaten, Tänzer oder Clowns haben Chagall immer schon fasziniert. In seinen Augen ist der Clown ein Mann Gottes, der irdische Vertreter des Gottesengels, der die gute Botschaft bringt oder, besser gesagt, vergegenwärtigt. Als Chagall Charlie Chaplin zeichnet, versieht er ihn mit Flügeln. Auch wenn er sich öfter darin gefällt, sich selbst als Engel mit Palette (S. 90) darzustellen, zeigen manche Selbstbildnisse, wie er die zum Repertoire der Clowns gehörenden Grimassen schneidet.

Die Einführung ins jüdische Volkstheater hat so offensichtlich die überirdische Dimension der Gaukler dargestellt, daß Chagall ganz instinktiv das Bedürfnis hat, sie wieder hinab auf die Erde zu zwingen. Vollard bietet ihm dafür eine günstige Gelegenheit. Denn er schlägt Chagall vor, einen anscheinend von ihm selbst verfaßten Text zum Thema Zirkus zu illustrieren. Zusammen besuchen sie viele Vorstellungen des Zirkus Médrano. Bei dieser Gelegenheit knüpft Chagall an den von ihm bewunderten französischen Traditionsstrang von Malern wie Manet, Degas, Toulouse-Lautrec und Seurat an. So kann er den berufenen, von der göttlichen Gnade beseelten Gottesclown in einen Berufsakrobaten verwandeln, dessen Geschmeidigkeit die Frucht härtester Arbeit ist. Wenn die äußeren Bewegungen nicht die gleichen wären, würden wir nie die schwebenden Ekstasen der *Einführung ins jüdische Volkstheater,* in den wandernden Zirkusleuten aus *Der Zirkus* (1922-1944) und *Die Harlekine* (1922-1944 S. 91)[89] wiedererkennen.

Manche klassischen Zirkusnummern bringen die Zirkusleute in Beziehung, das heißt in Symbiose mit der Tierwelt. Mal tragen sie Vogel- oder Eselsköpfe, mal reiten sie akrobatisch auf den unglaublichsten Reittieren, Kuh oder Hahn (*Der Traum,* 1927, S. 92). Die Tiere sind also das zweite Hauptthema dieser Jahre. Dieses Thema ist alles andere als unbekannt: das Mysterium offenbart sich vorzugsweise in Gestalt von kosmischen Kühen oder hieratischen Eseln. Weil seine Tiere vom Übernatürlichen durchdrungen sind, war es für Chagall schwierig, sie in Einklang mit der weniger exaltierten Kunst der Epoche des "Rufes zur Ordnung" zu bringen.

Noch einmal kommt ihm Vollard zu Hilfe, indem er ihn mit der Illustration von La Fontaines *Fabeln* beauftragt. "Ich will eine Kunst der Erde",[90] vertraut Chagall Florent Fels im Jahre 1925 an. Die übernatürlichen biblischen Tiere haben es La Fontaine zu verdanken, daß sie aus höchsten Höhen in den Hühnerhof herabsteigen. Sie können zwar sprechen, aber Französisch mit slavischem Akzent. Und falls man sie anhalten sollte, haben sie keinen besseren als den von Chagall gelieferten Ausweis. Jener hat es nämlich geschafft, die engstirnige Moral in sanfte Musik zu verwandeln. Diese Flüchtlinge von einem anderen Planeten finden sicheres Asyl in den Bauernhöfen der Auvergne.

Eine Gefahr bleibt jedoch bestehen. Chagalls Tiere geben sich nämlich nicht wie Cervantes' Hunde und La Fontaines Hähne mit dem Sprechen allein zufrieden: nein, sie zeigen sich uns mitten in der Metamorphose. So geht der Hahn in einen Esel und die Nixe in einen Fischschwanz über. Die Tatsache, daß die Tiere verschiedenen Arten, Rassen oder Reichen angehören (manchmal wachsen den Uhren sogar Flügel), hindert sie nicht daran, Zwitterwesen zu werden. Daß der Betrachter Zeuge einer Seelenwanderung wird, fördert paradoxerweise den Eindruck, hinter den verschieden kombinierten Tiergestalten verstecken sich Menschen. Ganz offen tritt dies in Chagalls erstem Gemälde zutage, in dem die Tierthematik in ihrer ganzen heiligen Feierlichkeit erscheint: nämlich in *Meiner Braut gewidmet* (1911, S. 93). Der Eros des Malers wird durch das stierköpfige Wesen ausgedrückt. Das Phänomen der Metamorphosen verbinden wir unwillkürlich mit dem Begriff der Seelenwanderung. Doch der Gedanke, daß Chagall hier von den Lehren der Pythagoräer oder des Hinduismus angeregt wurde, ist wenig stichhaltig. Auf solch exotische Dinge hat er nie etwas gegeben. Wenn er eine fremdartige Wirklichkeit darstellen will, dann tut er dies stets mit vertrauten Motiven. In seiner Bibel wimmelt es geradezu von Witebskern.

Aber gerade die Seelenwanderung ist weder seiner eigenen Lebenserfahrung noch der heimischen Tradition fremd. Nach der Kabbala hatte eine Katastrophe die Gefäße mit den aus dem göttlichen Urfeuer entspringenden "Funken" (den Menschenseelen) zerbersten lassen.

Nach dieser Explosion stiegen einige der Funken sofort wieder auf in den göttlichen Schoß. Andere hingegen wurden bis an die Grenzen des Universums geschleudert. Ihre Aufgabe war es, erneut in das Urwesen, dem sie entsprungen waren, einzugehen.

Dieser *Tikkun* genannte Prozeß vollzieht sich nicht auf einmal. Die gefallenen Seelen wandern vielmehr von Existenz zu Existenz durch die ganze Schöpfungspalette hindurch vom Leblosen zum Lebendigen, vom Tier zum Menschen, vom Menschen zum Engel. Von den Steinen wandert die Seele zu den Insekten (dieser theologische Hintergrund erhellt Kafkas Werke genauso wie die Chagalls). All diese Stufen der Schöpfung kommen letztlich dem Menschen zugute, der, indem er alle durchläuft, Wiedergutmachung leistet.

Der Chassidismus hat diese Vorstellung von der Kabbala übernommen. Martin Buber schreibt: "In allen Menschen wohnen wandernde Seelen.

89. Diese beiden Bilder bilden eine Variation zur Einführung ins jüdische Volkstheater, allerdings sind sie in zwei Hälften von ungleichem Format geteilt, als ob das zu "übernaturalistische" Gemälde, dessen gedämpftes Echo sie sind, damit besser getarnt werden sollte.

90. Florent Fels, *op. cit.*, zitiert von Viviane Tarenne, *op. cit.*, S. 40.

Sie bewohnen zahlreiche Geschöpfe und streben von Form zu Form nach Perfektion. Diejenigen, denen die Reinigung nicht gelingt, bleiben in der "Welt der Verwirrung", leben in Wasserpfützen, Steinen, Pflanzen, Tieren und warten auf die Stunde der Erlösung".[91]

Diese auf verschiedenen Stufen immer wieder neu einsetzende Reinkarnation, auch *Gilgul* genannt, hält die Möglichkeit offen, etwas zu verbessern oder nachzuholen. Dem vorherbestimmten Individuum, dem Gefangenen des eigenen, begrenzten Lebens, bleibt sein Schicksal verhüllt. Nur der weise Seher ist in manchen Fällen befähigt, es zu enthüllen, wenn er die aufeinanderfolgenden Generationen mit seinem Seherblick durchdringt. Diese Weltanschauung paßte in der Zeit des "Rufes zur Ordnung" sehr gut zu Chagalls Kunst. In seinen Augen rechtfertigte der *Gilgul*, daß die undurchsichtige natürliche Welt wie eine getarnte geistige Welt gemalt wurde. Und er lief damit auch nicht Gefahr, daß diese heiligen Chiffren allzu leicht entziffert werden konnten. Wenn er auf die indische Philosophie zurückgegriffen hätte, wäre dies sicher geschehen, nicht aber beim Chassidismus, über den im Westen wenig bekannt war.

Um sicher zu gehen, behandelt Chagall die Seelenwanderungsbilder nach der einzigen Art, in der das Irrationale in einer aufgeklärten Gesellschaft noch Akzeptanz findet: er benutzt das Theater als Bühne für sie. In der Theaterwelt geschieht das, was Matthew Arnold "a willing suspension of disbelief" (eine freiwillige Aufhebung der Ungläubigkeit) nennt. In diesem verzauberten Raum, wo die Illusion Wirklichkeit ist, wird das Wunder wie etwas Wunderbares betrachtet, wird der Traum zur gebändigten Träumerei, und die teleologische Konnotation der Seelenwanderung geht verloren. Diese Welt für sich, in der das Wahre falsch und das Falsche wahr ist, funktioniert nur, wenn ein Gemälde Indizien aufweist, die uns dazu verleiten, so zu tun "als ob". Chagall findet dabei zu einer neuen Maltechnik. Allerdings nicht im abrupten Wechsel, sondern im Sinne einer Bereicherung durch neue Ideen: er entwickelt einen flüssigen, dem Aquarell ähnlichen Farbauftrag von einer weichen, moussierenden Materialität und einem changierenden Licht, das zu Moiré-Effekten neigt. Mehr noch als der innovative Impuls selbst verleiht seine harmonische Verschmelzung mit den bisher praktizierten Techniken Chagalls Malerei einen neuen Zauber.

Das wie Blütenstaub pulverisierte Pigment löst die lineare Zeichnung nicht völlig auf: das Messer von einst ist zwar immer noch präsent, aber es schneidet nicht mehr. Die Kränze sind ganz leicht, die Identitäten nur flüchtig, der Dreck glänzt wie Gold.

Noch immer gibt es zahlreiche Kontraste; aber sie sind nicht mehr scharf, sondern gehen ineinander über so, wie eine unmerklich sich verändernde Bühnenbeleuchtung. Diese Kontraste bergen zwar keine Visionen mehr, aber sie lassen doch heimliche Zweifel zu. Letztendlich gibt es weder Glück noch Unglück.

91. Martin Buber, *op. cit.*, S. 48-49

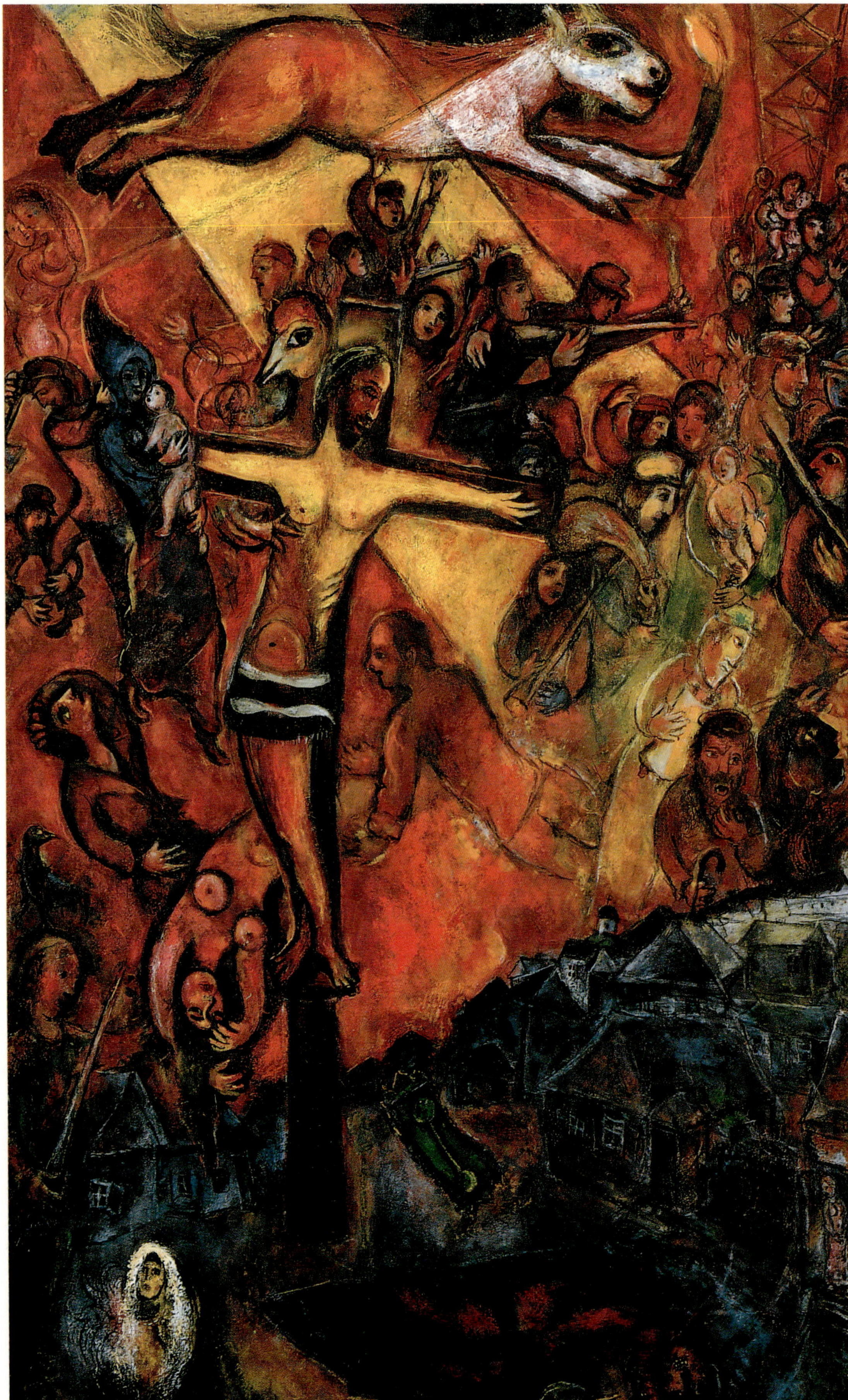

Widerstand,
1937-1948
Triptychon
Öl auf Leinwand
168 x 103 cm
Musée National d'Art
Moderne, Centre
Georges Pompidou,
Paris,
deponiert im Musée
National Message
Biblique Marc Chagall,
Nizza

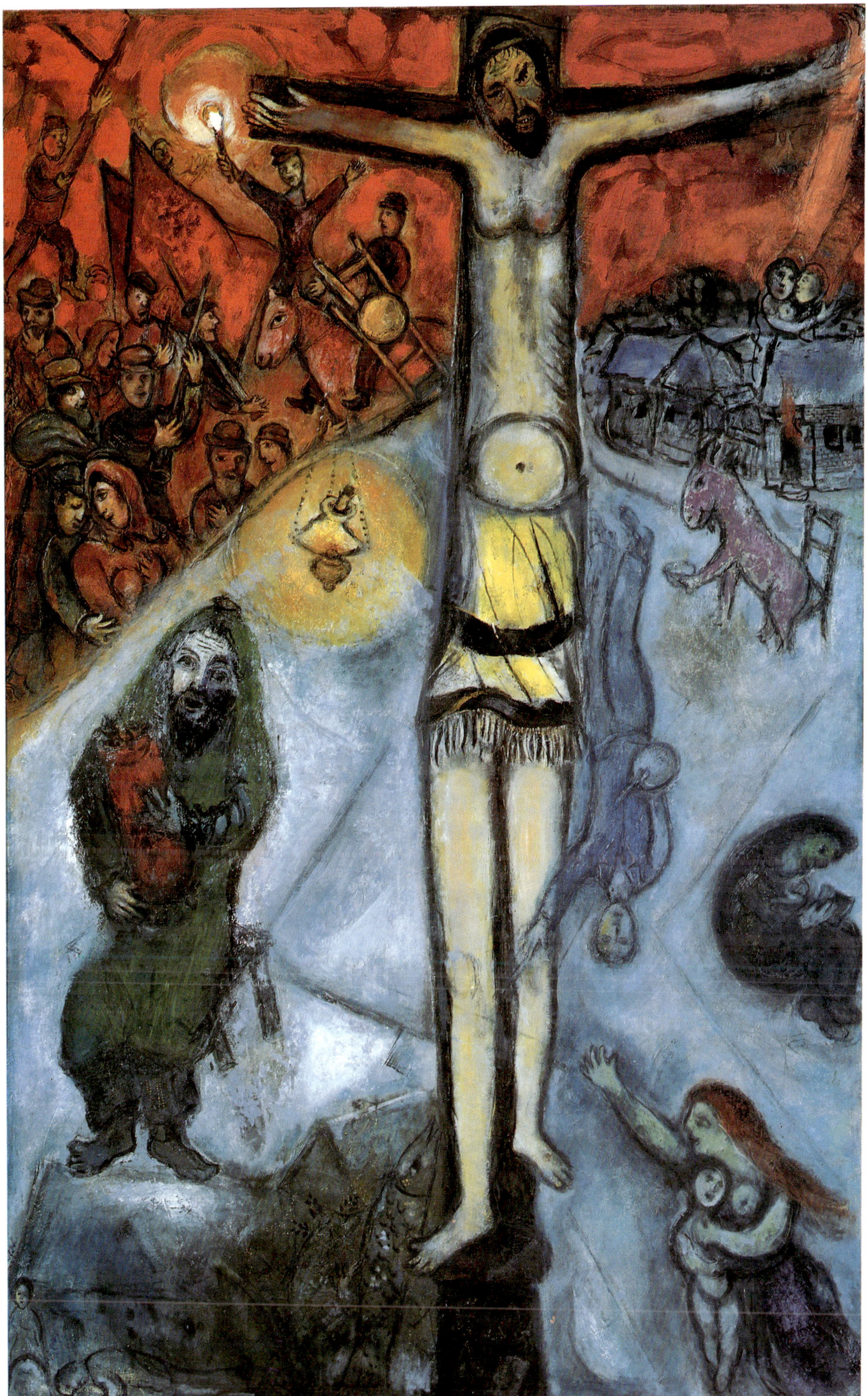

Auferstehung,
1937-1948
Triptychon
Öl auf Leinwand
168,3 x 107,7 cm
Musée National d'Art Moderne, Centre Georges Pompidou, Paris,
deponiert im Musée National Message Biblique Marc Chagall, Nizza

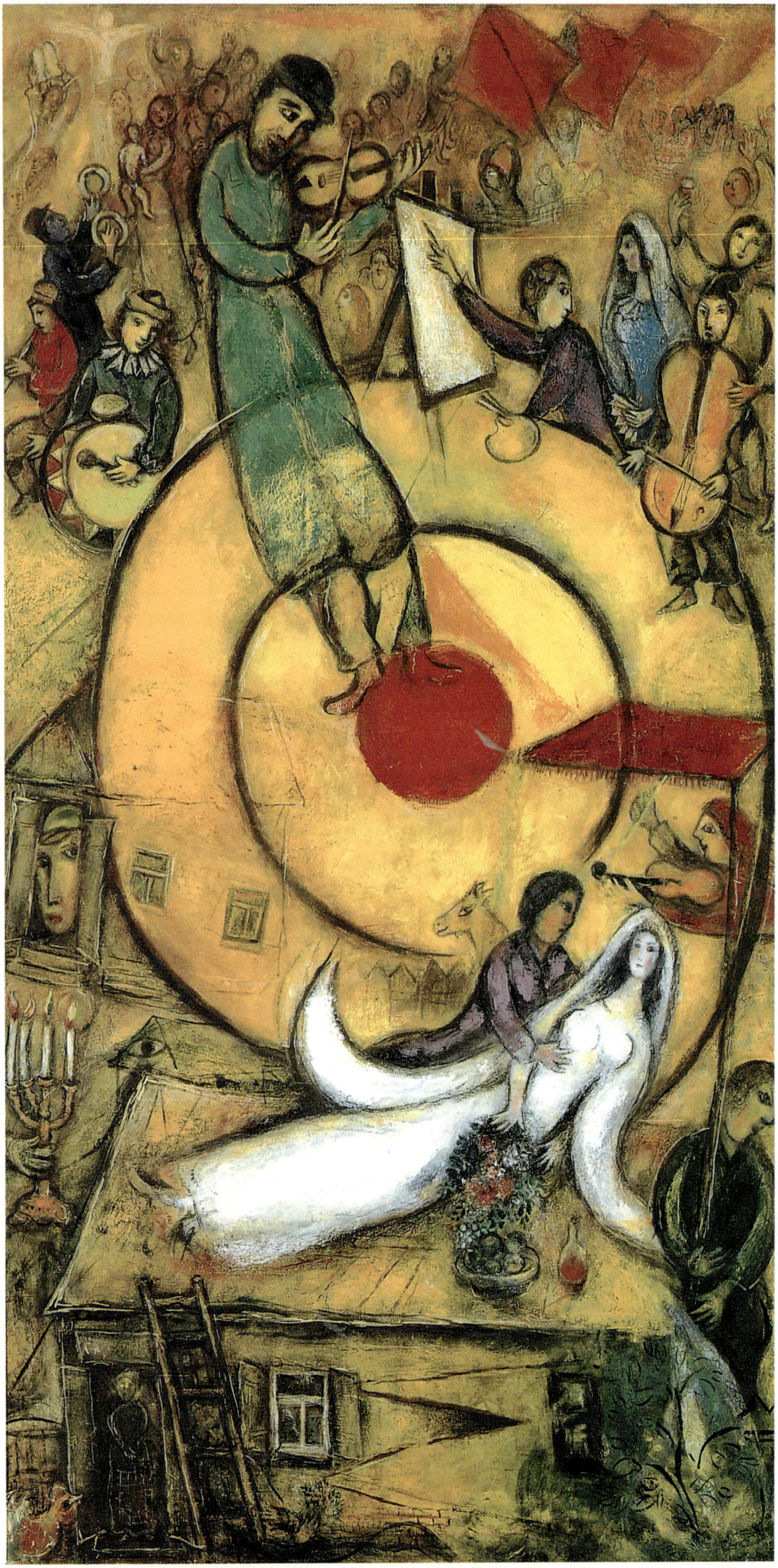

Befreiung, 1937-1952
Triptychon
Öl auf Leinwand
168 x 88 cm
Musée National d'Art
Moderne, Centre
Georges Pompidou,
Paris,
deponiert im Musée
National Message
Biblique Marc Chagall,
Nizza

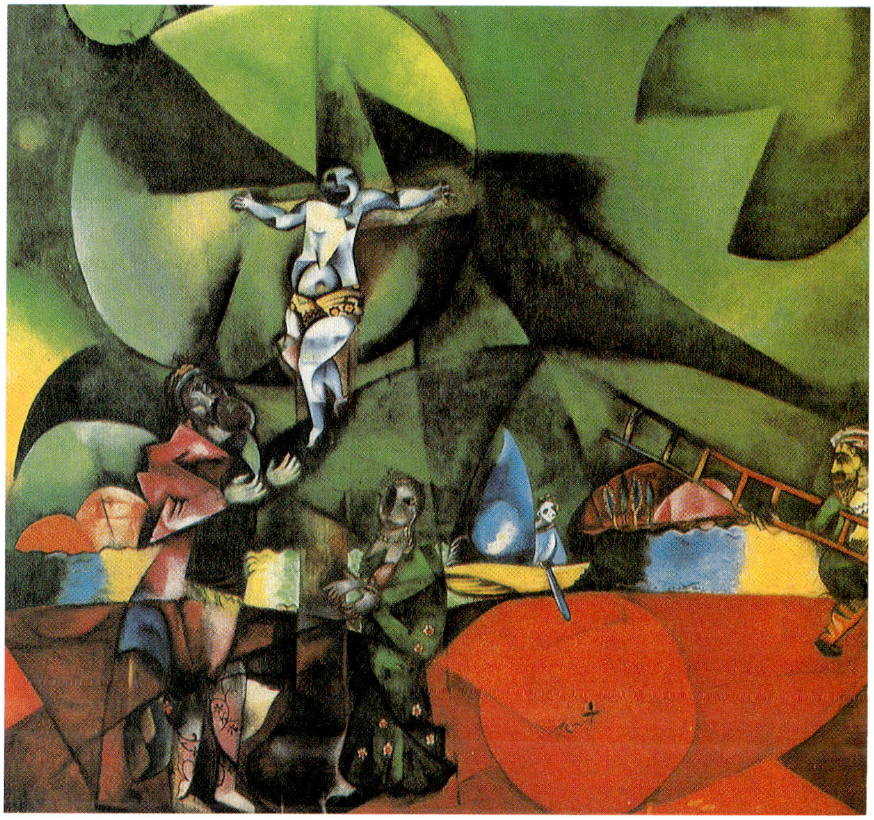

Golgotha (oder *Der Kalvarienberg*), 1912
Öl auf Leinwand
1746 x 192,4 cm
The Museum of Modern Art,
Schenkung Lillie P. Bliss (1949), New York

Der tragische Zirkus: Paris - New York

Chagalls ungewöhnliche Begabung, ein feines Gespür für den Wandel der Zeit mit dem Festhalten an seiner eigenen zeitlosen Welt in Einklang zu bringen, zeigte sich niemals deutlicher als im Laufe der dreißiger Jahre. Mit der Entspannung der Nachkriegsjahre und ihren süßen Friedensträumen ist es jetzt vorbei. Die Depression, der Aufstieg des Nationalsozialismus und des Faschismus, die Verwirrungen des Kommunismus und der Spanische Bürgerkrieg sind die Vorzeichen der bevorstehenden Apokalypse. Die Geschichte wacht auf.

Es war von der Modernen Kunst, die sich damals im Rahmen der Abstraktion, des Post-Kubismus oder eines gemäßigten Neoklassizismus bewegte, wohl zuviel verlangt, sich mit den neuen Verhältnissen auseinanderzusetzen. Ein paar Neulinge aus dem Surrealismus, insbesondere Miró und Masson, reagierten jedoch auf das Kriegsgeschehen. Aber von den Meistern der Vorkriegszeit beschäftigen sich nur zwei damit: Picasso, von dem man es am ehesten erwarten konnte, und Chagall, von dem man es am wenigsten geglaubt hätte.

Chagall hatte sich, wie wir gesehen haben, von den panischen Zwängen, die seine Kunst bis 1922 geprägt hatten, befreit, um künftig den freundlicheren Eingebungen einer neugewachsenen Freiheit Folge zu leisten. Die Kluft zwischen dieser Märchenwelt und dem aufsteigenden Grauen war riesig. Trotzdem hat Chagalls Traum das Erwachen der Geschichte überlebt. Dieser "an den Traum gewöhnte" Mann, wie Mallarmé es ausdrückt, zeigt sich der Zeit gewachsen, über die nun eine schlimme Wirklichkeit hereinbrach.

Chagalls gefährlich sinnbeladene Themen hatten dank ihrer Tarnung die Zeit des "Ordnungsrufes" ohne Schaden überstanden. Und jetzt genügte es, daß der Maler diejenigen neu belebte, die in die neue Zeit paßten. Er holt sie aus den unscheinbaren Verstecken hervor, in denen sie geruht hatten. Er stellt sie in den Vordergrund und tritt selbst als Ankläger hervor.

So persönlich Chagalls Thematik auch sein mag, sie eignet sich wunderbar für verschiedene, sogar

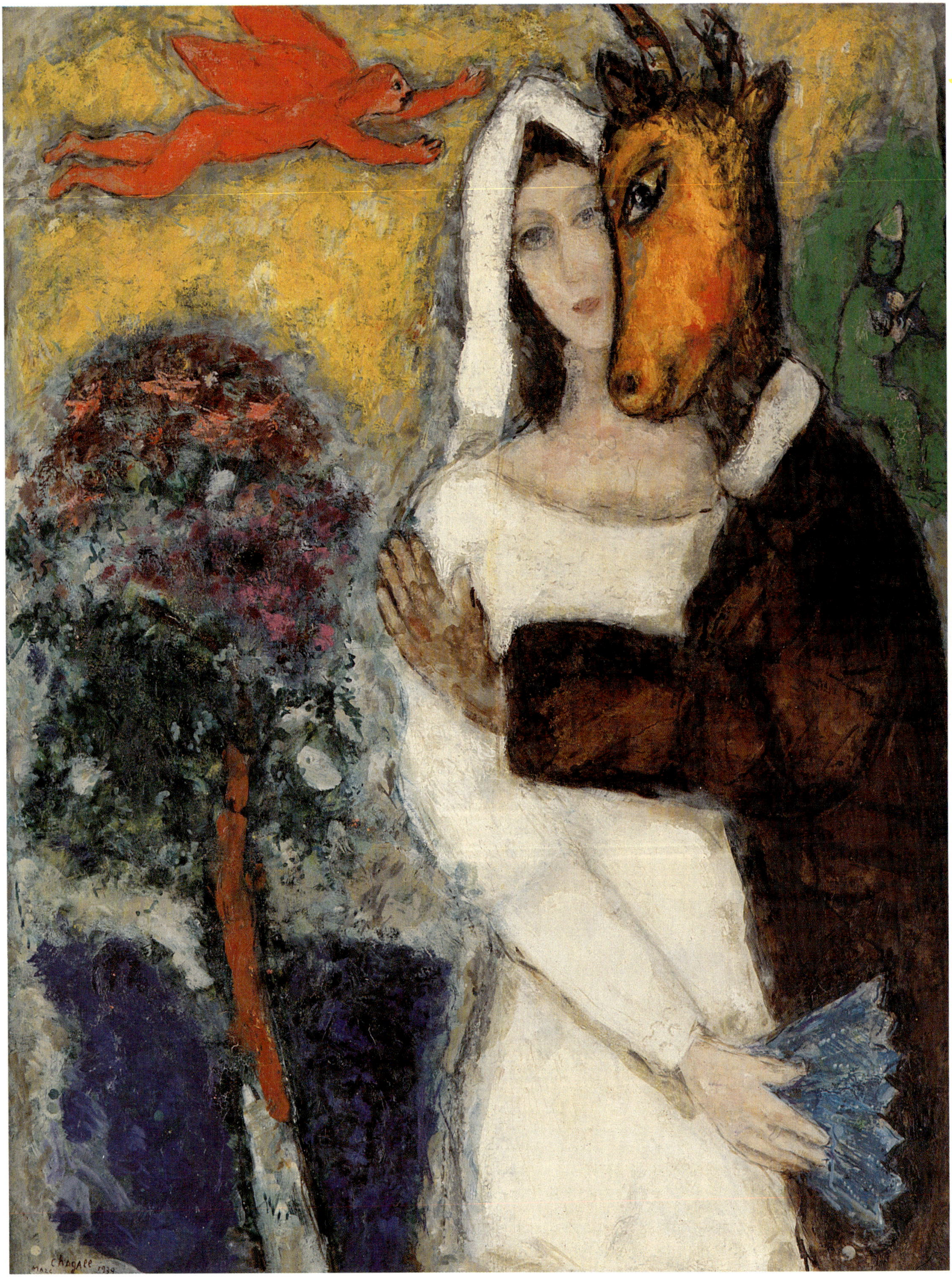

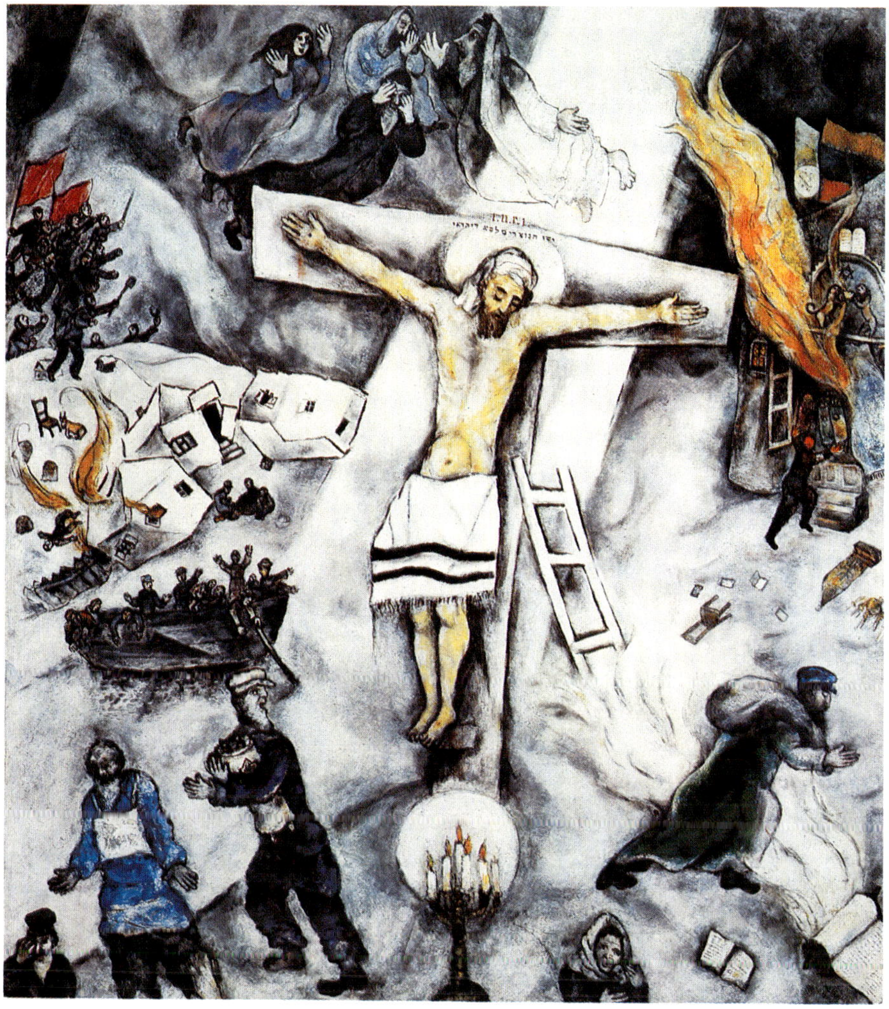

Die weiße Kreuzigung, 1938
Öl auf Leinwand
155 x 139,7 cm
The Art Institute of Chicago, Chicago

Der Sommernachtstraum, 1939
Öl auf Leinwand
117 x 89 cm
Musée des Beaux-Arts, Grenoble

divergierende Aufgaben. Der gleiche Hahn versinnbildlicht zum Beispiel je nach den Umständen entweder sein wirkliches Vorbild, den Aufrührer im Hühnerhof, die Männlichkeit oder die Verleugnung des Apostels. Die Anpassungsfähigkeit der Witebsker Motive ist oft überraschend und doch evident: Pogromszenen, brennende Dörfer, fliehende Männer, weinende Frauen und all das Elend und die Niedergeschlagenheit ergeben sich wie von selbst. Genauso die Tiere: sie verkörpern die stumme Unschuld als hilflose Zeugen des mörderischen Wahnsinns, so wie Chagall selbst, aus dem nun wieder ein Flüchtling wird. Denn er wird "von jenen verjagt, die aufgrund eines tragischen Mißverständnisses ein Menschengesicht tragen".[92]

Ich sprach von der Verwandtschaft zwischen den Tieren und den Zirkusleuten. Mit ihrer Unschuld und ihrer Unfähigkeit, etwas anderes als Anmut hervorzubringen, fallen beide der Gewalttätigkeit zum Opfer, was ihren Märtyrertod besonders ungerecht erscheinen läßt. Daher schreibt Chagall in dem Begleittext zu Vollards Album, das 1967 endlich von Tériade veröffentlicht wird: "Der Zirkus ist die tragischste aller Vorstellungen".

In diesen Jahren, in denen sich der Zweite Weltkrieg ankündigt und schließlich ausbricht, geht es nicht mehr nur um das Unglück der Juden, sondern um eine Geißel europäischen und bald weltweiten Ausmaßes. Die Tatsache, daß die Geschichte ihren Maßstab ändert, zwingt Chagall dazu, aus seinen Symbolen universelle Motive zu machen. Er bemüht sich darum, indem er ein Sujet überarbeitet, das er bereits indirekt in der Dekoration des Jüdischen Volkstheaters angeschnitten hat: die Sehnsucht eines ganzen Volkes mit dem Thema der Revolution in Verbindung zu bringen. Das große epische Bild *Revolution* befriedigt Chagall längst nicht mehr. Deswegen schneidet er seine Komposition sozusagen in drei Teile, die er modifiziert (*Widerstand, Auferstehung, Befreiung*, S. 96 bis 98). Diese Zerstückelung ist ein Zeichen für die Schwierigkeit, die ihn dann auch hier scheitern ließ: die Revolution konnte nicht mehr den Traum der Völker symbolisieren. Aber dieses Scheitern nimmt dem Bild nichts von seiner Bedeutung, denn ihm verdanken wir unter anderem die Einführung eines neuen Themas in Chagalls Bilderschatz, das seine spätere Produktion bereichert, nämlich das Thema der Menschenmenge. Wieder verdankt er Vollard das Motiv,

92. Marc Chagall, "Quelques impressions ...", *op. cit.*, S. 45.

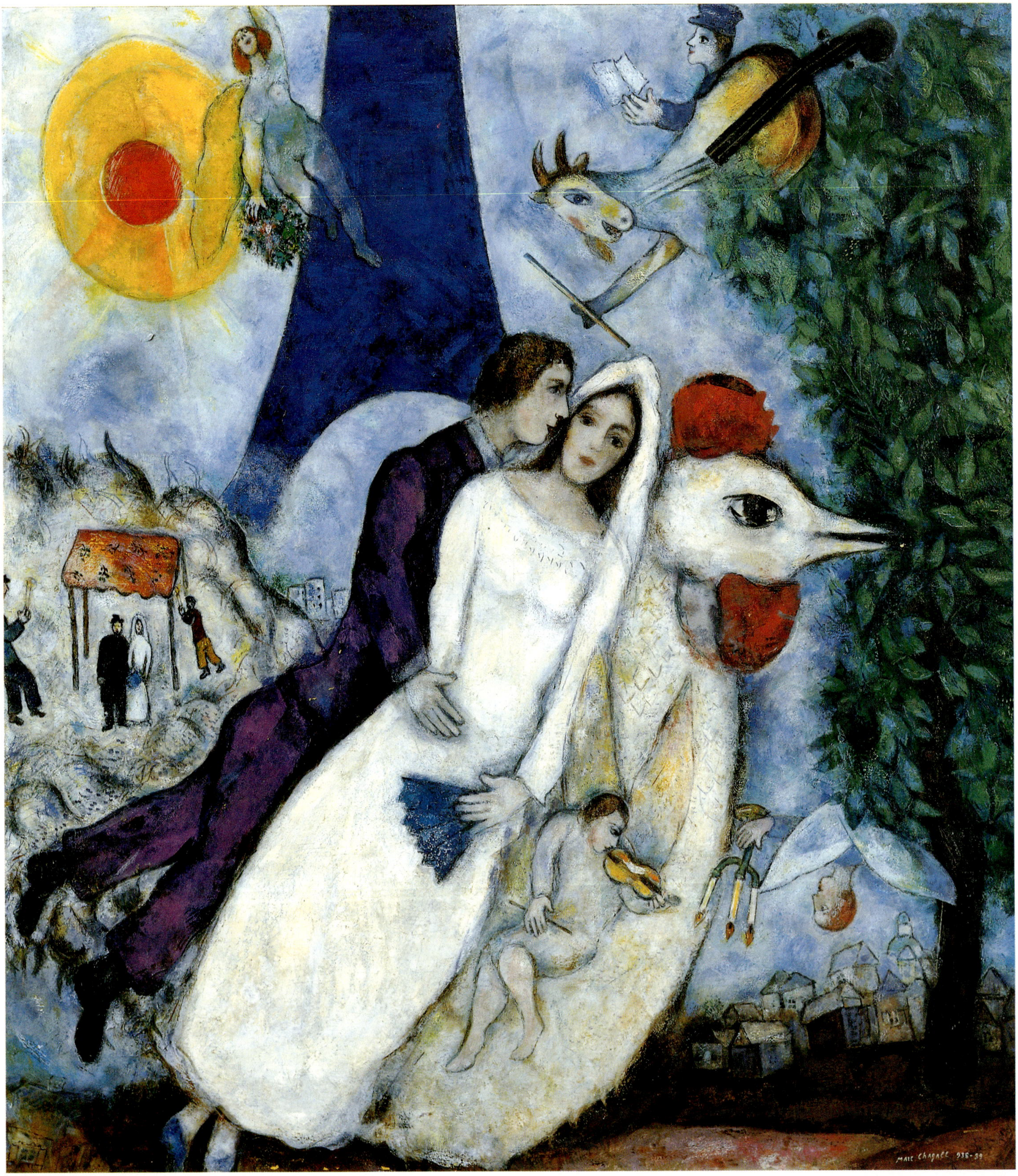

Das Brautpaar mit dem Eiffelturm, 1938-1939
Öl auf Leinwand
150 x 136,5 cm
Musée National d'Art Moderne,
Centre Georges Pompidou, Paris

das ihm ermöglichte, seinen Bilderfundus universeller zu gestalten. Denn 1930 beginnt Chagall die Bibelillustrationen (aus diesem Anlaß unternimmt er übrigens eine Reise ins Heilige Land). Bei dieser Gelegenheit entdeckt er die Figur, mit der er die alttestamentlichen Themen zu ökumenischen Motiven "bekehren"[93] kann: es ist die Christusfigur. Chagall hatte in seinem in dieser Beziehung prophetischen *Golgotha* von 1912 (S. 99) bereits das Kreuzigungsmotiv benutzt, das lange Zeit innerhalb seines Gesamtwerkes isoliert geblieben war. 1937 kommt er darauf mit dem Bild *Die weiße Kreuzigung* (1938, S. 101) zurück. Es ist das erste einer langen Serie großformatiger Gemälde mit Christus am Kreuz, um den sich Tiere, Musikanten, *Isbas* und Pariser Wohnhäuser, betende Rabbiner, Bäume und *Menorahs* drehen. Allerdings malt Chagall nicht den Sohn Gottes, sondern den König der Juden. Sein Christus ist nicht das Heilsinstrument für jeden einzelnen, sondern das Leidenssymbol aller Menschen. Die Werke, die diesen Christus darstellen, drücken genauso wenig wie die meisten zeitgenössischen Gemälde heilige Hoffnung, sondern im Gegenteil eine profane Verzweiflung aus, die herzzerreißende Tragödie der Geschichte.

Woher kommt es, daß Chagalls bunter Traum durch die Kriegsereignisse nicht in Stücke gerissen wird - dieser *Mittsommernachtstraum*, den der Maler während der zwanziger Jahre träumte? Unsere Hypothese ist folgende: die Realität zerschlägt die guten Träume und nährt die schlechten. "Die Geschichte ist ein Alptraum, aus dem ich erwachen möchte", schrieb Joyce. Chagalls ästhetische Träumerei ist von ihrem Ausdruck her der von Angst und Terror geprägten Stimmung bestens angepaßt, welche von Jahr zu Jahr schwerer über Europa und der ganzen Welt lastet.

Natürlich ändert sich die Atmosphäre seiner Malerei: es geht immer weniger um eine helle Johannisnacht als vielmehr um das erstickende des Krieges. Die Finsternis gewinnt immer mehr Raum.

Wenn die Zeichnung in diesen Jahren etwas von der betonten Bedeutung und Autonomie verliert, dann wohl deshalb, weil Chagall sozusagen eine Transfusion schwarzen Blutes vornimmt: ein flüssiger, breiter, dem Styx ähnlicher Strich umrandet die Figuren im Hintergrund, wo er sich sogar wie zu einer Mauer aus Kohle verdichtet. Figuren und Hintergrund sind eins, nichts unterscheidet sie, nichts trennt sie. Der Horizont ist verschwunden, und zwischen den Dingen ist mehr Leere und mehr Raum, die den Blick gleichsam durchatmen lassen. Diese Malerei kennt keine Aussage außer: Druck und Unterdrückung. Man kann sich dieser Stimmung nicht entziehen. Manchmal leuchten herrliche Dinge inmitten dieses Elends, oder ein Fest erhellt die Dunkelheit, aber diese Lichter sind nicht mehr aus übernatürlichem Stoff (*Der Mittsommernachtstraum,* 1939, S. 100). Sie drehen sich, ziehen langsam an uns vorüber, ohne unsere Aufmerksamkeit erregen zu können und ohne eine Tür nach der Außenwelt auf die von der Sonne erleuchtete Erde öffnen zu können. Schon sind sie durch andere, neue Sterne ersetzt. "Ich sah die Bibel nicht, ich träumte sie",[94] wird Chagall sagen. Er träumt Witebsk, Paris, die Massaker, die Blumensträuße, die Vertreibungen, die Kühe, die Einsamkeit der Liebenden und der Menschen im Exil, den Eiffelturm ... (*Das Brautpaar mit dem Eiffelturm,* 1938-1939, S. 102). So sehr er auch versucht, seine Traumbilder mit breitem Konturstrich festzuhalten oder sie mit kompakter, rauher Farbmaterie schwerer zu machen, entgleiten sie unserem Blick, dehnen sich aus, driften auseinander und tauchen in anderen, unendlich erneuerten Konstellationen vor dem inneren Auge wieder auf. Noch tragischer als die Szenen der Tragödie selbst ist die Tatsache, daß ein Erwachen aus diesem Alptraum unmöglich ist (*Das grüne Auge,* 1944, S. 107; *Das rote Pferd,* 1938-1944, S. 104; *Die Seele der Stadt,* 1945, S. 105; *Der gehäutete Ochse,* 1947, S. 106).

Chagall hatte am Anfang gehofft, daß die Malerei für ihn ein Fenster sein würde, durch das er in eine andere Welt entfliehen könnte. Das Fenster ist jedoch versperrt und Chagall sitzt gefangen in der *camera obscura* seines glanzvollen und zugleich düsteren Traumes. Aber in der schwärzesten Nacht öffnet sich ganz unversehens ein Lichtspalt.

1942 nimmt Chagall den Auftrag für den Entwurf von Bühnendekoration und Kostümen für das Ballett Aleko an. Die Uraufführung in der Choreographie von Leonid Massine zu einer Musik von Tschaikowsky soll in Mexiko City stattfinden. Chagall und die Truppe des American Ballet Theater fahren Anfang August für sechs Wochen dorthin. Er malt vier Bühnenbilder und beaufsichtigt die Anfertigung der Kostüme. Seine

93. Ich wählte dieses Wort nicht von ungefähr: zu Chagalls Freunden zählen zu dieser Zeit nämlich Jacques und Raissa Maritain, zum Katholizismus konvertierte Juden.
94. Franz Meyer, *op. cit.*, S. 384.

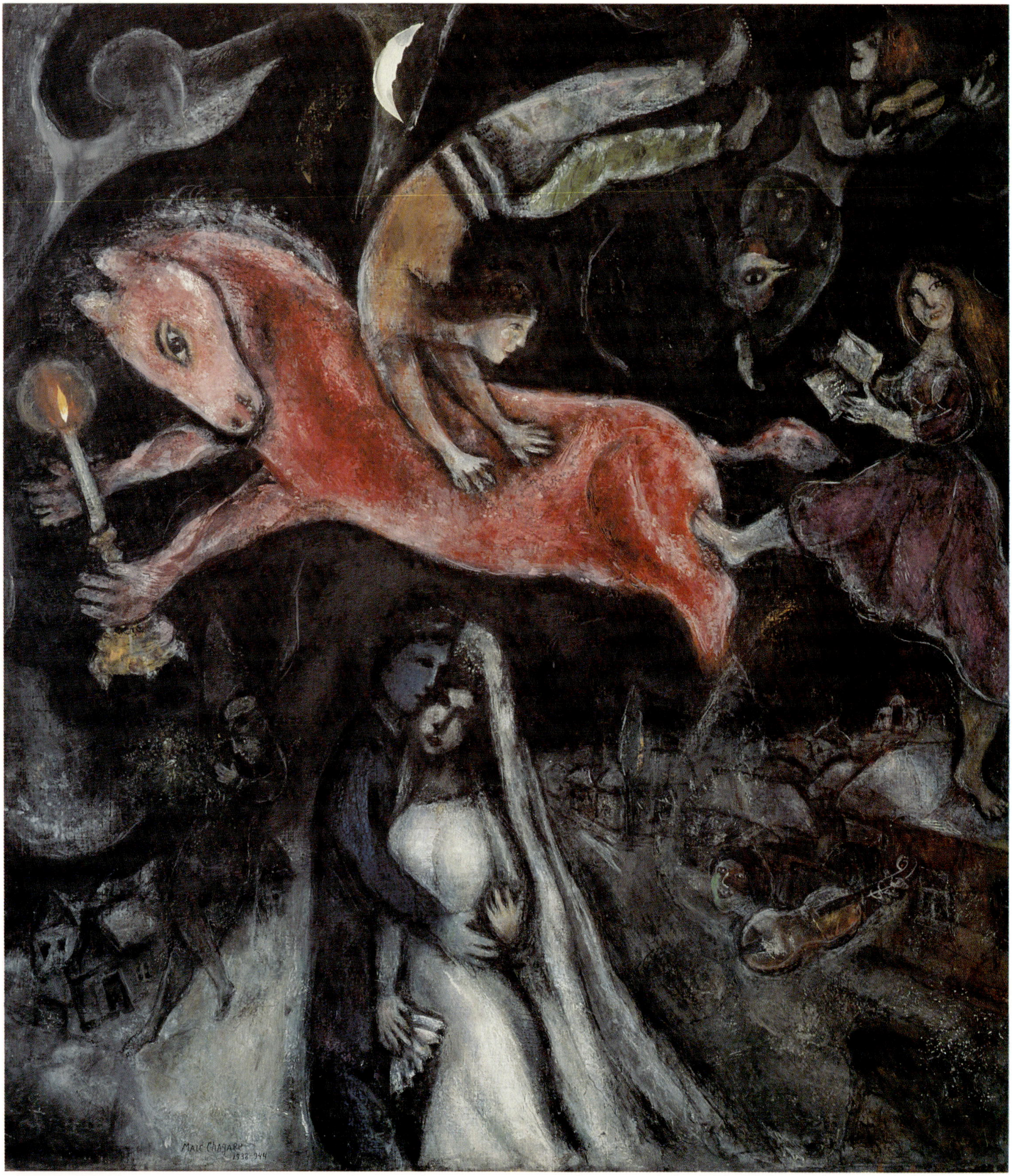

Das rote Pferd 1938-1944
Öl auf Leinwand
114 x 103 cm
Musée National d'Art Moderne,
Centre Georges Pompidou, Paris,
deponiert im Musée des Beaux-Arts, Nantes

Die Seele der Stadt, 1945
Öl auf Leinwand
107 x 82 cm
Musée National d'Art Moderne,
Centre Georges Pompidou, Paris,
Schenkung des Künstlers (1953), Paris

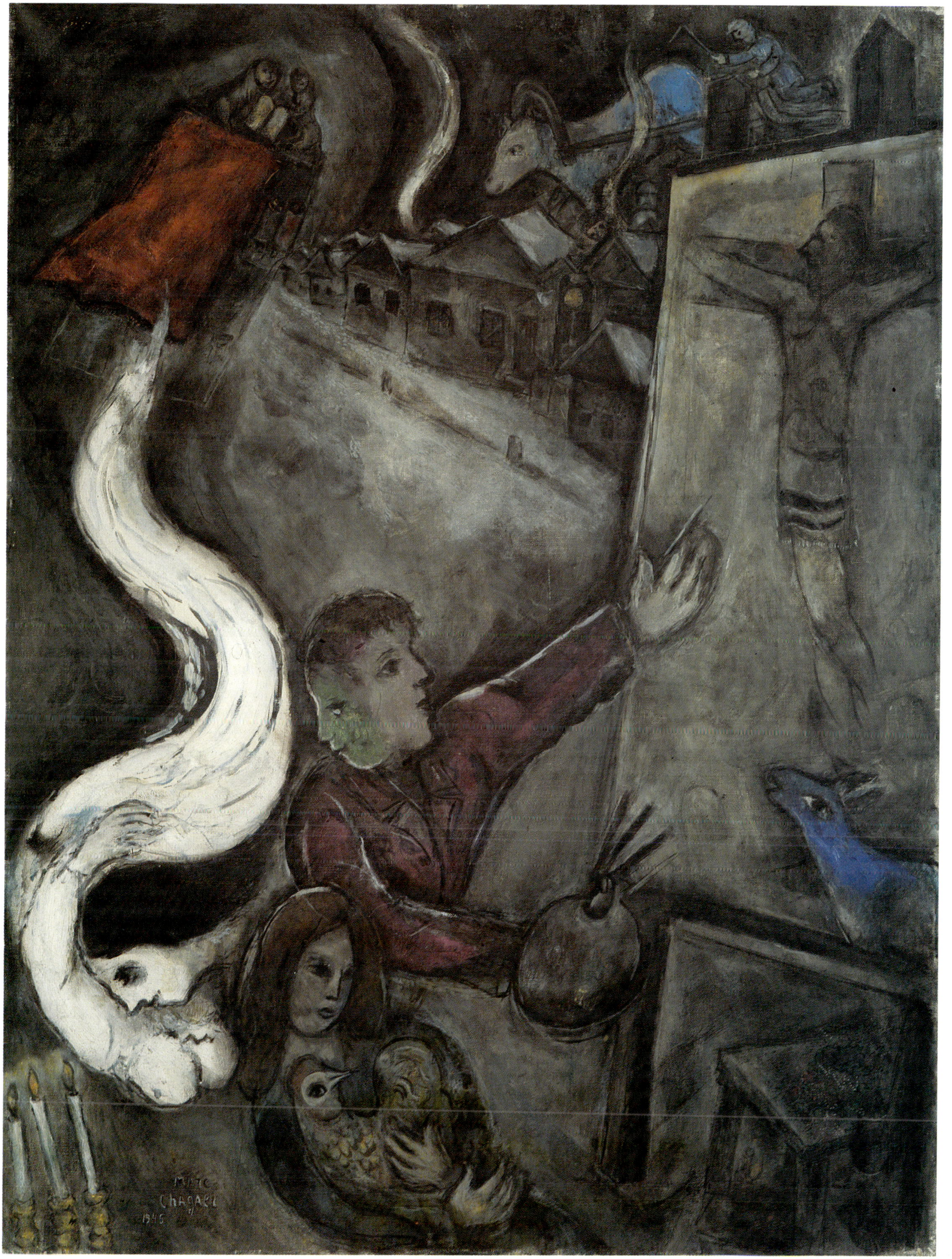

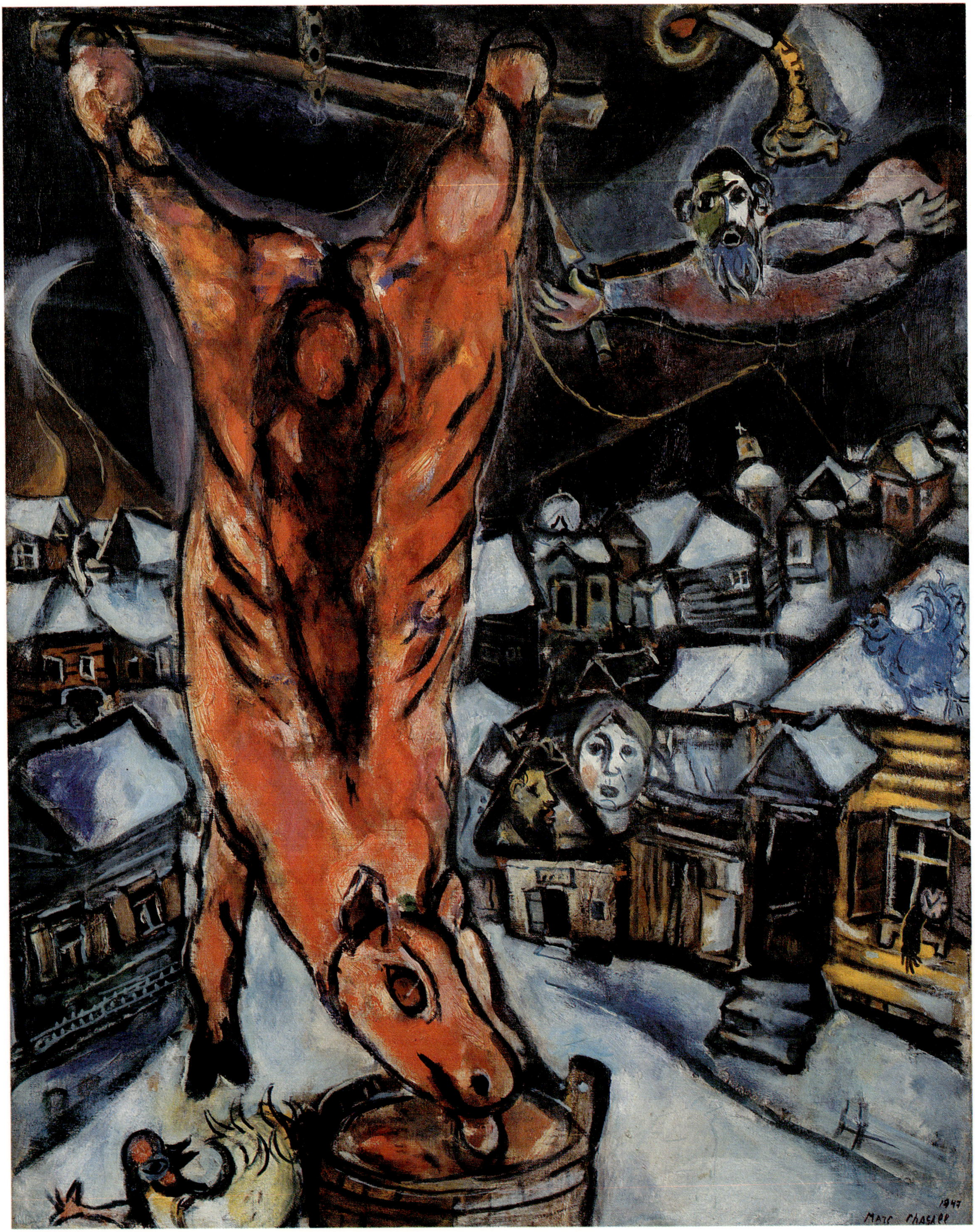
1947
Marc Chagall

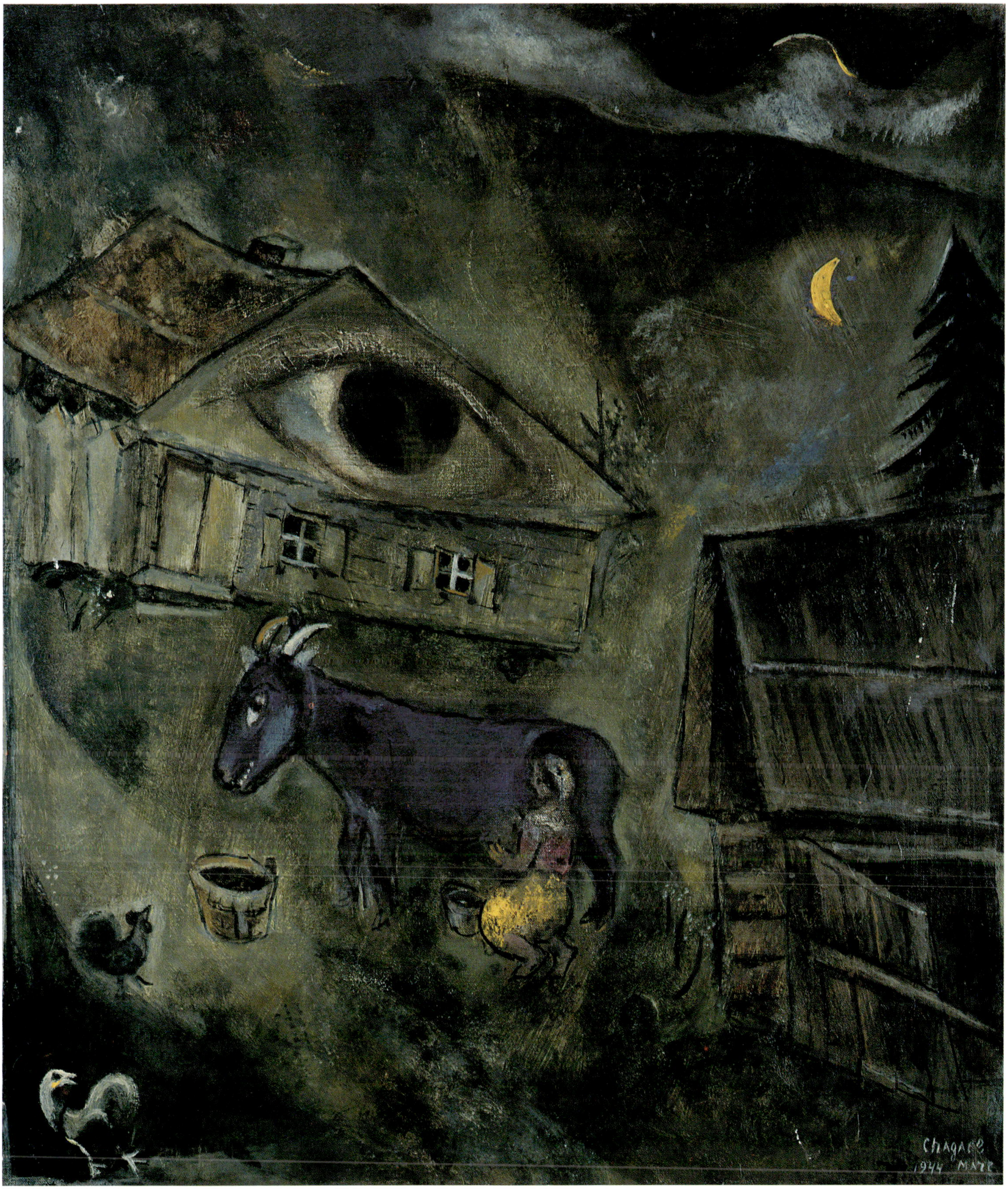

Der gehäutete Ochse, 1947
Öl auf Leinwand
100 x 81 cm
Privatsammlung

Das grüne Auge, 1944
Öl auf Leinwand
58 x 51 cm
Nachlaß Ida Chagall, Paris

erste Begegnung mit dem Tanz trifft mit der Entdeckung dieses Landes zusammen, ja, vermischt sich mit ihr. Er gesteht eines Tages, daß er öfter "eine andere Wirklichkeit kennenlernen mußte". Als er alle Orte aufzählt, die seiner Arbeit neuen Antrieb gegeben hatten, beginnt er mit Frankreich und beschließt seine Liste mit "Mexikos tiefen Rottönen".[95]
Chagall hatte zum ersten Mal seit vielen Jahren ein Land besucht, das nicht vom Krieg beherrscht war. Die volkstümliche farbenfrohe Kultur Mexikos erweckte Jugenderinnerungen. Und der Auftrag zur Gestaltung von *Aleko,* der die Einbeziehung des realen Raumes in seine Arbeit forderte, war für Chagall schließlich die Gelegenheit, aus dem beengenden Kreis der Staffeleigemälde herauszutreten. Mehr noch: durch die Kostümentwürfe konnte seine Malerei nicht nur auf die Bühne selbst, sondern auch auf die Tänzer einwirken (Er scheint übrigens an der Konzipierung der Choreographie mitgewirkt zu haben, so wie er zwanzig Jahre zuvor das Spiel der Schauspieler vom Jüdischen Volkstheater beeinflußt hatte, indem sie sich seinen Wanddekorationen anpaßten).
Mexiko hat das Fenster ganz leicht geöffnet. Und Chagall verrät uns wie: nämlich mit Hilfe seiner "tiefen Rottöne". Als André Malraux die letzte Phase der Entwicklung Chagalls beschreibt, konstatiert er: "Er hat erst spät das große Spiel der Farben gespielt".[96] Erst mit seiner Reise nach Mexiko beginnt sein chromatisches Spiel - oder zumindest werden jetzt erst die Spielregeln sichtbar. Denn Alpträume vergißt man nicht von einem Augenblick zum anderen. Es braucht Zeit, bis das strahlende Licht der Sonne von *Aleko* zu den tiefsten Schichten der Seele vordringt, die dem Menschen den Befehl zum Erwachen geben.

"Das grosse Spiel der Farben": Paris - Mittelmeer

Nach dem Zweiten Weltkrieg und Chagalls Rückkehr nach Frankreich ist sein Werk in Fachkreisen häufig mißverstanden worden oder stieß gar auf Ablehnung. Man wirft ihm einerseits seine unendlichen Wiederholungen vor, bewundert andererseits aber die darin zum Ausdruck kommende Besessenheit; man tadelt seine Gefälligkeit, verneigt sich aber vor seiner Grazie. Gewiß, der alternde Künstler verschenkt sein Genie manchmal in allzu kleiner Münze. Doch auch Victor Hugo haben die Nettigkeiten in *Die Kunst, Großvater zu sein* nicht an den genialen Werken *La Fin de Satan* (Das Ende Satans) und *Dieu* (Gott) gehindert. Ähnlich verhält es sich bei Chagall. Es wird Zeit, daß wir unsere Aufmerksamkeit auf die Wandlung seiner Kunst in den wichtigsten Momenten der letzten fünfundzwanzig Jahre seines Schaffens richten.
Chagall bemerkt im Zusammenhang mit den beiden Ballettinszenierungen, an denen er während seines USA-Aufenthaltes mitgewirkt hatte: "Ich wollte in die beiden Stücke *Der Feuervogel* und *Aleko* eindringen, ohne sie zu illustrieren oder irgendetwas zu kopieren. Ich will nichts darstellen. Ich will, daß die Farbe allein wirkt und (zum Betrachter) spricht".[97] Chagalls Entscheidung, sich ganz der Farbe hinzugeben, ist ein neuer Beweis seiner außergewöhnlichen Fähigkeit, seine persönlichen Ansprüche den allgemeinen Tendenzen der Zeit anzupassen. Seine eigene Lösung ist ein Widerhall von Matisses Antwort auf den Fauvismus, zu dem auch er gerade in der Nachkriegszeit zurückfindet - allerdings mit anderen Mitteln: "Mit der Farbe allein." Die Farbe ist nun wieder vorrangig, nachdem sie bei Van Gogh, Gauguin, den Nabis und den Fauves zwischen 1885 und 1905 zu ihrem Recht gekommen war, um dann wieder vom Kubismus und der geometrischen Abstraktion zurückgedrängt zu werden. Sie erlaubte die Entstehung und den Triumph (der etwa zwanzig Jahre andauern sollte) der sogenannten lyrischen, gestischen oder expressionistischen Abstraktion. Wie Matisse, der sich mit seinen *Gouaches découpées* der vorherrschenden Tendenz dieser Zeit nähert, ohne sich jedoch auf sie zu berufen, läßt Chagall sein Interesse für den ästhetischen Zeitgeist durch-

95. Katalog Chagall, Paris, 1959, S. 185.
96. André Malraux, "Chagall monumental", *op. cit.*, S. 122.
97. Jacques Lassaigne, Marc Chagall. *Dessins et aquarelles pour le ballet*, Paris, XXe siècle, S. 15.

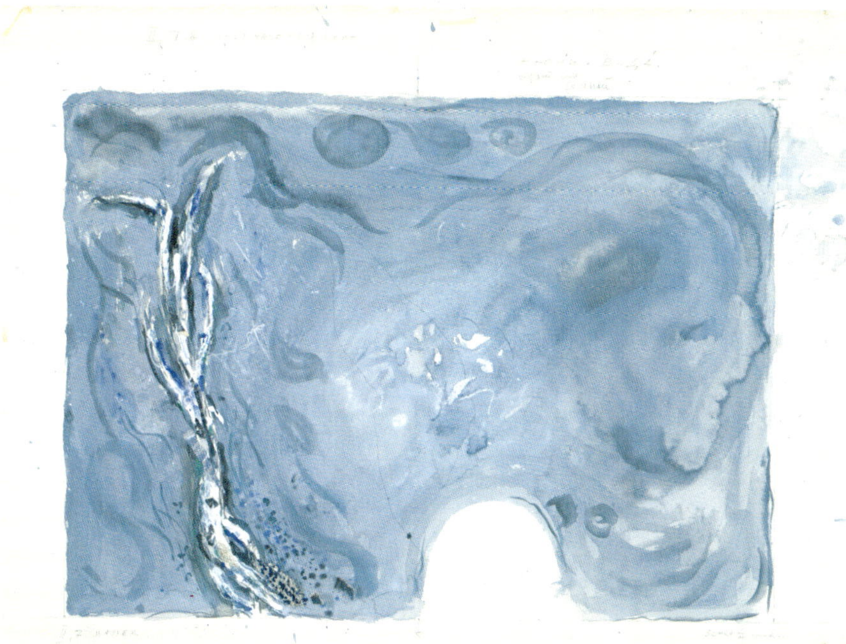

Entwurf für den Szenenvorhang
zu Mozarts Zauberflöte:
Die Wasserprobe, 1966-1967
Bleistift, Gouache und Stoffcollage auf Papier
45,8 x 63,8 cm
Musée National d'Art Moderne,
Centre Georges Pompidou, Paris,

scheinen, insbesondere in seinen Entwürfen zu Bühnenvorhängen für *Die Feuerprobe* und *Die Wasserprobe* (S. 109) aus Mozarts *Zauberflöte* (1966-1967).

Die kühne, nicht-figurative Komposition der beiden Bühnenvorhänge wie der vorbereitenden Gouacheskizzen, wo die Farbe keine andere als die durch ihr eigenes Wirken hervorgerufene Form zuläßt, ist aufschlußreich. Wir sehen uns daran erinnert, daß die Farbe im Gegensatz zur konstruierten und kontrollierbaren Zeichnung immer etwas Eigenwilliges behält, daß sie mehr als ein Gesicht besitzt und die Elemente, wie Feuer und Wasser, bestens verkörpert. Bei Matisse brennt, zerreißt, verschlingt die Farbe, und gleich einer Flamme verzehrt sie den unbeweglichen Baum. Bei Chagall fließt die Farbe über, ertränkt und löst die Figuren auf. Sie strömt, reißt mit und verdaut. "Seit meiner frühesten Jugend, als ich anfing, mich eines Stiftes zu bedienen, habe ich dieses Etwas gesucht, das sich gleich einem großen Fluß nach fernen, lockenden Ufern ergießen konnte"[98] (*Die Wanduhr mit dem blauen Flügel,* 1949, S. 110 ; *Der blaue Zirkus,* 1950-1952, S. 111; *Die Gaukler in der Nacht,* 1957, S. 114; *Die grüne Nacht,* 1952, S. 112; *Das große Gesicht,* 1969, S. 113). Dieser Fluß schwillt in Chagalls Arbeit von Tag zu Tag an, wird breiter und tiefer. Der Maler bezieht sich jetzt nicht mehr auf Cézanne, sondern auf Monet - und zwar auf den überschwenglichen Maler der *Nymphéas.* Chagall erfindet für sich einen neuen Stammbaum: dieser beginnt mit den venezianischen Erfindern der alle Formen auflösenden "Chimie" (dieses Wort, das wir wie Franz Meyer als eigenen Ausdruck stehen lassen, gebraucht er in dieser Phase häufig). Es folgt Courbet, der die Formen verarbeitet wie ein "Magen" (ein anderer, von Chagall oft benutzter Ausdruck). Schließlich und vor allem: Monet.[99] "Ich habe ihn nach dem Krieg auf dem Dampfer, der mich von Amerika nach Europa zurückbrachte, entdeckt. Dort, mitten im Ozean, stellte ich mir selbst die Frage. Wer stand am Ursprung der Farbe? Und ich sagte mir: Das war Monet. Für mich ist, vom chemischen Standpunkt der 'Chimie' betrachtet, Monet der Michelangelo der heutigen Zeit".[100]

Während er sich also auf dem "Fluß Ozean", wie ihn die Alten nannten, befindet, begreift Chagall den Maler des "Flusses Farbe", den nichts aufhält. Die alles umwälzende Konsequenz seiner Hingebung an die Farbe ist, daß die Zeichnung bei Chagall künftig eine andere Rolle spielt. Das Zeichnerische war in Chagalls Schaffen von 1910 bis 1922 dominierend und sozusagen die Matrize der Malerei gewesen, denn häufig war das Gemälde in der Skizze bereits ganz enthalten und wurde durch den malerischen Akt nur noch vollendet. Künftig behindert die Zeichnung - scharf wie die Kanten des Kubismus, wie das Messer des Großvaters oder der kristallene Lauf der Sterne - den "Blutstrom" der Farben.[101] Zumindest gleicht die Kontur der Schlacke, die von der Farbe weggeschwemmt und aufgelöst wird.[102] Ein Bild ist erst dann vollendet, wenn die Konturen verschwunden sind und Chagall sagen kann: "Auf die Zeichnung kommt es hier nicht

98. Zitiert von Franz Meyer, *op. cit*
99. Die Nymphéas begeisterten übrigens zur gleichen Zeit auch andere Maler wie André Masson, Sam Francis, Riopelle etc. Monets Einfluß wird besonders bei den zu der sogenannten lyrischen Abstraktion gehörenden Künstlern deutlich.
100. Pierre Schneider, *op. cit.*, S. 42
101. S. 109 "Aber die Hauptsache ist das Blut, das heißt die Farbe." Marc Chagall, Vortrag an der Universität von Chicago im Jahre 1958.
102. "Die Linie und die architektonische Komposition eines Bildes können oft wie Marionettenattribute aussehen". *Ibid.*

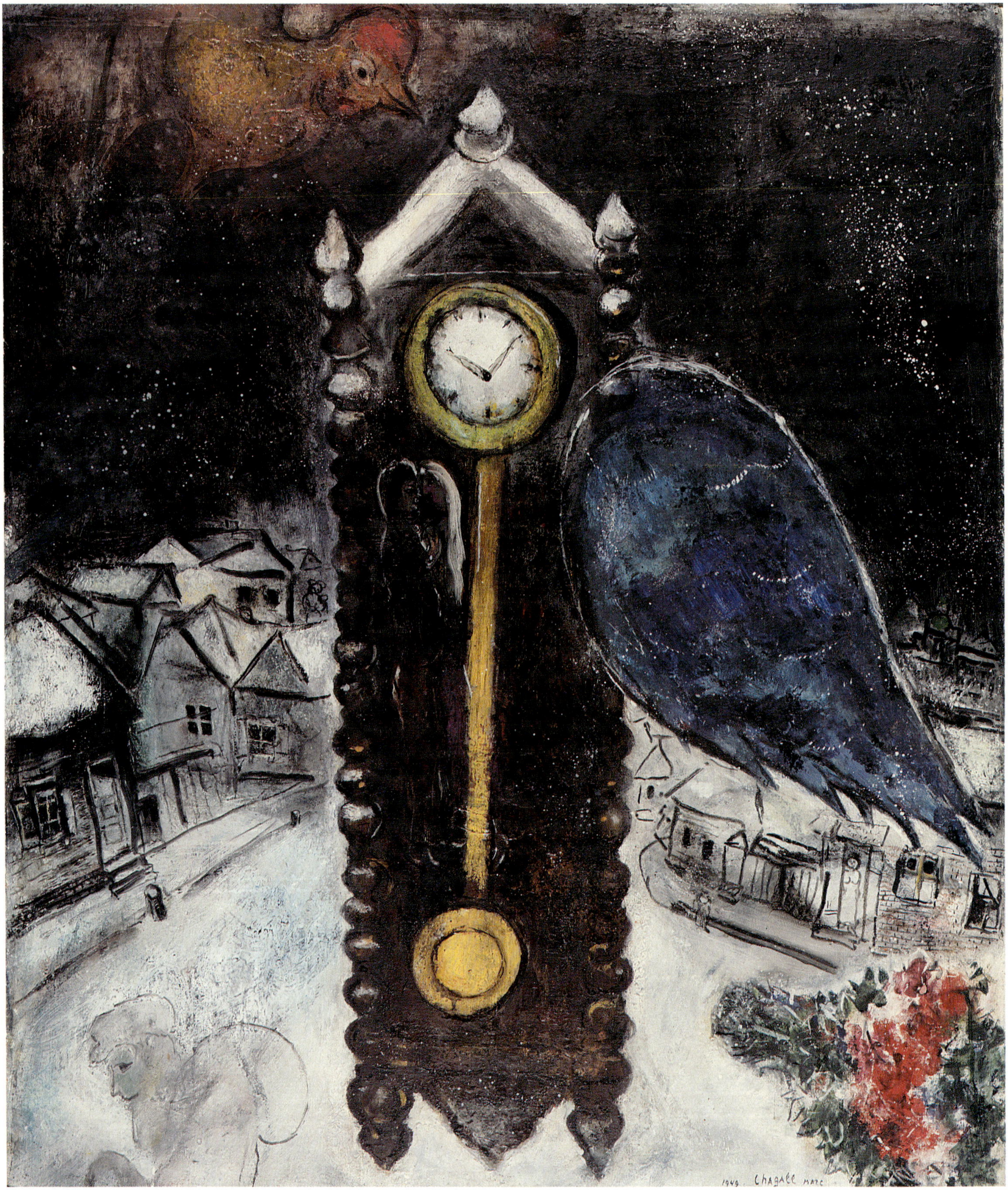

Die Wanduhr mit dem Blauen Flügel, 1949
Öl auf Leinwand
92 x 79 cm
Nachlaß Ida Chagall, Paris

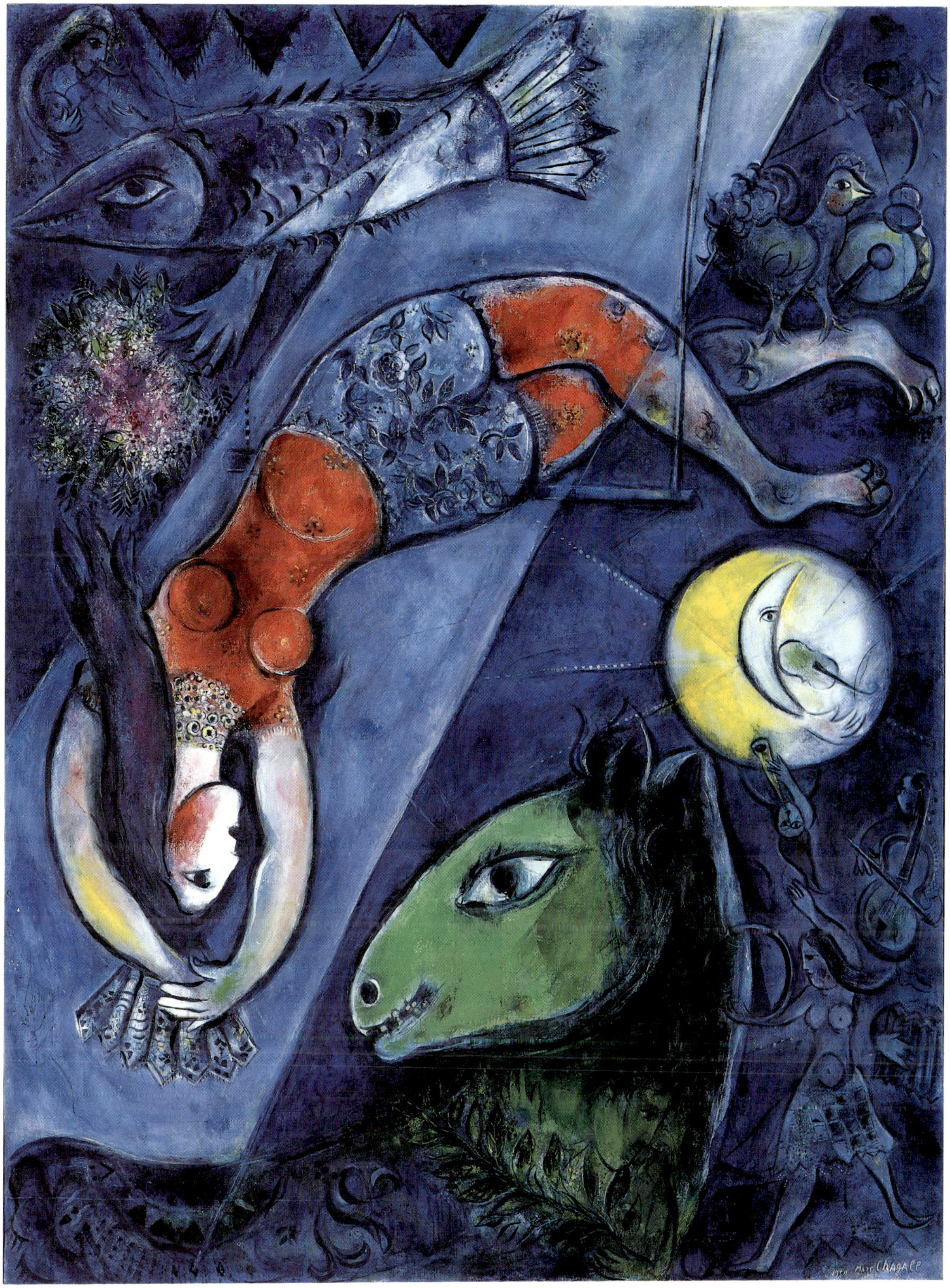

Der blaue Zirkus, 1950-1952
Öl auf Leinwand
232,5 x 175,8 cm
Musée National d'Art Moderne,
Centre Georges Pompidou, Paris

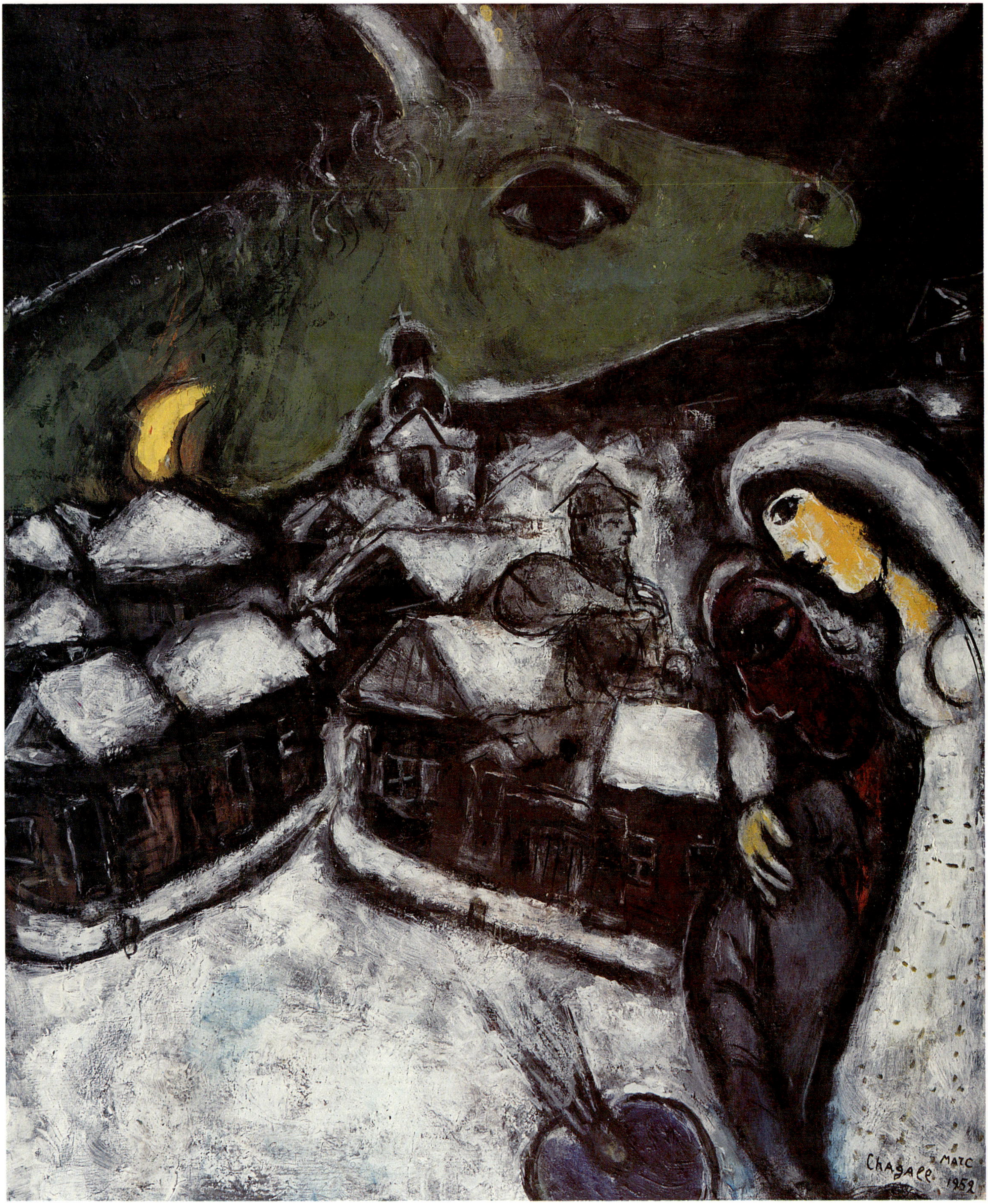
MARC
Chagall
1952

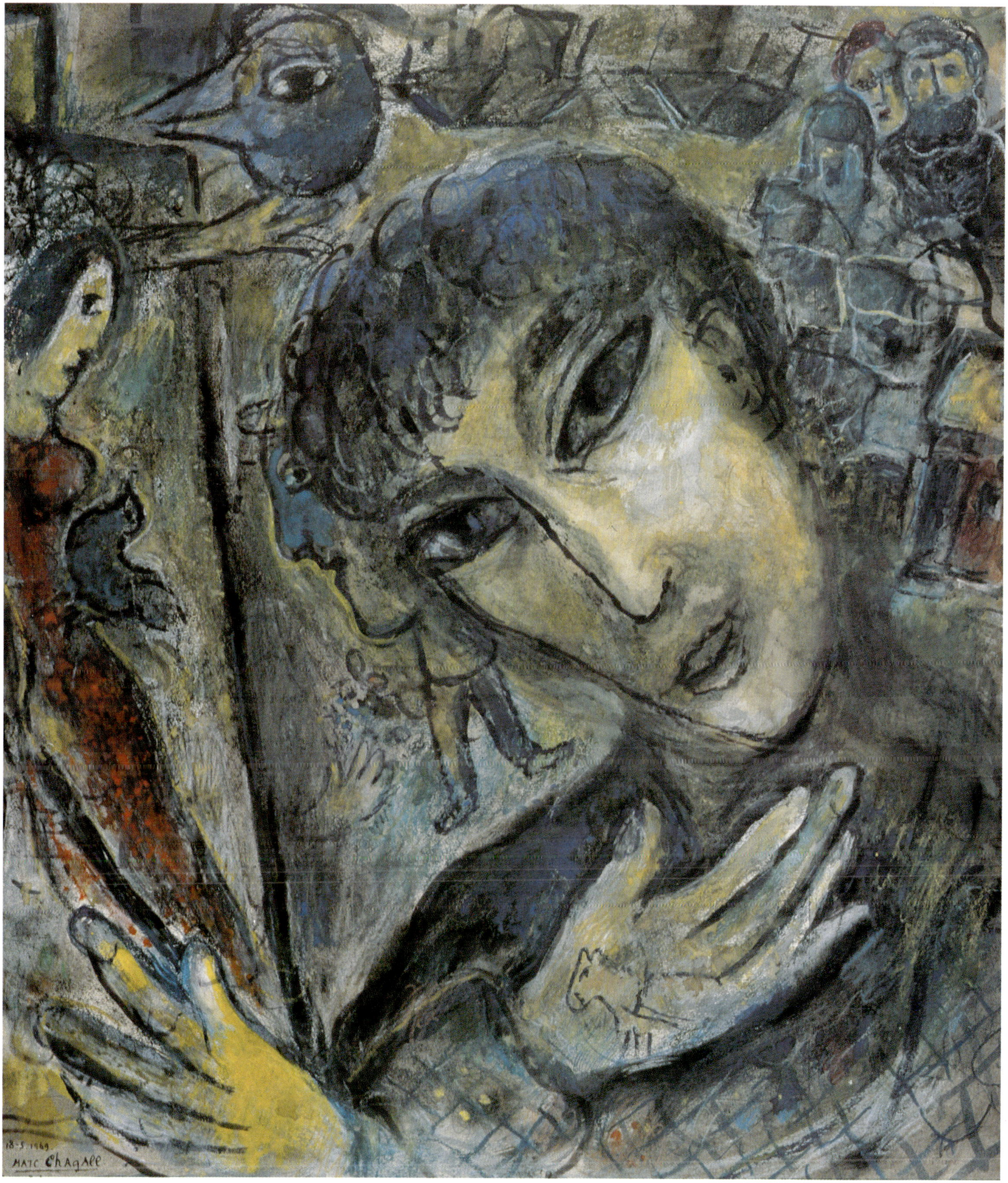

Die grüne Nacht, 1952
Öl auf Leinwand
71 x 58 cm
Privatsammlung, Basel

Das große Gesicht
(oder *Selbstbildnis mit dem großen gelben Gesicht*), 1969
Gouache auf Papier
63 x 54,5 cm
Privatsammlung

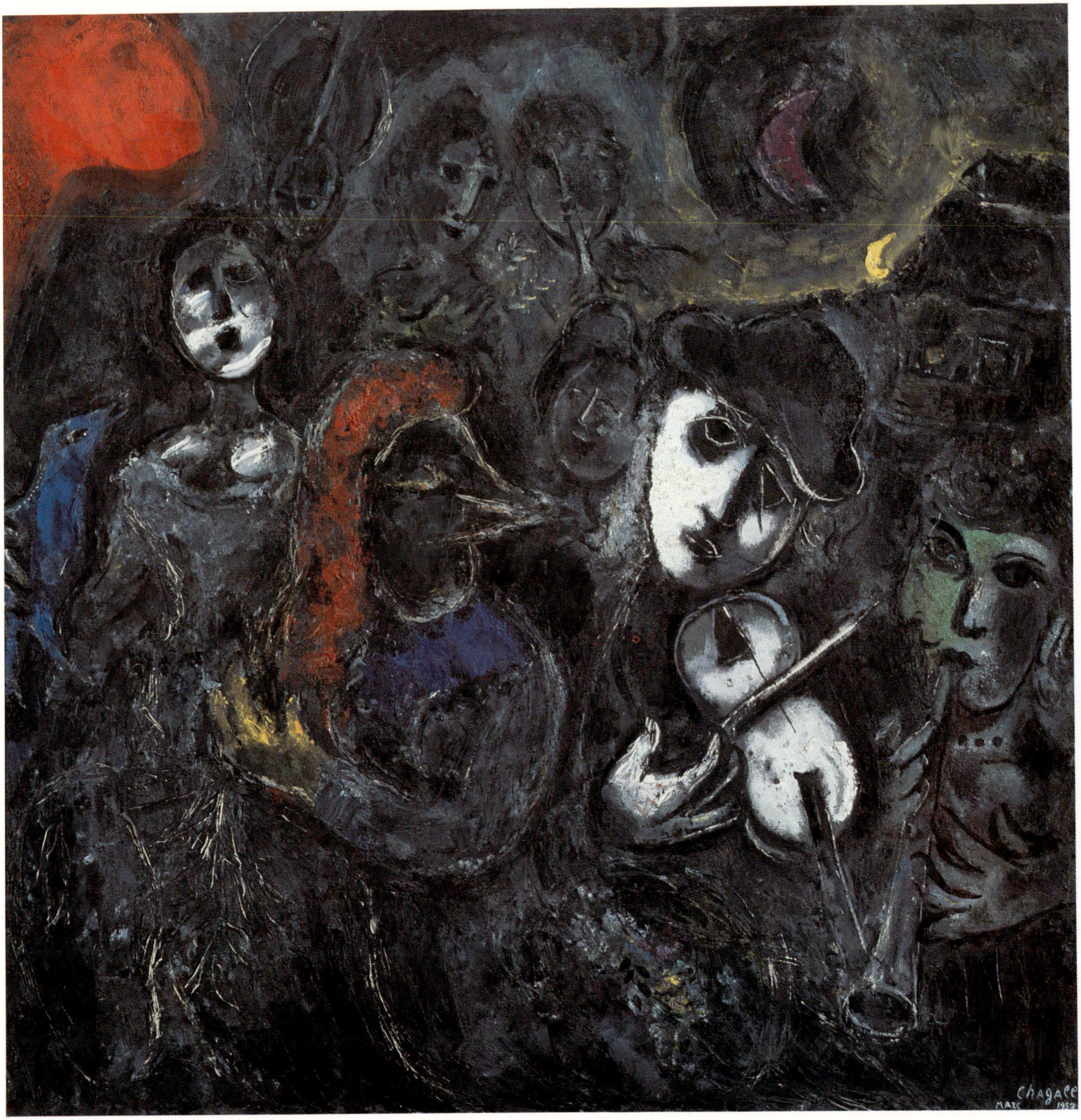

Die Gaukler in der Nacht, 1957
Öl auf Leinwand
95 x 95 cm
Musée National d'Art Moderne,
Centre Georges Pompidou, Paris,
Als Leihgabe im Musée d'Art Moderne,
Saint-Etienne

mehr an".[103] Daher seine Feststellung: "Es ist nicht wichtig, gut zu zeichnen."[104]
Doch so einfach liegen die Dinge nicht, wenn man ein so breites Repertoire von Motiven virtuos beherrscht wie er. (Er kommt im Laufe seiner letzten Schaffensjahre ab und zu auf die Zeichnung zurück, so als ob er dem Vorwurf, er *könne* gar nicht zeichnen, begegnen wollte, wie um zu zeigen, daß, wenn er *wollte*...). Dieser Verzicht lastet wahrscheinlich schwerer auf ihm, als man denkt. Denn die Zeichnung, vor allem der Strich, ist ja das einzige Bindeglied zwischen der Malerei und der jüdischen Schrifttradition. Um das graphische Element zum Verschwinden zu bringen, muß man ihm eine Falle stellen. So eliminiert Chagall nicht von vornherein die Vorzeichnungen, sondern im Gegenteil: er vervielfacht sie; und zwar verwischt er die scharfen Konturen, indem er jeweils mehrere Striche nebeneinander setzt. Auf diese Weise entkommen die Formen den Linien, aus denen sie bestehen. Ihre Substanz zerfällt und vermischt sich mit dem Grund, das heißt mit der Farbe. Die Zeichnung dient nicht mehr dazu, die Themen festzuhalten, sondern sie in Bewegung zu bringen.
Die neue Funktion der vervielfachten Linien wird ganz deutlich in den Entwurfszeichnungen und -gouachen für die Wandgemälde der *Message biblique (Moses empfängt die Gesetzestafeln,* 1950-1952, S. 117; *Exodus,* 1952-1966, S. 118). Diese zeichnerischen Vorstudien erlauben dem Maler, Abstand von seinen religiösen Sujets zu gewinnen und sie der Bewegung und dem Fließen auszuliefern, noch bevor die Farbe selbst ins Spiel kommt. Die Leiter ist viel zu lang und die Fortbewegung darauf zu langsam, so daß die Figuren aus *Jakobs Traum* lieber gleich fliegen, also zu Luftwesen werden. Das Engelstrio aus *Abraham und die drei Engel* sitzt zwar ganz artig da, aber man spürt regelrecht, daß die drei wie zappelige Kinder endlich aufstehen und spielen gehen wollen. Adam und Eva bilden eine gen Himmel schießende Doppelrakete und die Gesetzestafeln sehen aus wie Surfbretter.
Wenn die Farbe schließlich hinzukommt, dann sind die Konturen nur noch verwischte Spuren und die Figuren nur noch provisorische Formen. Und wenn die Gestalten zu Riesen anwachsen oder sich zu Menschenmassen vervielfachen, dann verliert sich natürlich in beiden Fällen die individuelle Identität. "Wir sind Wolken. Das ist unser Übel".[105] Letztendlich hat der Grund - das heißt die Farbe - alles Leben aufgesogen.
Seinen Themenschatz, der ihn sein ganzes Leben lang begleitet hatte und den er gegen alle Widrigkeiten geschützt hatte, opfert er jetzt dem ungeheuren Appetit der Farbe, der neuen Herrin seiner Malerei. "Im Grunde ist für mich das, was man Sujet nennt, immer noch Teil der Maltechnik. Die Liebenden sind Formen und die Formen sind Liebende".[106] Sie wollen nichts bedeuten. "Ich stelle meine Bilder bei der Arbeit oft auf den Kopf, ohne zu sehen, was ich tue".[107] Selbst die Heilige Schrift entgeht dieser Gleichgültigkeit nicht: "Ich habe aus der Bibel geschöpft, weil sie ein äußerst wichtiges Buch ist".[108] Die Farbe ist ihm künftig alles. Die Malerei verschlingt das Leben des Malers. "Mein ganzes Leben und meine Arbeit sind eins".[109] Ja, die Arbeit raubt ihm sein Leben. Nur wenige Künstler haben eine solche Umwälzung erlebt: an die Stelle der engen Bindung an die Erinnungsspuren vergangenen Lebens ist die Unabhängigkeit getreten. Das in Mexiko geöffnete Fenster hat ihm tatsächlich geholfen der Selbstbezogenheit zu entkommen. Aber jetzt ist er ein Gefangener der reinen Malerei. "Mit dem Alter überschaut man sein ganzes Leben. Man blickt in sich hinein, als wäre es draußen, und man malt sein Innenleben, als wäre es ein Stilleben".[110]
Chagall hat Recht, wenn er betont, daß dieser Triumph der Farbe über die Zeichnung und gleichzeitig des Bildhintergrundes über die Figuren weniger der Epoche als seinem Alter zu verdanken ist. Er sagt: "Die Schwäche: wie jung ein Greis doch ist".[111] Diese körperliche Schwäche ist gerade die Stärke der gealterten Maler, denn sie zwingt sie, sich ganz der Malerei hinzugeben. Als Picasso an der Schwelle zum Alter steht, stellt er fest: "Die Malerei ist stärker als ich. Sie bringt mich dazu, alles zu tun, was sie will." Aber fast immer widerspricht ihr Wille dem des Malers. Diejenigen, die der Farbe den Vorrang geben, wie Monet oder Bonnard, können sich leicht mit dieser von außen kommenden Kraft identifizieren. Diejenigen aber, die der Zeichnung den Vorrang geben - ein Picasso oder ein Miró - widerstehen dieser Kraft, stellen der schrecklichen Beschleunigung der Zeit, die sie mitreißen will, ihre schnelle und ungestüme Zeichenbewegung entgegen. "Man muß schneller als die Bewegung sein, um ein Bild festzuhalten", bemerkt der alte

103. Katalog Chagall, Pierre Matisse Gallery, New York, 1979. Siehe "Man muß den Reichtum der Farbe mit der Seele löschen", S. 134.
104. Pierre Schneider, *op. cit.*, S. 67.
105. *Ibid.*, S. 47.
106. Katalog Chagall, Pierre Matisse Gallery, New York, 1979. Siehe "Man muß den Reichtum der Farbe mit der Seele löschen", S. 134.
107. *Ibid.*
108. Pierre Schneider, *op. cit.*, S. 67.
109. Katalog Chagall, Paris, 1959, S. 310.
110. Katalog Chagall, Pierre Matisse Gallery, New York, 1979. Siehe "Man muß den Reichtum der Farbe mit der Seele löschen", S. 134.
111. Pierre Schneider, *op. cit.*, S. 66.

Picasso. "Sonst rennt man ihm hinterher." Sowohl der späte Picasso als auch der späte Miró schwimmen mit aller Wut gegen den Strom, um sich zu behaupten.

Die Tatsache, daß Chagall so oft die Wichtigkeit der Farbe unterstreicht, könnte uns glauben machen, daß es ihm leicht gefallen sei, auf die Zeichnung zu verzichten. Man würde allerdings dabei übersehen, daß Chagalls Werk bis zum Schluß vom Dualismus geprägt blieb. Immer geht es bei ihm um den Streit zwischen persönlichem Ausdruckswillen und allgemeiner Mitteilbarkeit, zwischen Realismus und Abstraktion, zwischen Zeitlosigkeit und Geschichtlichkeit. Die Vision entspringt dem Gespaltensein, um dieses zu "heilen". Seine Kunst tritt jetzt in eine monistische Phase ein. Die ab Ende der fünfziger Jahre besonders betonte Monochromie ist eine direkte Übertragung des Monismus (*Tiere und Musik,* 1969, S. 123). Aber genau genommen ist die Wirkung ähnlich, wenn Chagall seine Leinwand in mehrere intensive, übersättigte und oft schmerzlich disharmonische Farbflächen unterteilt (*Der Zauberer*, 1968, S. 121; *Ostern,* 1968, S. 119; *Paar in blauer Landschaft,* 1969-1971, S. 120; *Le Baou von Saint-Jeannet,* 1969, S. 122; *Die Geschichte des Orpheus,* 1977, S. 124; *Träumerei,* 1978, S. 125). "Wo findet man in der ganzen Geschichte der Malerei etwas Schrilleres?",[112] fragt Malraux zurecht. Die grellen Farben verleihen der Komposition ja gerade ihre Einheit. Sie sind übertrieben und wirken deswegen besonders rein, wie eine "Säure", um noch einmal mit Malraux zu sprechen,[113] die die Perspektiven zerfrißt, die Bildgründe verbrennt, die Volumen verschluckt und die Begrenzungen und Eckpunkte verschlingt. Wenn man vor diesen Gemälden steht, denkt man: Nur noch einen Augenblick, und von dem ganzen bleibt nichts mehr übrig außer der Farbe selbst - einförmig, unbegrenzt, unglaublich und unerträglich.

Als Maler hat Chagall gelernt, daß "das Leben die Kontraste schafft, ohne die die Kunst undenkbar und unvollständig wäre".[114] Wenn das Leben aber nichts mehr zu sagen hat, "wird die Malerei zu einer tragischen Sprache".[115] Im Spätwerk hat ihn die Malerei mit sich fortgerissen, denn das Leben war nicht mehr stark genug, sich gegenzustemmen. Oft sträubt sich der Maler und dieses Ringen beschert uns die stärksten Kontraste, die letzten Zuckungen des Dualismus. Chardin zum Beispiel deutet in seinem *Selbstbildnis* erschlaffte Haut merkwürdigerweise durch aufwärtsgerichtete Pinselstriche an; und in Tizians *Marsyas* löst sich der geschundene Körper weniger in eine blutige, unförmige Masse auf, als vielmehr in geschwungene Pinselstriche und dicke Farbkleckse. Auch Chagall liefert ein solches letztes Gefecht (*Der große graue Zirkus,* 1975, S. 126; *Quichotte*, 1974, S. 127; *Der verlorene Sohn,* 1975-1976 , S. 128). Da das Leben nun einmal dualistisch ist, versucht er um jeden Preis, Zäsuren in seine Werke einzubringen. Bisweilen erscheint noch einmal eine deutliche Zeichnung oder eine geometrische Figur, aber vergebens, es ist ein Schlag ins Wasser - das Wunder vom Roten Meer findet nicht mehr statt und der Farbstrom läßt sich nicht zerteilen. Manchmal greift Chagall auf die Technik der Collage zurück und überträgt ihre scharfgeschnittenen Ränder in seine Malerei, jedoch ohne dabei die Einheit des Bildes zu beeinträchtigen. Manchmal zerfetzt er das Papier in einem Wutanfall. Doch aus diesen schmerzhaften, tief eingerissenen Wunden tropft kein Leben, sondern ein Nichts, das sowohl dem Leben als auch der Malerei gegenüber gleichgültig ist. Die verzweifelte Geste des Malers übersteigt die von unserem Auge wahrnehmbare Dimension.

Chagall weiß dies und möchte es verhindern. Der "übersinnliche" Raum, *Zaoum,* der die Wirklichkeit an ihre unverdauliche Nichtigkeit ausliefert, stößt ihn ab. Deswegen zerreißt er die Leinwand nicht wirklich: er beschränkt sich darauf, die dem Papier zugefügten Risse auf die Leinwand nur malerisch zu übertragen. So wird nicht mehr verwundet als der Hellespont durch die Peitsche des Xerxes. "Alles ist zerrissen - und doch rein".[116]

Das einzige Spiel, das zu spielen der alte Chagall bereit ist, ist das Farbenspiel, ohne daß irgendetwas Äußerliches oder Innerliches die Farbfülle einschränken könnte. Man würde sie als erdrückend empfinden, wenn ihr physischer Glanz nicht vom Geist verdünnt und belebt würde. "Man muß den Reichtum der Farbe mit der Seele löschen", sagt Chagall[117] (*Das Dorffest,* 1981, S. 128; *Der Sturz des Ikarus,* 1974-1977, S. 130). Eine offensichtlich unlösbare Aufgabe: wenn er die Zeichnung der Farbe opfert, beraubt er sich damit nicht der Formen, die die Sprache der Malerei ausmachen und dort zum Schweigen gebracht werden, wo nur die undurchdringliche materielle Schönheit ihren Platz findet?

112. André Malraux, *op. cit.*, S. 123.
113. *Ibid.*
114. Katalog Chagall, Paris, 1959, S. 346.
115. *Ibid.*, S. 560.
116. Katalog Chagall, Pierre Matisse Gallery, New York, 1979. Siehe "Man muß den Reichtum der Farbe mit der Seele löschen", S. 135.
117. *Ibid.*

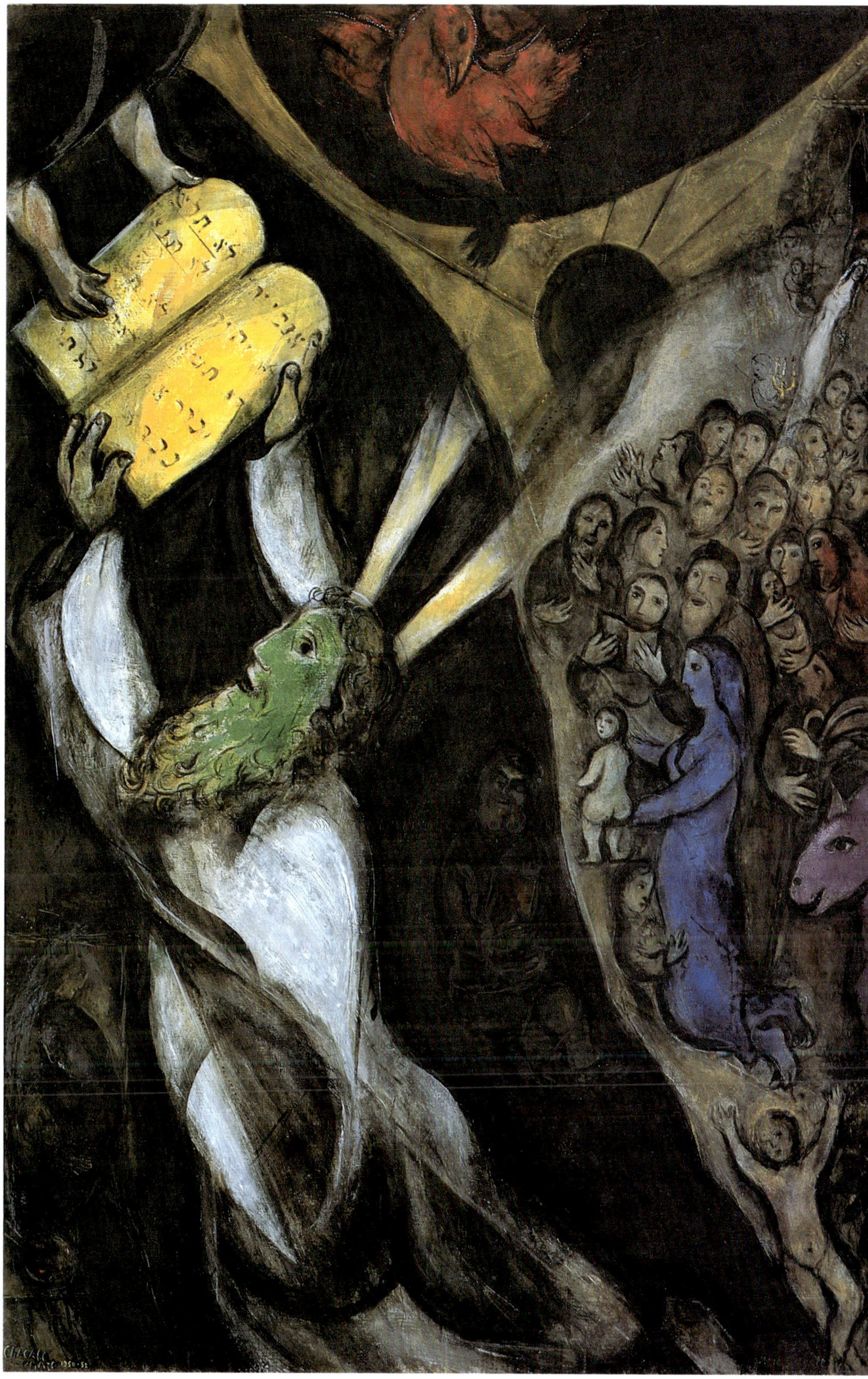

Moses empfängt die Gesetzestafeln, 1950-1952
Öl auf Leinwand
1945 x 129,8 cm
Musée National d'Art Moderne,
Centre Georges Pompidou, Paris,
als Leihgabe im Musée National Message Biblique
Marc Chagall, Nizza

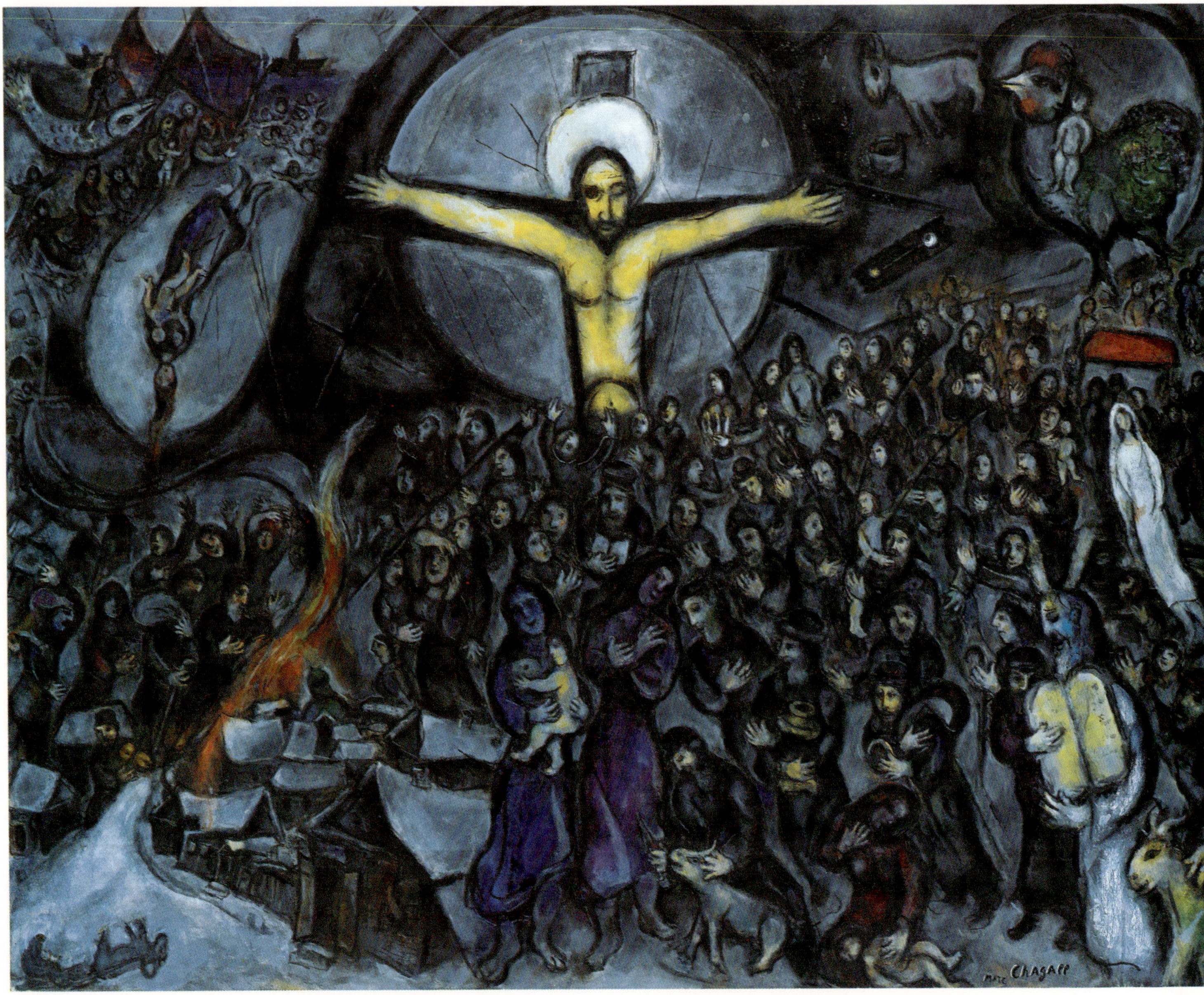

Exodus, 1952-1966
Öl auf Leinwand
130 x 162,3 cm
Musée National d'Art Moderne,
Centre Georges Pompidou, Paris,
als Leihgabe im Musée National Message Biblique
Marc Chagall, Nizza

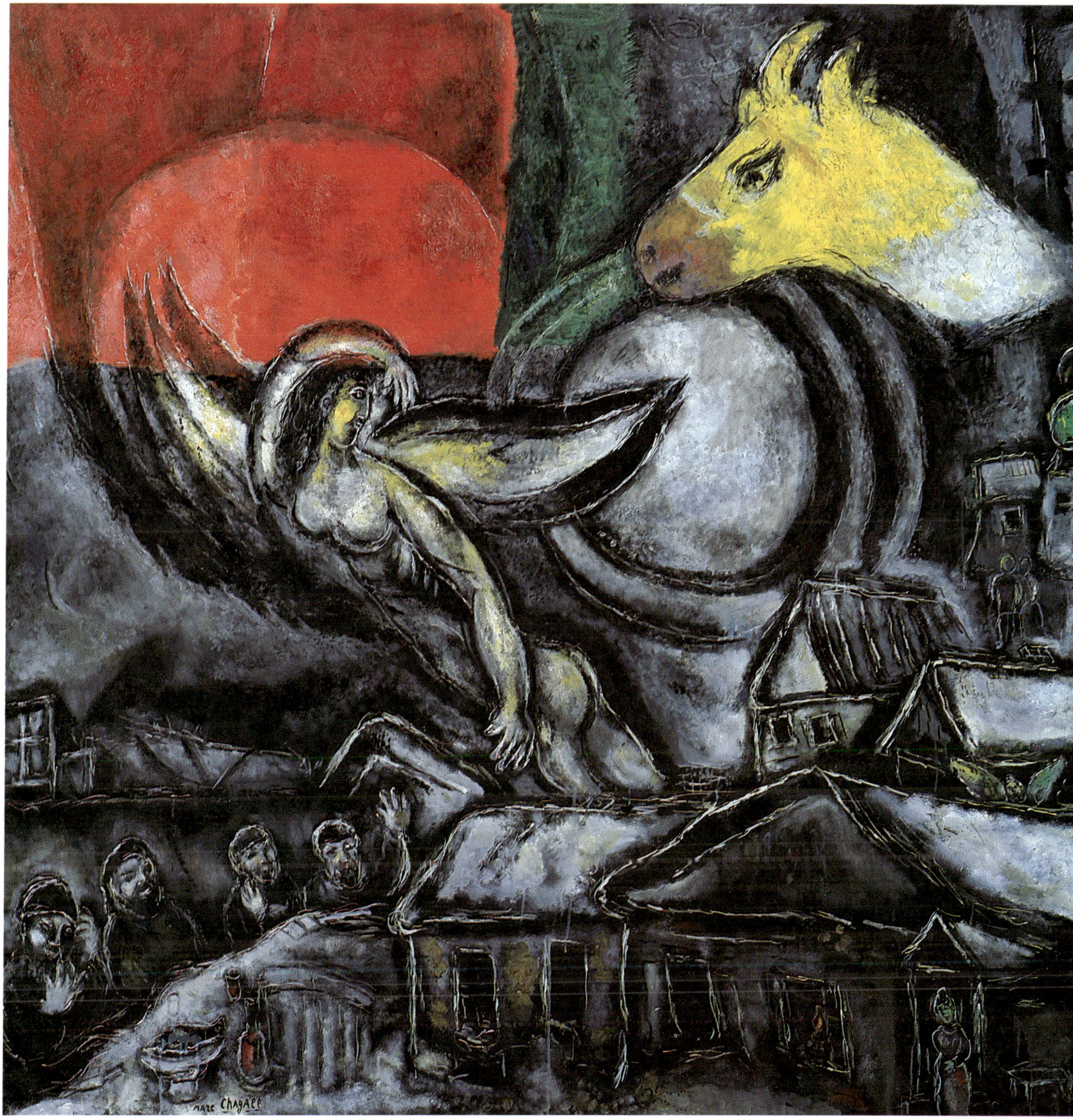

Ostern, 1968
Öl auf Leinwand
160,3 x 159,5 cm
Musée National d'Art Moderne,
Centre Georges Pompidou, Paris,
als Leihgabe im Musée National Message Biblique
Marc Chagall, Nizza

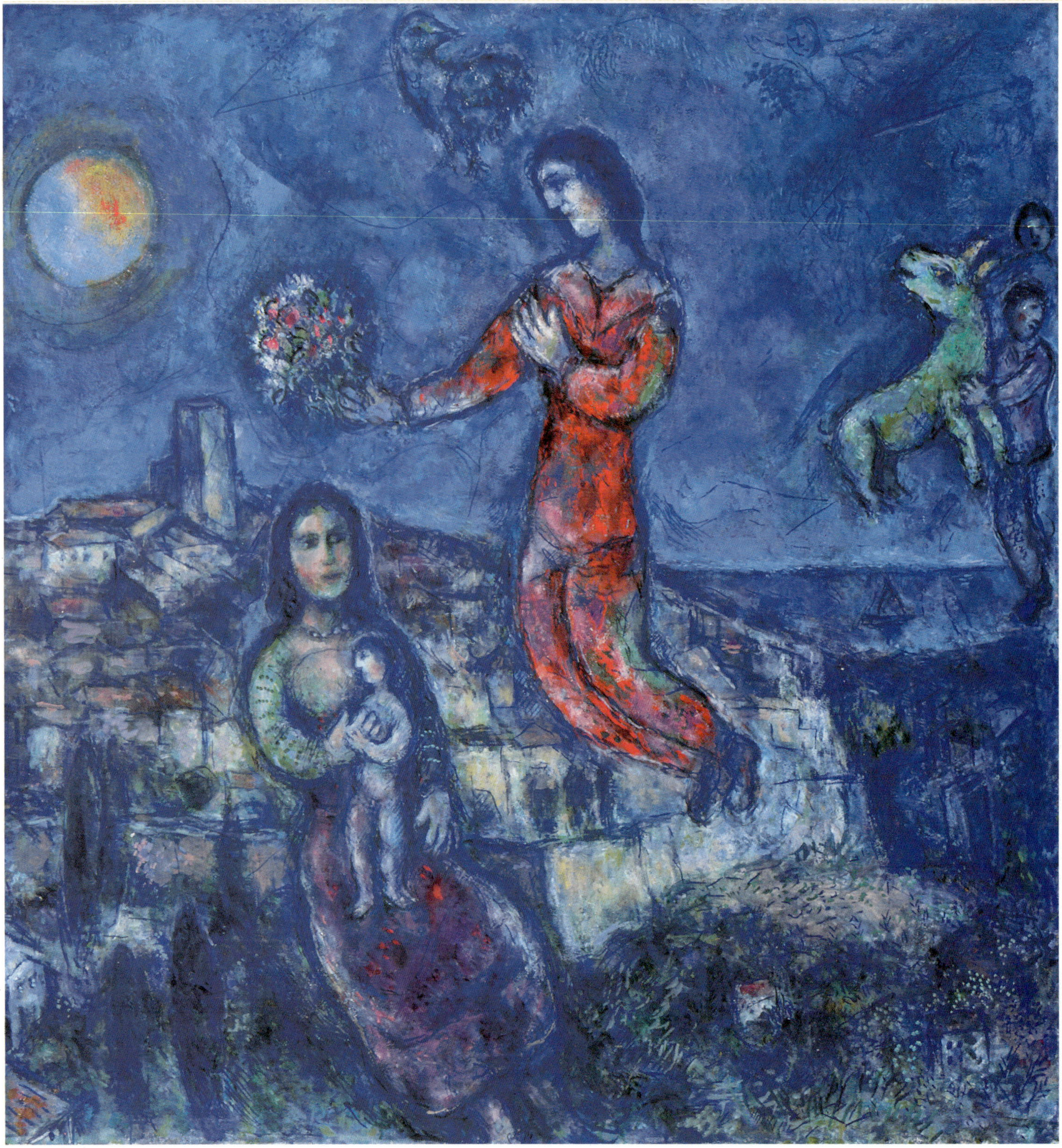

Paar in blauer Landschaft, 1969
Öl auf Leinwand
112 x 108 cm
Nachlaß Ida Chagall, Paris

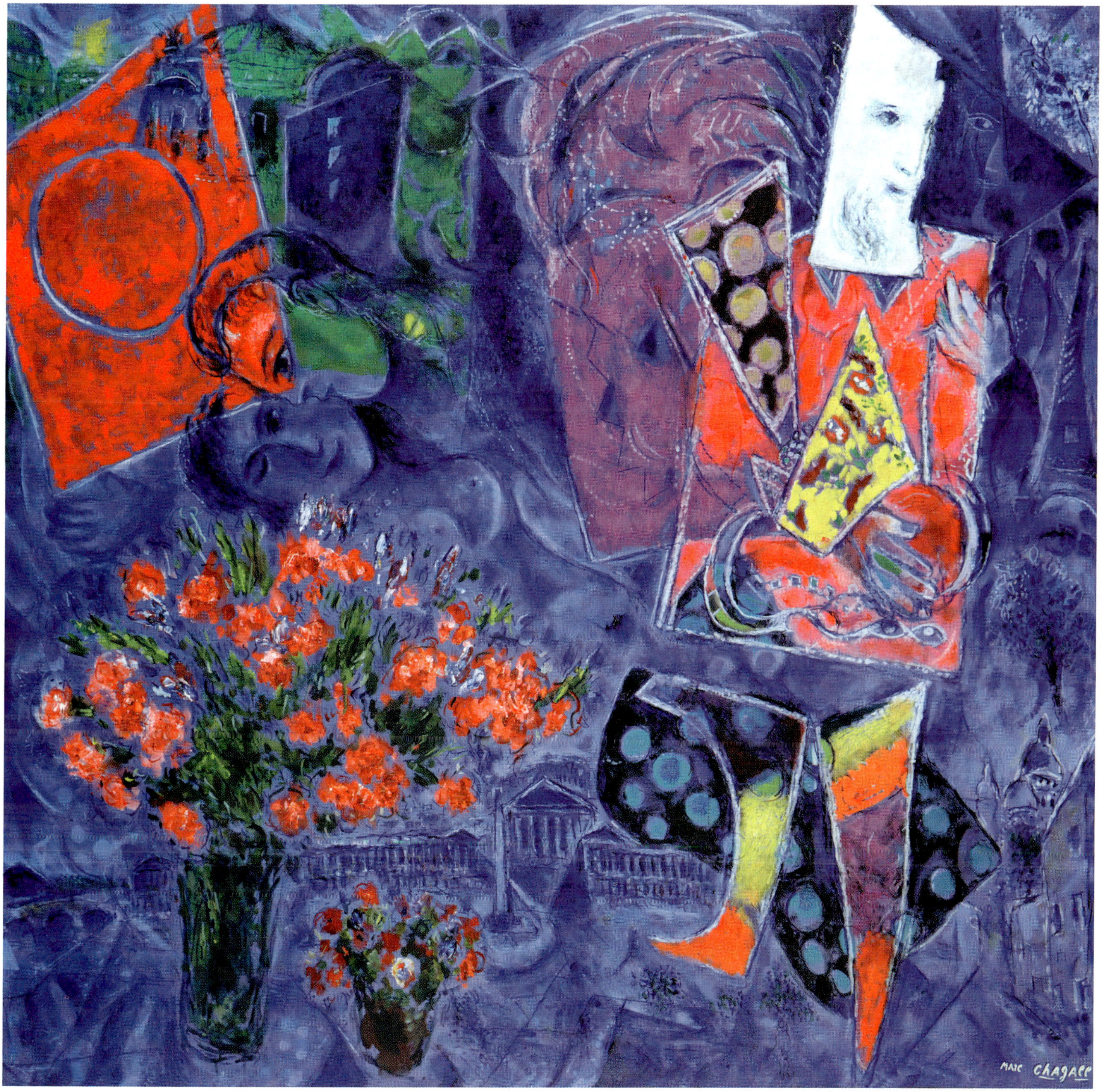

Der Zauberer, 1968
Öl auf Leinwand
140 x 148 cm
Privatsammlung

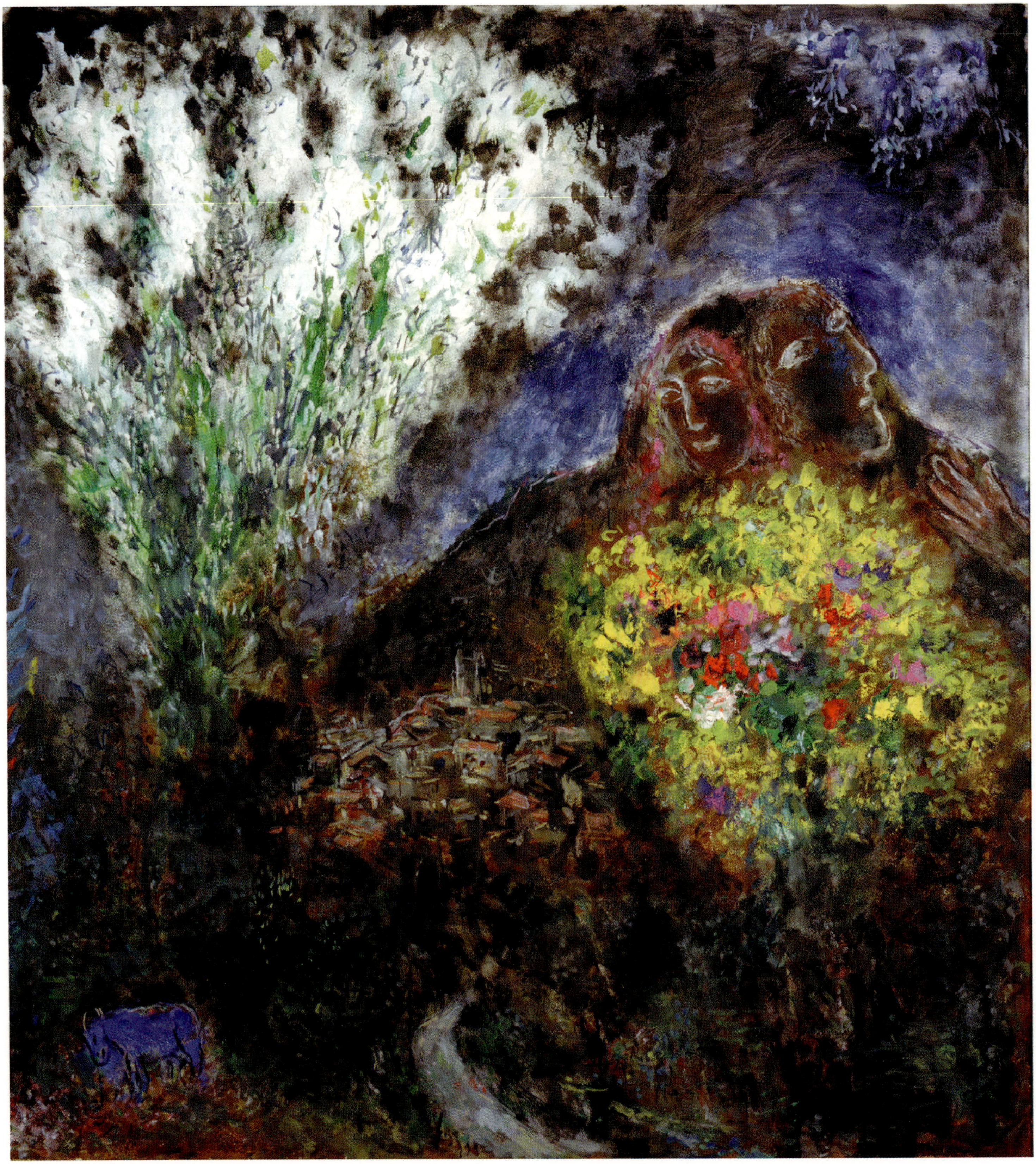

Der Baou von Saint-Jeannet
Öl auf Leinwand
125 x 113 cm
Privatsammlung

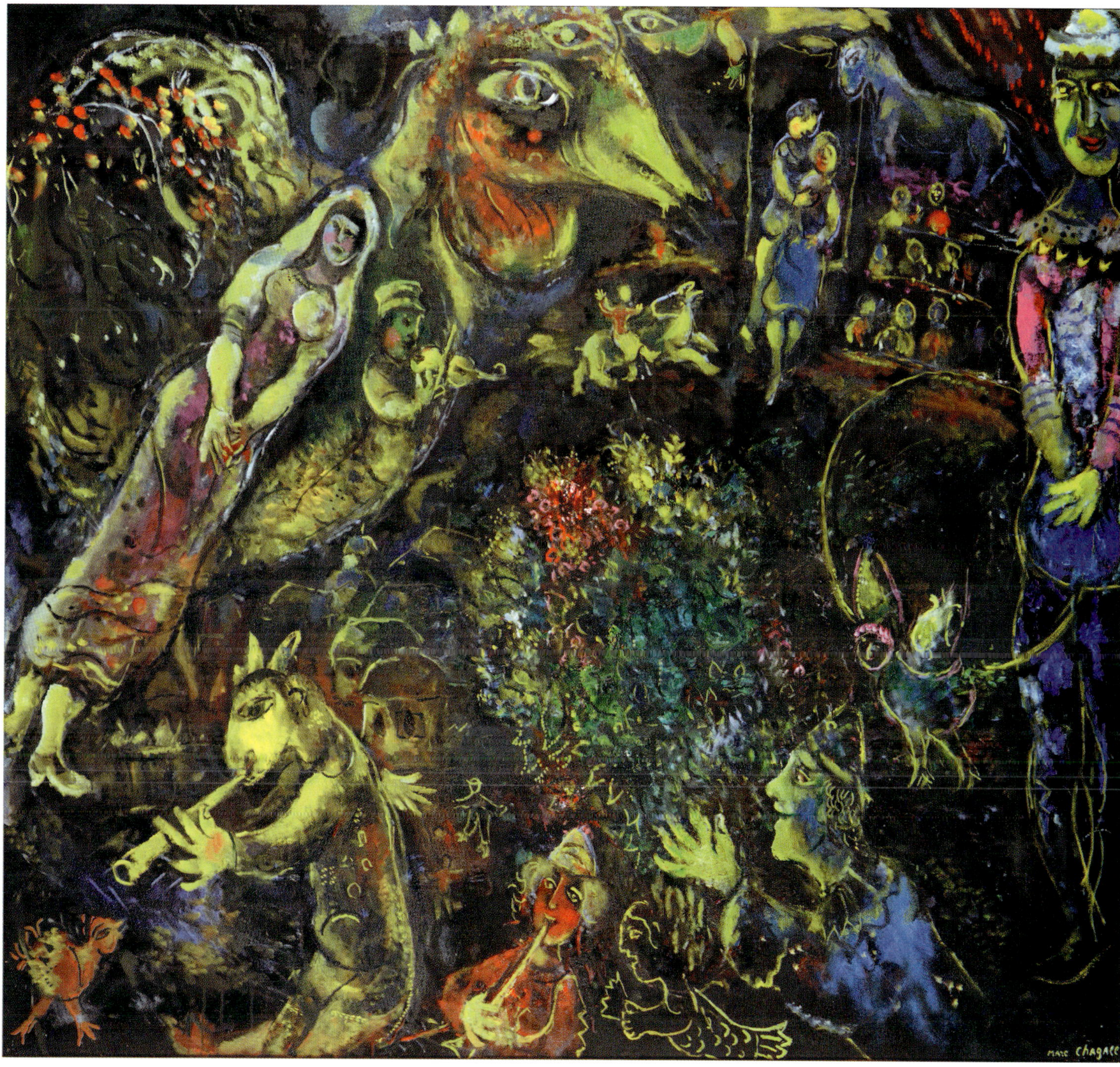

Tiere und Musik, 1969
Öl auf Leinwand
140 x 155,5 cm
Privatsammlung

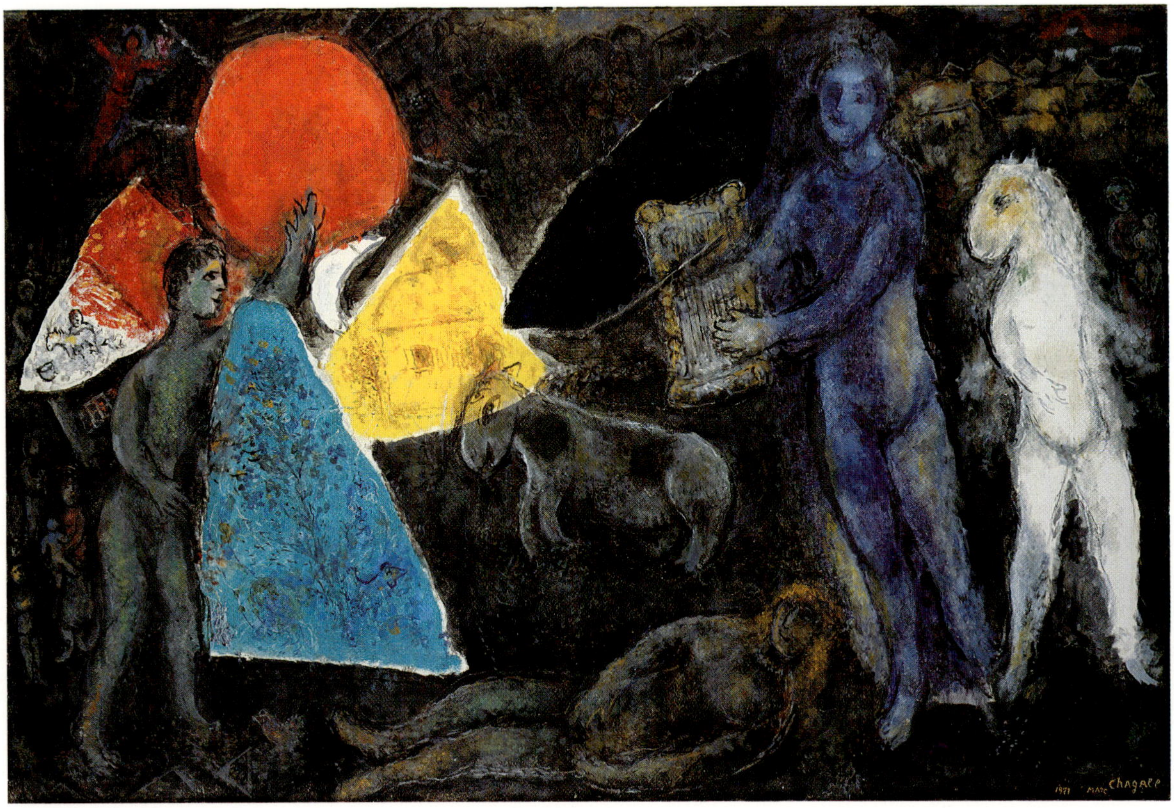

Die Geschichte des Orpheus, 1977
Öl auf Leinwand
97 x 146 cm
Privatsammlung

Man kann jedoch auf den besten Gemälden der letzten Jahre auch noch etwas andereres entdecken als eine blendende, doch blinde Mauer. Sie geben ganz im Gegenteil den Blick auf eine schwindelerregende Weise frei. Die Farbe erobert die ganze Bildoberfläche ohne weiterhin den Hintergrund anzudeuten, der die Theaterbühne abschließt. Sie wird zum Grund, zum grenzenlos-unermeßlichen Raum. Die Farbe ist nicht die Mitwirkende einer dramatischen Vorstellung, sondern sie ist die Vergegenwärtigung eines Dramas, des einzigen Dramas, von dem man sagen könnte, daß es zugleich Theater und Ereignis ist, das heißt, eine Stätte bildet und stattfindet. Wenn man den von Figuren freien Grund aufsteigen läßt, beschwört man gleichzeitig das Ur-Nichts herauf und geht die Geschichte gegen den Strom bis zu dem Augenblick zurück, in dem der letzte (oder erste) Mensch wieder verschwindet und nur eine unvorstellbare Leere übrigbleibt, "die wie eine Welle hin- und herwogt".[118] Das Alte Testament gibt diesem Nichts die Form und den Namen - oder besser gesagt ist es etwas Formloses und Unnennbares - "Sintflut". Übrigens hatte sich die Farbe Chagall auf einem Schiff mitten im Atlantik offenbart.

118. Pierre Schneider, *op. cit.*, S. 47.

Es ist das Privileg der Malerei, daß der Bildgrund die Darstellung des Nichtdarstellbaren wird; allerdings nur unter extremen Umständen. "Der ganze eitel ausgebreitete Meeresgrund"[119] taucht aus seinem gewohnten Schlaf auf, wenn ein sinkendes Schiffchen ihn in Aufruhr versetzt. Die Sintflut - das heißt der Grund - wird erst dann sichtbar, wenn eine Gestalt darin versinkt. Chagall hat sich nicht, wie viele, mit dem Gedanken, daß "das Alter ein Schiffbruch" sei, abgefunden, sondern hat diesen seiner Arbeit zunutze gemacht. Die Arbeiten seiner letzten Jahre gesellen sich auf diese Weise zu den in jeder Zeit seltenen Werken, in denen sich der Grund offenbart, der normalerweise und unmerklich, das Spiel der Figuren unterstützt. "Man muß alt sein, damit die Zeichnung nicht mehr zählt".[120]

Pierre Schneider
März 1991 - Oktober 1994

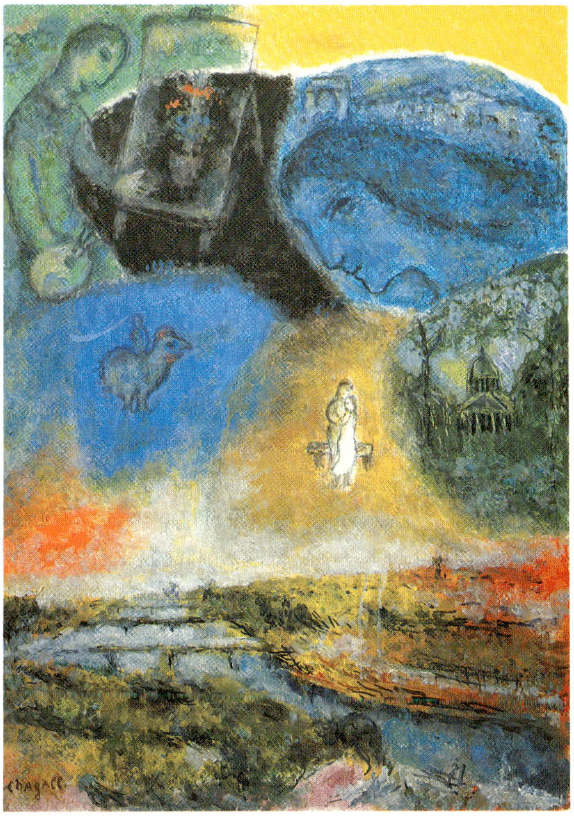

Träumerei, 1978
Öl auf Leinwand
99,7 x 72,4 cm
Privatsammlung

119. Stéphane Mallarmé.
120. Katalog Chagall, Pierre Matisse Gallery, New York, 1979. Siehe "Man muß den Reichtum der Farbe mit der Seele löschen" S. 134.

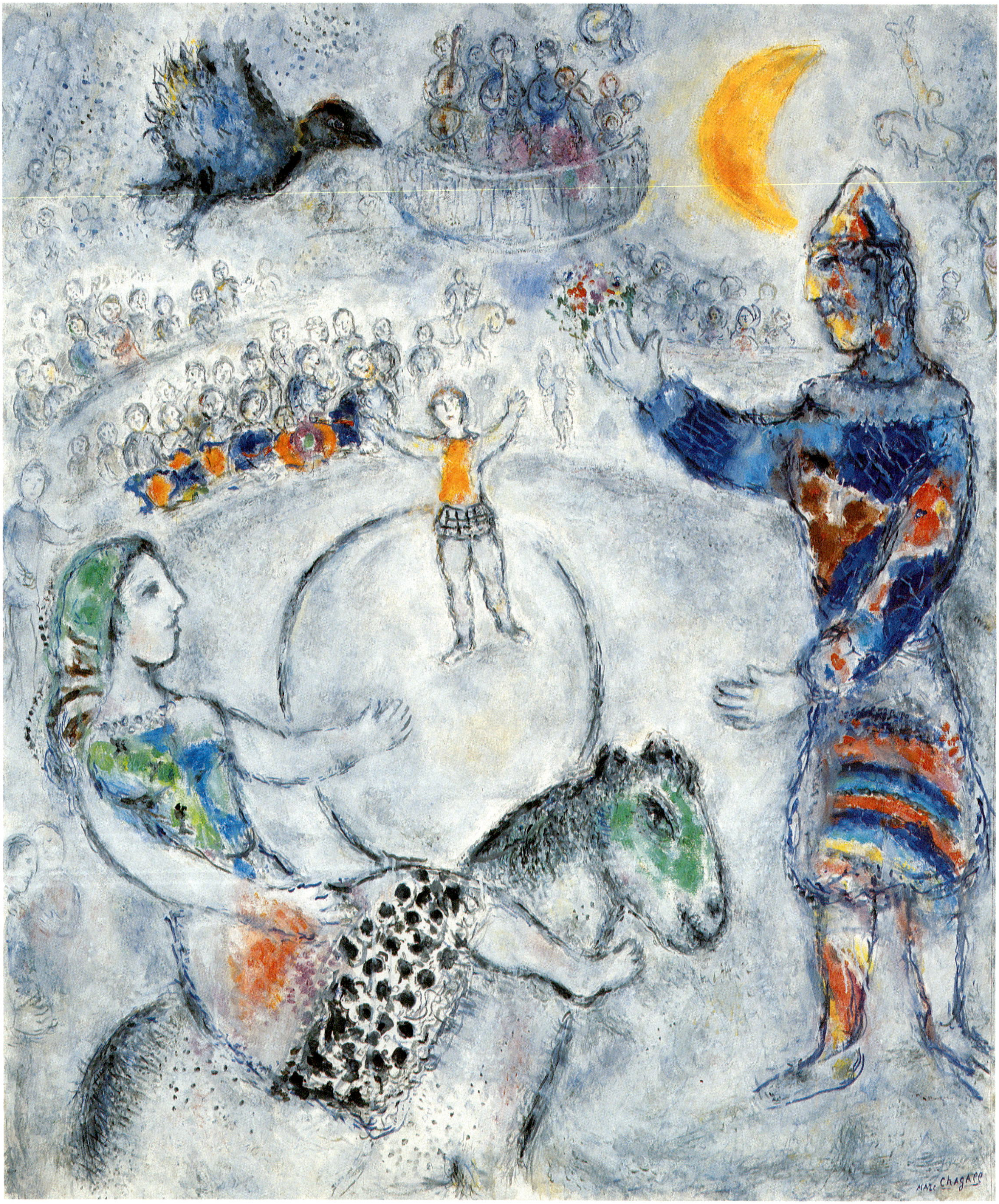

Der große graue Zirkus, 1975
Öl auf Leinwand
140,3 x 120 cm
Privatsammlung

Quichotte, 1974
Öl auf Leinwand
196 x 130 cm
Nachlaß Ida Chagall, Paris

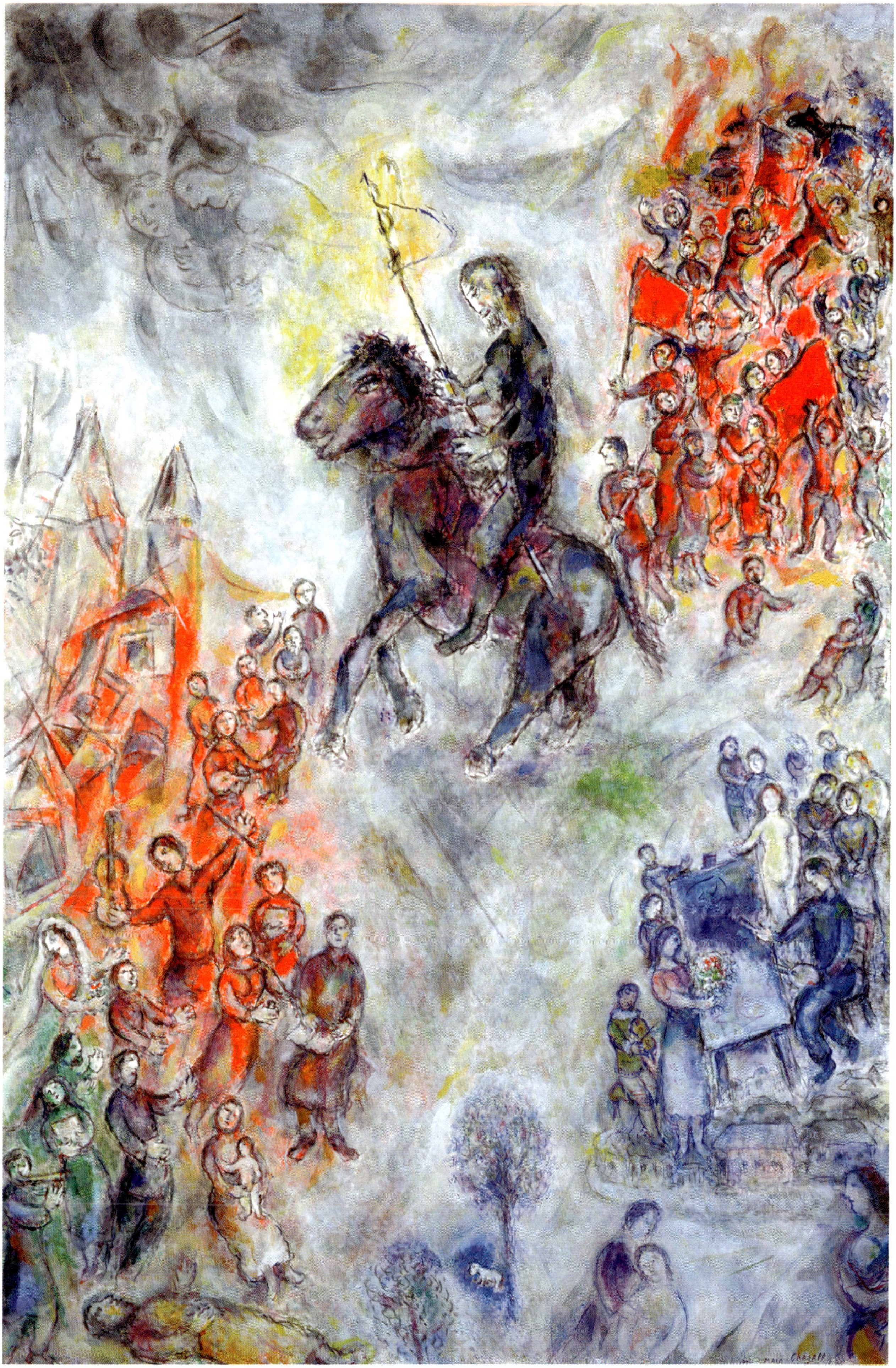

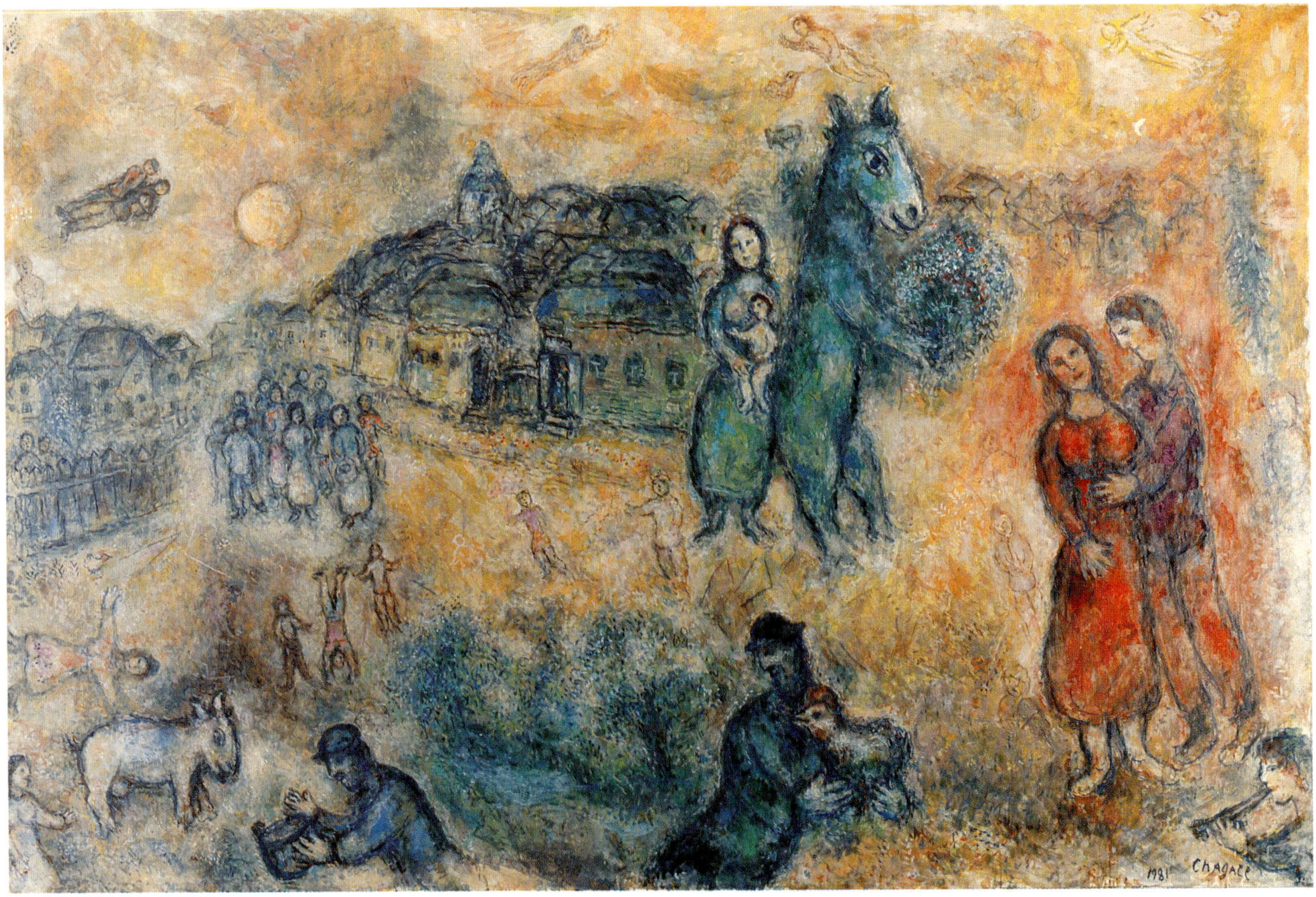

Das Dorffest, 1981
Öl auf Leinwand
130,5 x 195 cm
Nachlaß Ida Chagall, Paris

Der verlorene Sohn, 1975-1976
Öl auf Leinwand
162 x 122 cm
Nachlaß Ida Chagall, Paris

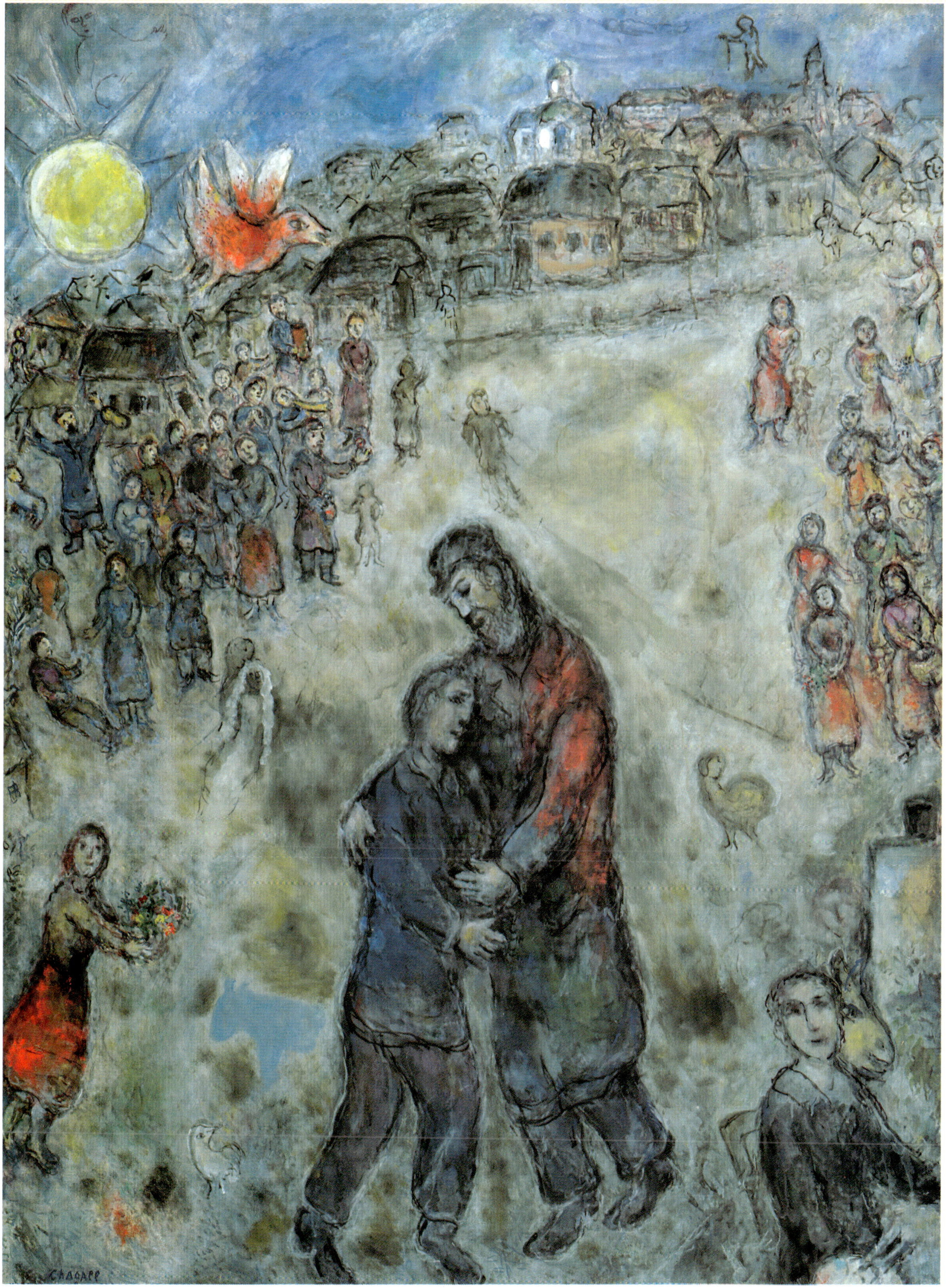

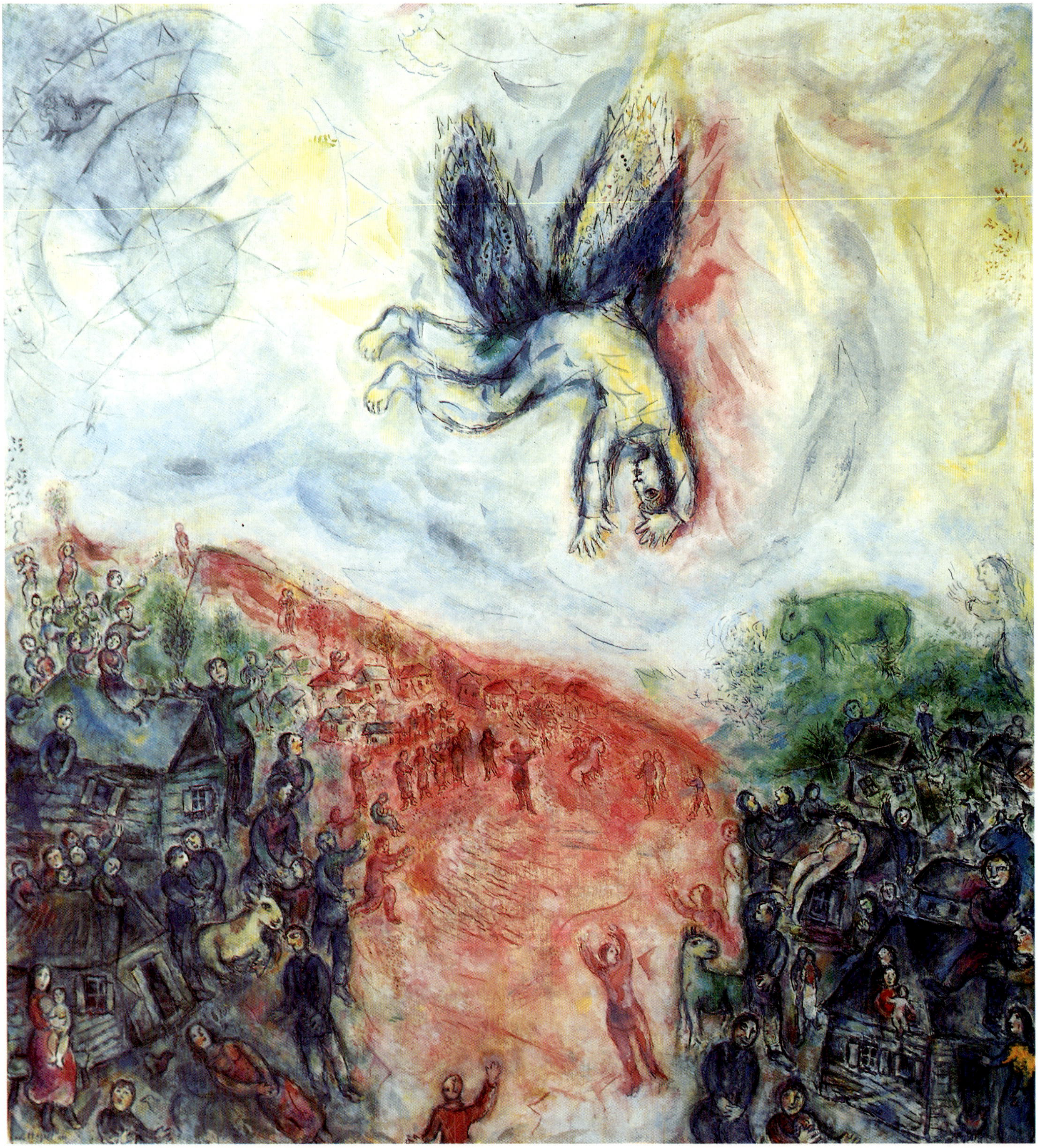

Der Sturz des Ikarus, 1974-1977
Öl auf Leinwand
213 x 198 cm
Musée National d'Art Moderne,
Centre Georges Pompidou, Paris,

"Man muß den Reichtum der Farbe mit der Seele löschen"

Ein Gespräch zwischen Pierre Schneider
und Marc Chagall

Der folgende Text gibt die wesentlichen Passagen eines Gesprächs aus dem Jahre 1979 zwischen dem Verfasser und Chagall wieder, das im Atelier des Künstlers in Saint-Paul-de-Vence stattgefunden hat. Chagall hatte damals gerade eine Reihe von Arbeiten fertiggestellt, die in der Ausstellung *Marc Chagall - Paintings and Temperas, 1975-1978* der Galerie Pierre Matisse im Mai 1979 gezeigt wurden. Der Text kam als Einführung im Ausstellungskatalog zum Abdruck.

"Es gibt keinen Fortschritt, aber es gibt auch nichts zu bereuen", sagt Chagall. "Aber es gibt ein gelebtes Leben und das steckt in Ihrer Arbeit". Nun, aus was besteht das Leben, wenn man zweiundneunzig Jahre alt ist? "Aus Arbeit. Was denn sonst?"
Und auf der Leinwand erscheinen zum tausendsten Mal die vertrauten Themen: die Leute aus Witebsk, Ansichten von Paris, La Fontaines Welt der Tiere, Blumensträuße aus Vence, Propheten, Akrobaten ... Trotzdem wird in den jüngsten Acryl- und Temperamalereien eine Veränderung deutlich.

*

Was bedeuten Chagall heute die vertrauten Themen, aus denen einst seine Traumbilder entstanden sind? "Im Grunde zählt das, was man Sujet nennt, für mich eher zu den technischen Fragen. Die Liebenden sind Formen und Formen sind Liebende." Es gibt keine Sinnbilder mehr, sondern nur noch gleichgültige Materie. "Ich stelle meine Bilder während der Arbeit oft auf den Kopf, so daß ich gar nicht sehe, was ich mache." Diese Traumbilder sehen aus, als wären sie von innen her von der Farbe aufgefressen worden. "Irgendetwas entsteht dabei schon. Die Stimme ist wichtig, nicht das, was man singt."
Manchmal werden die Motive zur elementaren Form komprimiert: die Malerei scheint das Leben zu ersetzen, oder genauer gesagt: das Leben der Malerei ersetzt dasjenige des Malers. Der Maler betrachtet sein eigenes Leben mit dem unbarmherzig gleichmütigen Auge der Malerei. "Im allgemeinen bekommt ein Maler sich selbst nicht in den Blick. Aber vielleicht gelingt ihm das im Alter. Im Alter überblickt man sein Leben. Man sieht in sich hinein, wie von außen, und man malt sein Innenleben so als würde man ein Stilleben malen."
Der wachsende Druck, der von der Malerei ausgeht, profitiert vom schwindenden Widerstand des Lebens. Die Farbe breitet sich über alles aus, verschlingt die vertrauten Gestalten und ihren Charme, löst sie auf, macht sie gespenstisch durchsichtig: Zeugen eines gestörten Gleichgewichts. Die Pracht der Farbe, ihr brennendes Feuer, das die alten, ausgedienten Motive verschmort, zeigt, daß der Maler sich ihrer Macht unterworfen hat. "Nachts fühlt mein Organismus die enorme Anspannung. Etwas heizt darin, und ich habe das Gefühl zu kochen."

*

Mit anderen Worten: die Schönheit bedeutet den Anfang des Schrecklichen. Es beginnt etwas Wunderbares, weil es das ganze Leben fordert, aber zugleich auch Schreckliches, weil uns dieses Leben entgleitet. Chagall spricht oft von der "chimie" der Farben. Wir präzisieren: Malerei ist organische Chemie. Sie hat wie ein "Magen" Verdauungsfunktion (den Begriff "Magen" verwendet Chagall im Zusammenhang mit dem von ihm bewunderten Courbet). Die Elemente des Literarischen vermischen und verwandeln sich. Sie wachsen zusammen, werden geteilt und verformt, durchdringen sich und bilden neue Gestalten als Resultat des Aufnahme- und Verdauungsprozesses der Malerei. Dieser Prozeß wird vom Motiv des Brautpaares am besten versinnbildlicht. Denn: "Beim Essen vermählt man sich mit dem Mahl."
Am Anfang steht also die Komposition, in einer oder mehreren Skizzen entworfen, und anschließend mit sicherer Zeichnung auf die Leinwand übertragen. Das ist die Mahlzeit, welche der Maler der Farbe bereitet. Alsbald beginnt der Verzehr: eine Folge von Stürmen und Widerständen "Meine Bilder sind voller kleiner Kämpfe", die im Gemälde Zuckungen und Aufruhr verursachen. Das Bild ist erst dann vollendet, wenn die Farbe die Zeichnung vollständig verschlungen hat, das heißt, wenn Chagall sagen kann: "Auf die Zeichnung kommt es hier nicht mehr an." Daher kommt auch seine Bewunderung für die "chimie" Rembrandts, Courbets und Monets. Daß es sich dabei stets um dasselbe Phänomen handelt, verdankt sich der Tatsache, daß es der Malerei gehorcht, und nicht dem Maler. Chagall fühlt sich dazu gezwungen, von der Zeichnung abzulassen. Er fügt hinzu: "Man

muß alt sein, damit es auf die Zeichnung nicht mehr ankommt".
Leben heißt jetzt Arbeiten. So schwach man auch sein mag, man gibt sich der Kraft der Malerei hin. Mit Ausnahme der Nacht. Da bemächtigt sich die Finsternis seines Lebens wie ein durch eine Katastrophe ausgelöster Kurzschluß, eine Finsternis, die nicht mehr von Traumgesichtern erhellt wird. Und am nächsten Morgen bleibt diese schwarze Finsternis im Atelier hie und da auf der Leinwand haften. Es ist ein bemerkenswertes Schwarz aus Ruß und Schatten, ähnlich den Schwarztönen seiner Malerei aus Jugendzeiten. Es ist im Vergleich zu den anderen Farben gewissermaßen die undurchdringliche Anti-Farbe: wie soll das verbrennen, was schon Asche ist?
Dieser Streifen Finsternis ist eine der Neuerungen in Chagalls Malerei, die in den Acrylgemälden sichtbar werden. Warum benutzt er diese Farbe? Vielleicht, weil sie von Natur aus anorganisch ist. Hofft der Maler - unbewußt - der Verzehrung, welcher eine organische Ölkomposition ausgeliefert ist, zu entgehen? Wie dem auch sei, dem Prozess der Verdauung tritt als zweites die Diskontinuität zur Seite (wenn sie nicht überhaupt diesen ersetzt). Und das ist die andere Neuerung seiner Acrylmalereien: die Farbmassen gehen nicht mehr ineinander über, sondern bilden Farbwolken, die streng voneinander abgegrenzt sind und schließlich zerreißen, so wie man ganz plötzlich aus Wut eine Zeitung zerfetzt. In diesem Zusammenhang sagt Chagall: "Bei mir sind die Formen Zufall. Es geht um eine andere Welt. Alles ist zerrissen - und doch rein. Wenn man nachts nicht schlafen kann, denkt man an solche Zufälle." In der Leinwand des gemalten Lebens öffnet sich plötzlich ein Riß, der sofort von der Nacht ausgefüllt wird.

*

Was wir eben über Marc Chagalls jüngste Malerei im allgemeinen und seine Acrylbilder im besonderen festgestellt haben, liefert vielleicht auch den Grund dafür, warum er sich 1978 ganz plötzlich einer ihm neuen Maltechnik zuwendet, die seit Jahrhunderten in Vergessenheit geratenen war: der Temperamalerei. "Tempera ist eine arme Farbe, keine Paste. Ölfarbe ist reicher, 'genießbarer'". Es braucht keinen Magen, um ein so frugales Mahl zu verdauen; der Geist reicht aus. "Vor Van Eyck malte man mit Tempera. Die Malerei war etwas Seelisches, nichts Körperliches. Sehen Sie sich Giottos oder Masaccios Werke an: ihre Fresken sind 'mager' und doch haben sie Tiefenwirkung." In der Temperamalerei benötigt die Tiefe keine Schichtung. Die Rücksicht auf die Oberfläche eines Gegenstandes verhindert nicht seine Transparenz. Der Schwerkraft wird ein Streich gespielt: "Es ist eine Übung in der Schwerelosigkeit." Das heißt, eine Übung der Anmut. Die Maltechnik ähnelt dem Aquarell. Nichts wird betont. Dem Bild liegt keine Vorzeichnung zugrunde, um es lesbar zu machen, die von den Farben zugedeckt und verzehrt würde (das ist die Farbenküche). Die Formen entstehen durch die Anhäufung von Pinselstrichen wie Tautropfen aus silbernem Morgenlicht. "Es gibt Grautöne über Grautöne". Aber kein Schwarz: die Technik verbietet es. "Die Temperamalerei", sagt Chagall, "war für mich ein offenes Fenster".

*

Es wäre allerdings falsch, wenn man daraus den Schluß ziehen würde, daß die Technik den Maler ausmacht, so wie das Kleid den Mann. "Wissen Sie, auf den Geist kommt es an: man kann im Grunde mit allem möglichen arbeiten", sagt Chagall. Je nach dem, wie der Brennstoff beschaffen ist, wird die Flamme weiß oder rot, aber das Feuer bleibt immer das gleiche. "Die Ölfarbe ist reich. Man muß den Reichtum der Farbe mit der Seele löschen". Der gleiche Geist ertrinkt im Öl, zerbricht auf Acryl und wird geschmeidig, wenn er in Berührung mit Tempera kommt. In Wirklichkeit hat Chagall diese Farbe gewählt, das heißt im rechten Moment gefunden, weil es zu der Stunde, in der alles, was nicht der monströs-prächtigen Malerei angehört, der Nacht anheimfällt, doch diese eine Gnade gibt: "In seinen Gemälden bleibt der Maler ewig jung. Sonst lohnt sich die Arbeit nicht".

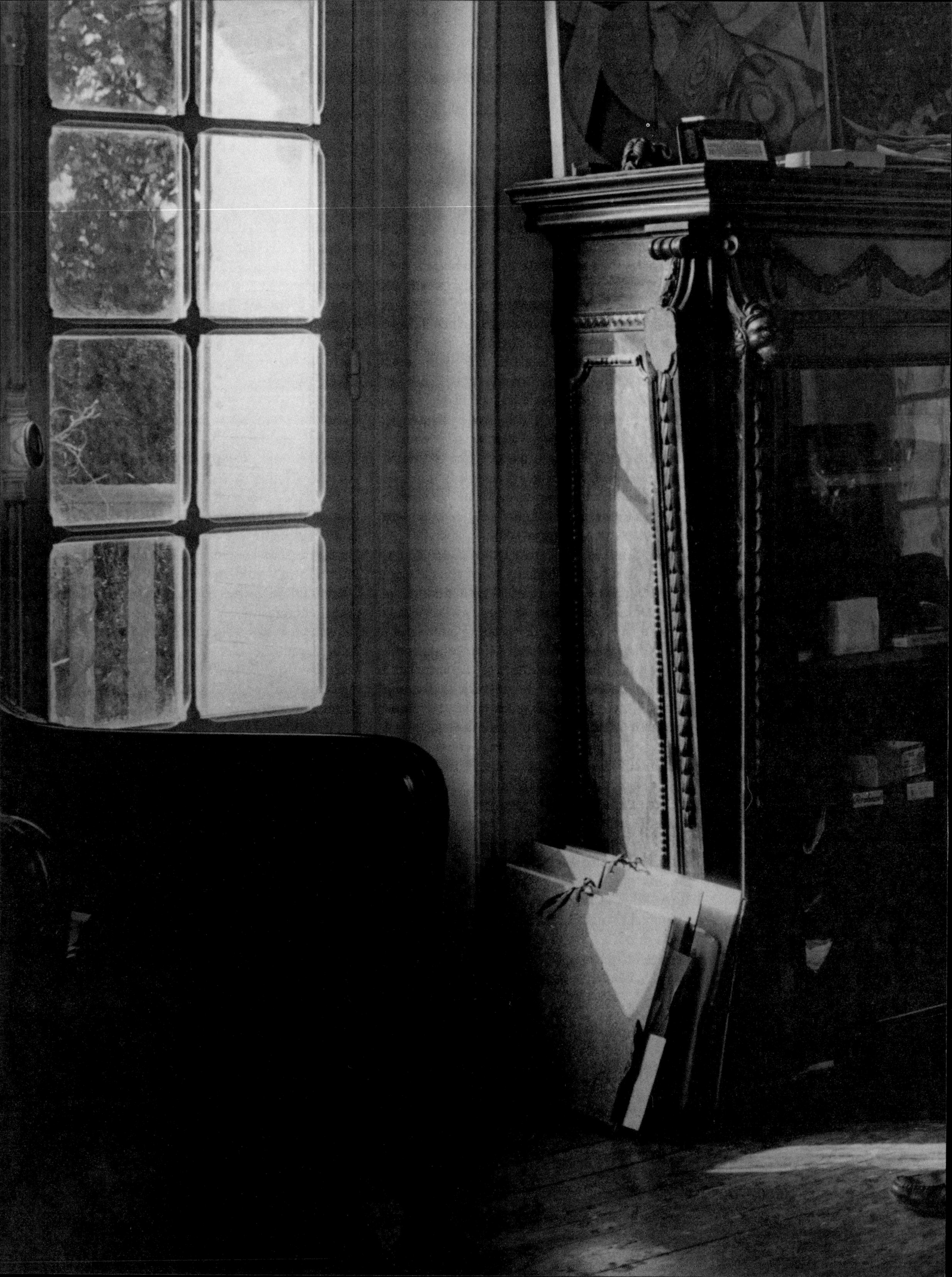

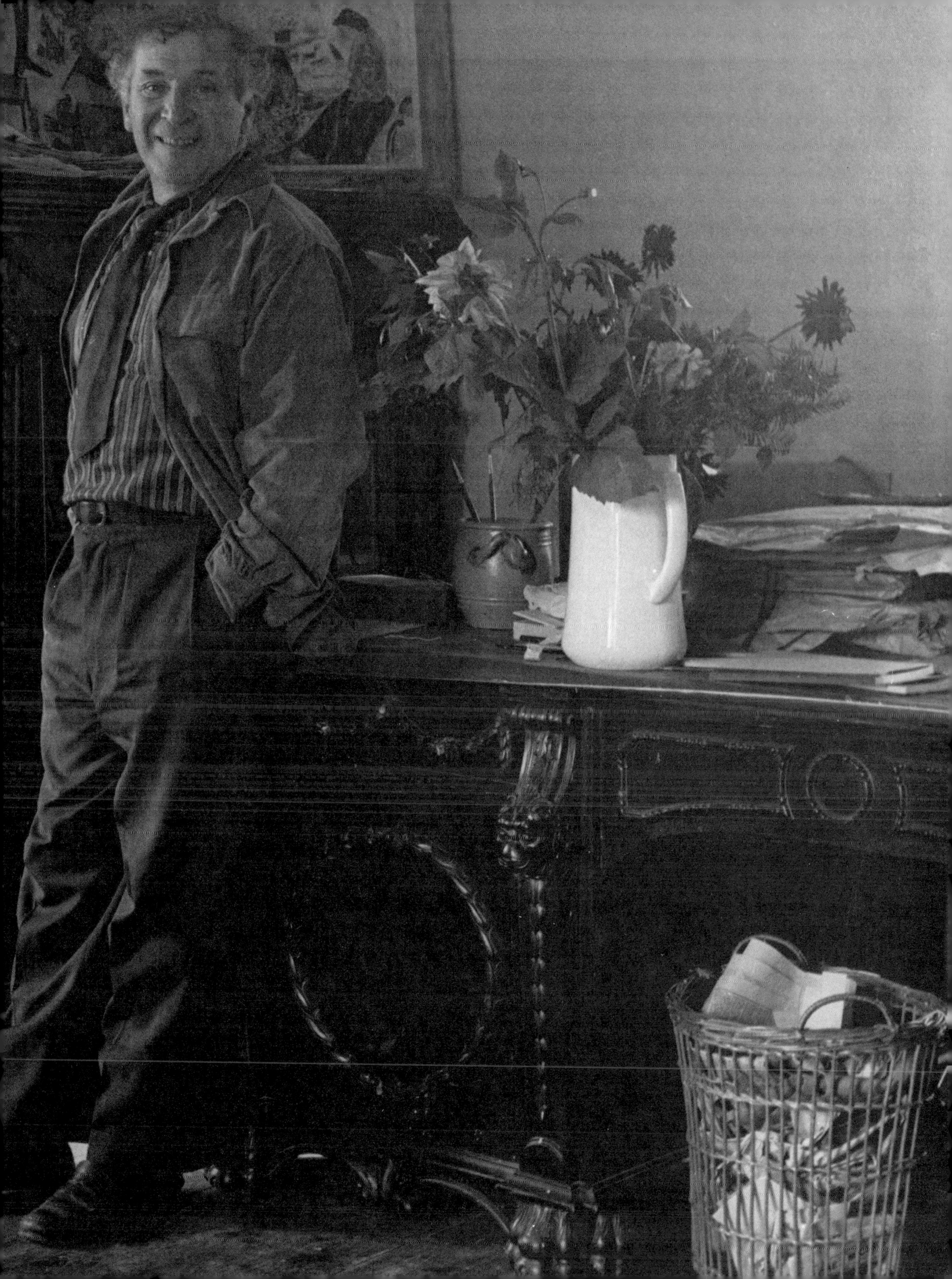

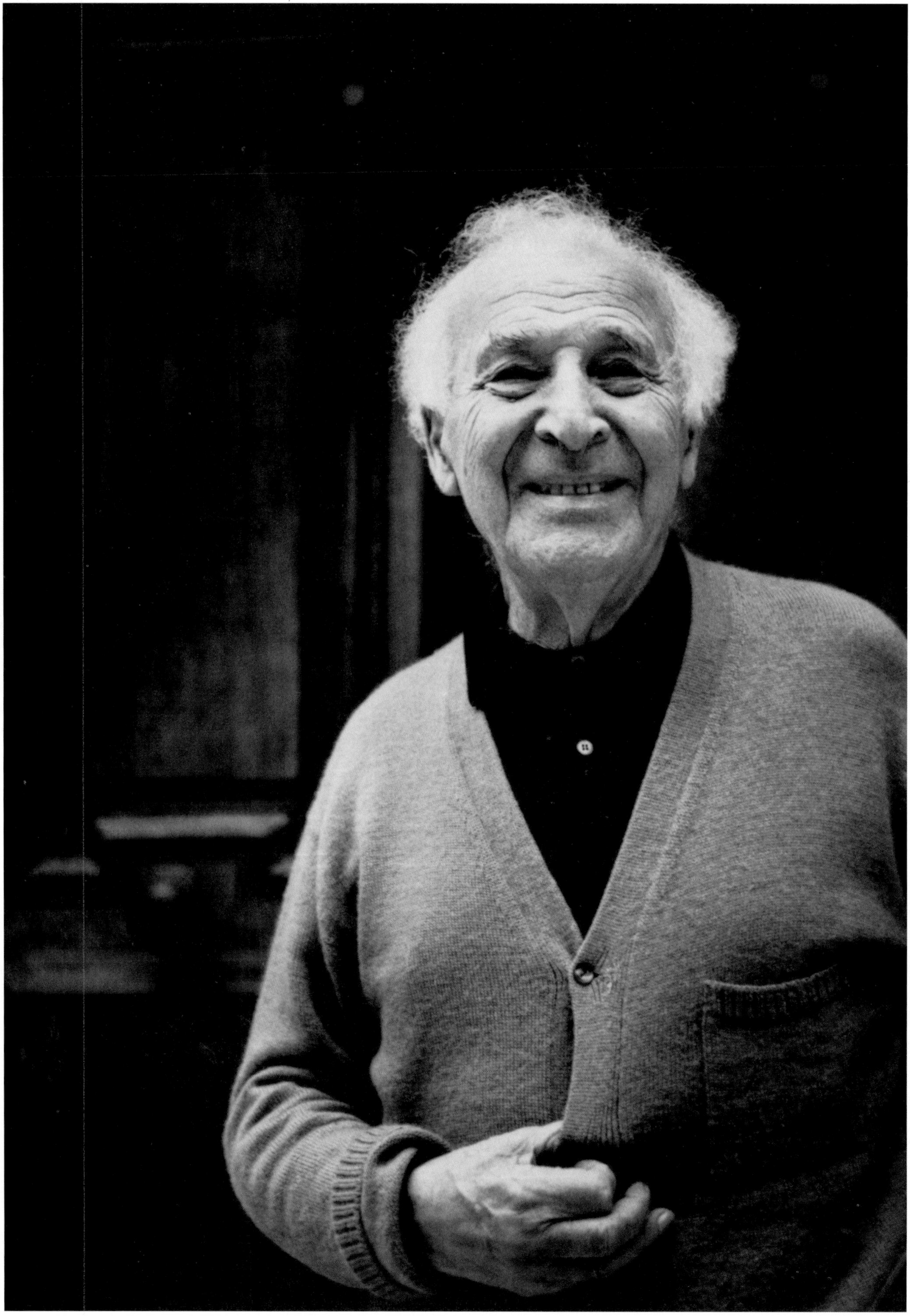

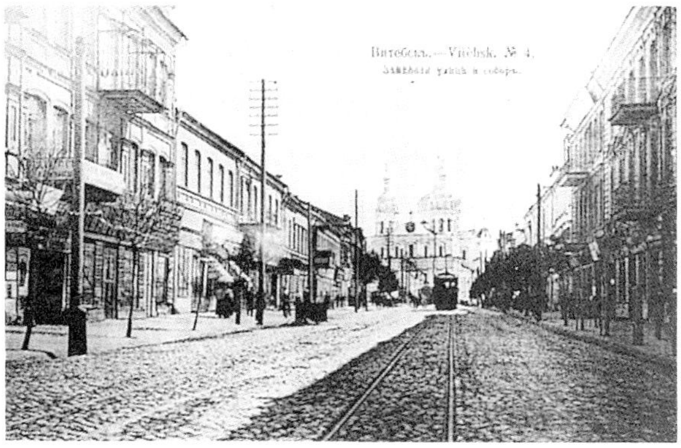

Abb. 1: Witebsk, 1912

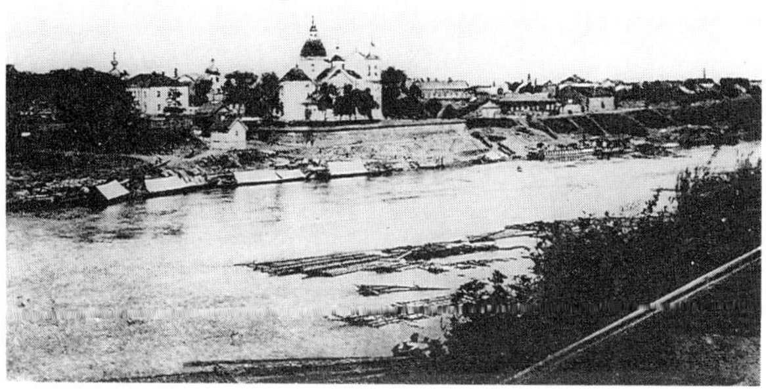

Abb. 2: Witebsk, 1912

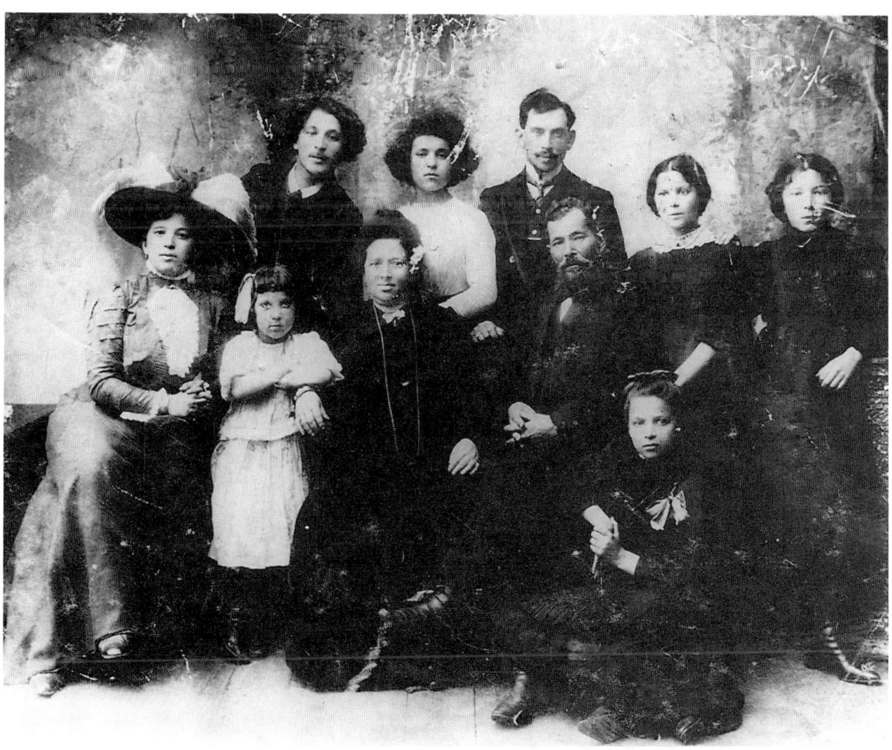

Abb. 3: Die Familie Chagall. In der Mitte, die Eltern. Links die Schwestern Aniouta und Mariaska; rechts Rosa. Oben von links nach rechts : Marc Chagall, Zina, Onkel Neuch, Lisa und Mania.

BIOGRAPHIE

von Meret Meyer

1907-1910

Marc Chagall wird am 7. Juli 1887 als Sohn jüdischer Eltern in Witebsk geboren, einer weißrussischen Provinzstadt an den Ufern der westlichen Dwina [Düna] (Abb. 1 und 2).

Die Hälfte der 48.000 Einwohner von Witebsk sind Juden. Sie haben hier, wie in anderen Städten Weißrußlands, zwar das Recht auf Ansiedlung, doch ihre Berufsausübung unterliegt Beschränkungen. Das Geburtshaus Chagalls liegt in einem Vorort der Stadt. Einige Jahre später erwirbt der Vater für seine größer gewordene Familie - Marc war das älteste von neun Geschwistern (Abb. 3) - auf der rechten Uferseite der Dwina in der Nähe des Bahnhofs und der Ilinskaja-Kirche ein bescheidenes Anwesen (Abb. 6).

Chagall besucht einige Jahre den Cheder, die jüdische Elementarschule, erhält Geigen- und Gesangsunterricht und wird sogar Gehilfe des Vorsängers in der Synagoge, bevor er an die Stadtschule von Witebsk überwechselt, wo der Unterricht in russischer Sprache erteilt wird.

Mit Beendigung der Schule wird Chagall in die Malschule von Jehuda Pen [Jurj Moisejewitsch Penne] (1854-1937) (Abb. 4) aufgenommen, einem Künstler der mit seinen Genreszenen und Porträts dem Stil der akademischen Salonmalerei um die Jahrhundertwende folgt. Chagall übt sich in der realistischen Manier seines Lehrers, doch bald schon befreit sich sein Pinselstrich und die Wahl der Farben wird kühner. Nur kurze Zeit hält es Chagall nach Abschluß der Schule in Pens Atelier; um einen Beruf zu ergreifen, beginnt er eine Lehre als Retuscheur bei einem Fotografen, die ihm jedoch wenig Freude macht.

Mit Viktor Mekler, dem Sohn einer wohlhabenden jüdischen Familie, der ebenfalls Schüler bei Pen ist (Abb. 7), verbindet Chagall aus dieser Zeit eine enge Freundschaft.

Im Winter 1906-1907 ziehen die beiden Freunde nach St. Petersburg (Abb. 5). Dort ist der Lebensunterhalt teuer und dementsprechend miserabel sind erschwingliche Unterkünfte. Juden müssen zudem eine Aufenthaltserlaubnis beantragen, die jedoch nur Akademikern, ihren Angestellten,

Handwerkern und Handlungsreisenden aus der Provinz erteilt wird. Für die erste Zeit muß Chagalls Vater deshalb mit einem Witebsker Kaufmann ein geeignetes Arrangement treffen. Von Pen empfohlen, kann Chagall bald wieder bei einem Fotografen als Retuscheur arbeiten. Um seine Aufenthaltsgenehmigung zu verlängern, beginnt er dann eine Lehre als Schildermaler, fällt aber durch die geforderte Prüfung. Der Rechtsanwalt Goldberg, ein Kunstmäzen, nimmt sich schließlich seiner an und stellt ihn zum Schein als Hausdiener ein. Nun kann er sich auf die Suche nach einer Kunstschule machen. Chagall bewirbt sich bei der Malschule der Kaiserlichen Gesellschaft zur Förderung der Künste, die von Nikolaj Roerich (1874-1947) geleitet wird und als liberal gilt.

Bald werden die Arbeiten des jungen Malers ausgezeichnet und mit einem kleinen Stipendium belohnt. Roerich erreicht für Chagall den Aufschub des Militärdienstes und kann später sogar seine Freistellung bewirken.

Abfällige Bemerkungen eines anderen Lehrers zu seinen Arbeiten führen im Juli 1908 jedoch zu Chagalls überstürztem Abgang von der Schule. Ein paar Monate lang arbeitet er an der Privatschule von Sawel Moisejewitsch Saidenberg, einem stilistisch durch Ilja Jefimowitsch Repin (1844-1930) beeinflußten Maler von Genreszenen aus der russischen Geschichte. Der akademisch geprägte Unterricht dieser Schule, die weniger künstlerische Freiheit zuläßt als das Institut der Kaiserlichen Gesellschaft, findet bei Chagall in naturalistischen Bildern seinen Niederschlag.

Gleichzeitig macht sich in manchen seiner lichtvollen Landschaften, zum Teil sogar in Interieurszenen, seine Bewunderung für den Landschaftsmaler Isaak Iljitsch Lewitan (1861-1900) bemerkbar. Der junge Maler lernt mehrere Kunstsammler und Mäzene kennen, die sich für ihn verwenden, darunter den Duma-Abgeordneten Maxim Moisewitsch Winawer, dessen Schwager Leopold Sew, den Kritiker Nachman Syrkin (1867-1924) und den Schriftsteller Pozner, alles Redakteure der liberalen jüdischen Kulturzeitschrift *Woschod* (Erneuerung).

Durch Empfehlung Leopold Sews gelangt Chagall zu Leon Semjolowitsch Bakst (1866-1924) (Abb. 8), einem Lehrer an der Swansewa-Schule, deren Liberalität sich allen modernen künstlerischen

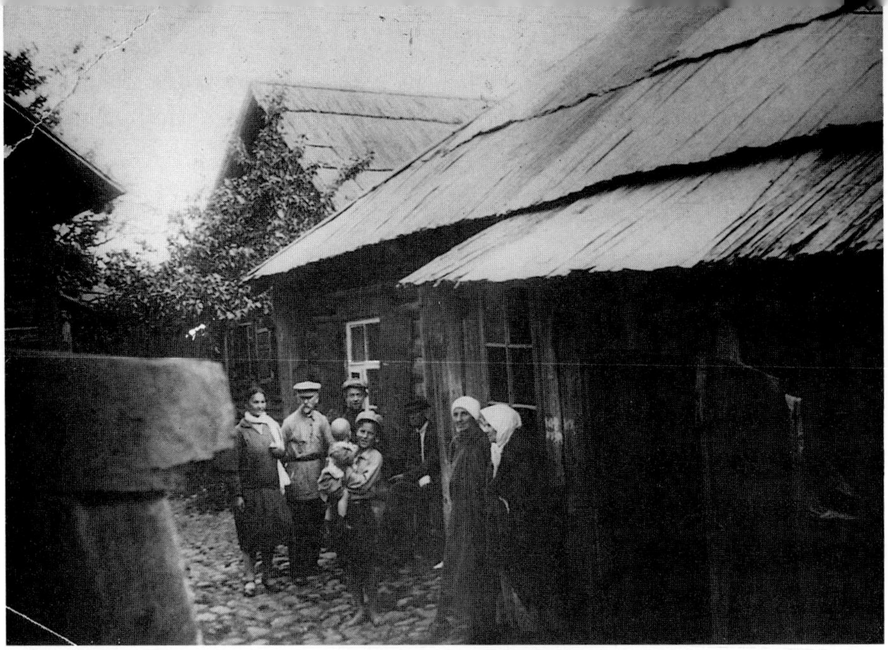

Abb. 4: Jehuda Pen (mit der Kappe) im Hof des Hauses der Familie in Witebsk, 1928.

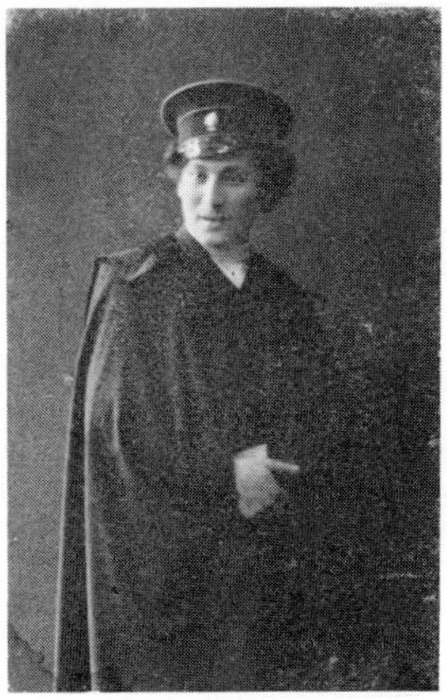

Abb. 5: Marc Chagall in St. Petersburg am 12. September 1907.

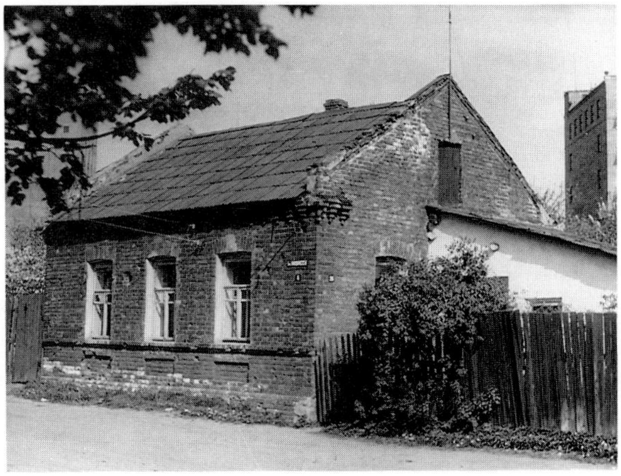

Abb. 6: Das Haus der Familie in Witebsk, 1907.

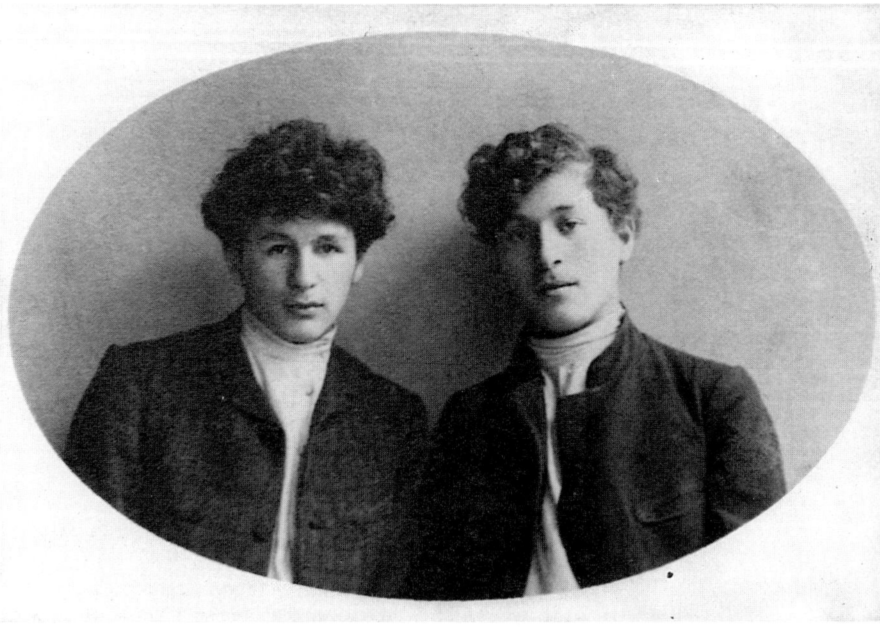

Abb. 7: Marc Chagall mit seinem Freund Victor Mekler.

Abb. 8: Leon Bakst, 1910.

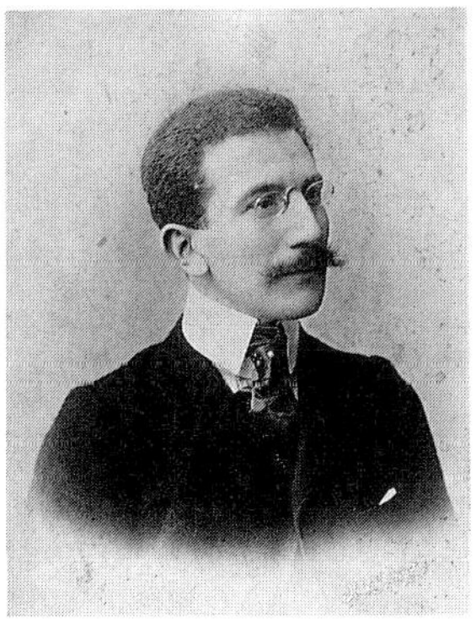

Abb. 9: Marc Chagall und Thea Brachmann.

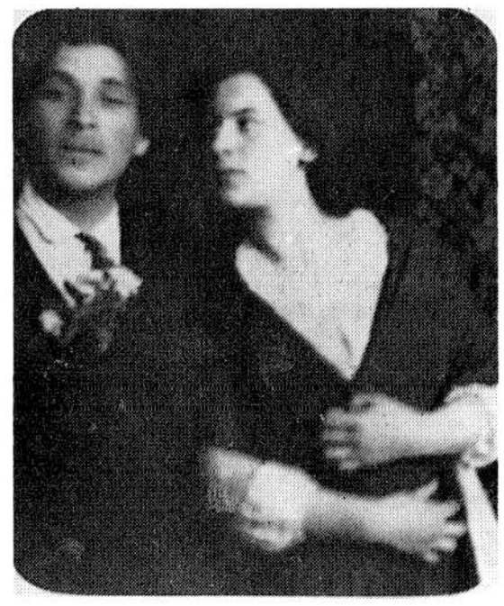

Abb. 10: Marc Chagall mit seiner Braut Bella Rosenfeld, um 1910.

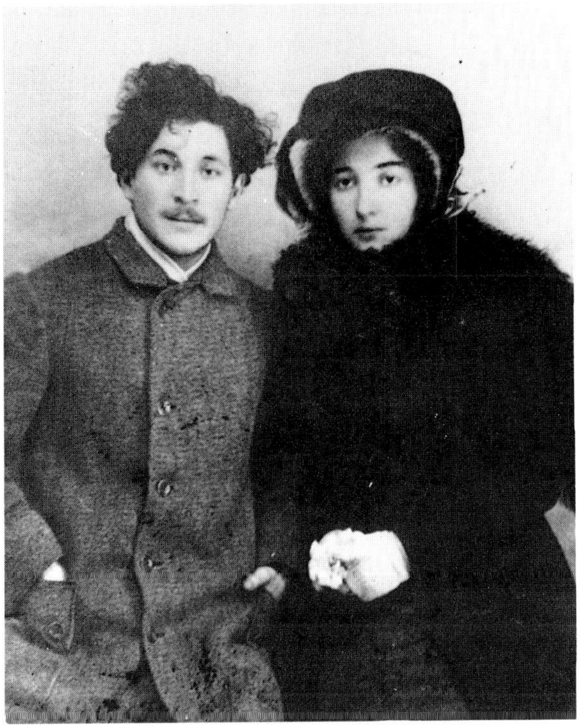

Abb. 11: Bella, 1910-1911.

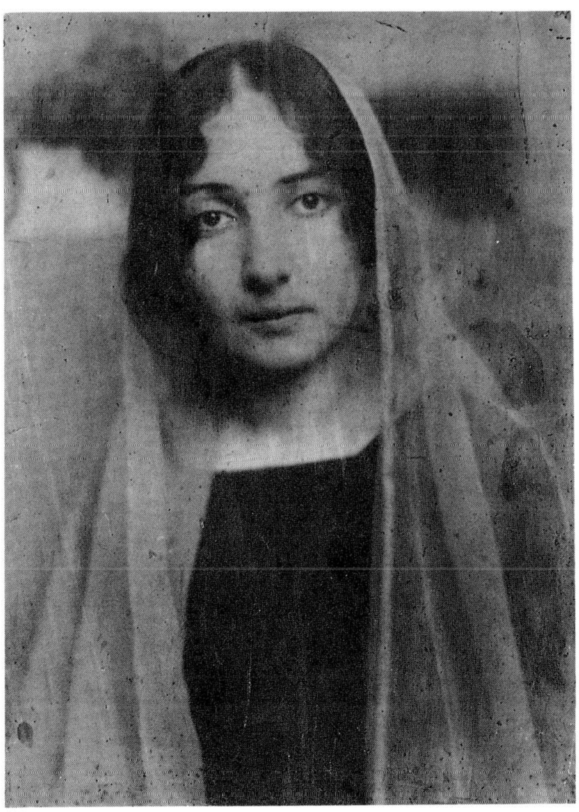

Ausdrucksweisen gegenüber aufgeschlossen zeigt. Ein neues Kapitel im Leben des jungen Künstlers beginnt: Mit ganz unterschiedlichen künstlerischen Tendenzen konfrontiert - wie dem literarischen Symbolismus und der Jugendstilbewegung - lebt er im freien Geist der Schule auf. Bakst bringt ihm ein neues Verständnis der Farbe nahe, die von Chagall als eigenständiges Kompositionselement entdeckt wird.

Während zweier Sommeraufenthalte bei der Familie Goldberg in Narwa am Finnischen Meerbusen erkundet Chagall neue Themenfelder, inspiriert vom Werk Paul Gauguins, das ihn, wie die gesamte internationale Malerei zu Beginn unseres Jahrhunderts, stark beeinflußt. Thea Brachmann, eine Witebsker Freundin, die ebenfalls in St. Petersburg studiert, erklärt sich bereit, für Kompositionen mit Paaren und für Akte Modell zu stehen (Abb. 9).

Aufenthalte in Witebsk unterbrechen Chagalls Arbeit in St. Petersburg immer wieder für kürzere, zum Teil auch längere Zeit. Im Herbst 1909 stellt ihm Thea ihre Freundin Bella Rosenfeld vor, die in Moskau studiert. Sie ist die jüngste Tochter eines wohlhabenden Juweliers (Abb. 10 und 11). "Es ist, als ob sie mich schon lange gekannt hätte, als ob sie alles wüßte über meine Kindheit, meine Gegenwart, meine Zukunft; als ob sie mich durchschaute, mein Innerstes erriete (...). Ich fühlte, das hier ist meine Frau. (...) Ich bin in ein neues Heim getreten, für immer." Chagall malt seine *Braut mit schwarzen Handschuhen.* Die Entdeckung der Liebe spiegelt sich von nun an durch einen ganz besonderen Glanz in seiner Malerei wider. Mit Bella teilt er die Begeisterung für die italienische und holländische Malerei des 17. Jahrhunderts und fürs Theater. Sein Selbstvertrauen als Maler wird dadurch gestärkt.

Ende 1909 und während der ersten Hälfte des Jahres 1910 entstehen Bilder, durch die sich Chagall künstlerisch neue Dimensionen erschließt. Während dieser Zeit besucht der junge Maler regelmäßig die Museen von St. Petersburg, wo ihn vor allem die Ikonenmalerei in ihren Bann zieht und er insbesondere die Werke von Andrej Rubljow (um 1360-1427) bewundert.

Chagall verbringt seine Zeit zur Hälfte in Witebsk und halb in St. Petersburg, wo er weiterhin die Kurse von Bakst besucht und Ausstellungssalons vorbereitet, die allerdings wieder abgesagt werden. Die erste Jugendstilausstellung wird von der

Swansewa-Schule in den Räumen der Zeitschrift *Apollon* organisiert. Chagall nimmt mit zwei Werken daran teil, darunter *Der Tote*. Die Ausstellung findet vorsichtshalber außerhalb der Saison vom 20. April bis zum 9. Mai 1910 statt. Gleichwohl löst die Kritik Repins an den neuen künstlerischen Tendenzen einen Skandal aus.
Bakst verläßt St. Petersburg und begibt sich nach Paris, um sich dort ganz seiner Theaterarbeit für Sergej Pawlowitsch Diaghilew (1872-1929) zu widmen. Auch Chagall drängt es fort. Deshalb bewirbt er sich bei Bakst als Dekorateur, allerdings ohne Erfolg. Ein von Maxim Winawer ausgesetztes Stipendium erlaubt Chagall schließlich doch, die Reise in die französische Hauptstadt ins Auge zu fassen.

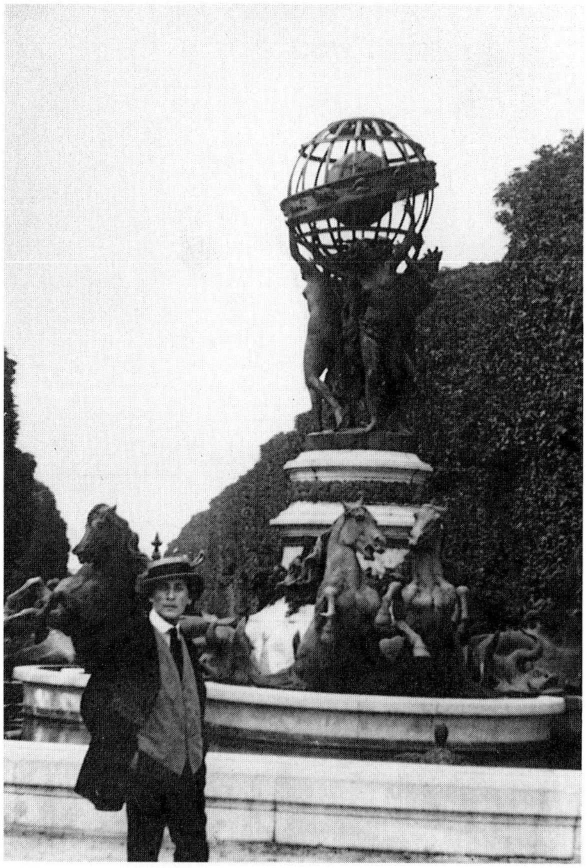

Abb. 12: Marc Chagall vor der Fontaine de l'Observatoire, Paris, Juni 1911.

1910-1911
Im August 1910 verläßt der Maler Rußland zum ersten Mal. Mit im Gepäck hat er alle bis dahin entstandenen Werke. Anfangs mietet er sich beim Bruder des Dichters Ilja Ehrenburg ein, der in der Impasse du Maine Nr.18, nahe dem Montparnasse-Bahnhof, ein Atelier besitzt (Abb. 12 und 13). Aus Geldnot malt Chagall anstatt auf neuer Leinwand auf billig angekauften Gemälden - so bei *Das Atelier* (mit dem im Hintergrund hängenden Gemälde *Meine Braut mit schwarzen Handschuhen*).
Chagall besucht die *Académie de la Palette*, wo Henri Le Fauconnier (1881-1946) und André Dunoyer de Segonzac (1884-1974) unterrichten, und die *Académie de la Grande Chaumière*, wo er Akte zeichnet. Er besichtigt Galerien, Salons und Museen, vor allem den Louvre, wo ihn die Werke von Manet, Delacroix, Géricault, Courbet, Millet, Rembrandt, Le Nain, Fouquet, Chardin, Watteau und Uccello beeindrucken.
Bei dem Kunsthändler Paul Durand-Ruel (1831-1922) entdeckt er Renoir und die Impressionisten, bei Bernheim-Jeune Van Gogh, Gauguin und Matisse. Hingegen zögert er, die Galerie von Ambroise Vollard (1865-1939) zu betreten.
Im Herbstsalon verschlingt er gierig die aktuelle französische Malerei, "diese Revolution des Auges, diesen Wirbel der Farben". Das Pariser Licht und die Leuchtkraft der Farben bezaubern den jungen Maler und bringen ihn dazu, seine Eindrücke durch eine neue malerische Sprache,

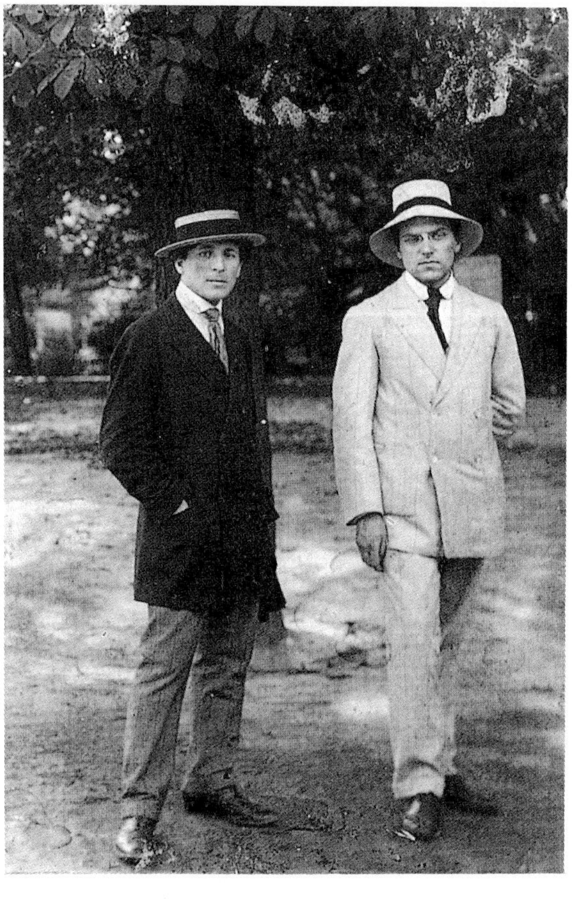

Abb. 13: Marc Chagall und Alexander Rom im Jardin du Luxembourg, Paris, am 15. Juni 1911 (diese Fotografie hat Marc Chagall seinem Vater geschickt).

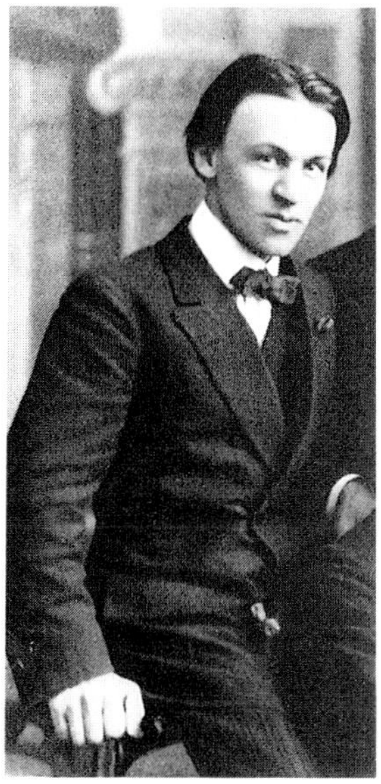
Abb. 14: Blaise Cendrars.

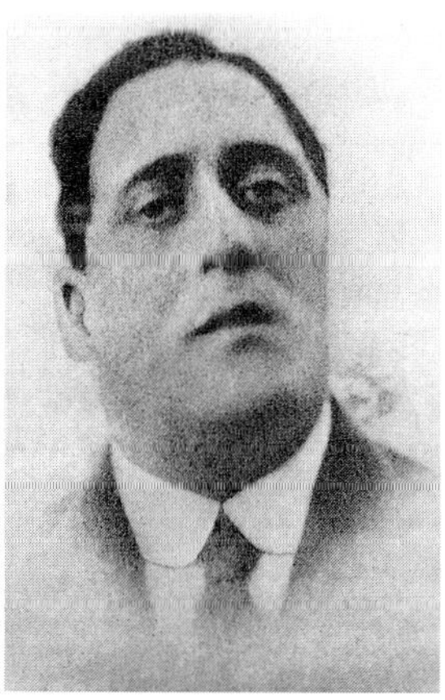
Abb. 15: Guillaume Apollinaire, 1912.

von der *Der Vater* zeugt, zu artikulieren. In einzelnen Landschaften regt sich der Geist des Fauvismus. Zur gleichen Zeit entsteht eine größere Zahl von Gouachen mit russischen Themen, in denen sich rhythmisch strukturierte Kompositionen ankündigen.

Ende 1910 macht Chagall die Bekanntschaft des Ehepaares Robert (1885-1941) und Sonja Delaunays (1885-1979) in Montparnasse. Er lernt Albert Gleizes (1881-1953), Roger de La Fresnaye (1885-1925), Fernand Léger (1881-1955), Jean Metzinger (1883-1956), Louis Marcoussis (1883-1941) und André Lhote (1885-1962) kennen und nimmt in verschiedenen Künstlerkreisen an Diskussionen über Kubismus und Futurismus teil.

Zu den ersten großen Kompositionen zählt *Die Hochzeit,* die "die beiden wichtigsten Elemente der neuen Kunst, die transparente Form der Kubisten und die transparente Farbe Delaunays" miteinander verbindet, indem sie beide zur "psychischen Transparenz" verdichtet. An dieser Transparenz orientiert Chagall seine Arbeit (siehe die Stilleben, insbesondere *Kubistisches Stilleben*). Für André Breton (1896-1966) wird in Chagalls Pariser Periode ein "totaler lyrischer Ausbruch" sichtbar, ein zu dieser Zeit einmaliger Malstil. Kuh, Stier und Schaf tauchen jetzt auf, die für Chagalls Bildkosmos charakteristischen Tiere, entweder als Gegenüber menschlicher Existenz oder in Harmonie mit ihr (*Ich und das Dorf, Meiner Braut gewidmet*). Das menschliche Dasein und seine Befindlichkeit im Angesicht unausweichlicher Zersetzung spiegelt sich in Figuren mit vom Körper getrennten oder verdrehten Köpfen wider.

1911-1912

Im Laufe des Winters 1911-1912 oder im Frühling 1912 siedelt Chagall in das später legendär gewordene Atelierhaus *La Ruche* in der Passage de Dantzig Nr.2 über, wo er bis zum Ende seines Pariser Aufenthalts im Jahre 1914 bleibt. In *La Ruche* gibt es ungefähr 140 Ateliers, die von Künstlern wie Henri Laurens (1885-1954), Alexander Archipenko (1887-1964), Fernand Léger, Amedeo Modigliani (1884-1920), Moise Kogan (1879-1930) und Chaim Soutine (1893-1943), von Malern, Bildhauern, Dichtern und Schauspielern bewohnt werden. Zu dem Dichter Blaise Cendrars (1887-1961) entwickelt sich eine enge Freundschaft (Abb. 14). In dieser Umgebung schafft der junge Künstler Meisterwerke, manchmal nur auf ein Stück Stoff gemalt, die von seiner Vorliebe für geometrische Formen zeugen und für die Cendrars Titel wie *Rußland, den Eseln und den Anderen* oder *Vom Monde* findet. Die Freundschaft mit Dichtern wie Max Jacob (1876-1944) und André Salmon (1881-1969) ist für Chagall von großer Bedeutung. Und Guillaume Apollinaire (1880-1919) (Abb. 15), der ihm *Rodsoge,* das, so Breton, "freieste Gedicht des Jahrhunderts" widmet, leistet wertvolle Unterstützung, indem er die Aufmerksamkeit des Kunsthändlers Herwarth Walden (1878-1941) auf den Maler lenkt. Chagall empfängt in seinem Pariser Atelier seinen Gönner Maxim Winawer aus St. Petersburg, auch seinen Lehrer Leon Bakst und den russischen Journalisten Anatolij Wassiljewitsch Lunatscharskij (1875-1933). Sie alle zeigen sich von seinen Fortschritten beeindruckt.

1912

Im *Salon des Indépendants* stellt Chagall drei Gemälde aus: *Der Trinker, Meiner Braut gewidmet* und *Rußland, den Eseln und den Anderen.* In der Komposition *Hommage à Apollinaire* wird die Zwiespältigkeit des Seins mit der notwendigen plastischen Einheit des Werkes konfrontiert. In dieser Zeit malt Chagall Porträts von Verwandten oder von Persönlichkeiten, die er bewundert, zum Beispiel *Der Dichter Mazin,* und *Selbstbildnisse.*

Auf Empfehlung des Bildhauers Moise Kogan, von Delaunay und Le Fauconnier nimmt Chagall mit drei Gemälden, darunter das monumentale Bild *Golgotha,* am Herbstsalon teil.

1913-1914

Unter den Erinnerungen an Rußland tauchen jetzt häufiger jüdische Motive und Figuren, gleichsam Ausdrucksformen des Chassidismus, auf, um zunehmend die ganze Bildfläche in Anspruch zu nehmen. Während der letzten Pariser Periode wachsen diese inneren Bilder mit der äußeren Darstellung der Stadt Paris zusammen. Chagall stellt noch zweimal im *Salon des Indépendants* aus: 1913 die große *Geburt* von 1911 und *Adam und Eva*; 1914 *Der Geiger, Mutter und Kind* und

das *Selbstbildnis mit sieben Fingern.* Die Bilder werden mit einem Teil der Ausstellung nach Amsterdam transferiert, wo sie der Sammler Regnault erwirbt. Chagall folgt der Einladung des Berliner Kunsthändlers und Mäzens Herwarth Walden, mit drei Gemälden (*Meiner Braut gewidmet, Golgotha* und *Rußland, den Eseln und den Anderen*) an einer Ausstellung teilzunehmen. Als er nach Berlin reist, hat Chagall alle seine Pariser Werke im Gepäck.
Im April 1914 stellt Herwarth Walden eine Auswahl seiner wichtigsten Arbeiten in der Galerie Der Sturm aus und organisiert von Juni bis Juli die erste Einzelausstellung des Künstlers mit 40 Gemälden und 160 Papierarbeiten. Nach der Vernissage am 15. Juni nimmt der Maler den Zug nach Witebsk. Eigentlich hat er dort nur einen kurzen Aufenthalt geplant, doch mit dem Kriegsausbruch zerschlagen sich alle Hoffnungen auf eine schnelle Rückkehr nach Paris.

1914-1915

Nach den künstlerisch so fruchtbaren Pariser Jahren kehrt Chagall in die trübere Wirklichkeit von Witebsk zurück. Indessen gelingt es ihm nach und nach, seine Heimatstadt neu für sich zu entdecken. Unter den zahlreichen Darstellungen seiner unmittelbaren Umgebung, seiner Familie, der Leute und der Landschaft seiner Kindheit, setzen beeindruckende Porträts von alten jüdischen Menschen den Stil der Pariser Bilderfolge fort. Von nun an erscheint in den Bildern häufig auch das Gesicht des Malers. Bevorzugtes künstlerisches Ausdrucksmedium ist die Zeichnung, "deren Schwarz- und Weißtöne (...) intensiver, satter sind als in seiner Malerei". Mit diesen Arbeiten erwirbt er sich besonders in Rußland Anerkennung.
Durch die Vermittlung von Jakow Alexandrowitsch Tugendhold (1882-1928) wird Chagall im März 1915 eingeladen, mit 25 Werken an der Ausstellung *Das Jahr 1915* im Moskauer Kunstsalon Michailowa teilzunehmen.
Ebenso wichtig für Chagall ist das Wiedersehen mit Bella Rosenfeld. Ihre Beziehung bildet den Hintergrund einer reizvoll zärtlichen Bildreihe: *Das Liebespaar.* Auf ihre Hochzeit am 25. Juli 1915 folgt ein bis September verlängerter Aufenthalt auf dem Land, der ihn zu lyrischen Landschaftsmalereien inspiriert (*Der liegende Dichter,* 1915). Trotzdem fällt es Chagall schwer, sich an die Widrigkeiten der russische Lebenswirklichkeit wieder zu gewöhnen. Die Schritte, die er unternimmt, um wieder nach Paris zurückzukehren, scheitern. Bellas Bruder, Jakow Rosenfeld, ein bedeutender Volkswirtschaftler, hilft dem jungen Ehepaar, indem er dem Maler einen Posten bei der Pressestelle des Amtes für Kriegswirtschaft verschafft.
Chagall verkehrt in Intellektuellenkreisen und lernt den Kunstkritiker Nachman Syrkin (1867-1924) und einige der damals berühmtesten russischen Dichter, Alexander Blok (1880-1921), Sergej Jessenin (1895-1925), Wladimir Majakowskij (1893-1930) und Boris Pasternak (1890-1960), kennen. Beim Kunstsammler Kagan-Schabschai macht er Bekanntschaft mit dem Arzt und Schriftsteller Isidor Eljaschew [Baal Machschowes] (1873-1924) und über seine Tätigkeit im Amt für Kriegswirtschaft die mit Demjan Bednyj (1883-1945), dem Fabeldichter und Freund Lenins, der ihm 1922 behilflich sein wird, Rußland zu verlassen.

1916-1917

Während seines Aufenthalts in Petrograd stellt Chagall mehrmals in der Galerie von Nina Dobytschin aus: 63 in Witebsk entstandene Arbeiten im April 1916, im November vier Gemälde und 69 Zeichnungen. Gleichzeitig nimmt er an der Ausstellung *Karo-Bube* mit 45 Gemälden teil, und schließlich ist er 1917 mit 14 Bildern und ungefähr dreißig Zeichnungen an der Werkschau *Bilder und Skulpturen jüdischer Künstler* in Moskau vertreten. Angesehene Kunstsammler wie Kagan-Schabschai, Wissotzky und Morow erwerben bei dieser Gelegenheit eine größere Anzahl von Arbeiten. Die Kunstkritik würdigt ihn als einen der führenden Künstler der jüngeren Generation.
Am 18. Mai 1916 wird die Tochter Ida geboren (Abb. 16).
In dieser Zeit entstehen kleine Federzeichnungen, die zwei Werke der jiddischen Literatur illustrieren: die Novelle *Der Zauberer* von Jizchak Lejb Perez (1851-1915) und die beiden Verserzählungen *Mit dem Hahn* und *Mit der kleinen Ziege* von Pinchas Kaganowitsch [der Nister] (1884-1950). "Chagalls Feder ist lakonisch und klar geworden (...). Chagall hat nun das Gebiet

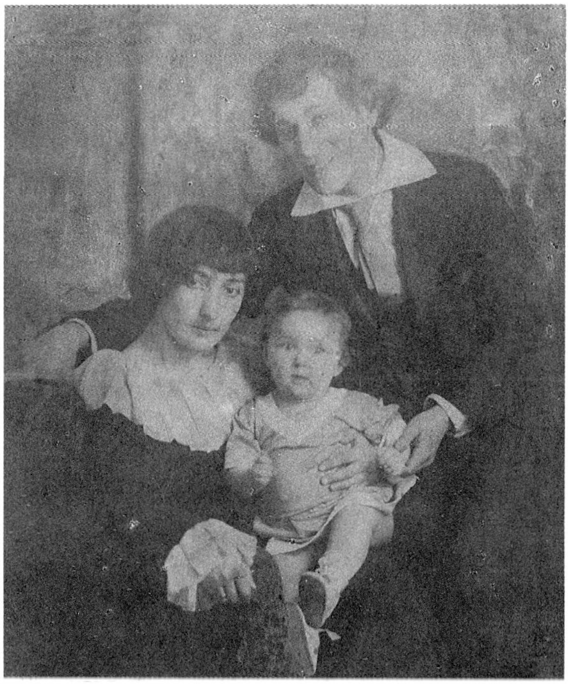

Abb. 16: Marc und Bella Chagall mit ihrer Tochter Ida, 1917.

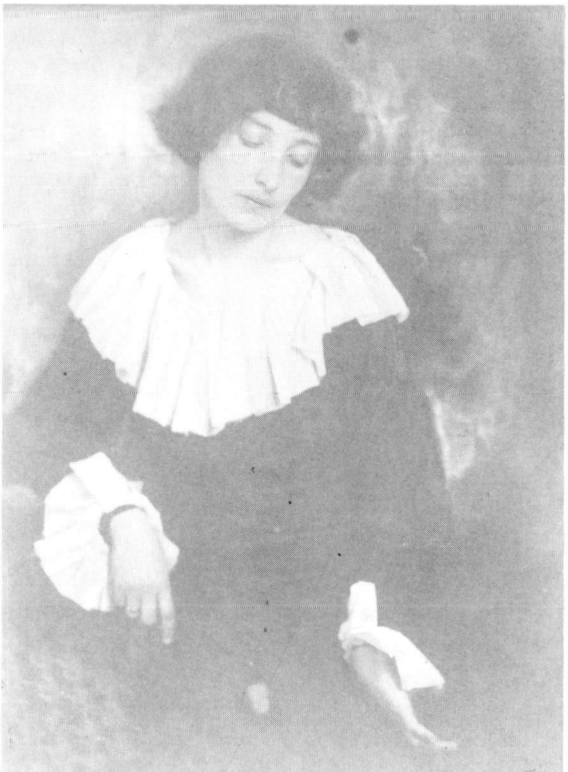

Abb. 17: *Bella* (Chagall) mit weißem Kragen, 1917.

der Illustration erobert", schreibt Abram Markowitsch Efross (1888-1954).
Am Vorabend der Revolution gibt es vielfältige Bemühungen, eine neue jüdische Kunst zu schaffen - die Buchillustration gehört mit dazu. Die jüdischen Künstler werden ausgestellt, und der Sammler Kagan-Schabschai plant sogar den Bau eines jüdischen Museums, für das er einige Hauptwerke Chagalls erwirbt. Für einige Wochen kehrt der Maler nach Witebsk zurück, wo mehrere Landschaftsbilder entstehen.
Für Chagall bedeutet die Oktoberrevolution eine Befreiung im doppelten Sinne: er bekommt endlich volles Bürgerrecht, und seine Freundschaft mit dem neuen Volkskommissar für das Bildungswesen, Anatolij Lunatscharskij, wird für ihn, den Avantgarde-Künstler, von unschätzbarer Bedeutung. Man schmiedet Pläne für ein Kulturministerium mit einer Abteilung für Dichtkunst unter der Leitung von Wladimir Majakowskij, einer Abteilung für Theater unter der Leitung von Wsjewolod Mejerchold (1874-1940) und einer für Schöne Künste unter der Leitung von Chagall. Doch Bella zeigt wenig Begeisterung für dieses Projekt, so daß die Familie wieder in das friedlichere Witebsk zurückkehrt, zu den Schwiegereltern, wo sich der Maler von Bella und Ida in ihrer neuen Umgebung zu mehreren Kompositionen anregen läßt (Abb. 17).

1917-1918
Im ersten Winter der Revolution feiert Chagalls Malerei das Glück des jungen Ehelebens.
1918 erscheint die erste Monographie über den Künstler von Abram Efross und Jakow Tugendhold.
Im August 1918 stimmt Lunatscharskij einem Plan Chagalls zur Errichtung einer Kunstakademie in Witebsk zu und ernennt ihn zum Kommissar für die Künste: jetzt hat er nicht nur das Recht, sondern sogar die Pflicht, "Kunstakademien, Museen, Ausstellungen, Vorlesungen und weitere künstlerische Veranstaltungen in der Stadt und der Region von Witebsk zu organisieren".
Chagall bereitet eine große Ausstellung der Witebsker Künstler vor, zu der er seinen alten Lehrer Pen, Viktor Mekler und andere einlädt. Zum ersten Jahrestages der Revolution mobilisiert er alle Künstler, um die Stadt zu dekorieren:

hunderte von Transparenten werden aufgehängt, Schaufenster und Straßenbahnen geschmückt, sieben Triumphbögen gebaut und alle Straßen mit Girlanden und Fahnen ausgestattet. Der Wille und die Begeisterung, die Kunst auf die Straße zu bringen, läßt sich durch die Kritik der Philister nicht beirren. Chagall widmet sich mit ganzer Kraft der Gründung einer Akademie für Volkskunst, eines Gemeinschaftsateliers und eines Museums sowie dem Zeichenunterricht in den Schulen. Die Stadt stellt für die Einrichtung eines Museums und einer Akademie eine alte Villa zur Verfügung. Das Museum freilich füllt sich nur langsam und bekommt erst im Sommer 1919 eine Reihe von Gemälden aus den öffentlichen Museumsfonds.

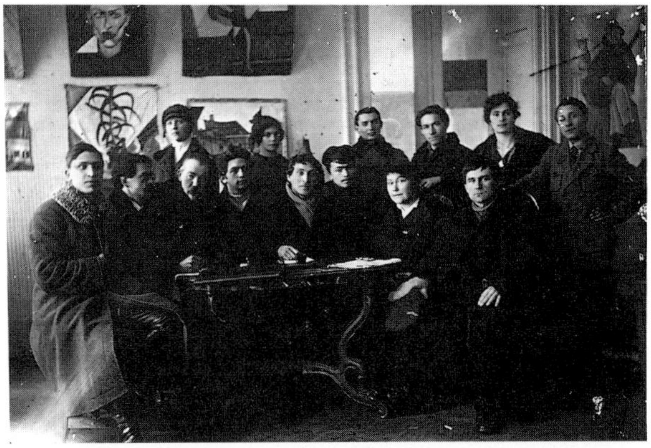

Abb. 18: Das Komitee der Witebsker Akademie: Marc Chagall in der Mitte, Jehuda Pen (dritter von links), Vera Ermolaewa und Kasimir Malewitsch (rechts), Herbst 1919.

1919
Chagalls Hauptanliegen bleibt die Kunstschule, für die er "die besten Männer aus der Hauptstadt in die Provinz" kommen lassen möchte. Es gelingt ihm Mstislaw Dobuschinsky (1875-1957), einen seiner alten Lehrer aus der Swansewa-Schule, den Maler Iwan Puni (1894-1956) und dessen Frau Xenia Boguslawskaja für den Unterricht zu gewinnen. Die *Schule der Schönen Künste*, von nun an *Akademie* genannt, wird am 28. Januar eröffnet (Abb. 18 und 19). In der ersten Zeit regen die von Alexander Rom organisierten Vorlesungen und Zusammenkünfte die Gründung mehrerer Gemeinschaftsateliers an, in denen insgesamt 600 Schüler arbeiten. Chagall versucht sein bestes, um Subventionen zu erlangen. Er leitet eins der Malateliers, während die anderen beiden Vera Eermolaewa (1893-1938) und Jehuda Pen anvertraut sind. Das Graphik- und Architekturatelier steht unter der Leitung von El Lissitzky (1890-1941), das für angewandte Kunst der von Kozlinskaia, zwei Bildhauerateliers unterstehen David Jakerson und Lisdokh; der Vorbereitungskurs wird von Nina Kogan (1887-1942) geleitet. Lissitzky besteht darauf, daß Kasimir Malewitsch (1878-1935) - der bald darauf ein erklärter Feind Chagalls wird - an die Akademie berufen wird. Chagall ist ein entschiedener Gegner des dogmatischen Suprematismus, der sich nach und nach seiner Akademie bemächtigt und sie schließlich in zwei Lager spaltet, so daß sich Chagall gezwungen sieht, sein Amt niederzulegen und nach Moskau zu gehen. Auf die Bitte seiner Anhänger kommt er jedoch für einige

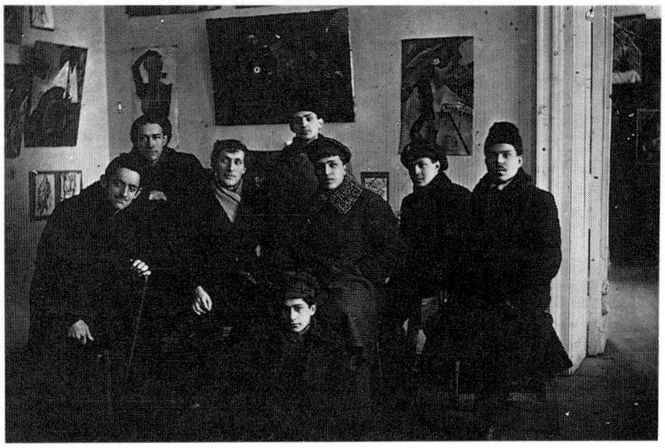

Abb. 19: Die Mitglieder des Komitees der Witebsker Akademie: Marc Chagall in der Mitte, Frühling 1919.

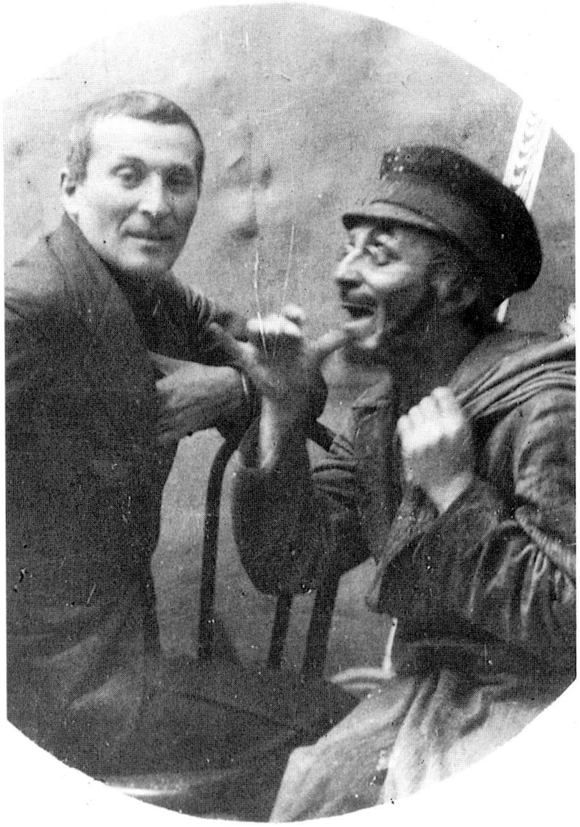

Abb. 20: Marc Chagall und der Schauspieler Salomo Michoels, 1921.

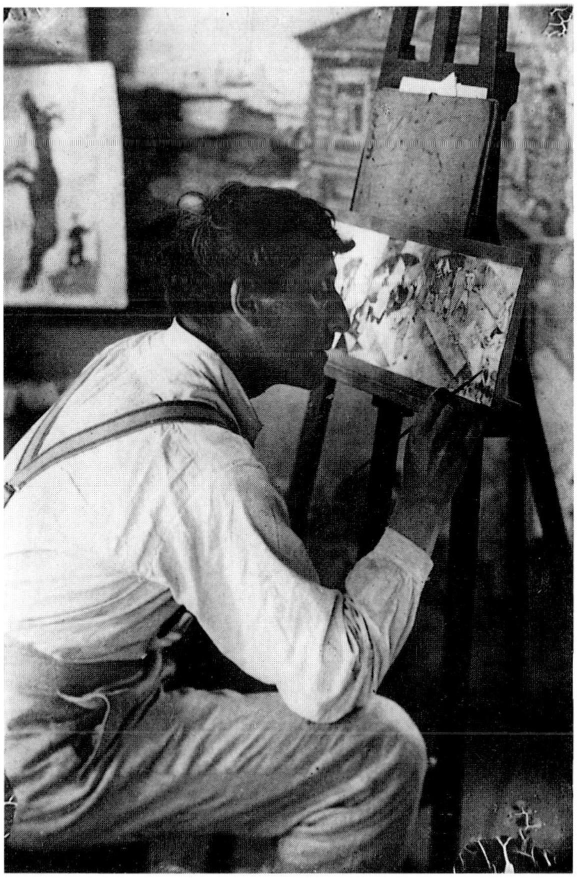

Abb. 21: Marc Chagall vor einer Studie für die *Einführung ins jüdische Theater,* 1919-1920.

Monate zurück und nimmt zusammen mit Malewitsch, Lissitzky, Pen, Rom, Kandinsky und anderen Witebskern an einer großen Ausstellung teil.

Chagall erhält mit den ersten beiden Räumen in der *Ersten staatlichen Ausstellung revolutionärer Kunst* im ehemaligen Winterpalais von Petrograd einen Ehrenplatz. Der Staat kauft zwölf seiner Werke, zwei weitere gehen an die Museen von Tula und Smolensk.

In den Gemälden dieser Zeit bedient sich der Künstler geometrischer Formen, um seinen Bildkompositionen, die nun freier und leichter geworden sind, mehr Rhythmus zu verleihen (*Kubistische Landschaft*).

1920-1921

Im Mai 1920 verläßt Chagall Witebsk endgültig und läßt sich in Moskau nieder, wo er seine Hauptwerke für das Theater ausführt.

In St. Petersburg hatte der Regisseur Nicolaj Ewrejinow, ein Freund Mejercholds, schon früher, noch vor der Revolution, bei Chagall eine Bühnendekoration für das Schauspiel *Zufrieden sterben* in Auftrag gegeben. Als Hintergrund hatte er damals eine ins Monumentale vergrößerte Vorstudie seines Gemäldes *Der Trinker* benutzt. 1919 folgen für die Versuchsbühne der Eremitage Entwürfe für *Die Spieler* und *Die Hochzeit,* und ein paar Monate später Dekoration und Kostüme für den *Revisor* von Gogol am revolutionären satirischen Theater. Die Geschichte des jungen russischen Theaters beginnt 1905 mit Mejercholds "Stilbühne", die dem Bühnenbild eine konstruktive Funktion zuweist und sich damit gegen den psychologischen "Verismus" von Konstantin Sergejewitsch Stanislawski (1863-1938) wendet.

Nachdem Chagalls Entwürfe für John M. Synges (1871-1909) Stück *Der Held der westlichen Welt* (The playboy of the western world) als zu phantastisch abgelehnt werden, erlaubt ihm die Begegnung mit Alexander Granowsky (1890-1937), dem Direktor des Jüdischen Kamerny-Theaters in Moskau, intensiver für die Bühne zu arbeiten. Er führt die Bühnenbilder zu drei Einaktern von Scholem Alejchem (1859-1916), *Die Agenten, Die Lüge* und *Mazeltow,* aus. Salomon Michoels (1900-1948), der führende Schauspieler der Truppe, lenkt den Stil der Aufführungen in eine neue Richtung. "Ach, wenn Sie nicht solch' ein Auge hätten, was für eine Maske hätte ich für Sie

erfunden!", sagt Chagall zu ihm (Abb. 20). Während Chagall für das Kamerny-Theater arbeitet, lädt ihn Jewgem Wachtangow (1883-1922), ein ehemaliger Schüler Stanislawskis und Direktor des Habima-Theaters, der zweiten jüdischen Bühne in Moskau, zur Mitarbeit an der Inszenierung des Stücks *Dibbuk* von Anski [Semion Semionowitsch Rappoport] (1863-1920) ein. Aber ihre sehr unterschiedlichen Vorstellungen machen dieser Zusammenarbeit bald ein Ende. Einige Zeit widmet sich Chagall ganz den Wandmalereien, die einen kleinen, bald "Chagalls Schachtel" genannten Zuschauerraum mit 90 Plätzen des Jüdischen Theaters schmücken sollen. Sie werden später in einen größeren Saal in der Malaia-Bronnaia-Straße transferiert. Die monumentalen Gemälde stellen eine Art Manifest spiritueller Kraft und überquellender Lebensfreunde dar, ein Welttheater, das im Sommer 1921 in neun Teilen ausgestellt wird: sieben Bilder mit den Titeln *Die Einführung ins jüdische Theater, Die Musik, Der Tanz, Das Schauspiel, Die Literatur, Das Hochzeitsmahl, Die Liebe auf der Bühne,* sowie die Decke und der Bühnenvorhang.
Die materielle Situation der Avantgarde-Künstler, die auf untergeordnete Posten abgeschoben sind, wird plötzlich unhaltbar; vor allem, weil die Gegenspieler Chagalls, Kandinskys, Malewitschs und Rodtschenkos auf die Linie der "Neuen Ökonomischen Politik" einschwenken und sich immer reaktionärer zeigen. Das Kultusministerium bietet Chagall eine neue Stellung an, in der er fast das ganze Jahr 1921 hindurch Kindern in Waisenkolonien Unterricht erteilt, einer in Malachowka (Abb. 22) und in einer zweiten namens "Die dritte Internationale" in der Umgebung von Moskau.
Der befreite und originellere Stil seiner letzten russischen Tage wurzelt in der geistigen Atmosphäre von Malachowka, wo er sich im Kreis von Intellektuellen bewegt: Anski, dem Autor des *Dibbuk*, und den Schriftstellern Dobruschin, Pinchas Kaganowitsch [Nister], David Hofstein (1889-1952), Peretz Markisch (1895-1952) und Itzik Fefer (1900-1952).

1922-1923

Im April 1922 meldet die Presse Chagalls Abreise. Da Bella während einer Theaterprobe gestürzt ist und sich verletzt hat, verläßt Chagall Rußland im Sommer 1922 alleine. Bella folgt ihm mit ihrer Tochter Ida einige Monate später nach. Lunatscharskij hat ihm einen Paß besorgt, der Kunstsammler Kagan-Schabschai hat ihm die Reisekosten vorgestreckt und der litauische Botschafter in Moskau, der Dichter Jurgis Baltrusaitis, hat ihm den Transport seiner Werke als Diplomatengepäck nach Kaunas ermöglicht. Vor seiner Abreise war dort kurzfristig eine Ausstellung im Club der Schriftsteller mit 65 Arbeiten vereinbart worden.
Chagall hat inzwischen mit den Aufzeichnungen zu *Mein Leben* begonnen. Nach einem kurzen Aufenthalt in Kaunas fährt er mit allen Gemälden nach Berlin, wo er sich als erstes um seine früher dort zurückgelassenen Werke kümmert. Seit 1914 hat Herwarth Walden einen Teil davon an Kunstsammler verkauft, darunter sechs große Gemälde und zahlreiche Gouachen an seine Frau Nell Walden. Inzwischen sind aber durch die Inflation die Verkaufserlöse, die während der langjährigen Abwesenheit des Künstlers bei einem Notar hinterlegt waren, erheblich zusammengeschmolzen. Chagall verklagt Walden, um wenigstens die Namen der Käufer zu bekommen. Erst 1926 wird zwischen beiden Parteien ein Vergleich geschlossen, und Nell Walden ist bereit, drei der Ölgemälde (*Rußland, den Eseln und den Anderen, Ich und das Dorf* und *Der Dichter*) und zehn Gouachen aus ihrem Besitz an den Maler zurückzugeben.
Bella und Ida folgen Chagall nach Berlin (Abb. 23), wo sie vom Sommer 1922 bis zum Herbst 1923 viermal die Wohnung wechseln, ohne ein eigenes Atelier zu haben. Mehrere kurze Aufenthalte im Schwarzwald, in Thüringen und in Bad Blankenburg unterbrechen diese Berliner Zeit.
Der Verleger und Kunsthändler Paul Cassirer (1871-1926) plant die Veröffentlichung einer illustrierten Ausgabe von *Mein Leben*; Chagall arbeitet bereits an zwanzig Holzschnitten für das Projekt im Atelier von Joseph Budko (1888-1940), als ihm Hermann Struck (1876-1944) die Grundlagen der Radiertechnik vermittelt. Daraufhin führt Chagall die komplette Serie neu als Radierung aus. Die Übersetzung von Chagalls Text, an der Walter Feilchenfeldt, der Leiter der Galerie Cassirer, arbeitet, scheitert an den Schwierigkeiten, die poetische Sprache des russischen Künstlers ins Deutsche zu übertragen. Unter dem Titel *Mein Leben* wird schließlich nur eine Graphikmappe mit den zwanzig Radierungen veröffentlicht. (Die erste Textausgabe erscheint, von Bella ins Französische übersetzt,

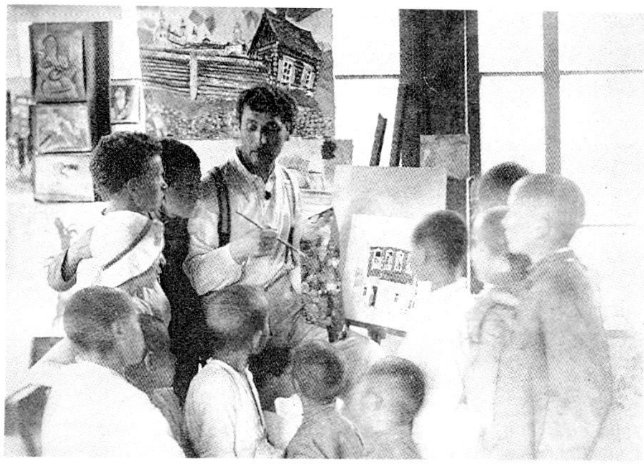

Abb. 22: Marc Chagall unterrichtet an der Malachowka-Schule, 1921.

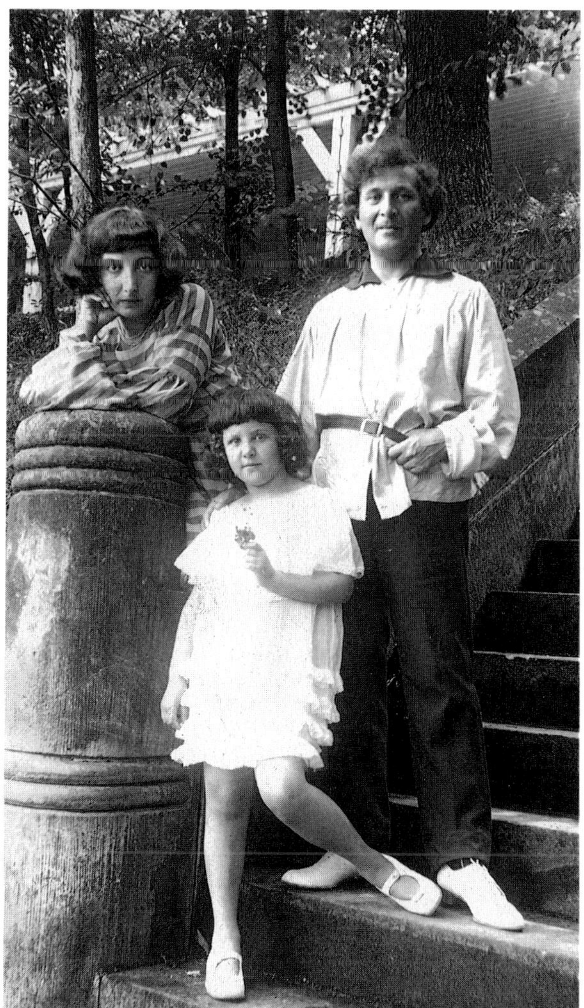

Abb. 23: Marc und Bella Chagall mit ihrer Tochter Ida in Berlin, 1923.

erst 1931; eine deutsche Ausgabe folgt schließlich 1959 nach der revidierten französischen Fassung.)

"Berlin war nach dem Krieg eine Art Karawanserei, wo alle Welt sich traf, die zwischen Moskau und dem Westen hin- und herreiste". Zu den besten Berliner Freunden Chagalls zählen Isidor Eljaschew, Pavel Barchan, Moise Kogan, der Schriftsteller Chajim Bialik (1873-1934) und Frida Rubiner (sie hat die Chagall-Monographie von Efross und Tugendhold ins Deutsche übersetzt), die Maler George Grosz (1893-1959), Karl Hofer (1878-1955), Jankel Adler (1895-1949), David Schterenberg und dessen Frau Nadeshda, Ludwig Meidner (1884-1966) und Alexander Archipenko (1887-1964). Im Januar 1923 organisiert die Galerie van Diemen eine Einzelausstellung mit 164 Werken aus den Jahren 1914 bis 1922. Trotz seiner Erfolge wird Chagall in Berlin nicht heimisch, und er denkt unablässig daran, nach Paris zurückzukehren.

1923-1925

Aus Paris erreicht Chagall unerwartet ein Brief von Blaise Cendrars, der ihm mitteilt, daß der Kunsthändler und Verleger Ambroise Vollard ihn mit Buchillustrationen beauftragen will. Im August 1923 beantragt Chagall ein Visum für Frankreich. Am 1. September kommt die Familie in Paris an (Abb. 24) und steigt für die ersten Monate in einem feuchten Zimmer des Hôtel Médical im Faubourg Saint-Jacques ab.

Sofort nach seiner Ankunft sucht Chagall Ambroise Vollard auf (Abb. 25). Dieser schlägt ihm erst die Illustration eines Buches der Comtesse de Ségur vor, nimmt aber ohne zu zögern den Vorschlag des Malers an: Chagall illustriert von 1923 bis 1925 Gogols Roman *Die toten Seelen* mit 107 Radierungen und erweist sich dabei als Meister dieses Mediums.

Anfang 1924 überläßt Eugène Zack der Familie Chagall sein Atelier in der Avenue d'Orléans Nr.110, wo sie bis Ende 1925 bleibt (Abb. 26). Chagall macht sich sofort wieder ans Malen; aber er braucht dafür seine früheren Bilder um sich, von denen sich die meisten in Deutschland, andere in Rußland befinden. Die wenigen kleineren Arbeiten, die er 1914 in *La Ruche* zurückgelassen hat, sind inzwischen verschwunden (Abb. 27). Um sich seine Vergangenheit wieder anzueignen,

malt er zwischen 1923 und 1926 Repliken (*Der Jude in Schwarz-Weiß* und *Der Geburtstag*), Varianten (*Einführung ins jüdische Theater, Zirkus* und *Die Harlekine*) und neue Versionen (*Doppelbildnis* und *Bella mit der Nelke*) seiner eigenen Jugendwerke. Er gestaltet ihre Komposition nun geschmeidiger, indem er freiere Formen und strahlendere Farben wählt, und feiert so auch seine Rückkehr nach Paris (Abb. 28). Er findet dort alte Freunde wieder, auch seine ehemaligen Lehrer und Mäzene, unter anderem Leon Bakst, André Levinson (1887-1933) und Maxim Winawer, und macht neue Bekanntschaften: Gustave Coquiot, Jeanne Bucher, Jacques Guenne, Florent Fels, Ivan (1891-1950) und Claire Goll (Abb. 29).
Nach der Veröffentlichung des *Ersten Surrealistischen Manifests* von André Breton schlug der Surrealismus hohe Wellen, und seine Protagonisten Max Ernst, Paul und Gala Eluard versuchen in Chagall einen Mitstreiter zu gewinnen. Dieser lehnt jedoch eine Bindung ab, da er zu einer Bewegung, die künstlerisch auf das Unbewußte und psychischen Automatismus setzt, keine Berührungspunkte erkennt.
Ungefähr 50 Werke werden von der Galerie Le Centaure in Brüssel ausgestellt.
Ende 1924 organisiert die Galerie Barbazanges-Hodebert in Paris eine Ausstellung mit 122 Werken.
"Ich will eine Kunst vom Land, nicht nur aus dem Kopf". Diese Maxime drückt Chagalls Faszination für die Natur, das Licht und die französischen Landschaften aus; eine Faszination, die während seiner häufigen Aufenthalte in L'Isle-Adam an der Oise, wo das Ehepaar Delaunay jedes Wochenende verbringt, in Ault in der Normandie und in der Bretagne auf der Insel Bréhat von neuem Nahrung erhält.
Durch den belgischen Kritiker Florent Fels entdeckt Chagall die Gegend zwischen Seine und Oise, und ganz besonders das Dörfchen Mont-Chauvet, das die Familie im Laufe des Jahres 1925 öfter besucht. Dieser Ort inspiriert den Maler zu einer Folge pastoraler Szenerien und läßt ihn die Schönheit der blühenden Natur wiederentdecken.
Zwei Ausstellungen werden in Deutschland organisiert: eine im Kölner Kunstverein, die andere in der Galerie Ernst Arnold in Dresden.
Im Dezember 1925 verläßt die Familie Chagall ihre Wohnung in der Avenue d'Orléans und zieht in ein Haus in Boulogne-sur-Seine (Abb. 30).

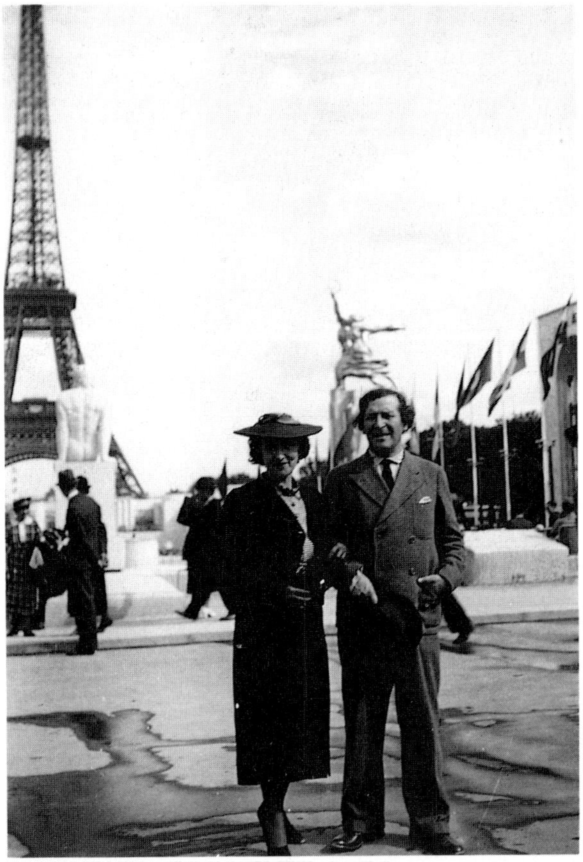

Abb. 24: Marc und Bella Chagall in Paris.

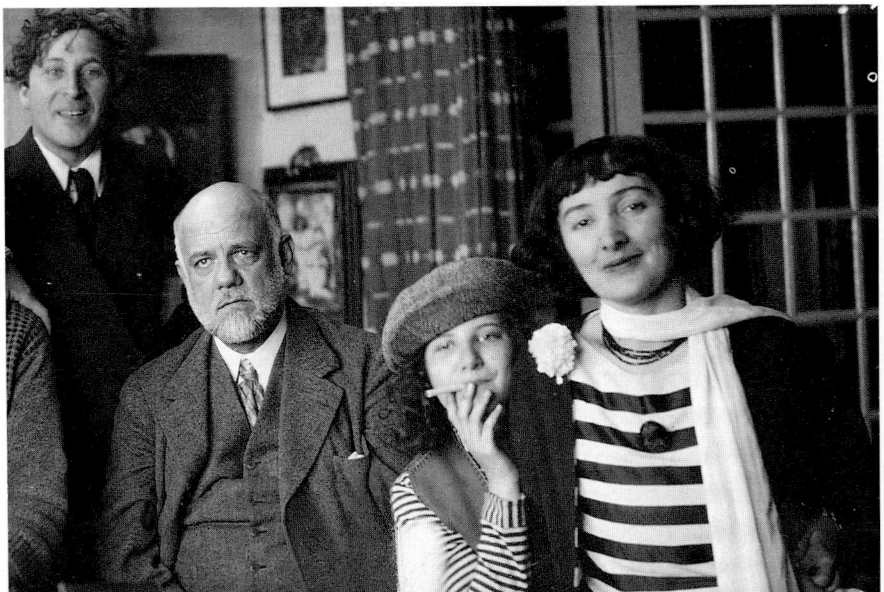

Abb. 25: Marc, Bella und Ida Chagall mit Ambroise Vollard (zweiter von links).

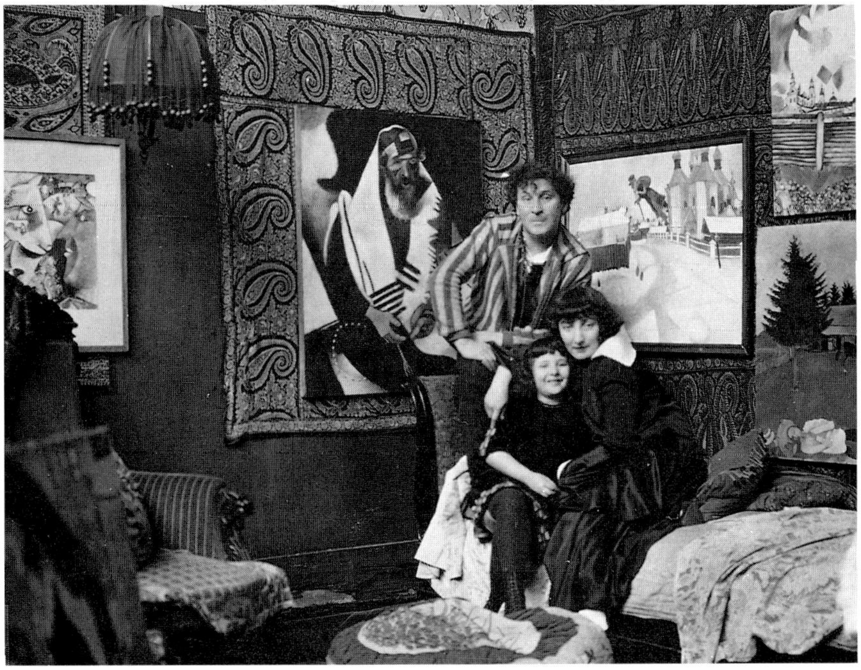

Abb. 26: Marc und Bella Chagall mit ihrer Tochter Ida in ihrer Wohnung, Nummer 110, Avenue d'Orléans, 1924.

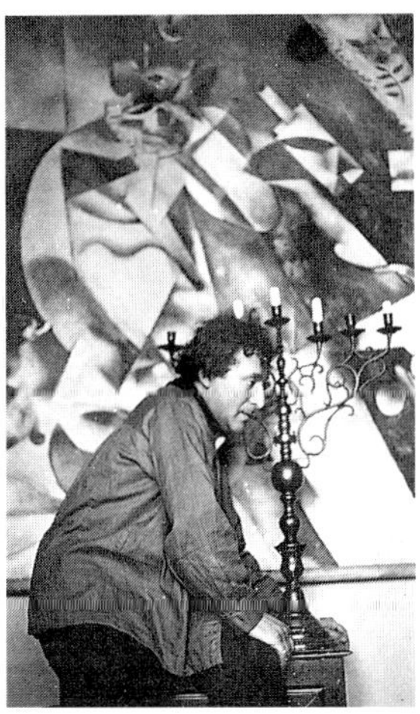

Abb. 27: Marc Chagall vor *Der Dichter oder Half past three.*

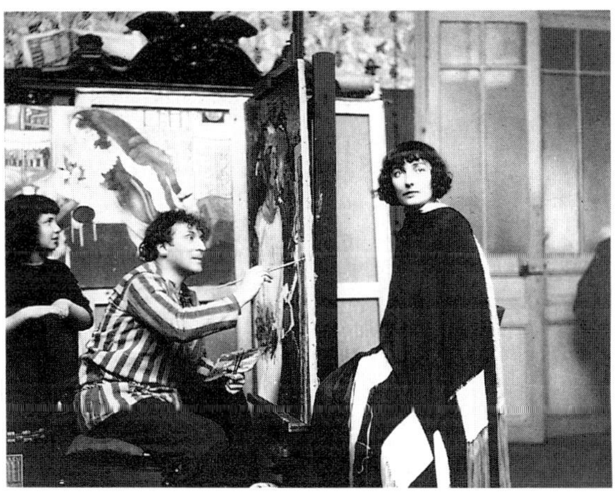

Abb. 28: Marc und Bella Chagall mit ihrer Tochter Ida. Bella steht für das *Doppelbildnis* Modell, 1925. Im Hintergrund *Der Geburtstag.*

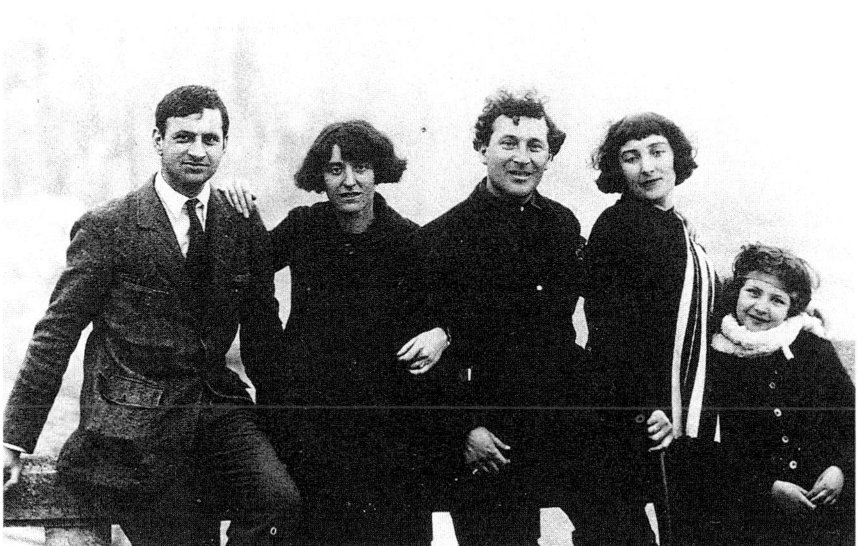

Abb. 29: Ivan und Claire Goll, Marc, Bella und Ida Chagall (von links nach rechts), Bois-de-Cise, Normandie, März 1924.

1926-1927

Anfang 1926 stellt die Galerie Reinhardt in New York um die hundert Werke für die erste Ausstellung in den Vereinigten Staaten zusammen.

Chagall verbringt einen Großteil des Jahres 1926 auf dem Lande in dem kleinen Fischerdörfchen Mourillon an der Mittelmeerküste, nicht weit von Toulon und Fort-Saint-Louis, wo Georges und Marguerite Duthuit-Matisse leben.

Der Maler besucht zum ersten Mal Nizza, wo ihn das Licht und die mediterane Vegetation bezaubern. Dann findet man die Familie Chagall für mehrere Monate in der Auvergne in Chambon-sur-Lac.

Man bewohnt ein Haus am Dorfplatz mit Blick auf die Kirche. Dort arbeitet er an 30 Gouachen für Ambroise Vollard, die für eine illustrierte Ausgabe der *Fabeln* von La Fontaine in Kupfer gestochen werden sollen.

Die Galerie Katia Granoff in Paris stellt rund dreißig Bilder aus.

Fünf Radierungen entstehen für den Roman *Maternité* (Mutterschaft) seines Freundes Marcel Arland (1899-1986), daneben illustriert Chagall *Les Sept Péchés capitaux* (Die Sieben Erbsünden) von Jean Giraudoux (1882-1944), Texte von Paul Morand (1888-1976), Pierre Mac Orlan (1882-1970), André Salmon, Max Jacob, Jacques de Lacretelle und Joseph Kessel (1898-1979) (fünfzehn Radierungen). Für Gustave Coquiots *Suite provinciale* (Suite aus der Provinz) verwendet er Zeichnungen, wie er sie zuvor in Chambon-sur-Lac ausgeführt hatte.

Die Galerie Katia Granoff stellt Ende 1926 *Die Arbeiten aus dem Sommer 1926* aus.

Während Chagall an La Fontaines *Fabeln* arbeitet, denkt Vollard schon an ein neues Projekt zum Thema Zirkus. Die beiden verbringen deshalb viele Abende im Cirque d'Hiver.

1927 fertigt Chagall 19 Gouachen mit dem Titel *Vollards Zirkus* an. Vollard stellt Chagall die Künstler Rouault, Bonnard, Vlaminck und Maillol vor. Er unterhält freundschaftliche Beziehungen mit Christian Zervos (1889-1970), der ihn Picasso vorstellt, Tériade [Efstratios Eleftheriades] (1897-1983), Pablo Gargallo (1881-1934), Pierre Charreau und einigen Belgiern.

Chagall hat die Briefwechsel und Kontakte mit seinen russischen Freunden nicht abgebrochen;

ein paar seiner Angehörigen kommen sogar nach Westeuropa.
Während eines Gastspiels von Granowsky und seiner Truppe im Théâtre de la Porte-Saint-Martin verbringen Chagall und Bella jeden Abend im Theater und geben Empfänge zu Ehren ihrer Schauspieler-Freunde (Abb. 31). Die Beziehung zu Michoels ist besonders herzlich geblieben (Abb. 32). Chagall schenkt der Tretjakow-Galerie in Moskau 96 Radierungen zu Gogols *Toten Seelen*.
Ein Vertrag mit Bernheim-Jeune sichert seinen Unterhalt. Chagall ist Gründungsmitglied der *Association des Peintres-graveurs.*
Von Mai bis September 1927 halten sich die Chagalls in der Auvergne auf, in Châtel-Guyon, wo Bella und Ida zur Kur gehen. Chagall trifft dort Soutine. Sie fahren weiter in die Umgebung von Saint-Jean-de-Luz in der Nähe von Biarritz.
Im November unternimmt Chagall in Begleitung von Robert Delaunay eine sechstägige Reise mit dem Auto (Abb. 33), auf der sie in Montauban und Albi Station machen. In Limoux besuchen sie den Kunstliebhaber Jean Girou und den Schriftsteller Joseph Delteil (1894-1978), setzen dann die Reise in Richtung Collioure und schließlich Banyuls-sur-Mer fort, wo sie Maillol einen Besuch abstatten.
Am Ende des Jahres entdeckt Chagall in den Savoyer Alpen eine neue Landschaft für sich: zuerst Chamonix, dann die Nachbardörfer Les Houches und Les Bossons, deren verschneite Kirchtürme ihn zu einigen Gemälden inspirieren, in denen die Erinnerung an Rußland wach wird.

1928-1929
Im Winter 1927-1928 entstehen neue Arbeiten zum Thema Zirkus, die zum Teil aus *Vollards Zirkus* übernommen sind. Chagall ist noch immer mit den Radierungen seiner Fabelillustrationen beschäftigt, und zwar zunächst bei Louis Fort. Dieser hat bereits mit dem Druck der *Toten Seelen* begonnen, als ernsthafte Komplikationen auftreten: der ganze Zyklus muß bei Maurice Pontin noch einmal neu gedruckt werden. Eine Ausstellung dieser Illustrationen sowie die Präsentation der Chagall-Monographie von André Salmon werden von der Galerie Le Portique in Paris organisiert.

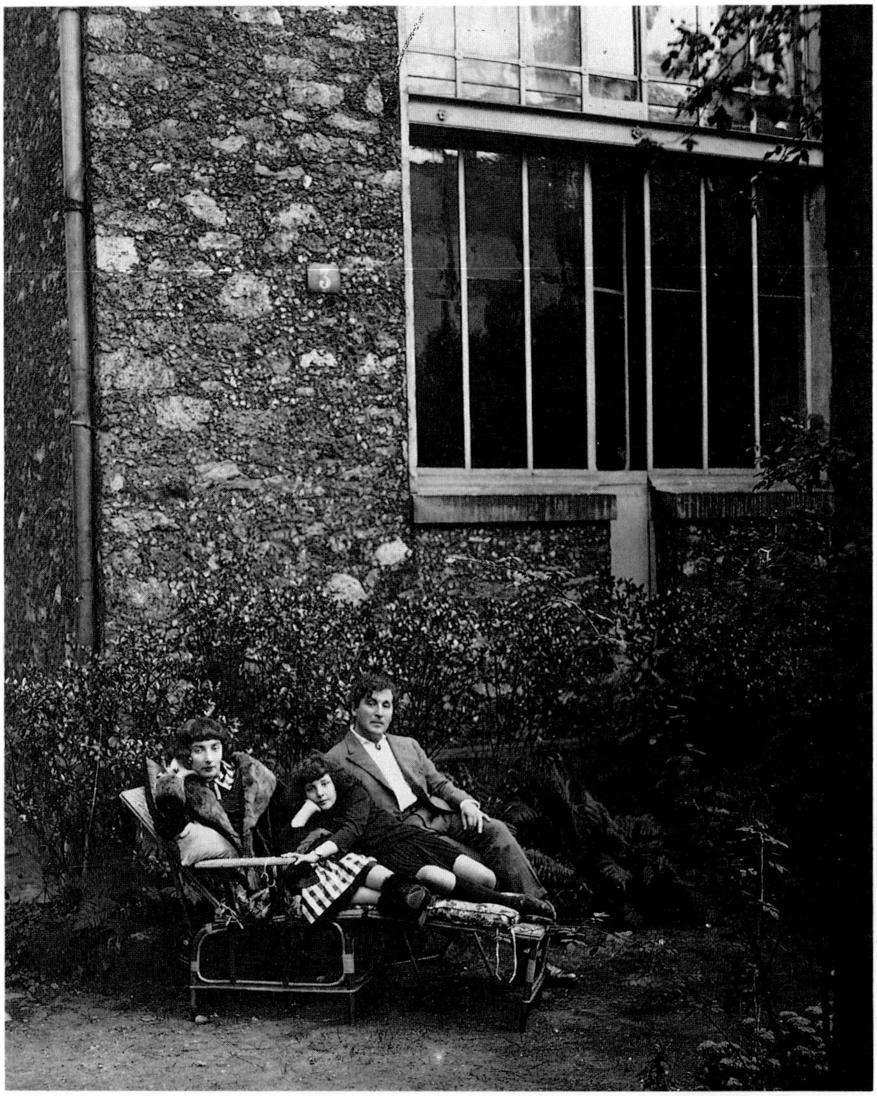
Abb. 30: Marc, Ida und Bella Chagall im Garten ihres Hauses in Boulogne-sur-Seine, 1925.

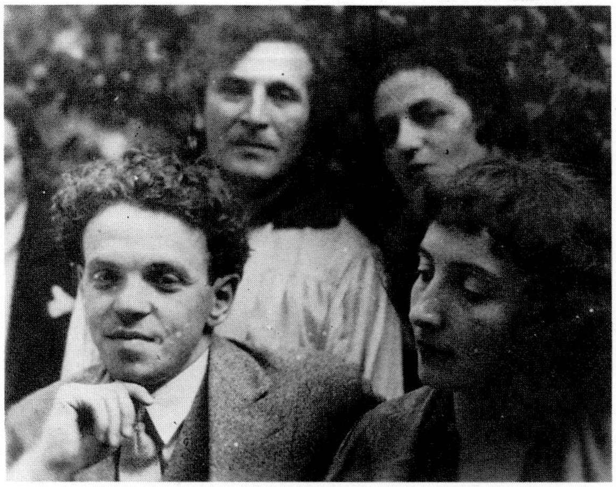
Abb. 31: Der Schauspieler Suskine, Marc und Bella Chagall und eine Schauspielerin aus dem Theater an der Allée des Pins, Boulogne-sur-Seine, 1928.

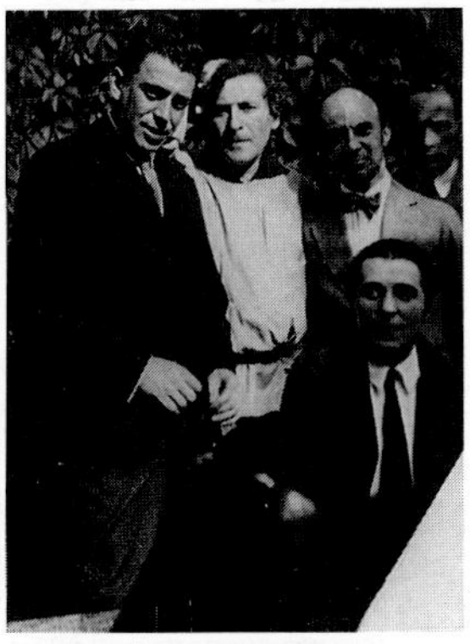
Abb. 32: Marc Chagall und Michoels (rechts) mit drei Schauspielern während der Tournee des Jüdischen Theaters Moskau im Théatre de la Porte-Saint-Martin, Paris, 1928.

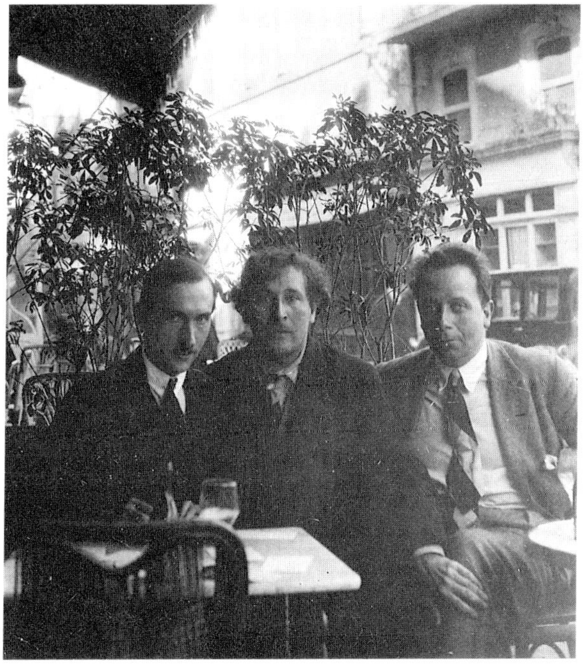

Abb. 33: Marc Chagall zwischen Robert Delaunay und Joseph Delteil, 1927.

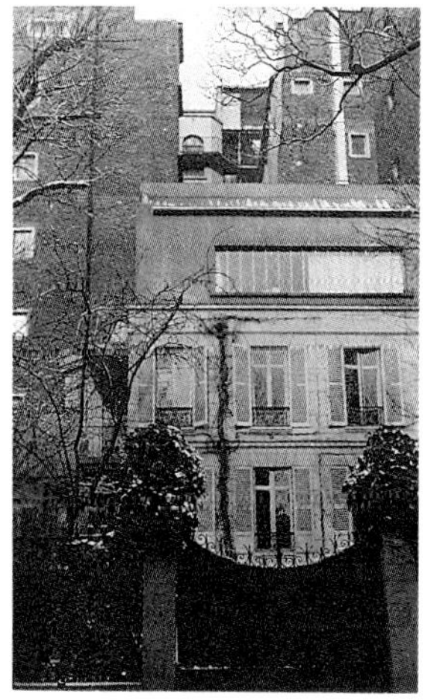

Abb. 34: Die Villa Montmorency in Paris.

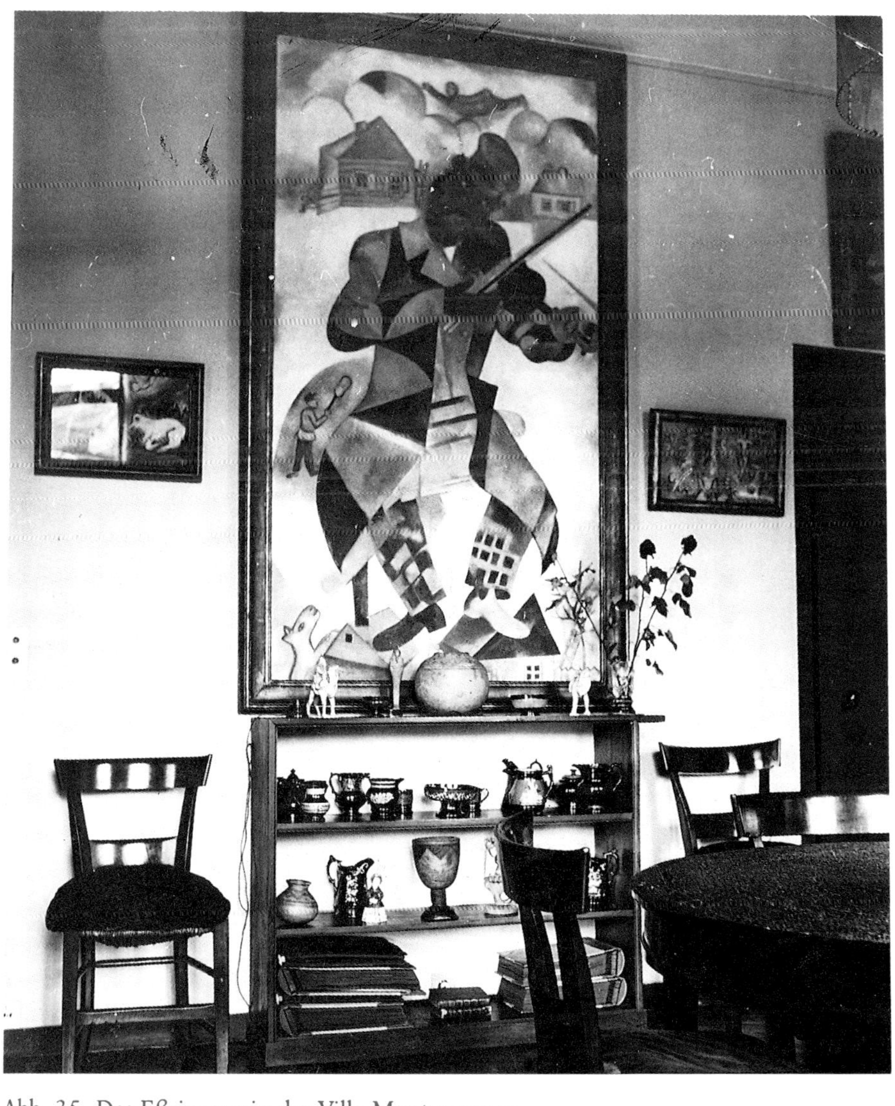

Abb. 35: Das Eßzimmer in der Villa Montmorency.

Im Sommer 1928 fährt Chagall allein nach Céret, einer kleinen Stadt in den Pyrenäen, die 1911 und 1913 schon Picasso und Braque angezogen hatte. In Mas Lloret widmet er sich ganz den Radierungen für La Fontaines *Fabeln* und malt daneben an Stilleben. In Kompositionen mit Liebespaaren, Tieren und Blumen fließt jene poetische Atmosphäre ein, die auch die Freundschaft mit den Dichtern Jules Supervielle (1884-1960), Paul Eluard und René Schwob prägt. Letzterer stellt Chagall den Philosophen Jacques Maritain (1882-1973) und dessen Frau Raïssa vor. Jeden Sonntag Nachmittag trifft sich bei den Maritains in Meudon ein Kreis von Künstlern und Schriftstellern, dem die Familie Chagall für die nächsten zehn Jahre angehört.

André Salmon wird mit der französischen Übersetzung von *Mein Leben* beauftragt. Da das Ergebnis für Chagalls Empfinden zu "westlich" gerät, wird der Text von Bella mit Hilfe von Ludmilla Gaussel und Jean Paulhan (1884-1968) Satz für Satz überarbeitet.

Die Galerie l'Epoque in Brüssel stellt eine Reihe von Gouachen aus.

Im Herbst reist Chagall erneut nach Céret, diesmal begleitet ihn Bella.

Ende 1929 bezieht er die von ihm gekaufte Villa Montmorency in der Avenue des Sycomores Nr.15, nur unweit von der Porte d'Auteuil (Abb. 34 und 35), wo er zahlreiche kleine Kompositionen mit Liebespaaren, Akte, Zirkus- und Dorfszenen in intensiven Farben malt.

Die Familie verbringt einen Teil des Winters in den Savoyer Alpen im Hotel Soleil d'Or in Megève (Abb. 38).

Der Börsenkrach an der Wall Street zwingt Bernheim-Jeune, den Vertrag mit Chagall aufzulösen. Nur die Arbeit für Vollard sichert ihm ein bescheidenes Einkommen.

1930

Die *Fabeln* werden in Paris von der Galerie Bernheim Jeune, in Brüssel von der Galerie Le Centaure und von der Galerie Flechtheim in Berlin ausgestellt, wo Chagall eigens zur Eröffnung anreist. Die Familie verbringt den Frühsommer in Nesle-la-Vallée in der Nähe von L'Isle-Adam, wo Chagall auf den Rat Delaunays hin ein Stück Land kauft. Gouachen entstehen hier.

Im Sommer und Herbst reisen die Chagalls für einige Wochen ans Mittelmeer und nach Peira-Cava in den Seealpen. Der Künstler befaßt sich dort mit Variationen über das Thema Fensterblick: "Chagall tritt nicht in die Landschaft hinaus, sondern betrachtet sie aus der Ferne, und wie im Banne eines Zaubers, träumt er mit offenen Augen von der Liebe", schreibt Venturi.
Das Hauptwerk dieser Periode ist zweifellos die von Vollard in Auftrag gegebene Illustration der Bibel, deren Geist und Poesie er seit seiner Kindheit verinnerlicht hat ("Ich sah nicht die Bibel, ich erträumte sie"). Die Arbeit veranlaßt ihn zu einer Reise in das Land des Buches, nach Palästina.
Die Galerie Demotte in New York zeigt eine Ausstellung mit Gemälden, Gouachen und Aquarellen.
Chagall macht in Paris die Bekanntschaft von Meir Dizengoff, dem Bürgermeister und Gründer von Tel Aviv.

1931
Der Einladung Dizengoffs zum Purimfest folgend, bereisen Chagall, Bella und Ida von Februar bis April Palästina. Zuvor besucht die Familie in Begleitung der Dichter Chaim Bialik und Edmond Fleg (1874-1963), die sie an Bord des Schiffes kennenlernen, Alexandria, Kairo und die Pyramiden. Der Maler wohnt der Grundsteinlegung für das Tel Aviv Museum bei. Er beginnt, in Tel Aviv zu arbeiten, malt den Innenraum der Synagoge von Safed und Landschaften in der Umgebung von Jerusalem (Abb. 36 und 37).
Bereichert mit Eindrücken der Reise, führt Chagall in Paris direkt nach seiner Rückkehr eine Folge von Radierungen für das Bibelprojekt aus, dessen endgültiger Abschluß jedoch noch viele Jahre in Anspruch nimmt.
Bei Vollards Tod im Jahre 1939 sind erst 66 von 105 geplanten Blättern fertiggestellt. 1952 nimmt Chagall die Arbeit erneut in Angriff; 1956 erscheint das Werk bei Tériade. Das Licht Palästinas durchdringt auch die anderen Werke dieser Zeit, in erster Linie Blumen- und Zirkusbilder.
Ma Vie wird vom Verlag Editions Stock in Paris veröffentlicht.
Die Galerie Le Portique in Paris stellt *20 neue*

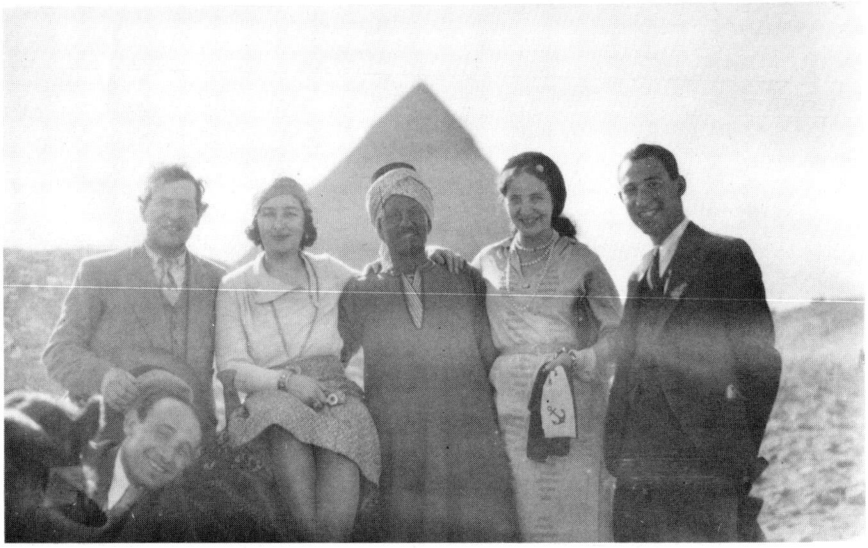

Abb. 36: Joseph Boxenbaum, Marc und Bella Chagall, ein Ägypter, Ida Chagall und Alexander Fleg in Ägypten.

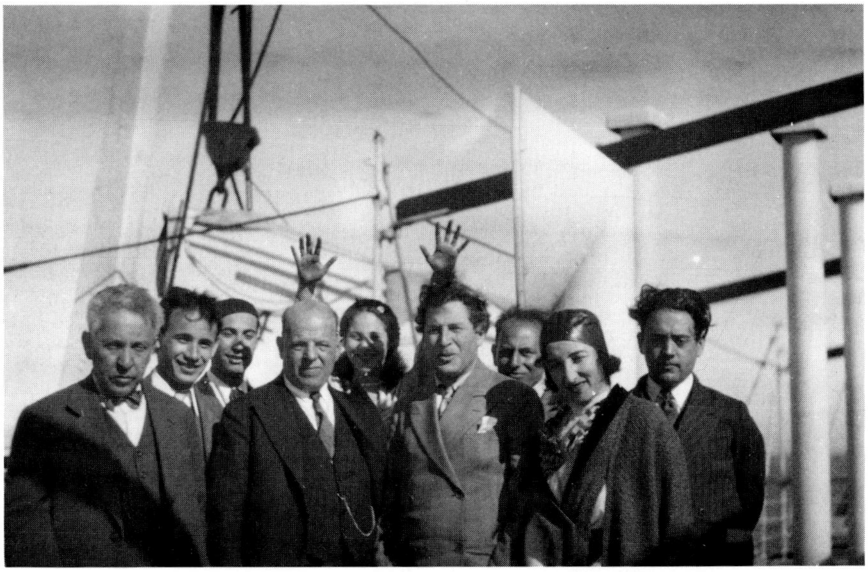

Abb. 37: Chaim Bialik, Joseph Boxenbaum, Alexander Fleg, Meir Dizengoff, Ida, Marc und Bella Chagall sowie zwei Freunde auf dem Schiff Champollion bei der Abfahrt nach Palästina, 1931.

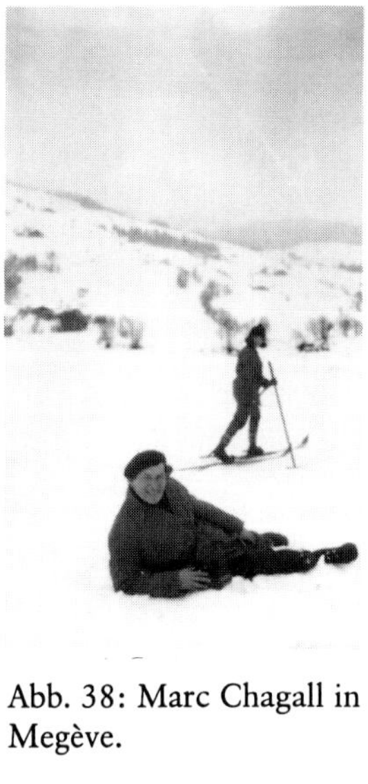

Abb. 38: Marc Chagall in Megève.

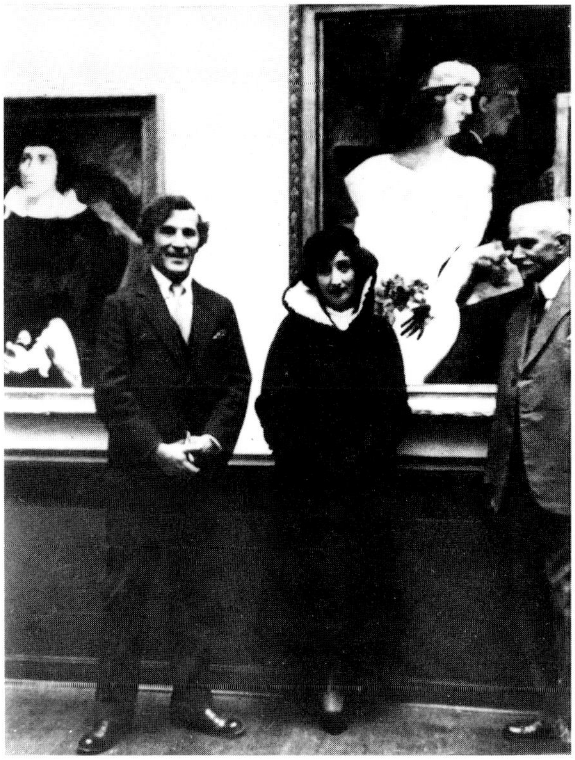

Abb. 39: Marc und Bella Chagall in Holland, 1932. Im Hintergrund *Bella mit der Nelke* (1925) und *Doppelbildnis* (1925).

Gemälde und einige nicht veröffentlichte Jugendzeichnungen von Marc Chagall aus.
Das Ende des Sommers verbringt Chagall im Tal von La Malsanne im Dauphiné.

1932
Für ein Ballett zu Beethoven-Variationen in drei Szenen (Französische Revolution, Rußland, Griechenland) nach der Choreographie von Bronislava Nijinska (1892-1972) entwirft Chagall das Bühnenbild und die Kostüme. Die Aufführung findet allerdings nie statt.
Die *Gesellschaft Niederländischer Künstler* in Amsterdam veranstaltet mit 55 Werken die erste Chagall- Ausstellung in Holland (Abb. 39). Aus diesem Anlaß reist der Künstler zusammen mit Bella in die Niederlande. Museumsbesuche, und dabei vor allem das Werk Rembrandts, hinterlassen einen tiefen Eindruck auf Chagall.
Eine Auswahl seiner Zeichnungen wird in Budapest gezeigt.
Chagall verbringt den Herbst mit der Familie in einem kleinen Hotel in Cap-Ferret in der Nähe von Bordeaux.

1933
Im Zusammenhang mit der Ausstellung "Kulturbolschewismus" in der Mannheimer Kunsthalle verbrennen die Nazis Werke von Chagall.
Chagall wird die französische Staatsbürgerschaft, um die er sich beworben hat, verweigert: als Grund wird seine Tätigkeit als Kunstkommissar für das Sowjetregime in Witebsk angegeben. Erst 1937 erhält er, unterstützt durch den Schriftsteller Jean Paulhan, die französische Staatsbürgerschaft.
Im Sommer besucht der Maler Vézelay.
Gegen Ende des Jahres ist er bei der Eröffnung einer Ausstellung von 172 Werken in der Basler Kunsthalle anwesend.
Die politischen Ereignisse in Deutschland hinterlassen Spuren in seinem Werk.

1934-1938
Im Sommer 1934 reisen Chagall und Bella in Begleitung einiger Maler und Schriftsteller, darunter Supervielle und Henri Michaux (1899-1984), nach Tossa del Mar an der Costa Brava

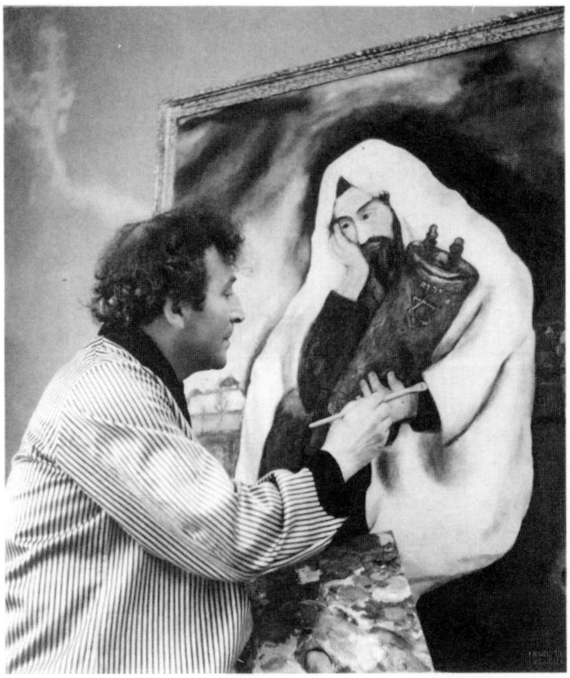

Abb. 40: Marc Chagall malt *Die Einsamkeit*, 1933-1934.

und besuchen anschließend Barcelona, Madrid und Toledo, wo Chagall von El Greco stark beeindruckt ist.
Die Galerie Dra Feigla in Prag stellt 52 seiner Werke aus.
Nach seiner ersten Londoner Ausstellung in den Leicester Galleries reisen Chagall und Bella im August 1935 auf Einladung des Jüdischen Kulturinstituts in Wilna nach Polen. Zur feierlichen Eröffnung des Instituts werden 116 graphische Arbeiten Chagalls gezeigt.
1936 besucht Chagall häufiger das Café de Flore am Montparnasse. Hier trifft er Picasso, der gerade an *Guernica* arbeitet. Auch in manchen seiner eigenen Kompositionen spiegeln sich Angst und Leid dieser Epoche (Abb. 40). Dennoch macht sich in den Werken dieser Jahre eine erstaunliche Themenvielfalt bemerkbar, die wohl auf die entspannten Aufenthalte während des Sommers 1936 im französischen Jura und während der Wintermonate in Hochsavoyen und den Vogesen zurückzuführen sind.
Ende 1936 bezieht Chagall ein neues Atelier in der Nähe vom Trocadéro in der Villa Eugène-Manuel Nr.4.
Der New Art Circle in New York widmet sich dem Werk Chagalls mit einer Einzelausstellung.
Der Maler nimmt mit 34 Gemälden an der Ausstellung *Instinktive Maler: Geburt des Expressionismus* der Galerie des Beaux Arts in Paris teil. Die seit 1934 immer deutlicher von der politischen Entwicklung im Nachbarland verdüsterte Atmosphäre in Frankreich schlägt sich auch in der Arbeit des Malers nieder, vor allem in dem 1937 entstanden Bild *Die Revolution.*
Das Frühjahr 1937 verbringt Chagall in Villars-Colmars in den Alpen der Haute-Provence und in der Gegend um Avignon. Dann fährt er zusammen mit Bella nach Italien. Fasziniert vom künstlerischen Reichtum des Quattrocento, führt er in Florenz 15 Radierungen für seine Bibelillustration aus.
Die Reise geht weiter nach Venedig, wo der Maler die Werke von Bellini, Tizian und Tintoretto studiert.
Im Sommer 1937 nimmt Chagall mit vier Werken an der Pariser Ausstellung *Ursprung und Entwicklung der internationalen freien Kunst* und mit 17 Werken an der Ausstellung *Meister der frei-*

en Kunst 1895-1937 im Petit Palais teil. Das Naziregime läßt in den deutschen Museen alle Gemälde des Malers entfernen. Drei seiner Gemälde (*Pourim, Die Prise* und *Winter*) sind in der berüchtigten Münchner Ausstellung "Entartete Kunst" zu sehen.
In den Restaurants der Weltausstellung im Jardin du Trocadéro trifft sich das Ehepaar Chagall oft mit Freunden, mit engen Bekannten der Familie Maritain und mit spanischen Flüchtlingen. Eine besonders enge Freundschaft entwickelt sich mit dem Dichter Rafaël Alberti und Dr. Ichok, die in Chagall neue Lebensfreude weckt. In seiner Malerei macht sich dies durch die Wiederaufnahme des Zirkus-Motivs bemerkbar.
1938 verbringt Chagall mit Bella einige Monate in Villentroy in Indre-et-Loire. Das Brüsseler Palais des Beaux-Arts und die Galerie Lilienfeld in New York organisieren Ausstellungen. Chagall nimmt mit einem Gemälde an der *Internationalen Gemäldeausstellung* im Carnegie Institute von Pittsburgh teil, erhält aber keinen Preis.

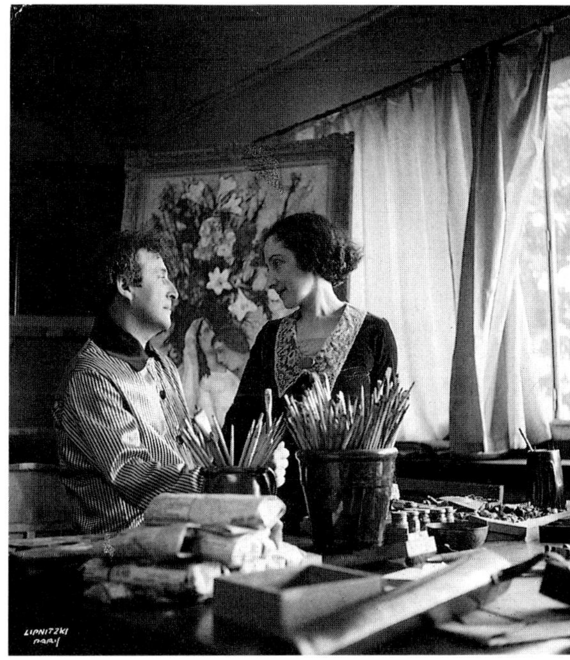

Abb. 41: Marc und Bella Chagall.
Im Hintergrund *Das Brautpaar*, 1939.

1939
Chagall kehrt nach Villentroy zurück. Kurz vor Kriegsausbruch zieht er nach Saint-Dyé-sur-Loire um, wohin er mit Hilfe seiner Tochter Ida in einem Taxi sämtliche Gemälde aus seinem Pariser Atelier bringt.
Das Bild *Das Brautpaar* (Abb. 41) erhält bei der *Internationalen Gemäldeausstellung* des Carnegie Institute von Pittsburgh den 3. Preis.

1940
Im Januar transportieren der Maler und seine Tochter Ida für die Eröffnungsausstellung der Galerie Mai, die von Yvonne Zervos organisiert wird, Gemälde und Gouachen nach Paris. In einem Hinterzimmer wird als Manifest gegen den Krieg das Gemälde *Die Revolution* unter dem Titel *Komposition* gezeigt.
In dieser Zeit verkehrt Chagall häufig mit Zervos und Picasso. Bis zum Frühling arbeitet er hauptsächlich in Saint-Dyé.
Die bedrohliche politische Entwicklung zwingt Chagall, sich nach Süden abzusetzen. Auf Empfehlung von André Lhote fährt die Familie

über Ostern in das Dorf Gordes nahe dem Lubéron. Am 10. Mai, am Tag des deutschen Einmarsches in Belgien und Holland, kauft Chagall das Gebäude einer ehemaligen katholischen Mädchenschule in Gordes, in dem er sein Atelier einrichtet (Abb. 42).
Anfang Mai holen Chagall, Bella und Ida mit einem gemieteten Lastwagen die in Saint-Dyé zurückgebliebenen Werke. Die friedliche Stimmung von Gordes kommt in Stilleben, kleinen Dorfszenen und anderen Kompositionen wie dem *Selbstbildnis mit Staffelei* zum Ausdruck.

1941
Im Laufe des Winters besuchen der Leiter des amerikanischen Emergency Rescue Committee, Varian Fry, und der Generalkonsul der Vereinigten Staaten in Marseille, Harry Bingham, Chagall (Abb. 43). Sie überbringen dem Künstler eine Einladung des Museums of Modern Art in New York, in die damals noch neutralen Vereinigten Staaten zu kommen (an andere bekannte Künstler wie Matisse, Picasso, Dufy, Rouault, Masson und Ernst ergingen ähnliche Einladungen). Chagall hält die Sorge der beiden Besucher um sein Wohl für übertrieben - bis zu dem Tag, an dem auch im unbesetzten Frankreich von der Vichy-Regierung Judengesetze erlassen werden. Chagall und Bella fahren im April nach Marseille, um dort mit Hilfe ihrer Tochter Ida ihre Abreise in die Staaten vorzubereiten (Abb. 44). Chagall legt großen Wert darauf, daß seine Papiere ihm die Rückkehr nach Frankreich, seiner zweiten Heimat, jederzeit ermöglichen. Sie wohnen in Marseille im Hôtel Moderne, wo Chagall zusammen mit Bella während einer Razzia verhaftet wird. Nur die rasche Intervention von Fry und Bingham rettet sie.
Am 7. Mai verlassen sie Marseille und kommen nach einem kurzen Aufenthalt in Madrid am 11. Mai in Lissabon an. Während sie auf das Schiff nach Amerika warten, werden die Kisten und Koffer mit dem größten Teil der Werke Chagalls, 600 kg schwer, von Gordes direkt nach Lissabon geschickt. In Spanien wird die Fracht beschlagnahmt, und es dauert fünf Wochen, bis Ida sie mit Hilfe einiger französischer, amerikanischer und spanischer Freunde wieder frei bekommt. Es

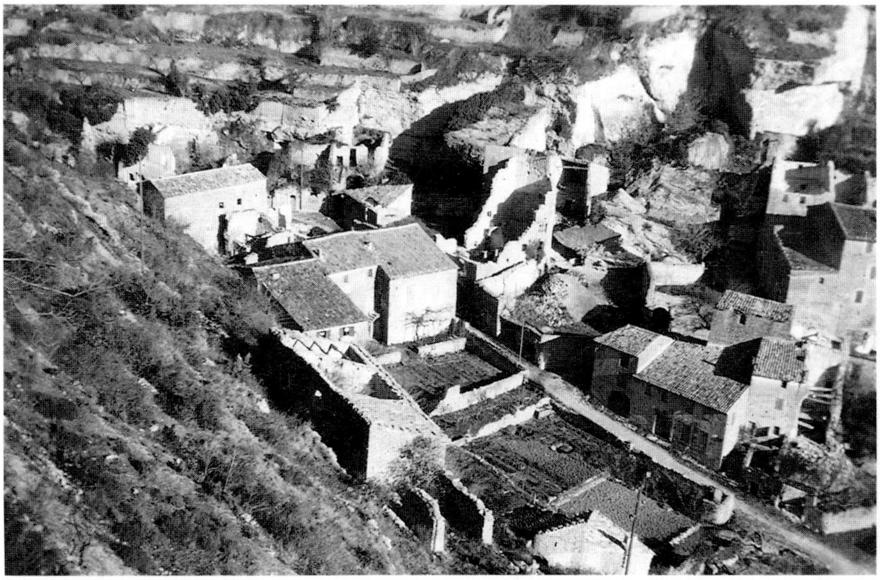

Abb. 42: Gordes, 1941.

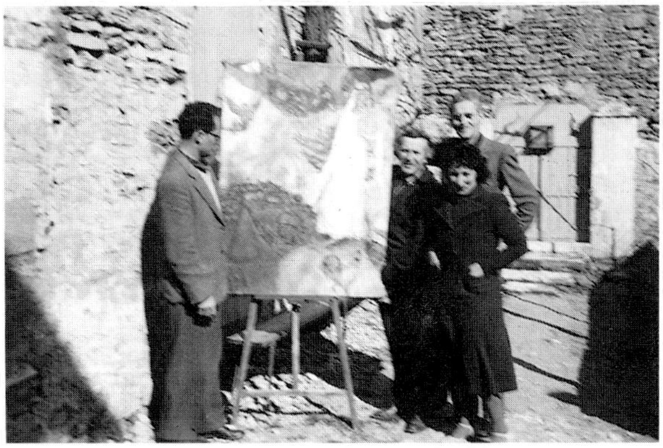

Abb. 43: Marc und Bella Chagall mit Varian Fry und Harry Bingham um das Bild *Die Dorfmadonna*, Gordes, 1941.

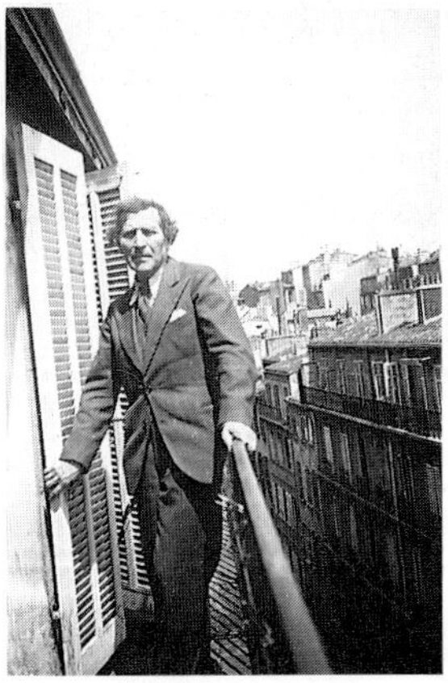

Abb. 44: Marc Chagall in der Rue Rouvière Nr.9, Marseille, 1941.

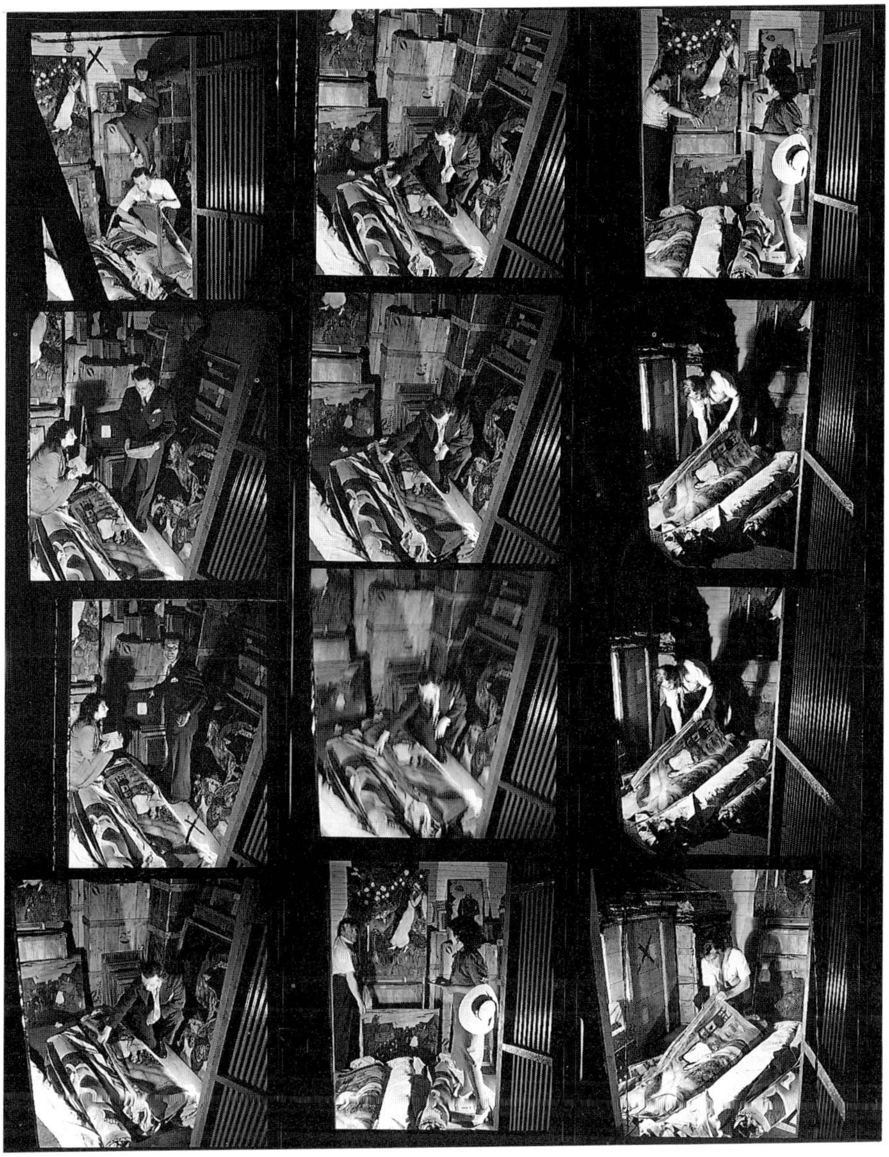

Abb. 45: Öffnung der Kisten mit den Gemälden, New York, 1941-1942.

gelingt ihr, das Gepäck auf dasselbe Schiff zu verfrachten, auf dem auch Chagall die Überfahrt antritt. "Zwischen uns wächst eine Mauer / Ein mit Gras und Gräbern überwachsener Berg", schreibt Chagall in einem Gedicht. Am 23. Juni, dem Tag, an dem deutsche Truppen Rußland überfallen, gehen Chagall und Bella in New York von Bord.

In der ersten Zeit wohnen sie im Hotel: zunächst in der 57th Street, dann in Hampton House und schließlich im Plaza Hotel. Sie verbringen ein paar Wochen in New Preston (Connecticut), in der Nachbarschaft André Massons (1896-1987) und Alexander Calders (1898-1976), bevor sie im September eine kleine Wohnung in New York an der East 74th Street Nr.4 (Abb. 46) finden, in der bald regelmäßig das Ehepaar Maritain, Lionello Venturi (1885-1961) und der jiddische Dichter Joseph Opatoshu [Opatowski] (1887-1954) zu Gast sind.

In New York begegnet Chagall Léger, Georges Bernanos (1888-1948), Mondrian und Breton. Er macht die Bekanntschaft von Pierre Matisse, der schon 1924 die Ausstellung bei Barbazanges-Hodebert organisiert hat. Matisse übernimmt Chagalls Vertretung im Kunsthandel, zumal er über wertvolle Verbindungen zu Frankreich und zur französischen Kunstszene verfügt. In seiner Galerie stellt Chagall Ende November 21 Werke von 1910 bis 1941 aus. Bis zum Tod des Künstlers werden solche Einzelausstellungen bei Matisse fast jährlich wiederholt (Abb. 45, 47 und 48).

Beeindruckt von den Dimensionen New Yorks und dem brodelnden Leben erscheint Chagall die Stadt als neues Babylon (Abb. 49).

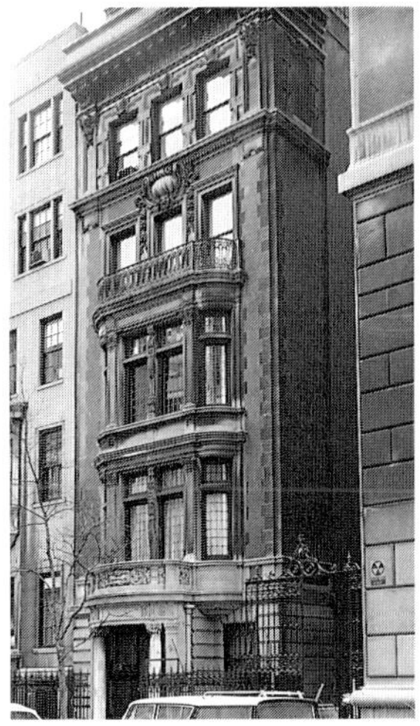

Abb. 46: East 74th Street Nr.4, New York.

1942

Das Ballet Theater in New York beauftragt Chagall, Bühnenbilder und Kostüme für das Ballett *Aleko* nach der Novelle *Zigeuner* von Puschkin zu entwerfen. Die Choreographie stammt von Léonide Massine (1896-1979) zu einem Trio von Tschaikowsky. Die Premiere soll im Theater der Schönen Künste in Mexico City stattfinden. Alle Vorbereitungen werden aber in New York getroffen. Massine sucht Chagall täglich auf: Tanz, Szenerie, Bühnenbild und Kostüme werden auf diese Weise gemeinsam entworfen. Chagall und Bella reisen im August einen Monat vor der Premiere nach Mexico City, um dort die vier Bühnenbilder zu realisieren und die Anfertigung der Kostüme zu beaufsichtigen. Sie wohnen zuerst außerhalb, ziehen dann aber ins Zentrum von Mexico City, um ihre ganze Zeit dem Theater widmen zu können.

Die exotische Atmosphäre der Stadt verändert die aus New York mitgebrachten Entwürfe, die nun intensivere Farben annehmen (Abb. 51 und 52). Die Premiere von *Aleko* am 10. September wird zum Triumph: "Bravo Chagall! Es lebe Chagall! Heute abend hatte ich das außerordentliche Vergnügen, dem Bühnenbildner Chagall zu applaudieren und ihn hochleben zu lassen für seine wunderbare Kunst, sein Theaterherz, seinen Humor und seine Menschenliebe", schreibt die mexikanische *Tiempo* am 18. September 1942. Der Triumph wiederholt sich bei der New Yorker Aufführung des Baletts anläßlich der Eröffnung der Metropolitan Oper.

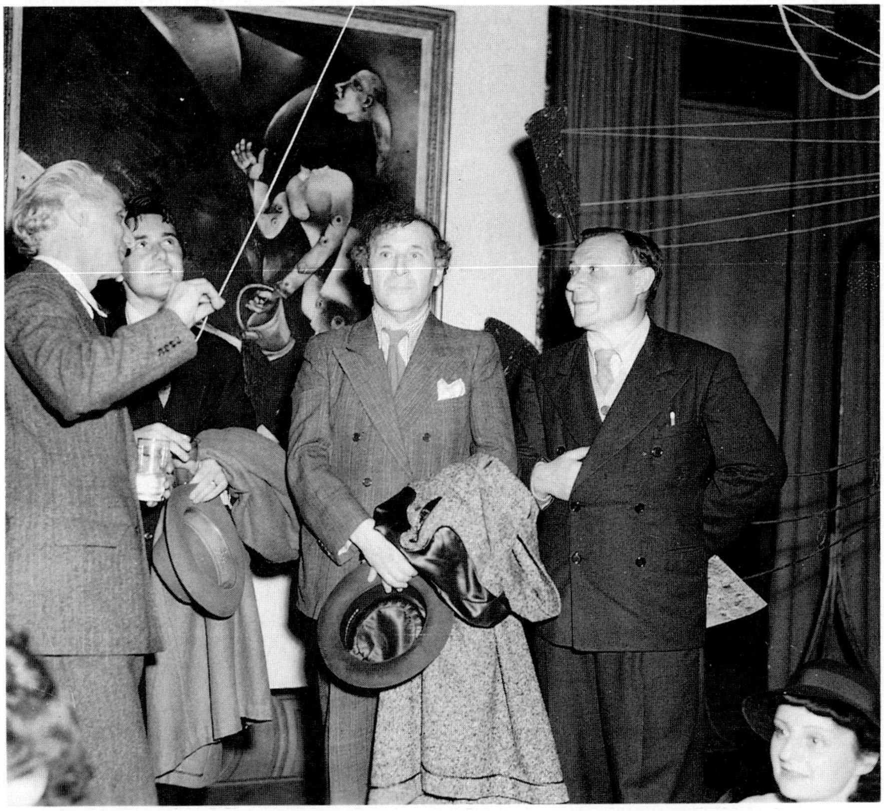

Abb. 47: Die Ausstellung *Artists in Exile*, in der Pierre Matisse Gallery, New York, 1942. Im Hintergrund *Rußland, den Eseln und den Anderen.*

1943

Die Nachrichten von den Kriegsschauplätzen, vor allem von den schrecklichen Ereignissen in seiner Heimat, erschüttern Chagall (*Krieg, Besessenheit, Die Kreuzigung in Gelb*). Im Sommer und Herbst trifft er mit dem Schauspieler Salomon Michoels und dem Dichter Itzik Fefer alte Freunde aus Rußland wieder, die als Mitglieder einer sowjetischen Kulturdelegation in die USA gekommen sind (Abb. 50). Chagall widmet ihnen zwei Gemälde, einen Brief "an seine russischen Freunde" und seine jiddischen Gedichte, die, mit eigenen Zeichnungen illustriert, in New York erschienen sind. Rückbesinnung auf seine Heimat wird auch in seinen Schneelandschaften, den Bildern von Birkenwäldchen und der Vorliebe Chagalls für die weite Landschaft von Cranberry Lake deutlich, wohin das Ehepaar Chagall immer wieder zurückkehrt (Abb. 53).

Zirkusmotive mit der Akrobatik von Kunstreiterinnen und Trapezkünstlern tauchen wieder im Werk des Malers auf. Im Atelier von Stanley W. Hayter (1901-1988), wo viele nach Amerika

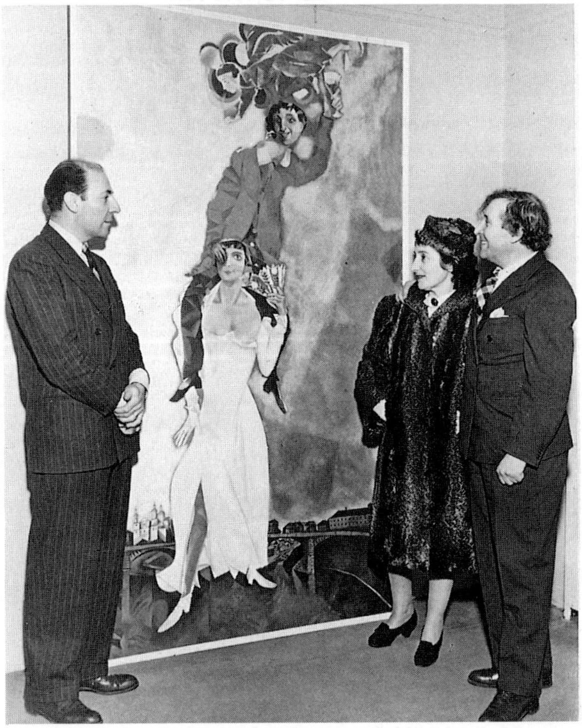

Abb. 48: Marc und Bella Chagall mit Pierre Matisse in seiner Galerie vor dem Doppelbildnis mit dem Weinglas, New York, 1941-1942.

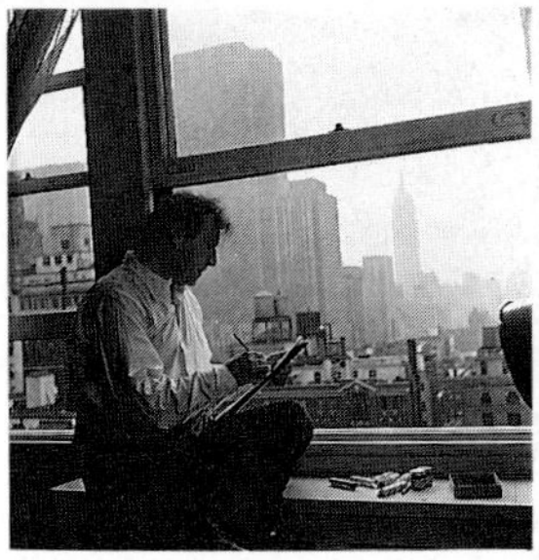

Abb. 49: Marc Chagall in New York, 1942.

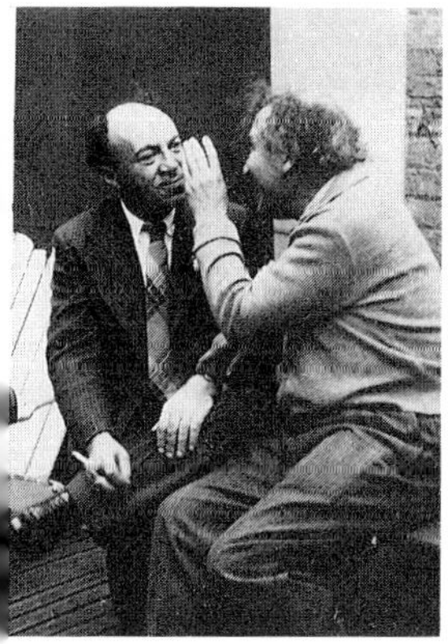

Abb. 50: Marc Chagall und Michoels, New York, 1943.

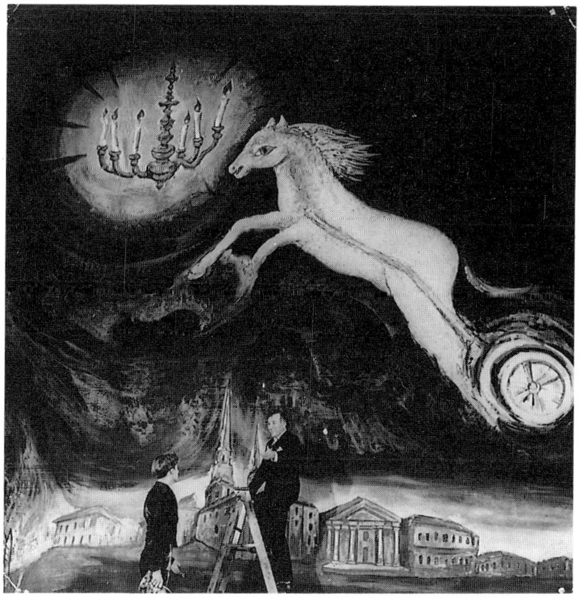

Abb. 51: Marc Chagall vor dem Bühnenvorhang *St. Petersburger Fantasie* für das Ballett *Aleko* (Szene IV), 1942.

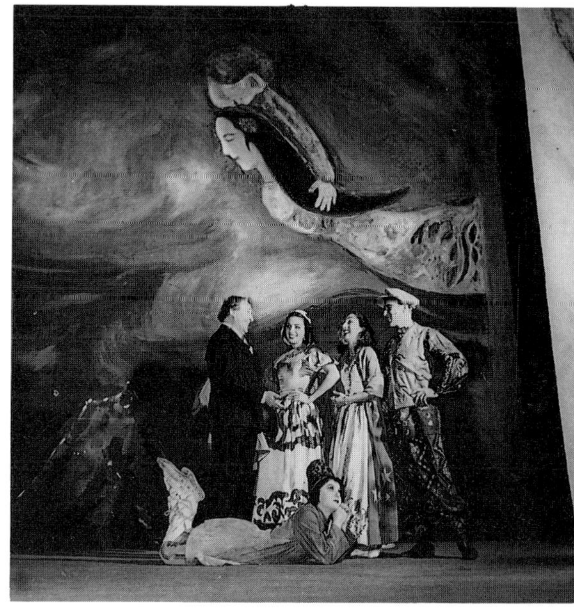

Abb. 52: Marc Chagall und ein paar Tänzer vor dem Bühnenvorhang *Aleko und Zemphire im Mondschein* für das Ballett *Aleko* (Szene I), 1942.

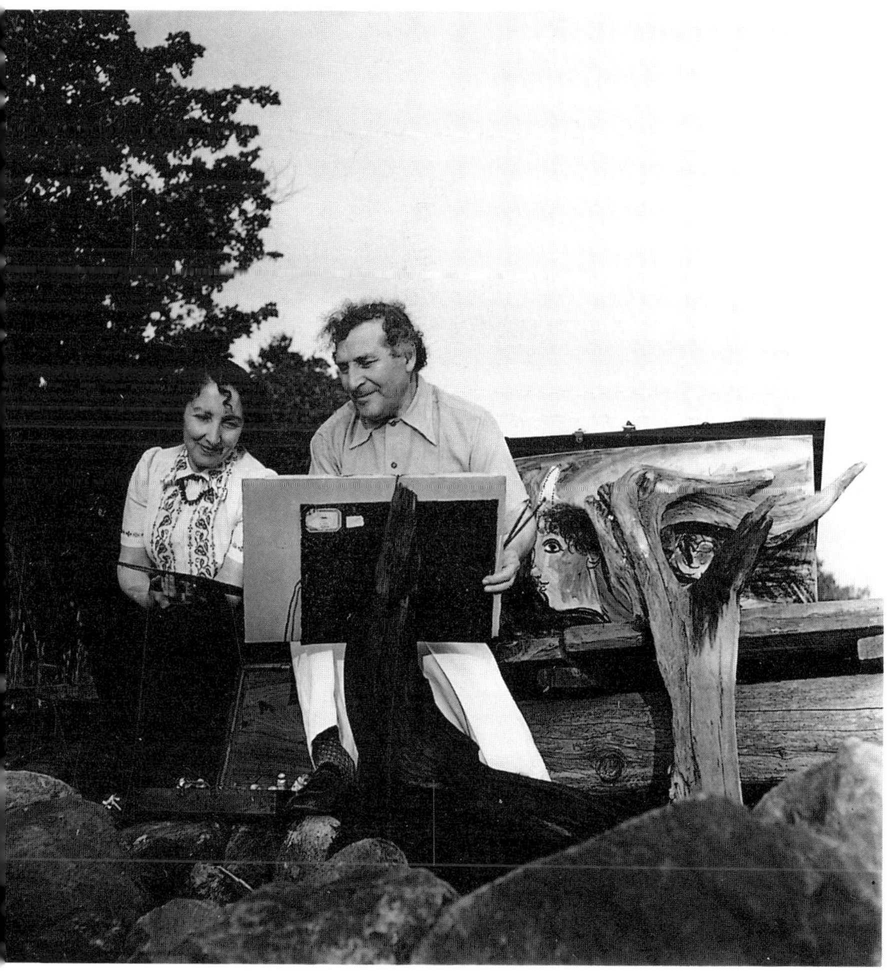

Abb. 53: Marc und Bella Chagall in Cranberry Lake, 1943. Rechts *Der Schlitten*, 1943.

geflohene Künstler arbeiten, entstehen von 1943 bis 1944 Radierungen zu diesem Thema, die zum ersten Mal Abdrücke von Fäden und Stoffen in die Komposition mit einschließen.

1944

Marc und Bella verbringen den Sommer in Cranberry Lake im Norden des Staates New York, dessen an Rußland erinnernde Landschaft ihn zu zahlreichen Dorfszenen und anderen Gemälden inspiriert.

An diesem Ort hatten sie von der Besetzung Frankreichs erfahren, jetzt erreicht sie hier die Nachricht von der Befreiung von Paris, der Stadt, die Bella nicht wiedersehen wird.

Einige Tage vor der für Anfang September geplanten Rückreise nach Frankreich erkrankt Bella überraschend: eine Virusinfektion mit sehr hohem Fieber. Obwohl sie sofort ins Krankenhaus gebracht wird, stirbt sie, da kaum für die notwendigste Pflege gesorgt ist, die zu dieser Zeit der Armee vorbehalten bleibt, 36 Stunden später, am 2. September, in New York.

Bellas plötzlicher Tod ist ein schrecklicher Schock für Chagall: "Alles ist dunkel geworden". Niedergedrückt von seinem Kummer, findet er neun Monate lang keine Kraft, sich an die Arbeit zu machen.

In seinem Atelier sind die Bilder gegen die Wand gekehrt.

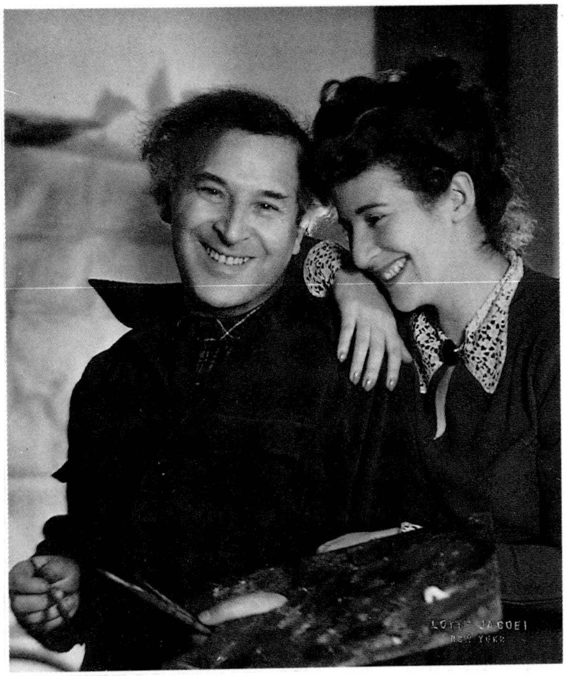

Abb. 54: Marc und Ida Chagall, 1944-1945.

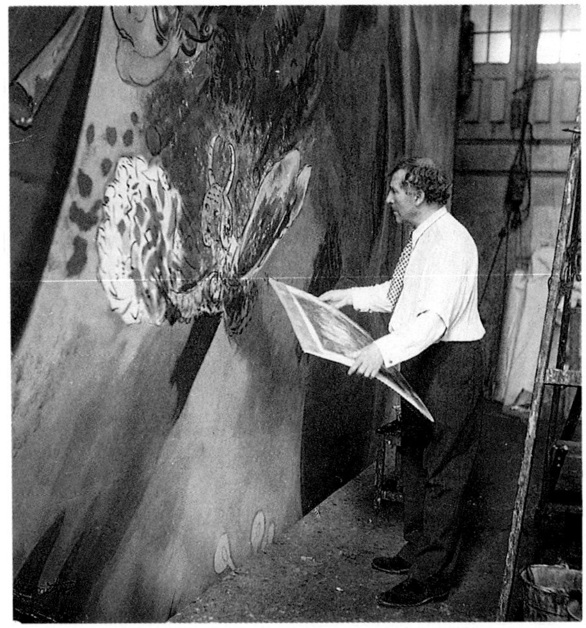

Abb. 55: Marc Chagall vor dem Bühnenvorhang für den *Feuervogel,* New York, 1945.

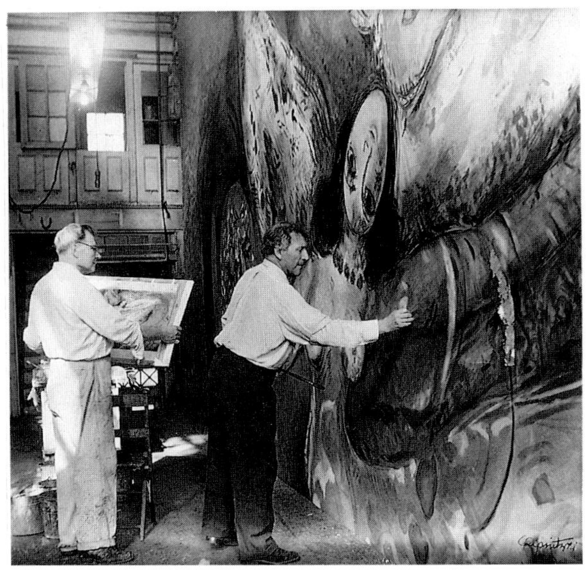

Abb. 56: Marc Chagall vor dem Vorhang für die Ouvertüre des *Feuervogels,* New York, 1945.

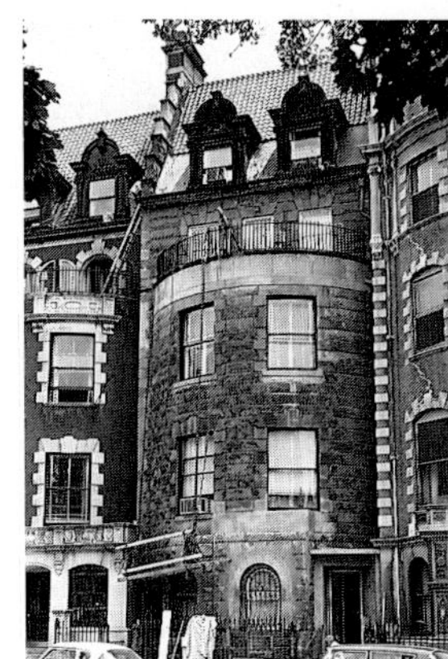

Abb. 57: Riverside Drive Nr.75, New York, 1945.

1945
Bei seiner Tochter Ida, die am Riverside Drive Nr.43 (Abb. 57) wohnt, findet Chagall Trost und liebevolle Unterstützung. Nach und nach erwacht wieder seine Lebenslust (Abb. 54). Zunächst hilft er Ida, den ersten Band von Bellas Erinnerungen, *Lumières allumées* (Brennende Lichter), vom Jiddischen ins Französische zu übertragen.
Im Sommer stellt Ida Virginia McNeil, eine junge, französisch sprechende Engländerin ein, die sich um ihren Vater kümmern soll.
Chagall arbeitet zuerst in Krumville, dann in Begleitung von Ida in einem kleinen, in Sag Harbor auf Long Island gemieteten Haus. Dort führt er drei Szenenbilder, einen Bühnenvorhang und mehr als 80 Kostüme für das Ballett *Der Feuervogel* von Igor Strawinsky aus. Es wird vom Ballet Theatre in der Choreographie von Adolph Bolm (1884-1951), einem ehemaligen Tänzer von Diaghilew (der im übrigen nicht mit Chagalls Entwürfen einverstanden ist), aufgeführt (Abb. 55 und 56). Die Kostüme werden im Theater unter Idas Leitung angefertigt.
Die Premiere des *Feuervogel* wird ein Triumph: "Chagalls Bühnendekorationen überstrahlen die Aufführung", schreibt die amerikanische Presse.
1946
Im Winter 1945-1946 kauft Chagall ein bescheidenes Holzhaus in High-Falls in den Catskill-Bergen. Er zieht dort mit Virginia hin, die sein Leben sieben Jahre lang teilen wird und ihm am

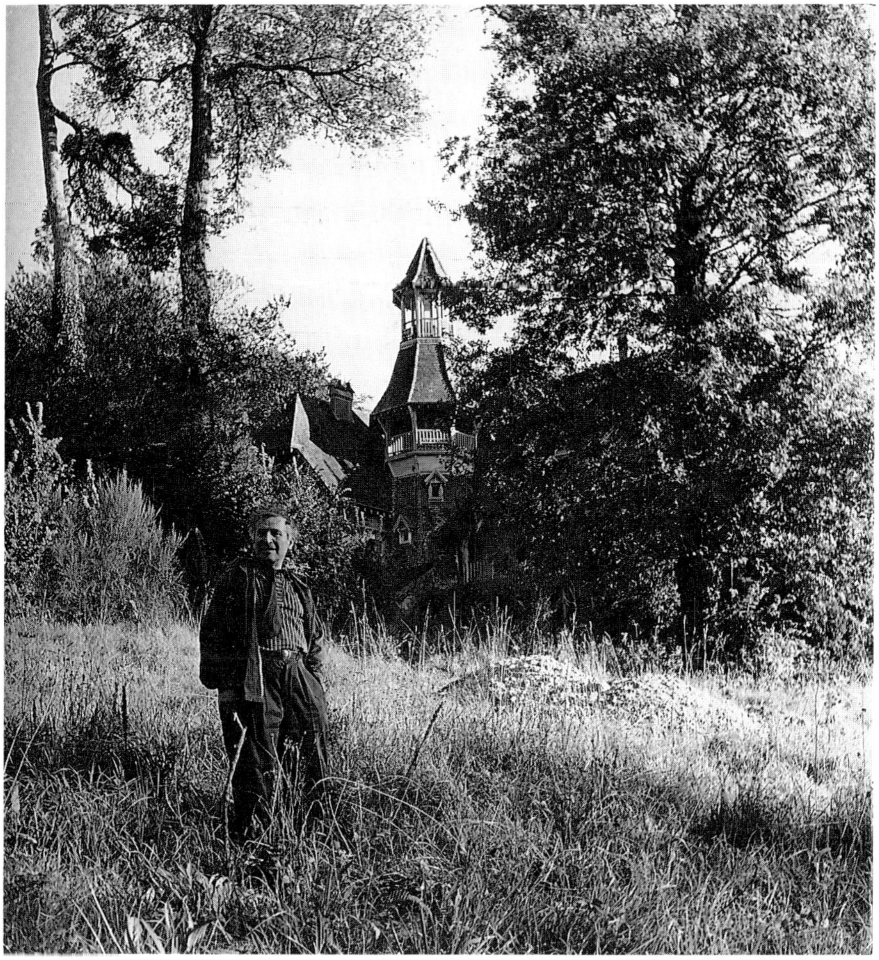

Abb. 58: Marc Chagall in Orgeval, 1948-1949.

22. Juni einen Sohn, David, schenkt. Der Künstler fährt von Zeit zu Zeit zu seiner Tochter Ida, die zusammen mit James Johnson Sweeney eine große Retrospektive im Museum of Modern Art in New York vorbereitet. Die Ausstellung präsentiert mit 144 Exponaten vierzig Jahre malerischen Schaffens. Ab September wird sie zusätzlich im Art Institute von Chicago gezeigt.
Ida kehrt nach Paris zurück, um dort mit Unterstützung von Jean Cassou (1897-1986) und dem Direktor des Musée d'Art Moderne de Paris eine große Ausstellung zu Ehren Chagalls anläßlich der Wiedereröffnung des Museums zu organisieren.
Im Mai reist Chagall nach Paris, wo er sich drei Monate in Begleitung des Kunstsammlers Louis Stern aufhält, um wieder den Kontakt zu Europa aufzunehmen, um die Atmosphäre und das Licht von Paris wiederzufinden.
Die Beziehungen zu seinen alten Maler- und Dichterfreunden werden neu geknüpft, darunter Éluard, für dessen Gedichtband *Le Dur Désir de durer* (Die zähe Überlebenslust) er Illustrationen zeichnet.
Im Herbst kehrt der Maler nach High-Falls zurück, denkt aber unablässig an eine Rückkehr nach Frankreich. Eine Reihe großformatiger Gemälde entsteht, und er arbeitet an den wunderbaren Gouachen für *Tausendundeine Nacht,* der Grundlage für seine ersten Farblithographien, die der Verleger Kurt Wolff (1887-1963) bei Chagall in Auftrag gegeben hat.
In den ersten Jahrzehnten nach dem Krieg werden weltweit zahlreiche Ausstellungen seiner Werke organisiert.

1947
Im Oktober ist Chagall wieder in Paris, zur Eröffnung der großen, vom Musée d'Art Moderne de Paris veranstalteten Retrospektive. Weitere folgen: im Stedelijk Museum in Amsterdam, in der Tate Gallery in London, im Züricher Kunsthaus und in der Berner Kunsthalle.

1948
Im August kommt Chagall erneut aus den USA nach Frankreich zurück. Chagall und Virginia unternehmen die Überfahrt in Begleitung des Philosophen Jean Wahl (1888-1974) auf dem Dampfer Le Grasse.
Sie richten sich in Orgeval in der Nähe von Saint-Germain-en-Laye in einem großen von Ida gemieteten Haus mit verwildertem Garten ein. Das Haus ist bald ein vielbesuchter Treffpunkt (Abb. 58, 59 und 60): Claude Bourdet, der Chefredakteur von *Combat*, Paul Éluard, Jean Paulhan, Jacques Maritain, Ivan Goll, Pierre Reverdy (1889-1960), die Kunsthändler Louis Carré und Aimé Maeght (1906-1982), der Chagall von nun an in Frankreich vertritt, und der Verleger Tériade, der die Platten aller Illustrationen zu Gogols *Toten Seelen,* den Fabeln La Fontaines und der Bibel aus dem Vollard-Fonds erworben hat, finden sich dort häufig ein.
Im September fährt Chagall zur Biennale nach Venedig, wo ihm ein eigener Saal gewidmet ist und er den Graphikpreis erhält. In den Museen, Palästen und Kirchen ist er von den Fresken und Gemälden der großen Venezianer fasziniert.
Der Maler beginnt mit der Arbeit an dem monu-

mentalen Wandbild für das Foyer des Watergate Theatre in London.

1949
Im Januar fährt Chagall von Orgeval aus nach Saint-Jean-Cap-Ferrat zu Tériade, der dort die Hälfte des Jahres in einem prächtigen, von herrlichen Blumengärten umgebenen Haus verbringt. Der Maler wohnt in der Pension Lou Mas de la Mer mit Blick auf den Fischerhafen. Hier entstehen die ersten Tuschzeichnungen zu Boccaccios *Decamerone*, die im folgenden Jahr mit einem Begleittext von Jacques Prévert (1900-1977) in der Zeitschrift *Verve* erscheinen sollen. In diesen Monaten entwickelt sich zu Tériade eine enge Freundschaft. Er ist es auch, der Chagall vorschlägt, den Schäferroman *Daphnis und Chloe* von Longos, ein Meisterwerk der altgriechischen Literatur, zu illustrieren. Mit dem Aufenthalt in Südfrankreich wächst Chagalls Bewunderung für das mediterane Licht, das in seiner Kunst mit erneuerten Formen aufleuchtet.
Entschlossen, gegen den aufkommenden Rassismus zu kämpfen, nimmt Chagall im Mai an einer großen Versammlung im Cirque d'Hiver in Paris teil, bei der er gegen den Antisemitismus auftritt.
Im Oktober fährt er zurück nach Südfrankreich. Er wohnt in der Villa Les Chèvres in Saint-Jeannet, wo der surrealistische Dichter Georges Ribemont-Dessaignes (1884-1974) lebt. Einen Monat später mietet er das Studio in Vence, wo er seine ersten Keramikarbeiten im Atelier von Madame Bonneau ausführt.
Die Galerie Rosengart in Luzern zeigt eine Ausstellung mit Gouachen.

1950
Auf Bitten ihres Vaters fährt Ida nach Amerika, um alle dortgebliebenen Werke nach Europa zu bringen.
Unterdessen kauft Chagall, der von der Landschaft um Vence begeistert ist, La Colline, eine auf den Höhen von Baou des Blancs auf der Route de Vence in Saint-Jeannet gelegenen Villa. Der Landsitz besteht aus einem Wohnhaus, einem kleineren Gebäude, in dem das Atelier eingerichtet wird, und einem herrlichen Garten mit

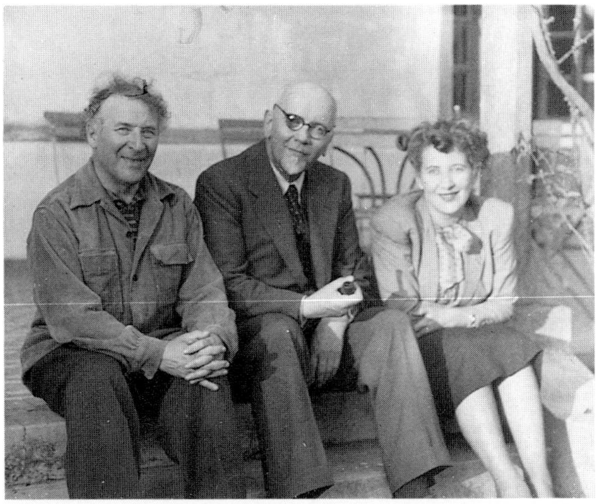

Abb. 59: Lionello Venturi zwischen Marc und Ida Chagall in Orgeval, 1950.

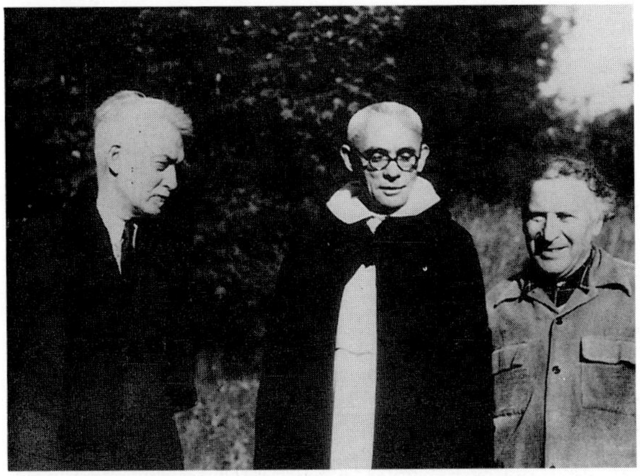

Abb. 60: Jacques Maritain, der Pater Couturier und Marc Chagall in Orgeval, 1950.

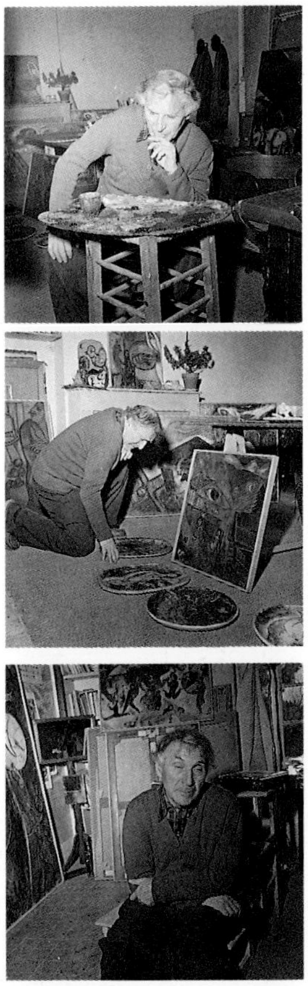

Abb. 61: Marc Chagall in seinem Atelier in der Villa La Colline, Vence, 1950.

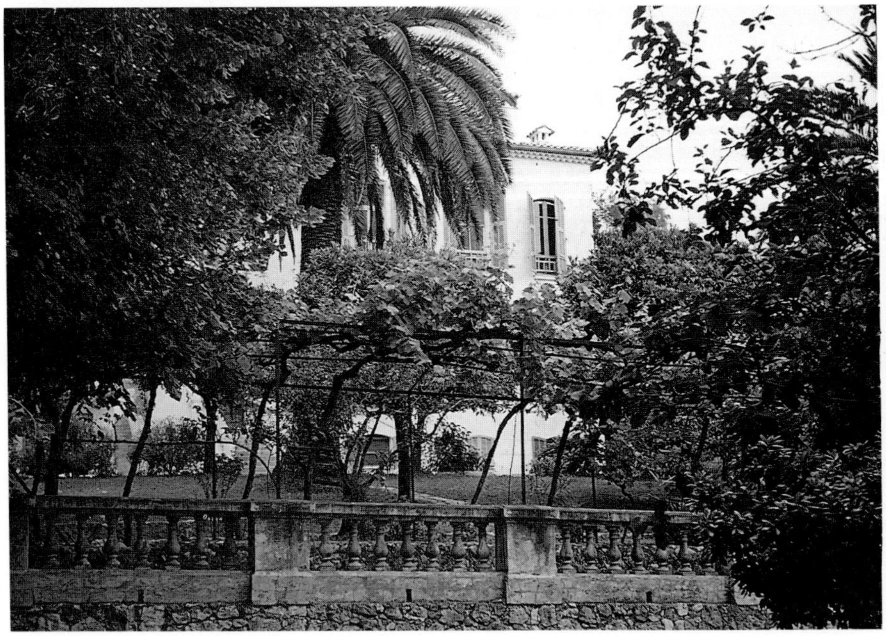

Abb. 62: La Colline, Vence.

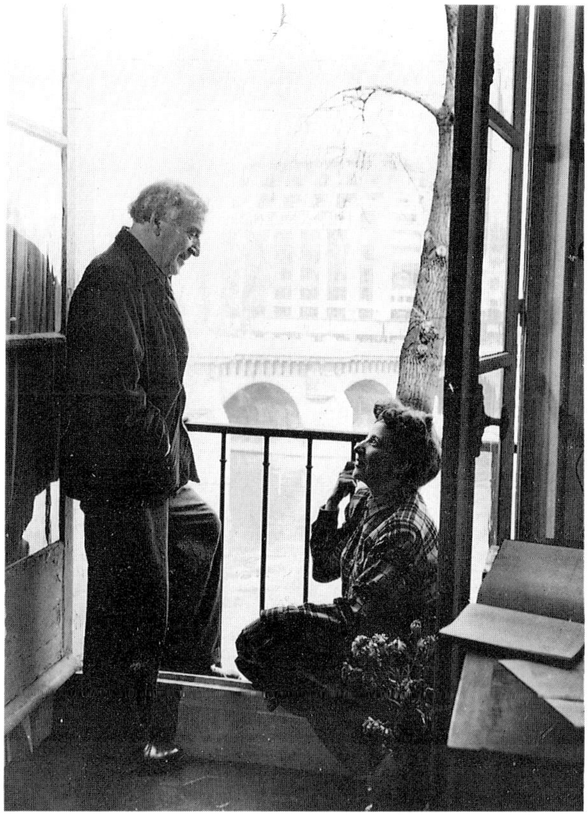

Abb. 63: Marc und Ida Chagall am Quai de l'Horloge, Paris, 1950.

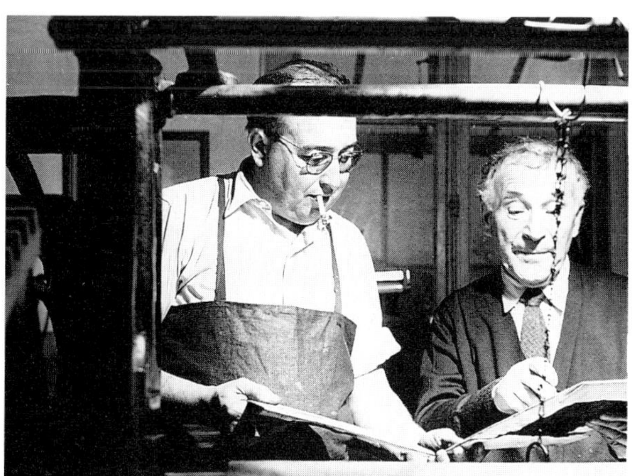

Abb. 64: Marc Chagall bei dem Stecher R. Haasen.

Palmen und Orangenbäumen. Er zieht dort im Frühling ein (Abb. 61 und 62).
In Vence werden viele Werke vollendet und neue entstehen: eine Serie von Dorfszenen, beleuchtet vom magischen Licht des Mittelmeers; Gemälde und Gouachen mit Liebespaaren; fast alle Werke der kommenden Jahre werden dort begonnen, ab 1950 vor allem aber die monumentalen Gemälde zu biblischen Themen.
Der Künstler fährt regelmäßig nach Paris, wo er bei Ida in ihrer Wohnung am Quai de l'Horloge (Abb. 63) zu Gast ist. In Paris befaßt er sich intensiv mit graphischen Arbeiten (Abb. 64). Um seine Technik zu verbessern, besucht er regelmäßig - wie andere Maler, Bildhauer und Schriftsteller auch - die Druckerei von Fernand Mourlot, dem Erneuerer der Lithographie. Dort lernt er Charles Sorlier kennen, der den Druck seiner lithographischen Arbeiten übernimmt und einer seiner treuesten Mitarbeiter wird. In Mourlots Ateliers führt er anläßlich einer Ausstellung in der Galerie Maeght sein erstes Plakat in dieser Technik aus.
An der Côte d'Azur, die seit Kriegsende ein wahres Künstlerzentrum geworden ist, trifft Chagall regelmäßig Matisse, der in Cimiez wohnt, und Picasso, der ein Haus in Vallauris besitzt.
Das Haus der Kunst in München organisiert eine Retrospektive.
Chagall beschäftigt sich mit keramischen Arbeiten: zuerst bemalt er bei Serge Ramel in Vence Teller im provenzalischen Stil, dann arbeitet er in der Töpfereiwerkstatt L'Hospied in Golfe-Juan.
In den fünfziger und sechziger Jahren erhält Chagall Aufträge unterschiedlichster Bestimmung, die ihm Gelegenheit bieten, seine künstlerische Ausdruckskraft auf ganz verschiedenen Feldern zu erproben. Neben Buchillustrationen, Plastiken und keramischen Bildern findet Chagall nun häufiger Anlaß, in monumentalem Format zu arbeiten, sei es bei Wandmalereien, Glasfenstern, Mosaiken oder Tapisserien.

1951
Chagall reist nach Israel zur Eröffnung einer von Ida organisierten Retrospektive, die in Jerusalem, Haifa und Tel Aviv gezeigt wird.
Im Sommer verbringt der Künstler einige Wochen in Gordes, wo er mit Henri Langlois, dem

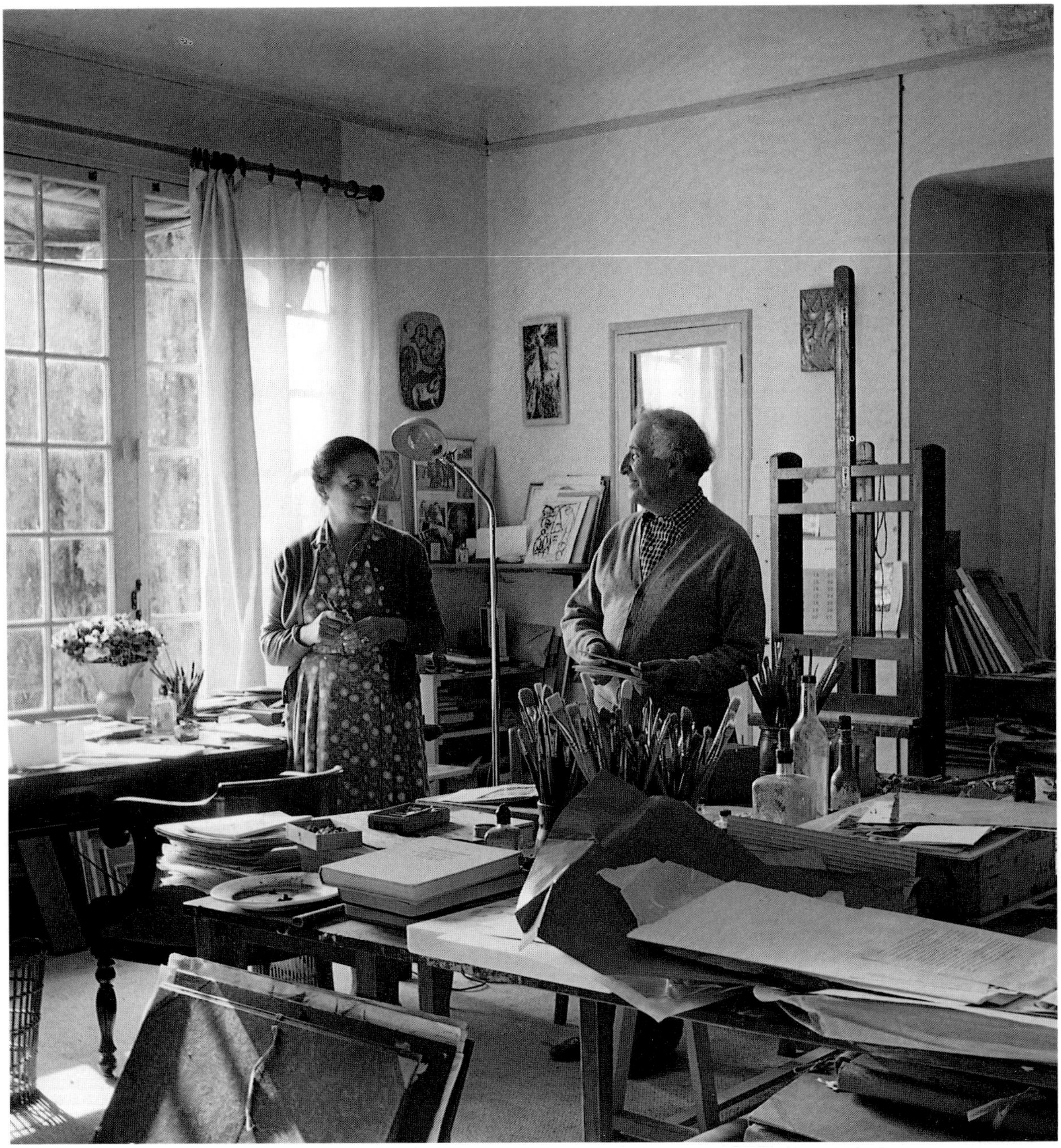

Abb. 65: Marc und Valentine (Vava) Chagall im Atelier in Vence.

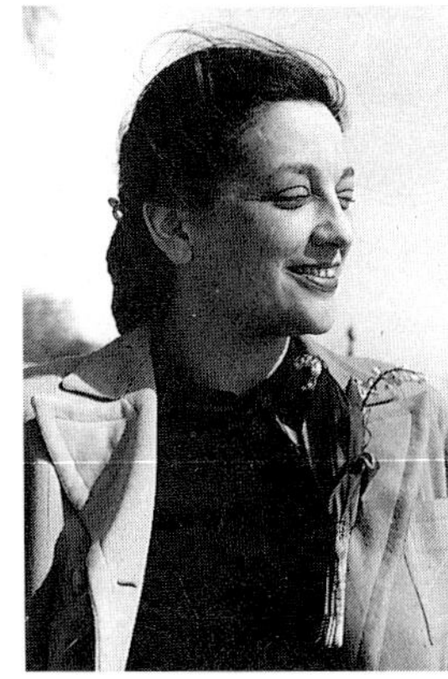

Abb. 66: Valentine Brodsky.

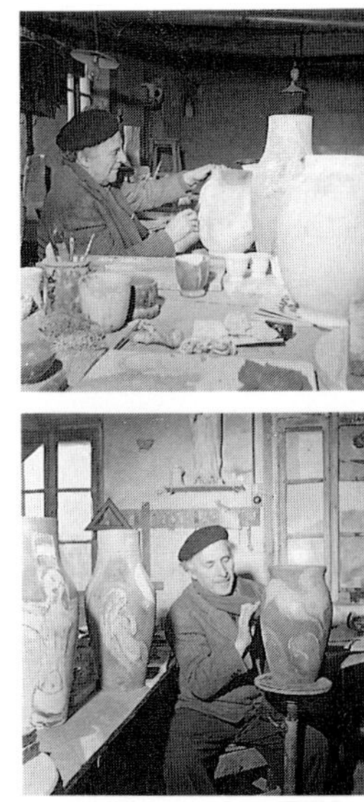

Abb. 67: Marc Chagall im Atelier Madoura in Vallauris, 1952.

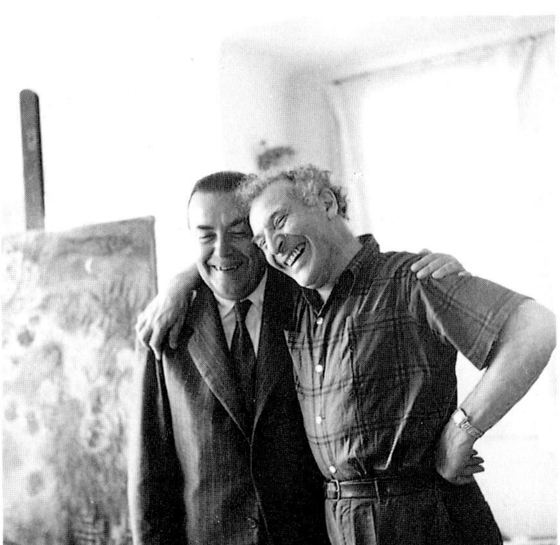

Abb. 68: Marc Chagall und der Verleger Tériade, 1951.

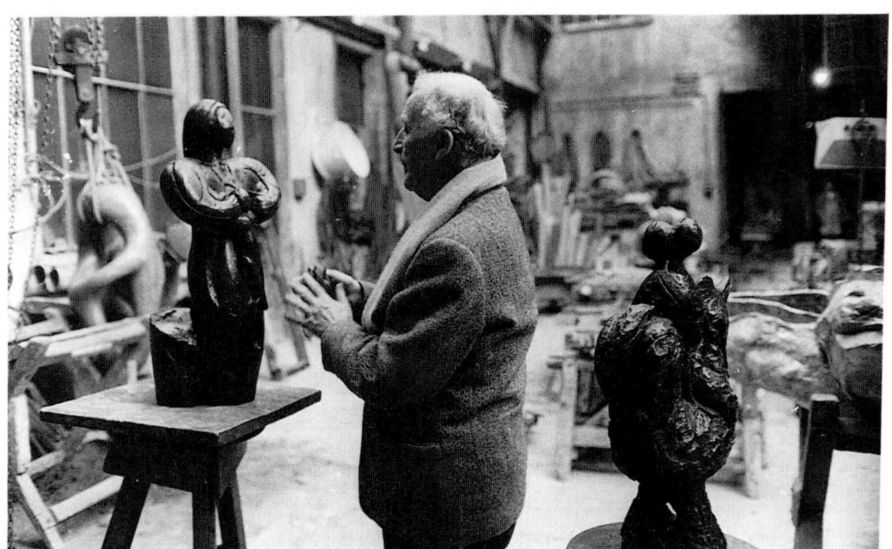

Abb. 69: Marc Chagall vor der Skulptur *Die Madonna* im Atelier des Bronzegießers Susse, 19

Direktor der Cinémathèque Française, einen Film über sein künstlerisches Lebenswerk vorbereitet. Er aquarelliert seine Fabelillustrationen zu La Fontaine. Anschließend verbringt er ein paar Wochen in Dramont, einem kleinen Badeort in der Nähe von Saint-Raphaël, der ihn zu Gouachen mit Meeresszenen inspiriert.
Virginia trennt sich überraschend von Chagall. Sie zieht mit den beiden Kindern zu dem Fotografen Charles Leirens nach Brüssel.

1952
Im Frühjahr lernt der Maler die aus Rußland stammende Valentine (Vava) Brodsky kennen. Die beiden heiraten am 12. Juli in Clairefontaine bei Rambouillet. Ein neues Kapitel im Leben des Künstlers beginnt. Aus dieser Liebe schöpft er die Kraft, zu neuen künstlerischen Ufern vorzustoßen (Abb. 65 und 66).
Chagall widmet sich nun intensiver keramischen Arbeiten: Wandbildern, Vasen, Krügen und Tellern, die unter der Hand des Künstlers neue skulpturale Qualität gewinnen. Bis 1962 arbeitet er hierbei stets im Atelier Madoura von Suzanne und Georges Ramié in Vallauris (Abb. 67). In dieser Zeit entstehen auch Marmor- und Tonskulpturen (Abb. 69).
Von März bis April werden etwa zehn Wandkeramiken in der Galerie Maeght ausgestellt.
Im engen Einvernehmen mit Pater Couturiers beginnt der Künstler mit der Ausführung einer monumentalen Wandkeramik, die 1957 in der Taufkapelle von Notre-Dame de Toute-Grâce von Assy angebracht wird.
Im Juni besucht er die Kathedrale von Chartres und studiert Bildkomposition und Technik der alten Glasfensterkunst.
Das Thema Paris taucht jetzt wieder in seinen Arbeiten auf - die Stadt, die in seinen Augen zum Symbol geworden ist für die Verschmelzung seines inneren Kosmos mit der äußeren Welt: "Paris (...), das ich reicher, von neuem Leben erfüllt wiedergefunden habe; es ist, als ob ich hätte wiedergeboren werden müssen, als hätte ich meine Tränen abwischen müssen, um wieder weinen zu können.
Die Abwesenheit, der Krieg, alles Leid war nötig, damit dies alles in mir erwache und zum Rahmen meines Denkens und meines Lebens werde (...). Die Erde auf seinen Wurzeln zu behalten oder neue zu finden, ist ein wahres Wunder".
Während der ersten Entwürfe für die Illustrationen zu *Daphnis und Chloe* unternehmen Chagall und Vava eine Griechenlandreise, besuchen Delphi, Athen und bleiben einige Zeit auf der Insel Poros; eine Reise, die sich als äußerst fruchtbar für seine Kunst erweist.
Bei Tériade erscheinen die *Fabeln* von La Fontaine (Abb. 68).
Chagall reist nach Italien und besucht Rom, Neapel und Capri.

1953
Chagall fährt nach Turin zur Eröffnung einer Retrospektive im Palazzo Madama. Hier entstehen die ersten Gouachen für *Daphnis und Chloe*. Den Jahreswechsel verbringt er in London, wo er seinen eigenen Worten zufolge eine neue "Chimie" von Farben entdeckt.

1954
Im Herbst reisen Chagall und Vava erneut nach Griechenland: zuerst nach Poros, dann bleiben sie einige Zeit in Nauplia und besuchen von dort aus Olympia.
Die vielen hier entstehenden Zeichnungen und Gouachen zeugen vom inspirierenden Eindruck des Landes auf den Maler. Auch in Venedig macht er wieder Station, wo ihn Tizian und Tintoretto erneut begeistern.
In Murano versucht er sich in der Glaskunst. Ravenna und Florenz sind die nächsten Ziele.
Chagall malt für Tériades Haus in Saint-Jean-Cap-Ferrat zwei große Wandgemälde.
Die Galerie Maeght organisiert eine Ausstellung (Abb. 70).

1955
Bei den Dreharbeiten für einen Film im Cirque d'Hiver wird die Begeisterung für den Zirkus - gleichzeitig Spiel und Metapher der Welt - neu geweckt. Dabei entstehen die Entwurfsskizzen für

das Bild *Der große Zirkus* von 1956. Chagall arbeitet an einem Zyklus von Wandmalereien mit dem Titel *Biblische Botschaft,* den er 1966 vollendet und an einem Ort versammelt sehen möchte.
Die Kestner-Gesellschaft in Hannover organisiert eine Retrospektive.

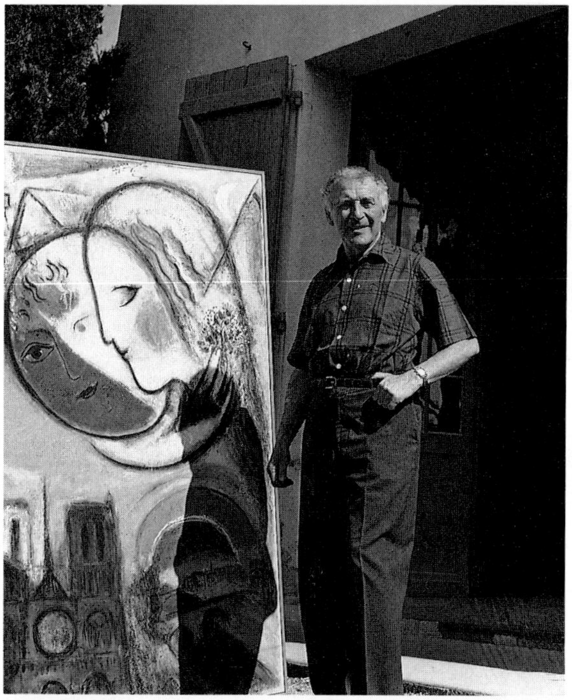

Abb. 70: Marc Chagall vor dem Bild *Sonntag* (1953-1954), Vence, 1956.

1956
Das Jahr steht im Zeichen lithographischer Arbeiten. Sein graphisches Werk wird bereichert mit neuen religiösen Zyklen. Bei Tériade erscheint die *Bibel.*
Die Kunsthallen in Basel und in Bern und das Brüsseler Palais des Beaux-Arts organisieren Ausstellungen zu Chagalls Werk.
Als Hommage an Gauguin malt Chagall ein Bild nach einem im Courtauld Institute in London aufbewahrten Gemälde.

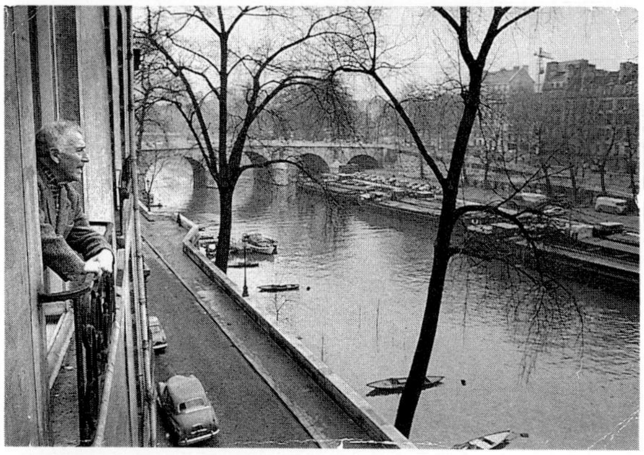

Abb. 71: Marc Chagall am Fenster seiner Wohnung am Quai d'Anjou, Paris, 1958-1959.

1957
Chagall unternimmt seine dritte Israelreise. In Paris findet eine Retrospektive seines graphischen Werks in der Bibliothèque Nationale statt.
Der Zyklus *Daphnis und Chloe* wird bei Mourlot lithographiert. Chagall entwirft den Karton für sein erstes Wandmosaik *Der blaue Hahn*, dessen Ausführung 1958 der Gruppo Mosaicisti in Ravenna übernimmt. Die Wandkeramik mit dem Titel *Der Durchgang durch das Rote Meer* wird in der Taufkapelle von Assy installiert.
In Paris wohnt Chagall in Paris am Quai Bourbon, bevor er eine Wohnung am Quai d'Anjou Nr.13 auf der Ile Saint-Louis kauft. Vor allem der Kupferstich und die Lithographie stehen jetzt im Zentrum seines Schaffens (Abb. 71 und 72).

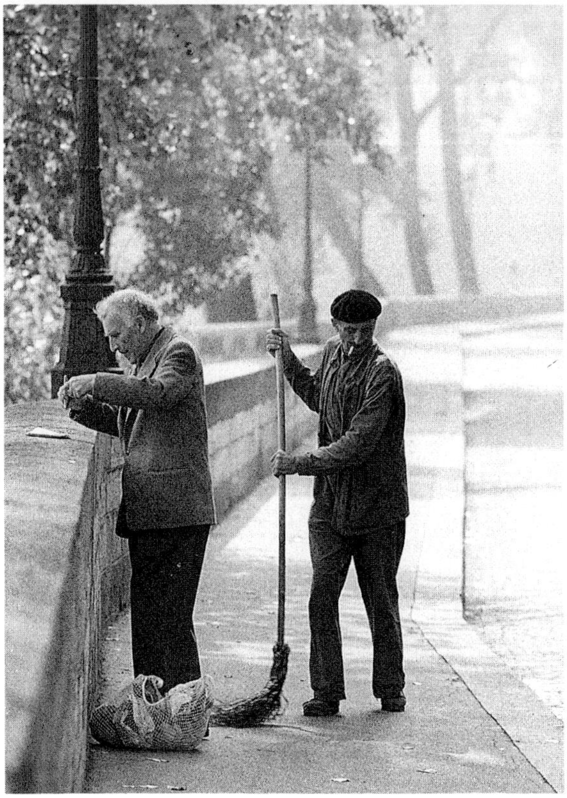

Abb. 72: Marc Chagall vor dem Quai d'Anjou Nr.13, Paris, 1958-1959.

1958-1959
Im Februar 1958 sind Chagall und Vava in Chicago. In einem Vortrag an der Universität spricht er von seiner Kunst, seinem Leben und der Malerei als dem ihm weseneigenen Ausdrucksmittel: "Ich wählte die Malerei, denn sie war mir genauso unentbehrlich wie alle Nahrung.

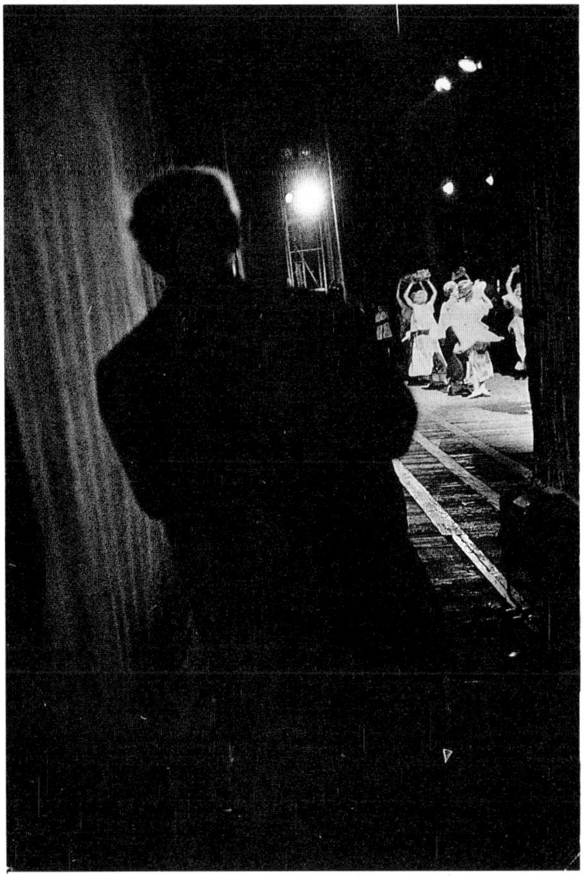

Abb. 73: Marc Chagall bei der Premiere von *Daphnis und Chloe* in der Pariser Oper, Paris, 1958.

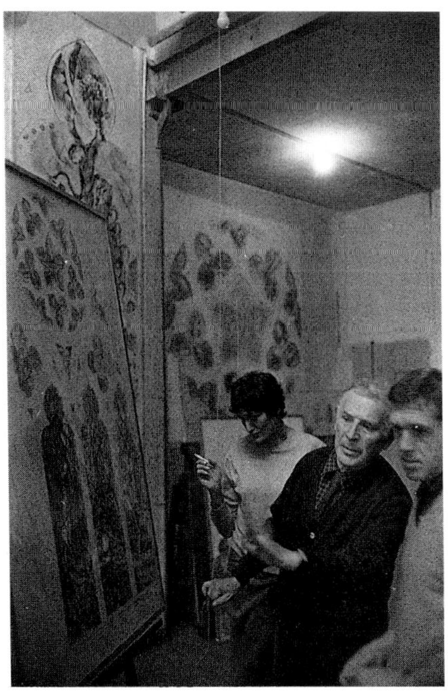

Abb. 74: Marc Chagall mit Brigitte und Charles Marq im Atelier Simon, Reims, 1958-1959.

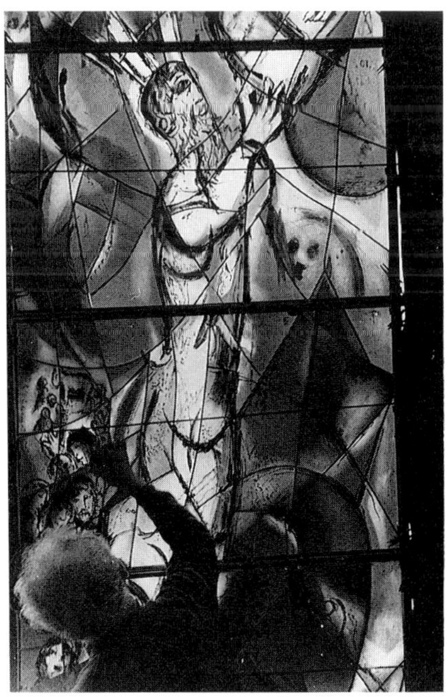

Abb. 75: Marc Chagall arbeitet im Atelier Simon an einem Glasfenster für die Kathedrale von Reims, Reims, 1958-1959.

Sie erschien mir wie ein Fenster, durch welches ich in eine andere Welt davonflöge".
Nach Vollendung der Illustrationen für *Daphnis und Chloe* betraut die Pariser Oper Chagall mit dem Entwurf der Bühnenbilder und der Kostüme für das Ballett *Daphnis und Chloe* von Maurice Ravel nach einem Libretto von Michel Forkine und in der Choreographie von Georges Skibine. Die Premiere des Balletts findet an der Brüsseler Oper anläßlich der Weltausstellung statt (Abb. 73).
In Mies am Genfer See sucht der Maler mit Gauguin das Geheimnis Gaugin auszuloten.
Chagall macht die Bekanntschaft von Charles Marq, Glasmacher und Leiter des berühmten Ateliers Simon in Reims. In Zusammenarbeit mit der Glashütte Saint-Just löst dieser von Projekt zu Projekt neu die vielen Probleme, die sich aus dem reichhaltigen Kolorit von Chagalls Glasfensterentwürfen ergeben (Abb. 74 und 75).
Die Fensterentwürfe für die Kathedrale von Metz (1959 vollendet) zeugen bereits von der Meisterschaft, mit der sich der Künstler der mittelalterlichen Architektur anverwandelt. Im Foyer des Frankfurter Theaters wird das Wandbild *Commedia dell'Arte* enthüllt. Chagall widmet sich Werken mit dem Motivkreis Zirkus. 1959 erhält er die Ehrendoktorwürde der Universität Glasgow. Dic amerikanische Akademie für Kunst und Literatur wählt den Maler zum Ehrenmitglied. Die Hamburger Kunsthalle, das Haus der Kunst in München und das Musée des Arts Décoratifs in Paris veranstalten große Ausstellungen.

1960

Zu Beginn des Jahres malt Chagall Gouachekompositionen im verschneiten Dorf Sils Maria in der Schweiz.
Die Brandels Universität in Waltham (Massachusetts) ernennt ihn zum Ehrendoktor. Im Oktober erhält er zusammen mit Oskar Kokoschka (1886-1980) den Erasmuspreis der europäischen Kulturstiftung.
Der Maler arbeitet an den Entwürfen für die zwölf Glasfenster der Synagoge im Hadassah-Hospital in Jerusalem, die die zwölf Stämme

Israels darstellen. In Reims im Musée des Beaux-Arts werden zum ersten Mal Chagalls Skulpturen und Glasfenster ausgestellt (Abb. 76).

1961-1962
Daphnis und Chloe erscheint im Verlag Tériade (1960-1962).
Die zwölf Glasfenster für Jerusalem werden im Musée des Arts Décoratifs von Paris und im Museum of Modern Art von New York ausgestellt.
Im Februar 1962 wohnt Chagall der Installation der Glasfenster in Israel bei (Abb. 77).
Das Rath-Museum in Genf ehrt Chagall mit der Ausstellung *Chagall und die Bibel.*

1963-1964
In Japan werden die ersten Retrospektiven von Chagalls Werk in den Museen von Tokyo und Kyoto organisiert.
André Malraux (1901-1976) bietet dem Künstler den Entwurf eines neuen Deckengemäldes für die Pariser Oper im Palais Garnier an. Zahlreiche Skizzen und Entwürfe entstehen, die musikalische Themen der von ihm verehrten Komponisten aufgreifen: Debussy, Ravel, Mussorgskij, Tschaikowsky und Mozart.
Zwei große Entwürfe legt er Charles de Gaulle und André Malraux zur Entscheidung vor.
Den Enwurf, auf den die Wahl fiel, führt er von Januar bis Juli 1964 in einer Werkstatt der Staatlichen Gobelinmanufaktur aus (Abb. 78). Im September wird das neue Deckenbild feierlich enthüllt.
Zur Einweihung der dem Andenken Dag Hammarskjölds (1905-1966) gewidmeten Fenster *Der Frieden* am Sitz der Vereinten Nationen fahren Chagall und Vava nach New York. Bei dieser Gelegenheit trifft der Maler Rudolf Bing, den Direktor der Metropolitan Opera, der bei ihm zwei riesige Wandmalereien sowie Bühnenbilder und Kostüme für Mozarts *Zauberflöte* in Auftrag gibt.
Bei einer Begegnung mit Yvette Cauquil-Prince begeistert sich Chagall für die Schöpfungen dieser

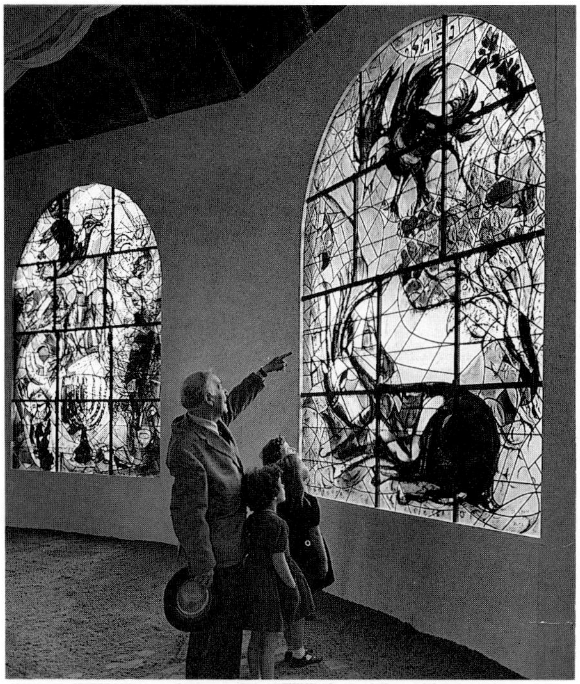

Abb. 76: Marc Chagall erklärt seinen drei Enkelkindern Piet, Bella und Meret das Glasfenster mit dem Titel *Der Stamm Naphtali* bei der Ausstellung von Glasfenstern und Plastiken im Musée des Beaux-Arts von Reims, 1961.

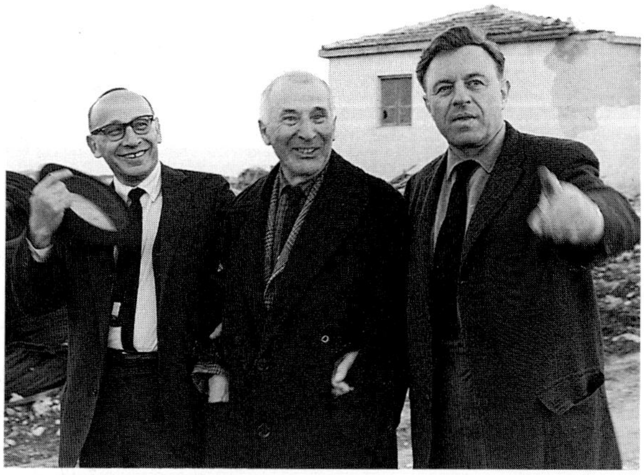

Abb. 77: Marc Chagall zwischen Joseph Boxenbaum und Teddy Kollek, Israel, 1962.

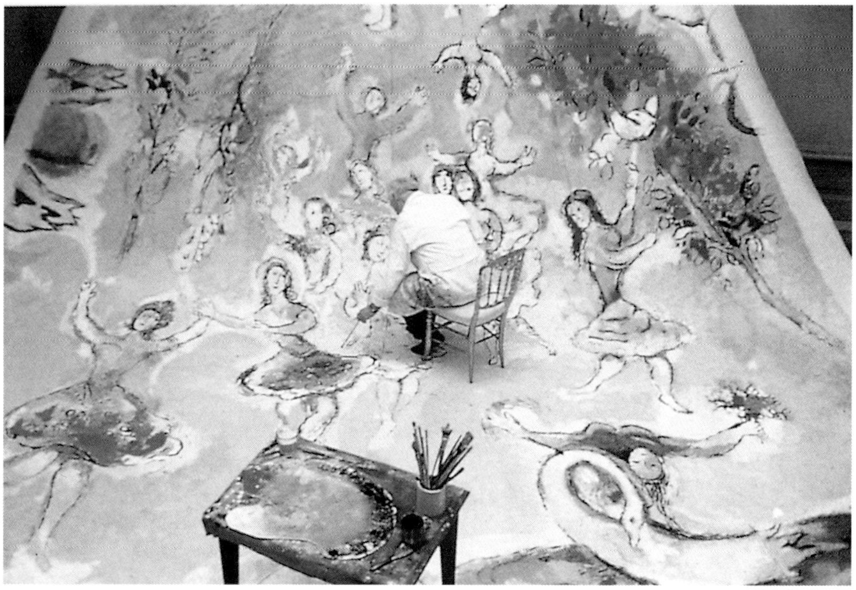

Abb. 78: Marc Chagall führt das Deckengemälde für die Pariser Oper aus, Paris, 1963.

Meisterin der Wandteppichkunst. Sie ist künftig für die Umsetzung von Chagalls Gemälden, Zeichnungen und Lithographien in Tapisserien verantwortlich, die in ihrer Werkstätte in Basselisse-Technik auf dem Flachwebstuhl entstehen.

1965-1967

Die Universität von Notre Dame (Indiana) ernennt Chagall zum Ehrendoktor. Die Geschichte des *Exodus* wird 1966 in New York von Léon Amiel verlegt mit 24 originalen, bei Mourlot gedruckten Lithographien.

Chagall und Vava verlassen Vence und ziehen nach Saint-Paul in die Villa La Colline, ein Haus, das dem Maler ideale Arbeitsbedingungen bietet (Abb. 79).

Das Dorf Saint Paul erscheint künftig als Kernstück vieler seiner Werke. Chagall arbeitet an den beiden Wandbildern für die Metropolitan Opera: *Les Sources de la Musique* (Die Ursprünge der Musik) und *Le Triomphe de la Musique* (Der Triumph der Musik).

Der Maler führt einen Zyklus von neun John D. Rockefeller und Michael C. Rockefeller gewidmeten Glasfenstern mit den Propheten als Thema für die Union Church von Pocantico Hills (New York) aus.

1968-1970

1968 reisen Chagall und Vava nach Washington D.C.

Eine Ausstellung findet in der Galerie Pierre Matisse in New York statt.

Von Louis Trotobas, dem Dekan der juristischen Fakultät der Universität Nizza beauftragt, führt Chagall ein großes Mosaik mit dem Titel *Odysseus' Botschaft* aus. Die Ausführung übernimmt Lino Melano, der schon für die Realisierung der für die Stiftung Maeght bestimmten Mosaiken (1964-1965) sowie für die in der Villa La Colline in Saint-Paul verantwortlich war. Erneut bewährt

sich Melano als ausgezeichneter Mitarbeiter. Die Glasfenster für das Triforium im nördlichen Querschiff der Kathedrale von Metz werden hergestellt.
1969 wird der Grundstein für das Nationalmuseum Message Biblique Marc Chagall in Nizza gelegt.
Zur Einweihungsfeier des neuen Parlaments in Jerusalem, der Knesset, reist der Künstler nach Israel. Für die Knesset hat er ein Wandmosaik, *Die Klagemauer,* und drei große Wandteppiche, nämlich *Die Weissagung Jesaias*, *Der Exodus und Einzug in Jerusalem* geschaffen. Die Tapisserien stammen aus den Ateliers der Pariser Gobelinmanufaktur (Abb. 80 und 81).
1969 bringt der Verlag Editions Adrien Maeght *Lettre à Marc Chagall* (Brief an Marc Chagall) mit Originalradierungen und einem begleitenden Text von Jersy Ficowski heraus.
Der Grand Palais in Paris stellt 474 Werke als *Hommage an Chagall* aus.
Anfang 1970 findet in der Bibliothèque Nationale von Paris eine Retrospektive des graphischen Werks statt. Chagall illustriert mit Gouachen die *Antimémoires* von André Malraux.
In mehrjähriger Zusammenarbeit mit dem Glaskunstmeister Charles Marq und seiner Frau Brigitte entstanden, werden im September 1970 fünf Glasfenster im Chor des Züricher Fraumünsters eingeweiht - *Die Propheten Elias, Jeremias und Daniel, Die Weissagung des Propheten Jesaja, Jacobs Traum, Der Baum Jesse, Die Kreuzigung und Das himmlische Jerusalem.*

1971-1973
Im Frühjahr 1971 ist Chagall erneut in Zürich. Er führt ein großes Mosaik mit dem Titel *Der Wagen des Elias* für das Nationalmuseum Message Biblique aus und beginnt 1972 ein großes von der First National City Bank von Chicago in Auftrag gegebenes Mosaik mit dem Titel *Die Vier Jahreszeiten.*

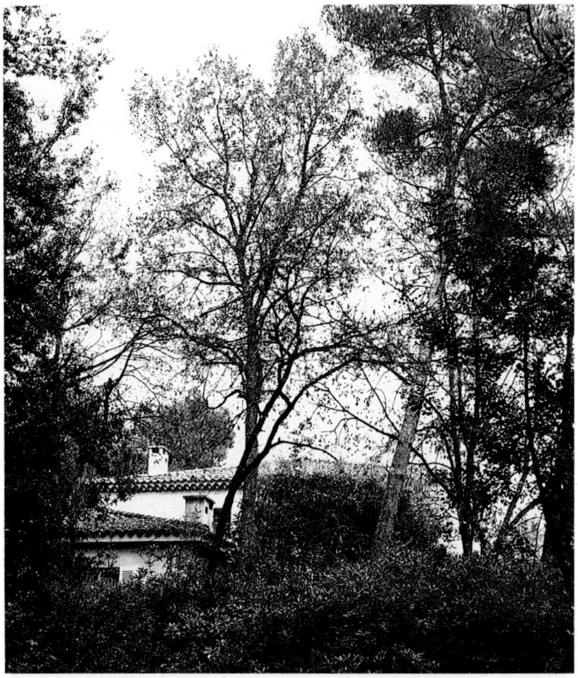

Abb. 79: La Colline, Vence.

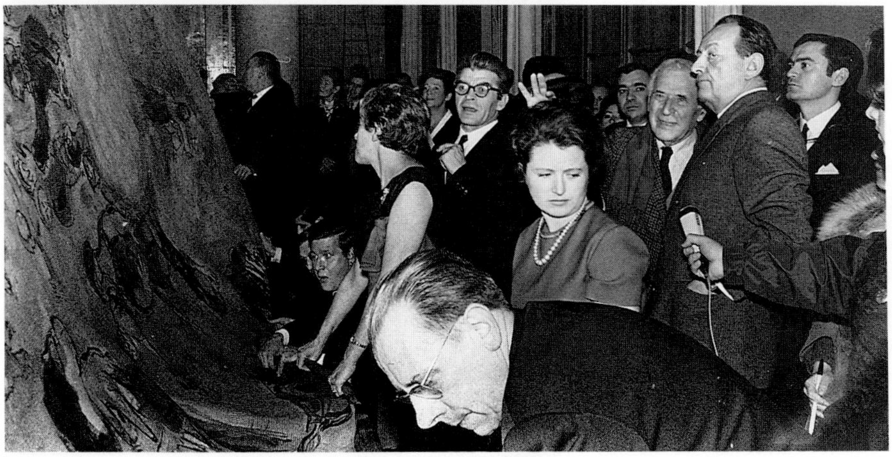

Abb. 80: Einer der Wandteppiche für die Knesset in Jerusalem wird vor Marc Chagall und André Malraux in der Gobelinmanufaktur ausgerollt, Paris, 1968.

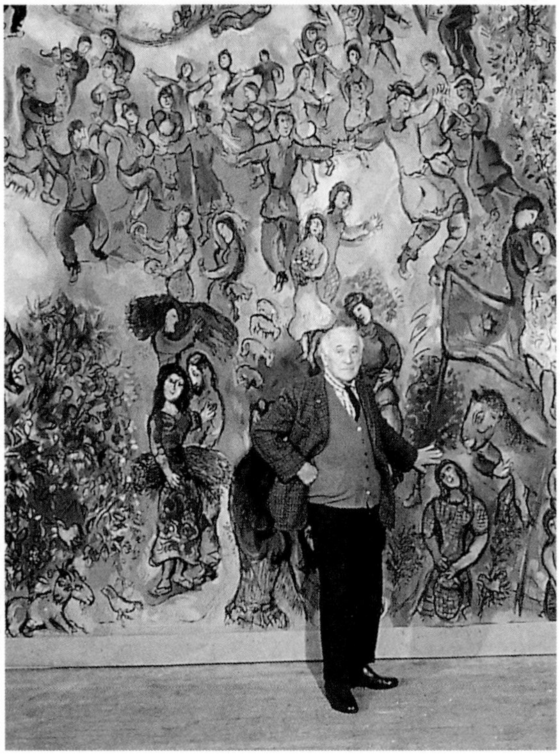

Abb. 81: Marc Chagall vor der Tapisserie *Einzug in Jerusalem,* die für die Knesset in Jerusalem bestimmt ist.

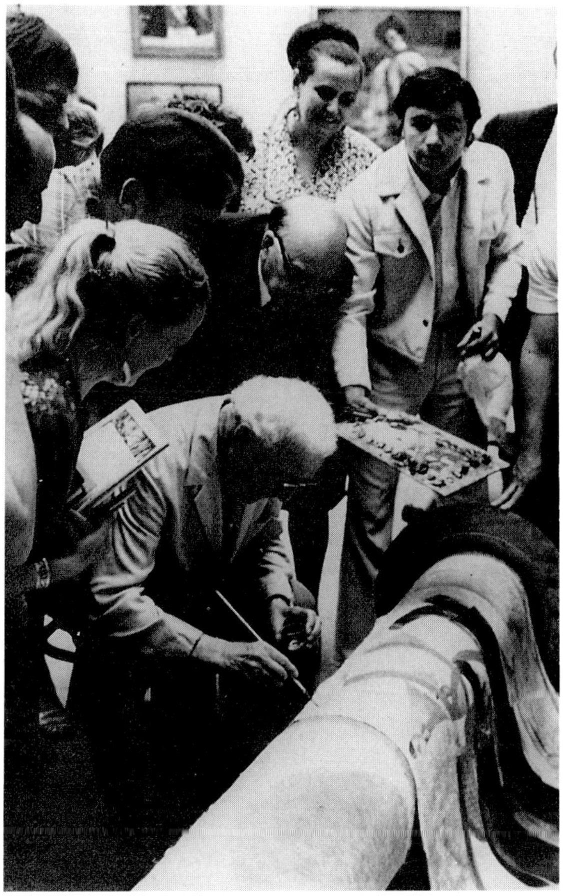

Abb. 82: Marc Chagall signiert die Gemälde des Theaters der jüdischen Kunst, Moskau, 1973.

In Budapest findet eine Retrospektive von Chagalls Werk statt. 1972 erscheint bei Fernand Mourlot *La Féerie et le Royaume* (Die Zauberei und das Königreich) von Camille Bourniquel, illustriert mit 10 Farblithographien.

Auf Wunsch des Verlages Editions Mourlot unternimmt Chagall die Illustration von Homers *Odyssee* mit 43 Farblithographien und 39 Text-Lithographien. Der erste Band erscheint 1974, der zweite 1975.

Chagall folgt der Einladung der sowjetischen Kulturministerin Jekaterina Furzewa und fährt mit Vava nach Moskau. Bei dieser Gelegenheit signiert der Künstler seine fünfzig Jahre zuvor entstandenen Gemälde des jüdischen Theaters (Abb. 82) und trifft in Leningrad zwei seiner Schwestern (Abb. 83). Die Tretjakow-Galerie veranstaltet zu Chagalls Ehren eine Ausstellung.

Am 7. Juli 1973 wird das Musée National Message Biblique Marc Chagall, für dessen Konzertsaal der Künstler drei Glasfenster mit dem Thema *Die Schöpfung* entworfen hat, in Anwesenheit von André Malraux eingeweiht.

Die Galerie Pierre Matisse stellt neue Werke, Gemälde, Gouachen und Plastiken aus.

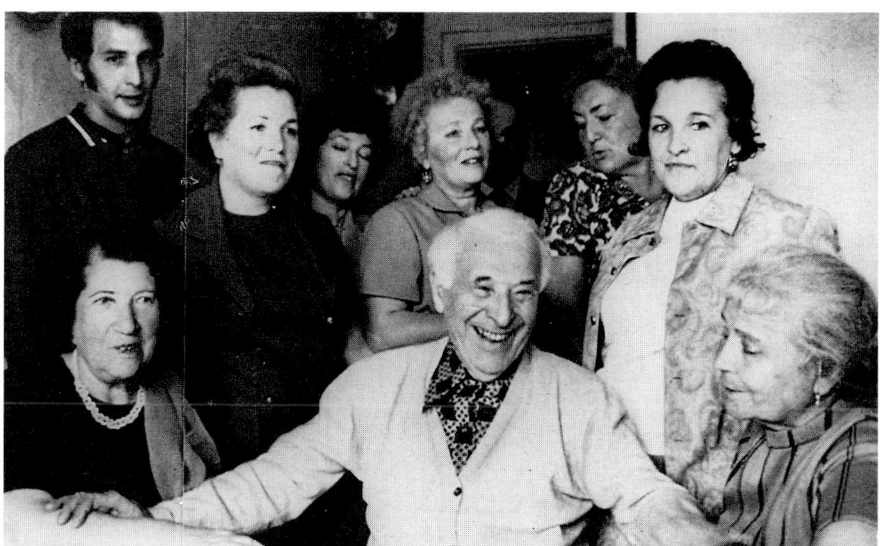

Abb. 83: Marc Chagall zwischen seinen beiden Schwestern Mariaska und Lisa. Hinter ihnen seine Nichten und sein Großneffe, Leningrad, 1973.

1974-1977

Am 15. Juni 1974 werden in Reims drei Glasfenster im mittleren Chor der Kathedrale Notre-Dame eingeweiht: *Abraham und Christus, Der Baum Jesse* und *Die Könige Frankreichs*.

Seit seiner Eröffnung organisiert das Musée National Message Biblique jedes Jahr eine Ausstellung zum Geburtstag des Künstlers: Im Jahre 1974 unter dem Titel *Marc Chagall, sein monumentales Werk.* Zur Einweihung des Mosaiks *Die Vier Jahreszeiten* im First National Plaza reist Chagall nach Chicago, wo ihm ein triumphaler Empfang zuteil wird.

1975 malt Chagall mehrere großformatige Bilder mit mythischen und biblischen Themen wie *Der Sturz des Ikarus, Quichotte, Hiob* und *Der verlorene Sohn.* Der Verlag Gérald Cramer in Genf veröffentlicht Chagalls Gedichte, entstanden zwischen 1930 und 1964 in der Übersetzung von Philippe Jacottet, illustriert mit 24 Holzschnitten. 1976 vollendet Chagall ein Glasfenster (*Der Frieden* oder *Der Lebensbaum*) für die Chapelle des Cordeliers in Sarrebourg, dem bis 1978 vier weitere Fenster folgen. Der Maler arbeitet an dem Buch *Les Ateliers de Chagall* (Chagalls Ateliers) von Robert Marteau, das 1976 mit fünf originalen Lithographien und zwei Holzschnitten des Künstlers bei Mourlot erscheint. Für Shakespeares *Sturm* - 1976 bei Sauret verlegt - schafft er fünfzig Lithographien. In Les Arcs im Var wird ein Mosaik in der Sainte- Roseline Kapelle eingeweiht. Im September reist Chagall nach Florenz, wo ein kurz zuvor von den Uffizien erworbenes Selbstbildnis ausgestellt wird.

Eine Wanderausstellung seines malerischen Werkes reist 1976 durch ganz Japan; seine Graphik wird in Ostberlin vom Kupferstichkabinett und vom Albertinum in Dresden ausgestellt. Der Maler illustriert mit 24 Originalfarbstichen Louis Aragons (1897-1982) Gedichtband *Celui qui dit les choses sans rien dire* (Der die Dinge sagt, ohne sie zu nennen), der vom Verlag Adrien Maeght veröffentlicht wird. Der gleiche Verlag bringt 1977 einen Text von André Malraux heraus, *Et sur la terre* (Und auf der Erde), den Chagall mit 15 Radierungen illustriert.

Am 1. Januar wird dem Künstler vom französischen Präsidenten das Großkreuz der Ehrenlegion verliehen. Zwei Ausstellungen sind dem aktuellen Schaffen des Künstlers gewidmet: *Marc Chagalls jüngste biblische Gemälde* im Musée National Message Biblique in Nizza (Abb. 84) und *Marc Chagalls jüngste Gemälde* im Louvre. Zu seiner Ernennung zum Ehrenbürger der Stadt Jerusalem fährt Chagall nach Israel (Abb. 85).

1978-1980

Im Juni reist Chagall nach Florenz zur Eröffnung der Ausstellung seiner neuesten Gemälde im Palazzo Pitti.

In Mainz wird in der Stefanskirche das erste von

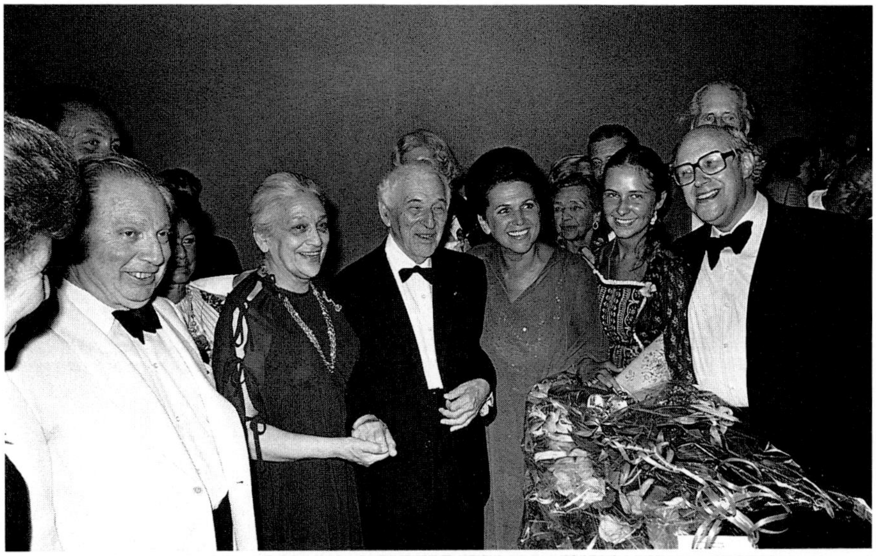

Abb. 84: Marc Chagall umgeben von Vava, Isaac Stern und Ida (links), dem Ehepaar Rostropowitsch und ihrer Tochter (rechts) bei einem Konzert zu Chagalls 90. Geburtstag, Nizza, 1977.

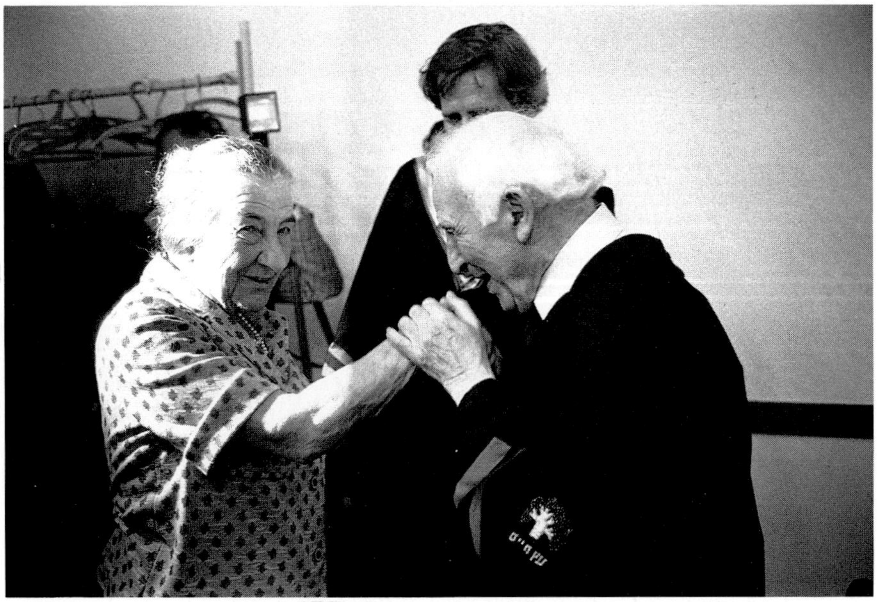

Abb. 85: Marc Chagall und Golda Meir, Israel, 1977.

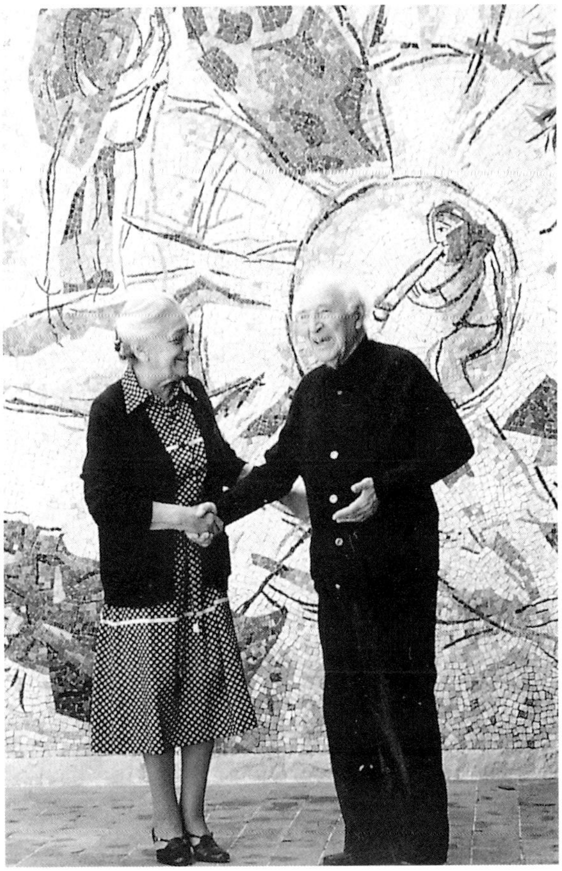

Abb. 86: Marc und Vava Chagall vor dem Mosaik in der Villa La Colline, Vence, 1980.

neun zwischen 1979 und 1985 ausgeführten Glasfenstern eingeweiht. In der Trinitätskathedrale von Chichester wird ebenfalls die Einweihung eines Glasfensters gefeiert.

Das Art Institute von Chicago weiht 1979 zum zweihundertsten Geburtstag der Vereinigten Staaten drei den Künsten gewidmete Glasfenster ein.

Die Galerie Pierre Matisse in New York stellt Gemälde aus den Jahren 1975 bis 1978 aus.

Die Galerie Patrick Cramer in Genf präsentiert Davids Psalmen, die 1980 im Musée National Message Biblique in Nizza gezeigt werden (Abb. 86 und 87), und 30 Ätzradierungen auf Ockergrund (Editions Cramer, Genf, 1979).

1980 dekoriert Chagall ein von den American Friends of Chagall Biblical Message gestiftetes Cembalo.

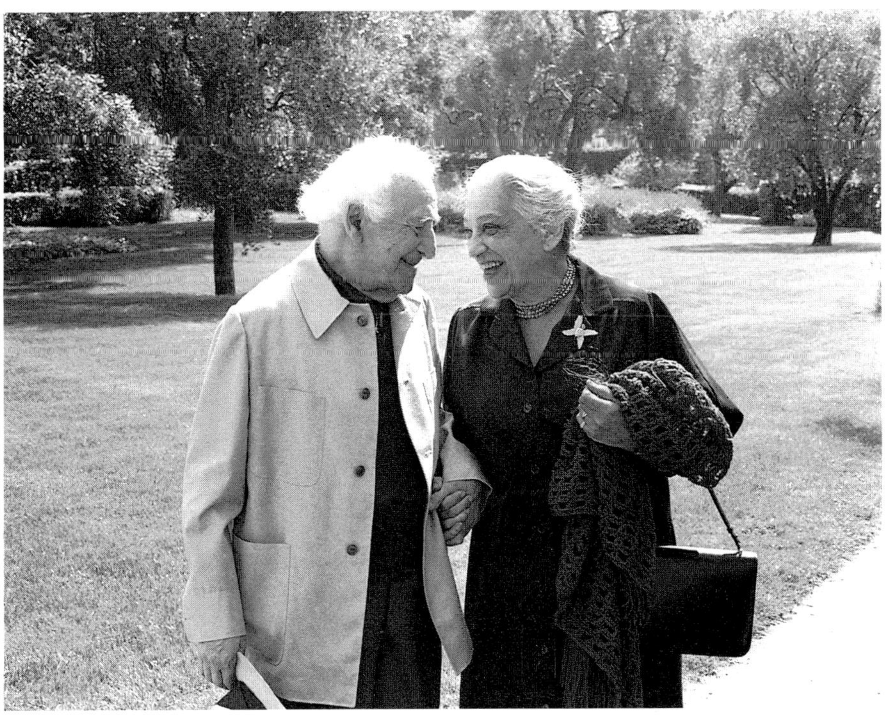

Abb. 87: Marc und Vava Chagall vor dem Musée National Message Biblique Marc Chagall anläßlich der Eröffnung der Ausstellung *Afrikanische Kunst*, Nizza, 1980.

1981-1983

Zahlreiche großformatige Gemälde entstehen zu den Themen Bibel, Zirkus und Dorfszenen in transparenter und leichter Ausführung: darunter *La Vision du roi David* (König Davids Traum) und *Le Village en fête* (Das Dorffest).

1981 finden mehrere Ausstellungen statt: in Paris zeigt die Galerie Matignon Graphiken, die Galerie Maeght großformatige, für Aimé Maeght ausgeführte Lithographien.

In der Zürich Dependence der Galerie Maeght sind neueste Gemälde zu sehen. In der Mainzer Stefanskirche wird der Fensterzyklus *Lebensbaum* eingeweiht.

Chagall vollendet sechs Glasfenster für die Pfarrkirche von Le Saillant de Voutezac.

Das Moderna Museet in Stockholm und das Louisiana Museum of Art in Humlebaek organisieren 1982 Retrospektiven.

Im gleichen Jahr widmet die Galerie Pierre Matisse in New York eine weitere Ausstellung Chagalls jüngsten Gemälden, während die Galerie Patrick Cramer in Genf Buchillustrationen zeigt.

Der Künstler arbeitet überwiegend an kleinformatigen Kupferstichen und Lithographien.

1984
In einer großen Ausstellung zeigt das Musée National d'Art Moderne in Paris Arbeiten auf Papier. Die Ausstellung wird anschließend von der Kestner-Gesellschaft in Hannover, vom Züricher Kunsthaus und vom Museo Capitolino in Rom übernommen.
Chagall nimmt an der Eröffnung der Retrospektive des malerischen Werkes in der Stiftung Maeght in Saint-Paul-de-Vence teil, sowie an der Ausstellung von Glasfenstern und Skulpturen im Musée National Message Biblique in Nizza (Abb. 88 und 89).

1985
Die Royal Academy of Arts in London bereitet eine große Retrospektive seines malerischen Werks vor, als Chagalls körperliche Kräfte plötzlich nachlassen. Trotzdem arbeitet der Maler jeden Tag, insbesondere an seinen Lithographien. Am Abend des 28. März, nach einem im Atelier verbrachten Tag, stirbt Chagall. Das Begräbnis findet am 1. April statt. Der Künstler ruht auf dem Friedhof von Saint-Paul.

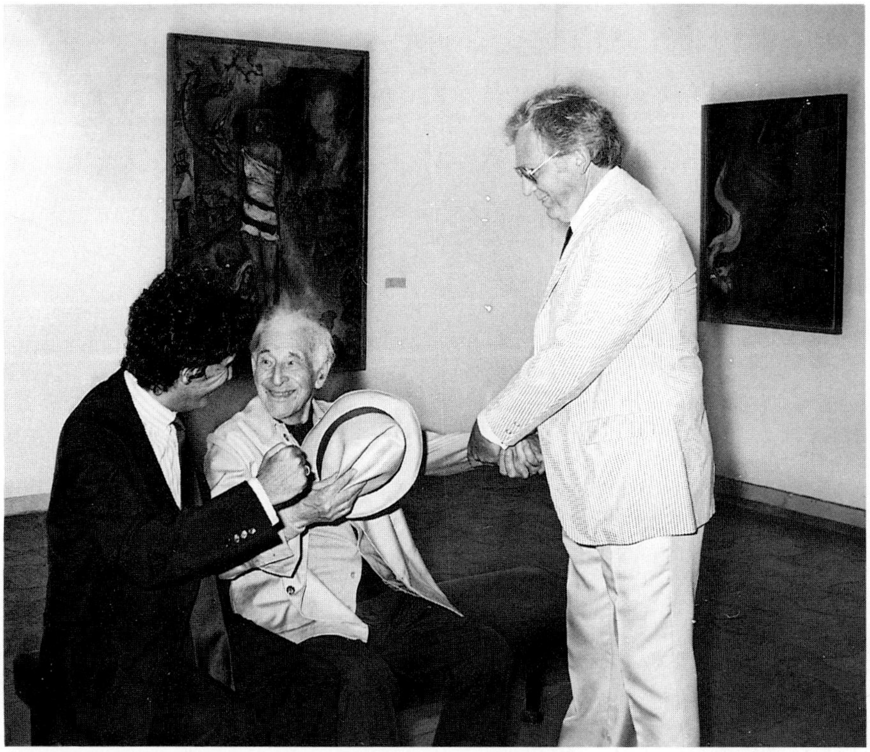

Abb. 88: Marc Chagall zwischen Jack Lang und Adrien Maeght bei der Eröffnung der Retrospektive in der Stiftung Maeght, Saint-Paul-de-Vence, 1984. Im Hintergrund *Der Märtyrer* (1940) und *Die Seele der Stadt* (1945).

Abb. 89: Marc Chagall, 1977.

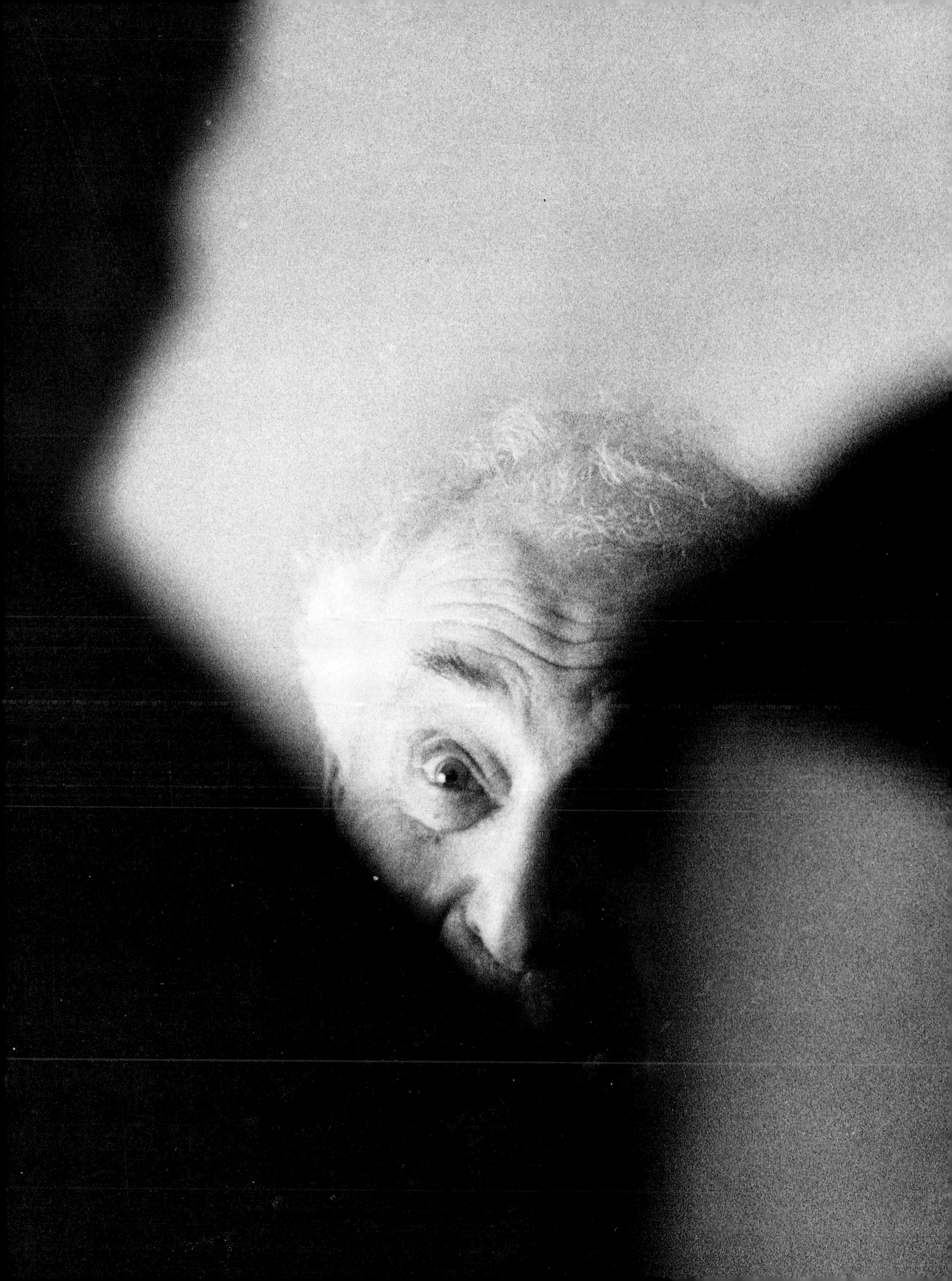

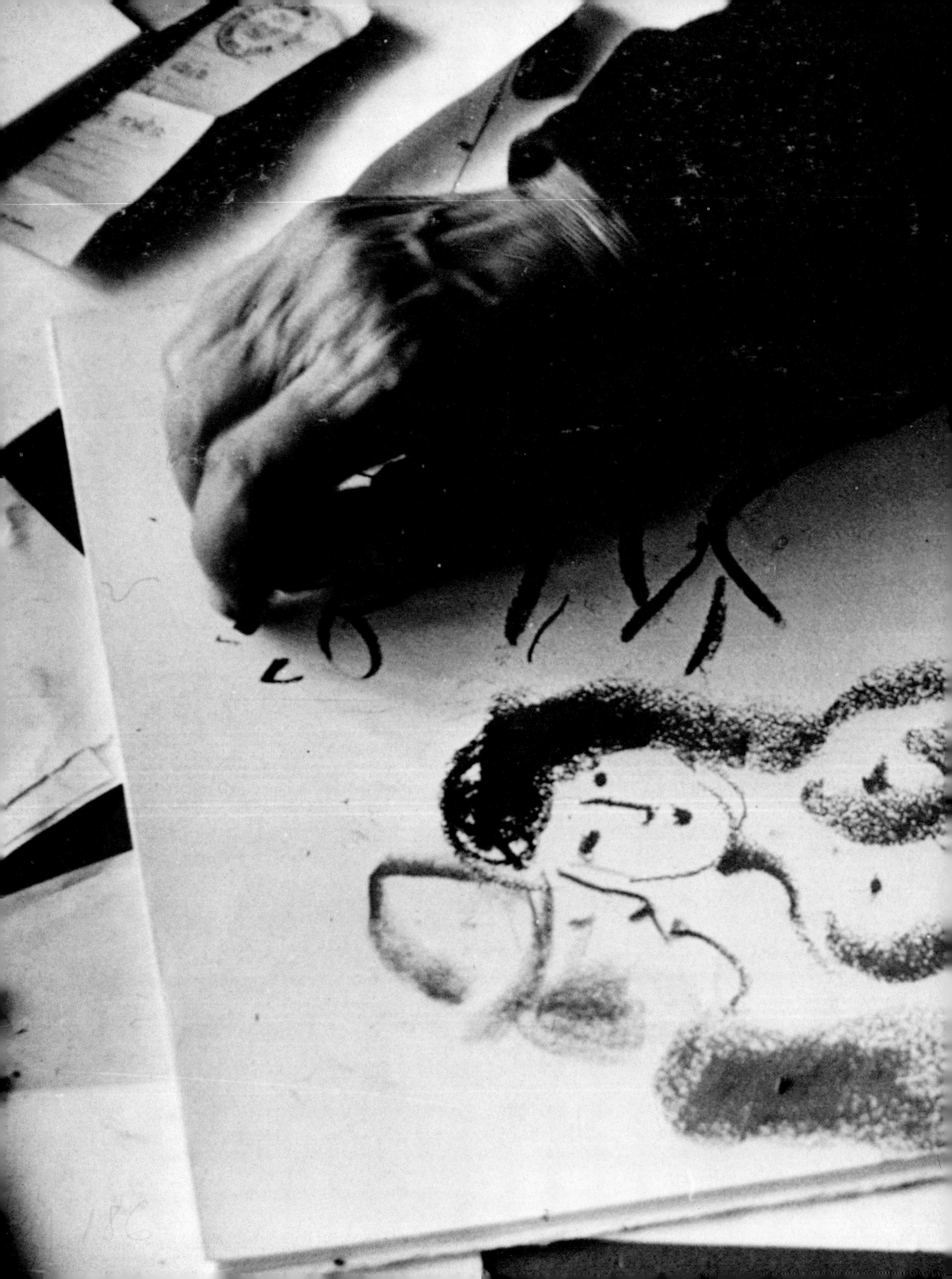

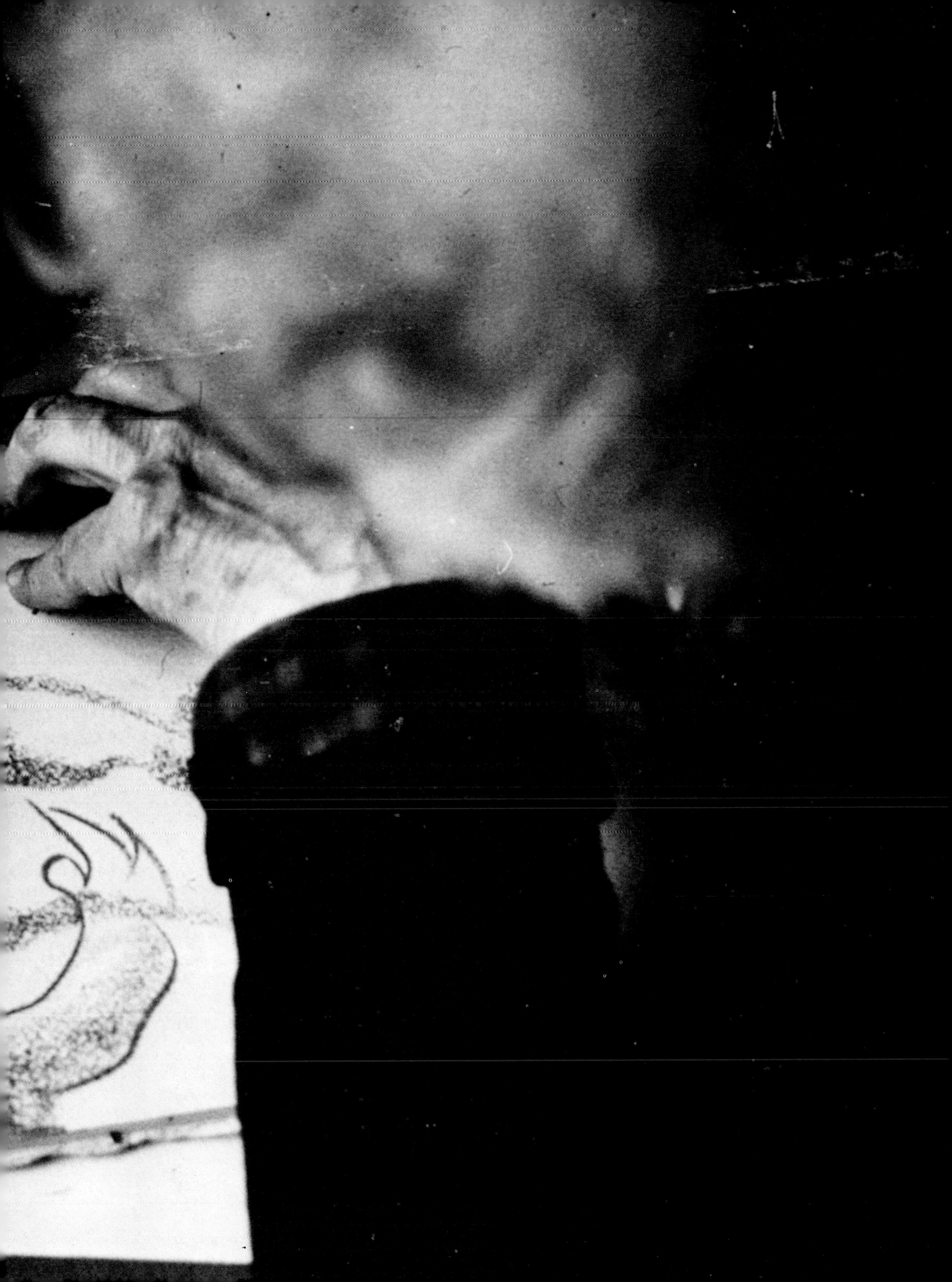

BIBLIOGRAPHIE (AUSWAHL)

1914
Anatolij Lunatscharskij, " Marc Chagall ", *Kievska! ia mysl*, Kiew, Nr. 73, 14. März 1914.
André Salmon, " Le XXXe Salon des artistes indépendants ", *Montjoie*, Nr. 3, Paris, 8. März 1914, S. 21-28.

1915
Jakob Tugendhold, " Ein neues Talent", *Russkije wjedomosty*, Moskau, Nr. 71, 29. März 1915.

1916
Jakob Tugendhold, " Marc Chagall ", *Apollon*, Petrograd, Nr. 2, 7. Februar 1916, S. 11-20.

1917
Herwarth Walden, *Der Sturm*, Berlin, Nr. 2, Mai 1917.

1918
Abram Efross/Jakob Tugendhold, *Die Kunst Marc Chagalls*, Moskau, Gelikon, 1918 (*Die Kunst Marc Chagalls*, Potsdam, Gustav Kiepenheuer, 1921).
Gesammelte Tonwerke von Herwarth Walden, Vergeltung, Dichtung von Else Lasker-Schüler, Berlin, Verlag Der Sturm, um 1918.
Herwarth Walden, *Der Sturm*, Berlin, Nr. 11, Februar 1918.

1919
" Marc Chagall ", *Sturm Bilderbücher I.* , Berlin, Verlag Der Sturm, 1919.
Philippe Soupault, *Rose des Vents*, mit vier Radierungen von Marc Chagall, Paris, 1919.
Herwarth Walden, *Die neue Malerei*, 4. und 5. Auflage, Berlin, Verlag Der Sturm, 1919.

1920
Theodor Däubler, " Marc Chagall ", *Der Cicerone*, Nr. 2, Leipzig, 1920, S. 139-149.
Konstantin Umansky, *Neue Kunst in Rußland : 1914-1919*, Potsdam, Gustav Kiepenheuer Verlag, 1920.

1921
Gustave Coquiot, *Les Indépendants : 1884-1920*, Paris, Ollendorf, 1921, S. 57-60.

1922
Broderson, Buzzi, Chagall, Flakser, Grinberg, Khaliastra, *La Bande*, (zwei Nummern erschienen), Warschau, 1922, und Paris, 1924.
Theodor Däubler, *Marc Chagall*, Rom, Valori Plastici, 1922.

1923
Marc Chagall, *Mein Leben*, Berlin, Paul Cassirer, 1923.
André Levinson, " Chagall en Russie ", *L'Amour de l'art*, Paris, Oktober 1923, S. 727-732.
Karl With, *Marc Chagall*, Verlag Klinkhardt & Biermann, Leipzig, 1923.

1924
B. Aronson, *Marc Chagall*, Berlin, Razum, 1924.
A. Behne, *Collection Gabrielson*, Göteborg-Berlin, 1924.
Waldemar George, " Chagall à Paris ", *Sélection*, Antwerpen, Nr. 3, Januar 1924.
André (de) Ridder, " Les Expositions à Bruxelles : Marc Chagall au Centaure ", *Sélection*, Antwerpen, Nr. 6, April 1924, S. 103-106.
Philippe Soupault, " Marc Chagall ", *Feuilles libres*, Paris, Nr. 37, September-Oktober 1924, S. 55-57.
André Warnod, " Le Réalisme et la fantaisie dans l'œuvre de Marc Chagall ", *Comœdia*, Paris, 15. Dezember 1924.
Christian Zervos, " Marc Chagall ", *L'Art d'aujourd'hui*, Paris, Albert Morancé, 1924, S. 25-30.

1925
Florent Fels, *Propos d'artistes*, Paris, 1925.

1926
Christian Zervos, " Marc Chagall ", *Cahiers d'art*, Paris, 1926, Nr. 6, S. 123-127.

1927
Gustave Coquiot, *Suite provinciale*, Paris, André Delpeuch, 1927.

1928
Waldemar George, *Marc Chagall*, Paris, Gallimard, 1928.
André Salmon, *Chagall*, Paris, Chroniques du Jour, 1928.

1929
Paul Fierens, *Marc Chagall*, Amberes, La Revue d'Art, 1929.
Gand artistique, Juni 1929.
René Schwob, *Une mélodie silencieuse*, Paris, Grasset, 1929.

1931
Marc Chagall, *Ma Vie*, Paris, Stock, 1931 (*Mein Leben*, übers. von Lothar Klünner, Stuttgart, Verlag Gerd Hatje, 1959).
René Schwob, *Chagall et l'âme juive*, Paris, 1931.

1933
Will Grohmann, *Die Sammlung Ida Bienert*, Dresden-Potsdam, 1933.

1940
R.H. Vilenski, *Modern French Painters*, London, 1940.

1942
Gallery Notes, Juli 1942.
P. Guggenheim, *Art of this Century*, 1942.

1945
Bella Chagall, *Burning Lights*, New York, 1945 (*Lumières allumées*, übers. von Ida Chagall, Genf, Les Trois Collines, 1948; Paris, Gallimard, 1973).
Marc Chagall, " Quelques impressions sur la peinture française ", *Renaissance*, 1943, The New Yorker Free School of Higher Studies, Bd. II und III, 1944-1945, New York, 1945, S. 45-57.
Lionello Venturi, *Marc Chagall*, New York, Pierre Matisse éditions, 1945; Mailand, Edizione del Milione, 1952.
Lionello Venturi, *Painting and Painters, How to Look at a Picture, Giotto to Chagall*, New York, Charles Scribner's Sons, 1945; Paris, Albin Michel, 1950.

1946
George Amberg, *Art in Modern Ballet*, New York, Pantheon Books, 1946.
Paul Éluard, *Le Dur Désir de durer*, Paris, Bordas, 1946.
James Johnson Sweeney, *Marc Chagall*, New York, The Museum of Modern Art, The Art Institute of Chicago, 1946.

1947
Marc Chagall, " The Artist ", *The Works of the Mind*, Committee on Social Thoughts, Chicago, The University of Chicago Press, 1947, S. 21-39.
Katherine Kuh, *The Winterbotham Collection-The Art Institute of Chicago*, Chicago, 1947.
Marc Chagall, peintures 1908-1947, Paris, Katalog des Musée National d'Art Moderne, 1947.

1948
Raïssa Maritain, *Chagall ou l'orage enchanté*, Genf-Paris, Les Trois Collines, 1948.

1949
Umbro Apollonio, *Chagall*, Venedig, Serenissima, 1949.
Maurice Jardot/Martin Kurt, *Les Maîtres de la peinture française contemporaine*, Baden-Baden, Woldemar Klein Verlag, 1949.

1950
Guillaume Apollinaire/Blaise Cendrars/Lionello Venturi/Jean Wahl, *Derrière le miroir*, Nr. 27-28, Paris, Maeght, 1950.
Michael Ayrton, *Chagall*, London, 1950.
Jacques Lassaigne, " L'Apport de Chagall à l'art de Paris ", *Évidences*, Nr. 8, New York, American Jewish Committee, Februar 1950, S. 17-20.
Georg Schmidt, *Zehn Gouachen von Marc Chagall aus der Zeit von 1911 bis 1950*, Basel, Holbein Verlag, 1950.

1951
Charles Estienne, *Chagall*, Paris, Aimery Somogy, 1951.
Isaak Kloomok, *Marc Chagall, his Life and Work*, New York, Philosophical Library, 1951.

1952
Françoise Reiss, " Chez Marc Chagall, place Dauphine ", *Sur la pointe des pieds*, Paris, Revue Adam, 1952, S. 124-133.
Georg Schmidt, *Chagall*, Paris, Hazan, 1952.
Mark Zborowski/Elisabeth Herzog, *Olam. Dans le shetl d'Europe centrale avant la Shoah*, New York, International University Press, 1952; Paris, Plon, 1992.

1953
Ywan Christ, *Chagall-dessins*, Paris, Éditions des Deux Mondes, 1953.
Un siècle d'art français 1850-1950, Paris, Les Presses Artistiques, 1953.

1954
Marcel Arland/Lionello Venturi, *Derrière le miroir*, Nr. 66-68, Paris, Maeght, 1954.
Nell Walden/Lothar Schreyer, *Der Sturm. Ein Gedenkbuch an Herwarth Walden und die Künstler des Sturmkreises*, Baden-Baden, Woldemar Klein Verlag, 1954.

1955
Chagall. Zwischen Traum und Tag, 46 Zeichnungen, Feldafing/Obb., Buchheim, 1955.
G.H. Hamilton, " Chagall and De Chirico : Masters of Modern Symbolism ", *Bulletin of the Museum of Fine Arts*, Houston, Frühling 1955.
Hans-Maria Wingler, *Der Sturm. Zeichnungen und Graphiken, Kokoschka-Klee-Chagall-Campendonk-Kandinsky, etc.*, Feldafing/Obb., Buchheim, 1955.

1956
Bronorvski, *The Visionary Eye. Essays in Art, Literature and Science*, Genf, Skira, 1956.
Charles Estienne, *Le Surréalisme*, Paris, Aimery Somogy, 1956.
Florent Fels, *L'Art vivant : de 1900 à nos jours*, zwei Bd., Genf, Pierre Cailler, 1956.
Georges Floersheim, " Chagalls spätes Werk ", *Neue Zürcher Zeitung*, Nr. 3376, Zürich, 26. November 1956.
Emily Genauer, *Chagall*, Paris, Flammarion, 1956.
Lionello Venturi, *Chagall. Étude biographique et critique*, Genf, Skira, 1956.
André Verdet/Roger Hauert, *Marc Chagall*, Genf, René Kister, 1956.

1957
Walter Erben, *Marc Chagall. Der Maler mit den Engelsflügeln*, München, Prestel Verlag, 1957.
Jacques Lassaigne, *Chagall*, Paris, Maeght, 1957.
Franz Meyer, *Marc Chagall. Das graphische Werk*, Stuttgart, Verlag Gerd Hatje, 1957.
Hans Platte, *Die Kunst des 20. Jahrhunderts : Malerei*, München, Piper Verlag, 1957.

1958
Alain Jouffroy, " Les Aventures magiques des personnages de Chagall ", *Connaissance des arts*, Paris, Nr. 72, Februar 1958.
Édouard Roditi, " Entretien avec Marc Chagall ", *Preuves*, Paris, Februar 1958.

1959
Marcel Brion, *Marc Chagall,* Paris, Aimery Somogy, 1959.
Alain Jouffroy, " Marc Chagall oder das Gleichgewicht in der Zerrüttung ", *Schweizer Monatshefte*, Zürich, 39. Jahrgang, Nr. 4, Juli 1959.
François Matthey, *Chagall 1909-1918/1918-1939*, zwei Bd., Paris, Hazan, 1959.

1960
Guillaume Apollinaire, *Chroniques d'art (1902-1918)*, Paris, Gallimard, 1960.
Jacques Chapiro, *La Ruche*, Paris, Flammarion, 1960.
H.-M. Rotermund, *Der Gekreuzigte im Werk Chagalls*, Köln, DuMont Schauberg, 1960-1961.

1961
René Berger, " Chagall et la présence du mythe ", *XXe siècle*, Nr. 17, Paris, 1961, S. 67-75.
Franz Meyer, *Marc Chagall, Leben und Werk*, Köln, DuMont Schauberg, 1961; New York, Abrams Publ., 1963; Paris, Flammarion, 1964 (neue Auflage, 1995).

1962
Eliza de Benedetti, *I miti di Chagall*, Mailand, Longanesi & Cie, 1962.
Paul Éluard, *Derniers poèmes d'amour*, Paris, Seghers, 1962.
" Marc Chagall : Die russischen Jahre ", *DU*, 22. Jahrgang, Zürich, Juli 1962.

1964
R. Alley, *The Peggy Guggenheim Collection*, London, The Art Council of Great Britain, 1964.
Franz Meyer, *Marc Chagall-Der Engelssturz*, Stuttgart, Reclam, 1964.

1965
André Breton, *Le Surréalisme et la Peinture*, Paris, Gallimard, 1965.
(Der Surrealismus und die Malerei, Berlin, Propyläen Verlag, 1967)
Jean Cassou, *Chagall*, Londres, Thames & Hudson, 1965.

1966
Camille Bourniquel, " Marc Chagall, 1907-1917. Quatre thèmes ", *XXe siècle*, Paris, Nr. 26, Mai 1966, S. 3-31.
N. Calas/E. Calas, *The Peggy Guggenheim Collection of Modern Art*, New York, 1966.
Jean Cassou, *Chagall. L'homme et son œuvre*, Paris, Aimery Somogy, 1966.
André Parinaud, *Chagall*, " Club d'art ", Paris, Bordas, 1966.

1967
San Lazzaro/Dora Vallier, " Vers un nouvel humanisme?", *XXe siècle*, Nr. 29, Paris, Dezember 1967, S. 6-21.
Pierre Schneider, *Les Dialogues du Louvre*, Paris, Denoël, 1967 (1969, 1971); Paris, Adam Biro, 1991; New York, Atheneum, 1971.

" Le Temps dans l'œuvre de Marc Chagall ", *Micromégas VII*, Le Locle, Les Fabriques d'Assortiments Réunies, 1967.

1968
Raymond Cogniat, *Chagall*, Paris, Flammarion, 1968.
McMullen Roy Izis, *The World of Chagall*, London, Aldus Books Ltd., 1968; Paris, Gallimard, 1969.
Jacques Lassaigne, *Dessins inédits*, Genf, Skira, 1968.

1969
Camille Bourniquel/Maurice Cauchy/Mircea Éliade/Manuel Gasser/Gilbert Lascault/J.-J- Lévêque/Chrles Marq/Robert Marteau/Denis Milhau/San Lazzaro/Jacques Thirion/Dora Vallier/André Verdet, " Hommage à Marc Chagall ", *XXe siècle*, Sonderheft, Paris, November 1969, S. 10-121 ; New York, Tudor Publishing Co., 1970.
Chagall, " Chefs-d'œuvre de l'art ", Paris-Mailand, Hachette-Fabbri, 1969.
Jean-Paul Crespelle, *Chagall. L'amour, le rêve et la vie*, Paris, Presses de la Cité, 1969.
Jacques Lassaigne, *Marc Chagall. Dessins et aquarelles pour le ballet*, Paris, XXe siècle, 1969.

1970
Mario Buci, *Marc Chagall*, Florenz, Sansoni Editore, 1970.
Eberhard W. Kornfeld, *Verzeichnis der Kupferstiche, Radierungen und Holzschnitte*, Bd. I, 1922-1966, Bern, Kornfeld und Klipstein, 1970; sowie die Ausgabe in französischer Sprache, 1971.
Giuseppe Marchiori/San Lazzaro/Yvan Taillandier/Dora Vallier, "Les Grandes Expositions en France et à l'étranger", *XXe siècle*, Nr. 34, Paris, Juni 1970, S. 19-49.
H.-M. Rotermund, *Chagall und die Bibel*, Lahr, Ernst Kaufmann, 1970.
Tadao Takemoto, *Marc Chagall*, Tokyo, The Zauho Press, Shueisha, 1970.
Alfred Werner, *Chagall Watercolors and Gouaches*, New York, Watson-Guptill, 1970 (1977).

1971
Emily Genauer, *Chagall at the " Met "*, Metropolitan Opera Association, New York, veröffentlicht von der Tudor Publishing Company, 1971.

1972
Werner Haftmann, *Marc Chagall*, Köln, DuMont Schauberg, 1972; Paris, Cercle d'Art, 1975; London, Thames & Hudson Ltd., 1985.
Robert Marteau, *Les Vitraux de Marc Chagall 1957-1970*, Paris, A. C. Mazo, 1972.
Charles Sorlier, *Les Céramiques et Sculptures de Chagall,* Monaco, André Sauret, 1972.

1973
Gaston Bachelard/Blaise Cendrars/Bernard Dorival/Alain Jouffroy/Gilbert Lascault/Jacques Lassaigne/Robert Marteau/Meyer Schapiro/Charles Sorlier/André Verdet/Ambroise Vollard/Guy Weelen, " Chagall monumental ", *XXe siècle*, Sonderheft, Paris, 1973, S. 3-135.
Felix Baumann, *Saal Marc Chagall. Festschrift zur Übergabe des Marc Chagall-Saales an die Zürcher Kunstgesellschaft*, Kunsthaus Zürich, Zürich, 1973.
Dorothea Christ, *Marc Chagall*, Bern, Hallwag, 1973; Lausanne, Payot, 1974.
Musée national Message biblique Marc Chagall Nice, donation Marc et Valentine Chagall, Paris, Réunion des musées nationaux, 1973.
Herwarth Walden/Lothar Schreyer, *Expressionismus - Die Kunstwende, Nachdruck der Ausgabe Berlin 1918*, Nendeln, Kraus Reprint, 1973.

1974
Horst Keller, *Marc Chagall, Leben und Werk*, Köln, DuMont, 1974.

1975
Marc Chagall, *Poèmes,* Genf, Cramer, 1975.
Werner Haftmann, *Marc Chagall : Gouachen, Zeichnungen, Aquarelle*, Köln, DuMont, 1975; Paris, Chêne, 1975; Barcelona, Galaxias, 1977.
André Pieyre de Mandiargues, *Chagall,* Paris, Maeght, 1975.
Marie-Thérèse Souverbie, *Chagall*, Paris, Hazan, 1975; New York, 1975.

1976
Angelica Zander Rudenstine, *The Guggenheim Museum Collection, Paintings 1880-1945*, zwei Bd., New York, The S. Guggenheim Foundation, 1976.

1978
Sidney Alexander, *Marc Chagall. A Biography*, New York, G.P. Putnam's Sons, 1978; New York, Paragon House Publishers, 1989 (Marc Chagall. Eine Biographie, übers. von Kurt Schwob, München, Kindler, 1984)
Renata Negri, *Marc Chagall*, Mailand, Fabbri Editori, 1978.
Meyer Schapiro, "Chagall's Illustrations for the Bible (1956)", *Modern Art, 19th and 20th Centuries, Selected Papers*, New York, George Braziller, 1978, S. 121-134.
Jeanine Warnod, *La Ruche & Montparnasse*, Genf, Weber, 1978.

1979
I.E. Ouvaroff, " Thoughts in Defense of Chagall ", *The Yale Literary Magazine*, vol. CXLVIII, Nr. 3, Dezember 1979, S. 47-59.
Charles Sorlier, *Marc Chagall*, Paris, Draeger-Vilo, 1979.

1980
Marika Kekkö, *Marc Chagall im Kunsthaus Zürich*, Kunsthaus Zürich, Sammlungsheft 7, Zürich, 1980.

1981
Angelica Zander Rudenstine, *Russian Avant-Garde Art. The George Costakis Collection*, London, Thames & Hudson, 1981.
Charles Sorlier, *Marc Chagall et Ambroise Vollard*, Paris, Galerie Matignon, 1981.

1982
Leon Amiel, *Hommage to Chagall*, New York, Leon Amiel Publisher, 1982.
Jean Cassou, *Chagall*, Paris, Aimery Somogy, 1982.

1983
Roland Berger/Dietmar Winkler, *Zirkusbilder*, Altenburg, 1983.
" Chagall in Jerusalem ", *XXe siècle*, Sonderheft, Israel, Steimatzky Ltd., 1983.
Pierre Provoyeur, *Le Message biblique*, Paris, Cercle d'Art, 1983.
Simon (de) Pury, " Acquisitions par Thyssen ", *Connaissance des arts*, Nr. 380, Paris, Oktober 1983.
André Verdet, *Chagall méditerranéen. Gouaches et dessins inédits de Marc Chagall*, Paris, Repères, Daniel Lelong, 1983; Barcelona, Poligrafa, 1986.

1984
Martine Cadieu/Sylvie Forestier/François Le Targat/Jean-Louis Prat/Pierre Provoyeur, " Chagall ", *Beaux-Arts*, " Les Grandes Expositions ", Sonderheft, Paris, 1984.

Roger Passeron, *Chagall*, " Maîtres de la gravure ", Freiburg, Office du Livre, 1984.

1985
François Le Target, *Marc Chagall*, Barcelona, Poligrafa, 1985.
Pierre Provoyeur, *I Pastelli del Messagio Biblico*, Mailand, Jaca Book, 1985; Paris, Cercle d'Art, 1985.
Angelica Zander Rudenstine, *Peggy Guggenheim Collection, Venedig*, New York, Harry Abrams Inc. Publ., 1985.
Kenneth E. Silver/Romy Golan, *The Circle of Montparnasse : Jewish artists in Paris, 1905-1945*, The Jewish Museum New York, New York, The Universe Books,1985.

1986
La Collection du musée national d'Art moderne, Paris, éditions du centre Georges Pompidou, 1986.
Lucy Flint/Elizabeth Childs, *The Peggy Guggenheim Collection*, New York-Mailand, Rizzoli-Mondadori, 1986.
Virginia Haggard, *My Life with Chagall*, New York, Donald I. Fine, Inc., 1986.
Charles Sorlier, *Chagall lithographe, 1980-1985*, Monaco, Sauret, 1986; New York, Crown Publishers Inc., 1986.

1987
Sylvie Forestier, *Chagall, Opera monumentale : le vetrate*, Milan, Jaca Book, 1987; sowie die Ausgabe in französischer Sprache, veröffentlicht von Payot-Weber, 1987.
Michel Makarius, *Chagall*, Paris, Hazan, 1987.
Ingo F. Walther/Rainer Metzger, *Marc Chagall 1887-1985, Malerei als Poesie*, Köln, Benedikt Taschen, 1987; sowie die Ausgabe in englischer Sprache.

1988
Irina Antonova, Bessonova Marina, Voznesensky Andrei, *Marc Chagall. Le retour du Maître*, Moskau, Sovietsky Khudozhnik Publ., 1988; New York, Hugh Lauter Levin Ass. Inc., veröffentlicht von Macmillan Publ., 1988; Paris, Larousse, 1989.
Sylvie Forestier, *Gli Chagall di Chagall*, Mailand, Jaca Book, 1988; Paris, Cercle d'art, 1988.
Alexander Kamenski, *Chagall, période russe et soviétique 1907-1922*, Paris, Éditions du Regard, 1988 (Chagall. Die russischen Jahre 1907-1922, Stuttgart, 1989).
Alexander Kamenski, " Marc Chagall en Russie ", *Revue iskoustvo*, Moskau, 1988.
S. Lemoine, *Le Musée de Grenoble*, Paris, Albin Michel, 1988.
Jean Leymarie, *Marc Chagall*, The Jerusalem Windows, New York, Park Lane, 1988.

1989
Andrew Kagan, *Chagall*, New York, Abbeville Press, 1989.
Charles Sorlier, *Chagall. Le Patron*, Paris, Séguier, 1989.

1990
Chagall. *Le livre des livres/Illustrated Books*, Paris, André Sauret-Michèle Trinckvel, 1990.
Sylvie Forestier, *Catalogue des collections du musée national Message biblique Marc Chagall à Nice*, Paris, Réunion des musées nationaux, 1990.
Sylvie Forestier, *Viaggio in un capolavoro di Marc Chagall. Resistenza, Risurezione, Liberazione*, Mailand, Jaca Book, 1990; Rennes, Ouest-France, 1990.
Sylvie Forestier/Meret Meyer, *Chagall y la ceramica*, Mailand, Jaca Book, 1990; Paris, Albin Michel, 1990 (Chagall, Keramik, München, 1990).
Marc Chagall. Noir et blanc, lavis et sculptures, Paris, Galerie Enrico Navarra, 1990.
Pierre José, *Le Belvédère Mandiargues. André Pieyre de Mandiargues et l'art du XXe siècle*, Paris, Artcurial-Adam Biro, 1990.
Charles Sorlier, *Le Livre des livres. Marc Chagall*, Paris, André Sauret-Michèle Trinckvel, 1990.

1991
Marc Chagall/Klaus Mayer, *In Dir sind wir geborgen, Dimanche-Le Cheval roux*, Ölgemälde im Landesmuseum Mainz, Würzburg, Echter, 1991.
Howard Greenfield, *Marc Chagall*, New York, Harry N. Abrams, 1991.

1992
Christina Burrus, *Les Collectionneurs russes: d'une révolution à l'autre,* Paris, Chêne, 1992.
Pierre Poix, *Ils ont rêvé l'espace*, Paris, Hatier, 1992.

1993
Benjamin Harshav, " Marc Chagall: Painting, Theater, World ", *Alpayin*, Nr. 8, Herbst 1993, S. 9-97.

1994
Longos, *Daphnis und Chloe*, München, Prestel, 1994.
Arturo Schwarz, " Love and Exile in the Poetics of Chagall ", *The Israel Museum Journal*, Jerusalem, Bd. XII, 1994.

1995
Virginie Hauray, *Chagall et la Musique*, Magisterarbeit, Université de Paris-Sorbonne, Fakultät für Musik und Musikwissenschaft, 1995.

Ausstellungen (Auswahl)

1910
Ausstellung der Schüler der Swansewa-Schule, St. Petersburg, 20. April - 9. Mai 1910.

1911
Die Union der Jugend, Salon des Prinzen Bariatinsky, St. Petersburg, 11. April - Mai 1911.

1912
Die Welt der Kunst, St. Petersburg, Januar - Februar 1912.
Die zeitgenössische französische Kunst, Bolchaïa Dmitriowa, Kunstsalon, Moskau, 1912.
Salon des Indépendants, Paris, 20. März - 16. Mai 1912.
Herbstsalon, Paris, Oktober 1912.

1913
Salon des Indépendants, Paris, 19. März - 18. Mai 1913/ Premier Salon des Indépendants, Amsterdam, 1913.
Erster deutscher Herbstsalon, Galerie Der Sturm, Berlin, 20. September - 1. Dezember 1913.

1914
Salon des Indépendants, Paris, 1. März - 30. April 1914.
Marc Chagall und Paul Klee, Galerie Der Sturm, Berlin, April 1914.
Marc Chagall und Alfred Kubin, Galerie Der Sturm, Berlin, Mai 1914.
Marc Chagall, Galerie Der Sturm, Berlin, 15. Juni - Juli 1914.

1915
Das Jahr 1915, Kunstsalon, Moskau, 1915.

1916
Kunstbüro Dobitchina, Petrograd, 3. - 19. April 1916.
Le Valet de carreau (Karobube), Bolchaïa Dmitriowka, Kunstsalon, Moskau, November 1916.
Die zeitgenössische russische Kunst, Kunstbüro Nina Dobytschin, Petrograd, 27. November 1916 - 1. Januar 1917.

1917
Sommerstudien, Kunstbüro Nina Dobytschin, Petrograd, 1917.
Ausstellungen von Gemälden und Plastiken jüdischer Künstler, Galerie Lemercier, Moskau, 1917.

1918
Malerei und Graphik von heute, Kunstbüro Nina Dobytschin, Petrograd, Juli 1918.
Ausstellung lokaler Kunst, Witebsk, 22. November - 11. Dezember 1918.
Ein Marc Chagall gewidmeter Saal, Winterpalast (der Künste), Petrograd, 1918.

1919
Erste staatliche Ausstellung freier Kunst, Winterpalast (der Künste), Petrograd, 1919.

1920
Ausstellung russischer Maler, Pskov, Mai 1920.
Der deutsche Expressionnismus, Sezession, Darmstadt, September 1920.

1921
23. offizielle Ausstellung des Narkompros. Chagalls Wandgemälde für das Jüdische Theater, Moskau, Juni 1921.

1922
Altman-Chterenberg-Chagall: Die Dekoration des Jüdischen Theaters, Kulturliga, Moskau, März-April 1922.
Ausstellung, organisiert von Jurgis Baltrusaitis, Kaunas, Sommer 1922.
Russische Kunstausstellung, Galerie Van Diemen, Berlin, Oktober 1922.

1923
Marc Chagall, Galerie Lutz, Berlin, 1923.

1924
Ceux de demain, Galerie Le Centaure, Brüssel, 22. März - 20. April 1924.
Oeuvres de Marc Chagall. 1908-1924, 1. Retrospektive, Galerie Barbazanges-Hodebert, Paris, 17. - 30. Dezember 1924/Kölnischer Kunstverein, Köln, April 1925.

1925
Marc Chagall: Oeuvre gravé, Galerie Aux quatre chemins, Paris, 27. Oktober - 10. November 1925.
Gemälde von Marc Chagall: 1908-1925, Galerie Ernst Arnold, Dresden, August - Dezember 1925.

1926
1. Ausstellung in New York, The Reinhartd Galleries, New York/The Arts Club, Chicago, März 1926.
Arbeiten aus dem Sommer 1926, Galerie Katia Granoff, Paris, 14. Juni - 5. Juli 1926.

1927
96 Radierungen zu Gogols Tote Seelen, Galerie Tretiakov, Moskau, 1927.
Sommersalon, Galerie Katia Granoff, Paris, 1927.
Junge zeitgenössische Kunst, Galerie Bernheim-Jeune, Paris, 1927.

1928
Die Pariser Schule, XVI Esposizione Internazionale d'Arte, Venedig, 1928.

1929
Marc Chagall. Gouachen, Galerie L'Époque, Brüssel, März 1929.

1930
Chagall: die Gouachen zu La Fontaines Fabeln, Galerie Bernheim-Jeune, Paris, 10. - 21. Februar 1930/Galerie Le Centaure, Brüssel, 1. - 19. März 1930/Galerie Flechtheim, Berlin, April 1930.
27 Oeuvres, Galerie Demotte, New York, 1930.

1931
Marc Chagall, Galerie Le Portique, Paris, 13. - 30. Juni 1931.

1932
Verein holländischer Künstler, Amsterdam, 1932.

1933
Marc Chagall, Kunsthalle Basel, Basel, 4. November - 3. Dezember 1933.

1934
Chagall, Galerie Dra Feigla, Prag, 1934.

1935
Chagall, The Leicester Galleries, London, April - Mai 1935.

1937
Les Maîtres de l'art indépendant 1895-1937, Petit Palais, Paris, Juni - Oktober 1937.

1938
Marc Chagall, Palais des Beaux-Arts, Brüssel, 22. Februar - 26. März 1938.
Lilienfeld Galleries, New York, 28. Februar -

26. März 1938.
The Mayor Gallery, London, 1938.

1939
Art of Tomorrow, The Solomon R. Guggenheim Museum, New York, Juni 1939.
Lilienfeld Galleries, New York, 5. Dezember 1939 - 7. Januar 1940.

1940
Galerie Mai, Paris, 26. Januar - 24. Februar 1940.

1941
Marc Chagall, Paintings and Gouaches from 1910-1941, Pierre Matisse Gallery, New York, 25. November - 13. Dezember 1941.

1942
Artists in Exile, Pierre Matisse Gallery, New York, 1942.
Chagall's Aleko, The Museum of Modern Art, New York, 1942.
New Year Exhibition, The Leicester Galleries, London, Januar 1942.
The Tate Gallery's Wartime Acquisitions, National Gallery, London, April - Mai 1942.
A Selection from the Tate Gallery's Wartime Acquisitions, Wanderausstellung, September 1942 - September 1943.

1943
30 years ago, Pierre Matisse Gallery, New York, 13. April - 1. Mai 1943.

1944
Modern Drawings, The Museum of Modern Art, New York, 1944.
Die Sammlung Nell Walden aus den Jahren 1912-1920, Kunstmuseum Bern, Bern, Oktober 1944 - März 1945.

1945
Marc Chagall, Arts Club of Chicago, Chicago, 1945.
Soutine and Chagall, Institute of Modern Art, Boston, 1945.
Russische Kunst, Tel Aviv Museum of Art, Tel Aviv, 1945.
Galerie Vendôme, Paris, 1945.

1946
Marc Chagall, Paintings 1945-1946, Pierre Matisse Gallery, New York, 5. Februar - 2. März 1946.
Marc Chagall, The Museum of Modern Art, New York, 9. April - 23. Juni 1946 / Art Institute of Chicago, Chicago, 24. Oktober - 15. Dezember 1946.
Mostra d'arte francese, Rom, 1946.
Die Sammlung Nell Walden, Kunstmuseum Basel, Basel, 1946.
Eleven Europeans in America, The Museum of Modern Art, New York, 1946.

1947
Werke aus den Sammlungen der Stadt Paris, Zürich, 1947.
Die Meister der zeitgenössischen französischen Malerei, Freiburg i. Br., Eröffnung am 20. Oktober 1947.
Marc Chagall, Recent Paintings, Pierre Matisse Gallery, New York, 8. - 26. April 1947.
Marc Chagall: peintures 1908-1947, Musée National d'Art Moderne, Paris, 17. Oktober - 22. Dezember 1947/Stedelijk Museum, Amsterdam, Dezember 1947 - Januar 1948/The Tate Gallery, London, 4. - 29. Februar 1948.

1948
Ausstellung Chagall, XXIV Biennale von Venedig, Venedig, 1948.

1949
Sammlung Haubrich, Wallraf-Richartz Museum, Köln, 1949.
Isms in Art Since 1800, Museum of Art, Rhode Island School of Design, Providence, 1949.
Gloire de la peinture moderne, Ostende, 1949.
Peggy Guggenheim, Florenz, 1949.
Chagall, Kunsthalle, Düsseldorf, 1949-1950.
Recent Acquisitions, Museum of Modern Art, New York, 25. Oktober 1949 - 22. Januar 1950.

1950
Marc Chagall, Haus der Kunst, München, 1950.
Die Sammlung Nell Walden, Kunsthaus Zürich, Zürich, 1950.
Mostra Internazionale del disegno moderno, Palazzo della Ragione, Bergame, 28. September - 22. Oktober 1950.
Marc Chagall, Kunsthaus Zürich, Zürich, 9. Dezember 1950 - 28. Januar 1951.

1951
Chagall, Werke 1908-1951, Bezalel National Museum of Art, Jerusalem, 1951/Tel Aviv Museum of Art, Tel Aviv, 1951/Stadtmuseum, Haïfa, 1951.
Meisterwerke aus dem Museum Lüttich, Rotterdam, 1951.
École de Paris, Royal Academy, London, 1951.
Peggy Guggenheim, Amsterdam, 1951.
Peggy Guggenheim, Zürich, 1951.
Art Exhibition, Festival of Jewish Arts, Mc Lellan Galleries, Glasgow, 4. - 25. Februar 1951.
Chagall, Kunsthalle Bern, Bern, 4. Februar - 4. März 1951.
Recent Paintings by Chagall, Knoedler & Comp., New York, 16. April - 5. Mai 1951.

1952
Französische Meister aus dem Petit Palais, Rotterdam, 1952.
Marc Chagall, Galerie des Ponchettes, Nizza, Februar - März 1952.
Marc Chagall, Stedelijk Museum, Amsterdam, 18. April - 26. Mai 1952.
Hundert Meisterwerke aus dem Musée National d'Art moderne, Palais des Beaux Arts, Brüssel, 31. Mai - 14. Juli 1952.
Werke französischer Meister der Gegenwart, Hochschule für Bildende Künste, Berlin, 11. September - 12. Oktober 1952.

1953
A Selection, The Solomon R. Guggenheim Museum, New York, 4. Februar - 3. Mai 1953.
XXVe anniversaire, Palais des Beaux-Arts, Brüssel, 1953.
French Painting Today, National Galleries of Australia, Januar - September 1953.
Marc Chagall, Zeichnungen-Aquarelle-Graphik, Albertina, Wien, Februar - März 1953.
L'Opera di Marc Chagall, Museo Civico, Palazzo Madama, Turin, April - Juni 1953.

1954
Meisterwerke aus dem Museum Lüttich, Eindhoven, 1954.
Chagall, Salle de l'Émulation, Lüttich, 24. April - 6. Mai 1954.
Mostra d'arte contemporaneo, Circulo Artistico, Cortina, 1954.
Reality and Fantasy, Walker Art Center, Minneapolis, 1954/Galerie Maeght, Paris,

Juni - Juli 1954.
A Loan Exhibition of Paintings from the Solomon R. Guggenheim Museum, New York, The Art Gallery, Toronto, 2. April - 9. Mai 1954/The Solomon R. Guggenheim Museum, New York, 6. Oktober 1954 - 25. Februar 1955/The Institute of Contemporary Art, Boston, 9. März - 17. April 1955/Museum of Fine Arts, Montréal, 4. Juni - 3. Juli 1955.

1955
Chagall and De Chirico, Museum of Fine Arts, Houston, 3. April - 1. Mai 1955.
Marc Chagall, Kestner-Gesellschaft, Hannover, 15. Mai - 26. Juni 1955.
Die Kunst des xx. Jahrhunderts, Documenta I, Kassel, 15. Mai - 18. September 1955.
Selection V, The Solomon R. Guggenheim Museum, New York, 26. Juli - Oktober 1955.
Marc Chagall, Galleria Nazionale d'Arte Moderne, Rom, April - Mai 1955/Palais des Beaux-Arts, Brüssel, Juni - Juli 1955.

1956
New York, 1956.
Recklinghausen, 1956.
Chagall, Tournai, 1956.
De Toulouse-Lautrec à Chagall. Dessins, aquarelles, gouaches, Palais des Beaux-Arts, Brüssel, 3. - 22. April 1956.
Marc Chagall, Werke aus den letzten 25 Jahren, Kunsthalle Basel, Basel, 25. August - 21. Oktober 1956.
Marc Chagall, 1950-1956, Kunsthalle Bern, Bern, 27. Oktober - 29. November 1956.
Marc Chagall, werk von latere jaren/Werke der letzten Jahre, Stedelijk Museum, Amsterdam, 7. Dezember 1956 - 14. Januar 1957/Palais des Beaux-Arts, Brüssel, 19. Januar - 14 Februar 1957.
Chagall, 75 Zeichnungen 1907-1927, Stedelijk Museum, Amsterdam, 7. Dezember 1956 - 14. Januar 1957/Palais des Beaux-Arts, Brüssel, 19. Januar - 14. Februar 1957.

1957
Hommage à Marc Chagall, Cercle royal artistique et littéraire, Charleroi, 1957.
Peintures 1955-1957, Galerie Maeght, Paris, Juli - August 1957.
London, 13. April - 18. Mai 1957.
Marc Chagall, The Pasadena Art Museum, Pasadena, 26. Mai - 28. Juli 1957.
IVe Biennale, France, Sao Paulo, September - Dezember 1957.
An Exhibition of Paintings from the Solomon R. Guggenheim Museum, New York, Tate Gallery, London, 16. April - 26. Mai 1957/Gemeentemuseum, Den Haag, 25. Juni - 1. September 1957/Atheneum, Helsinki, 27. September - 20. Oktober 1957/Galleria Nazionale d'Arte Moderna, Rom, 5. Dezember 1957 - 5. Januar 1958/Wallraf-Richartz Museum, Köln, 26. Januar - 30. März 1958/Musée des Arts décoratifs, Paris, 23. April - 1. Juni 1958.

1958
Chagall. A Selection of Paintings from American Museums and Private Collections, Galerie Chalette, New York, März - April 1958.
Le Dessin dans l'art magique, Galerie Rive-Droite, Paris, 21. Oktober - 20. November 1958.

1959
Marc Chagall, Kunstverein, Hamburg, 6. Februar - 22. März 1959/Haus der Kunst, München, 7. April - 31. Mai 1959/Musée des Arts décoratifs, Paris, 14. Juni - Oktober 1959.
Sammlung Haubrich, Wallraf Richartz Museum, Köln, 1959.

1960
Die französische Zeichnung des 20. Jahrhunderts, Württembergischer Kunstverein, Stuttgart, 1960.
Marc Chagall, Gouachen, Aquarelle, Zeichnungen, 1911 bis 1959 -Lithographien, 1956 bis 1960, Klipstein und Kornfeld, Bern, 30. April - 28. Mai 1960.
Marc Chagall, Brandeis University, Waltham, Massachusetts, 15. Mai - 15. Juni 1960.
Synagoga, Recklinghausen, 1960.
Marc Chagall, Musée des Beaux-Arts, Reims, Juni - August 1960.
Marc Chagall, Charlottenborg, Kopenhagen, Oktober - November 1960.
Les Sources du xxe siècle. Les Arts en Europe de 1884-1914, Musée national d'Art moderne, Paris, 4. November 1960 - 23. Januar 1961.

1961
Hommage à Marc Chagall, exposition rétrospective, XIV. belgisches Sommerfestival, Casino communal, Knokke-le-Zoute, 1. Juli - 15. September 1961.
Modern Masters from the Collection of the Solomon R. Guggenheim Museum, The Solomon R. Guggenheim Museum, New York, 30. August - 8. Oktober 1961.
Ausstellung französischer Kunst 1840-1940, National Museum of Western Art, Tokyo, 3. November 1961 - 15. Januar 1962, Kyoto Municipal Museum of Art, Kyoto, 25. Januar - 15. März 1962.

1962
Stravinsky und der Tanz, New York Public Library, Galerie Wildenstein, New York, 1962.
Marc Chagall und die Bibel, Rathmuseum, Genf, 30. Juni - 26. August 1962.

1963
Marc Chagall, National Museum of Western Art, Tokyo, 1. Oktober - 10. November 1963/Kyoto Municipal Museum of Art, Kyoto, 20. November - 10. Dezember 1963.

1964
Biennale de peinture, Menton, 1964.
An Exhibition of Paintings, Drawings and Sculpture created in 1914, Baltimore Museum of Art, Baltimore, 1964.
Maestri russi : contributo alle avanguardie plastiche, Mailand, 1964.
Marc Chagall et les vitraux de Metz, Musée des Beaux-Arts, Rouen, 22. Mai - 15. September 1964.
Bilanz Internationaler Malerei seit 1950, 1. Ausstellung zum 125-jährigen Jubiläum, Kunsthalle Basel, Basel, 20. Juni - 23. August 1964.
Peggy Guggenheim, London, 1964-1965.

1965
Jacques Lipchitz-Marc Chagall: die Bibel in Kunst und Archäologie, The Israel Museum, Jerusalem, 11. Mai - 28. Juni 1965.
Französische Malerei der Gegenwart, Museo, Rio de Janeiro, 1. Juni - 31. Juli 1965/Museo, Buenos Aires, 9. August - 20. September 1965/Museo, Montevideo, Oktober 1965/Museo, Santiago de Chile, November-Dezember 1965.

1966
Peggy Guggenheim, Stockholm, 1966-1967.

1967
Hommage à Marc Chagall. Werke von 1947 bis 1967, Fondation Maeght, Saint-Paul-de-

Vence, 1967.
Le Message biblique de Marc Chagall. Schenkung Marc und Valentine Chagall, Musée du Louvre, Galerie Mollien, Paris, 1967.
Chagall, Kunsthaus Zürich, Zürich, 6. Mai - 30. Juli 1967.
Chagall und das Theater, Musée des Augustins, Toulouse, 15. Juni - 15. September 1967.
Marc Chagall: Werke aus sechs Jahrzehnten, Kunsthalle, Köln, 2. September - 31. Oktober 1967.

1968
Marc Chagall, Recent Paintings 1966-1968, Pierre Matisse Gallery, New York, November-Dezember 1968.
Acquisitions of the 1930s and 1940s, The Solomon R. Guggenheim Museum, New York, 11. April - 26. Mai 1968.

1969
Peggy Guggenheim, New York, 1969.
Hommage à Marc Chagall, Grand Palais, Paris, Dezember 1969 - März 1970.

1970
A la rencontre de Pierre Reverdy et ses amis: Picasso, Braque, Laurens, Gris, Léger, Matisse, Modigliani, Manolo, Gargallo, Derain, Chagall, Giacometti, Miró, Fondation Maeght, Saint Paul de Vence, 1970.
Chagall, l'Oeuvre gravé, Bibliothèque nationale, Paris, 1970.
Marc Chagall, Louisiana Museum of Art, Humlebaek, 21. März - 10. Mai 1970.
Eröffnungsausstellung, Galerie Kornfeld, Zürich, Dezember 1970 - Januar 1971.

1971
Hommage à Marc Chagall, Nationalmuseum für Moderne Kunst, Séoul, 21. August - 20. September 1971.

1972
Marc Chagall, Paintings and Gouaches, Pierre Matisse Gallery, New York, April - Mai 1972.
Marc Chagall, 35 œuvres exposées, Galerie Maeght, Paris, Mai 1972.
Marc Chagall, Mücsarnok, Budapest, 14. Oktober - 5. November 1972.
Marc Chagall, Gouachen und Lavis 1947 bis heute, Nationalgalerie Berlin, Berlin, 17. November 1972 - 22. Januar 1973.

1973
La Grande Époque de Montparnasse, Palais des Beaux-Arts, Charleroi, 18. Januar - 20. Februar 1973.
Hommage à Tériade, Grand Palais, Paris, 16. Mai - 3. September 1973.

1974
Marc Chagall, maquettes et esquisses pour l'Oeuvre monumental, Musée national Message biblique Marc Chagall, Nizza, Juli - September 1974.
Peggy Guggenheim, Paris, 1974-1975.

1975
Die Sammlung im Obersteg, Kunstmuseum Bern, Bern, 25. Juni - 14. September 1975.
Moderne Kunst aus der Sammlung Thyssen-Bornemisza, Kunsthalle Bern, Bern, 1975.
Marc Chagall, Work on Paper: Selected Masterpieces, The Solomon R. Guggenheim Museum, New York, 8. Juni - 28. September 1975/Washington D. C., 1975.
Hommage à Tériade, Diploma Galleries, Royal Academy of Arts, London, 9. August - 12. Oktober 1975.
Hommage à Marc Chagall, Fondation Anne et Albert Prouvost, Septentrion, Marcq-en-Baroeul, 2. Oktober - 15. Dezember 1975.
Peggy Guggenheim, Turin, 1975-1976.

1976
The Guggenheim Museum Collection: Paintings 1880-1945, The Solomon R. Guggenheim Museum, New York, 8. Juni - 28. September 1976.
Art en Europe de 1920 à 1969, une confrontation, Centre culturel Bourgmestre Spinoy, Moulines, 1976.
Marc Chagall, National Museum of Modern Art, Tokyo, 21. August-23. September 1976/ Kyoto Municipal Museum of Art, Kyoto, 26. September - 21. Oktober 1976/Prefectoral Museum of Aichi, Nagoya, 7. - 11. November 1976/Kumamoto Prefectural Museum of Art, Kumamoto, 20. November - 26. Dezember 1976.
The Origin of the 20th Century in the Collection Thyssen-Bornemisza, Seibu Museum of Art, Tokyo, 1976/Hyogo Prefectoral Museum, Kobe, 1976/Fukuoka Kitakyushu Municipal Museum, 1976.
Marc Chagall, Graphik, Kupferstichkabinett, Staatliche Kunstsammlungen Dresden, Dresden, 11. September - 14. November 1976/Kupferstichkabinett der Staatlichen Museen zu Berlin, Berlin, 1. Dezember 1976 - 30. Januar 1977.
European Art from the Solomon R. Guggenheim Museum, Wake Forest University Art Gallery, Winston-Salem, North Carolina, 19. Oktober 1976 - 20. Mai 1977.

1977
Chagall, Schwarz-Weiß, Lavis aus den Jahren 1976-1977, Galerie Rosengart, Luzern, 1977.
Peggy Guggenheim, Venedig-New York, Rom, 1977.
Marc Chagall: a Celebration (part one : from 1911 to 1939; part two: the '60s and '70s), Pierre Matisse Gallery, New York, 17. Mai - 11. Juni 1977.
Marc Chagall. Peintures bibliques récentes 1966-1976, Musée national Message biblique Marc Chagall, Nizza, 7. Juli - 26. September 1977.
Werke aus der Sammlung Costakis. Russische Avantgarde 1910-1930, Kunstmuseum Düsseldorf, Düsseldorf, 16. September - 31. Oktober 1977.
La Collection Thyssen-Bornemisza. Tableaux modernes, Musée d'Ixelles, Brüssel, 1977.
L'Art moderne dans les musées de province, Grand Palais, Paris, 1977-1978.
A Tribute to Chagall, Tel Aviv Museum of Art, Tel Aviv, November 1977 - Januar 1978.
Marc Chagall. Peintures récentes 1967-1977, Musée du Louvre, Pavillon de Flore, 17. Oktober 1977 - 2. Januar 1978.

1978
La Ruche-L'École de Paris à Montparnasse 1910-1930, Japan, 1978.
Marc Chagall a Palazzo Pitti, Dipinti 1967-1977, Palazzo Pitti, Florenz, 5. Juni - 30. September 1978.
Marc Chagall, Ausgewählte Graphik, Haus der Kunst, München, 5. August - 15. Oktober 1978.
School of Paris: The Solomon R. Guggenheim Museum Collection, The Solomon R. Guggenheim Museum, New York, 7. Juli - 1. Oktober 1978.
La Collection Thyssen-Bornemisza. Tableaux modernes, Musée d'Art moderne de la Ville de Paris, Paris, 21. Februar - 20. Mai 1978.

1979
Marc Chagall, Paintings and Temperas 1975-1978, Pierre Matisse Gallery, New York 1979.
Paris/Moscou: 1900-1930, Centre Georges Pompidou, Musée national d'Art moderne, Paris, 1979.

1980
Marc Chagall, Paintings, Harcourts Gallery, San Francisco, 7. Mai - 7. Juli 1980.
1900-1980 : from The Solomon R. Guggenheim Museum Collection, The Solomon R. Guggenheim Museum, New York, 23. Mai - 2. November 1980.
Marc Chagall im Kunsthaus Zürich, Kunsthaus Zürich, Zürich, 1980.
1981
Moskau/Paris: 1900-1930, Puschkin Museum, Moskau, 3. Juni - 4. Oktober 1981.
Chagall, 4 Bücher, Eremitage, Leningrad, Dezember 1981.
Marc Chagall, Galerie Maeght, Zürich, 1981.
La Ruche et Montparnasse, Musée Jacquemart-André, Paris, 1981.
Paris/Paris, Centre Georges Pompidou, Musée national d'Art moderne, Paris, 26. September - 2. November 1981.
Chagall, Le Cirque, Paintings 1969-1980, Pierre Matisse Gallery, New York, 12. Mai - 6. Juni 1981.
Marc Chagall. Dessins et gravures pour André Malraux, maison de la Culture de Bourges, Bourges, 12. Dezember 1981 - 24. Januar 1982.

1982
Masters of Modern Art, Tel Aviv Museum of Art, Tel Aviv, Mai - September 1982.
Guggenheim Venezia-New York : Sessante Opere, 1930-1950, Pinacoteca Capitolina, Rom, 23. Januar - 28. März 1982.
Aftermath : France 1945-1954, Barbican Art Gallery, London, März - Juni 1982.
Marc Chagall, Moderna Museet, Stockholm, 25. September - 5. Dezember 1982/Louisiana Museum of Art, Humlebaek, 22. Januar - 4. April 1983.
60 Works : The Peggy Guggenheim Collection, The Solomon R. Guggenheim Museum, New York, 23. Januar 1982 - 28. März 1983.

1983
20th Century Masters. The Thyssen-Bornemisza Collection, The Metropolitan Museum of Art, New York, 1983-1984/Phoenix Art Museum, Phoenix, Arizona, 1983-1984.

1984
Modern Masters from the Thyssen-Bornemisza Collection, The National Museum of Modern Art, Tokyo, 1984/Kumamoto Prefectural Museum of Art, Kumamoto, 1984/Royal Academy of Arts, London, 1984-1985/Germanisches Nationalmuseum, Nürnberg, 1985/Städtische Kunsthalle, Düsseldorf, 1985/Palazzo Pitti, Florenz, 1985/Musée d'Art moderne de la Ville de Paris, Paris, 1985-1986/Biblioteca Nacional, Salas Pablo Ruiz Picasso, Madrid, 1986/Palacio de la Virreina, Barcelona, 1986.
The Moderns, Art Gallery of New South Wales, Sydney, 7. Februar - 24. März 1984.
Marc Chagall : rétrospective de l'œuvre peint, Fondation Maeght, Saint-Paul-de-Vence, 7. Juli - 15. Oktober 1984.
Marc Chagall, œuvres sur papier, Centre Georges Pompidou, Musée national d'Art moderne, Paris, 30. Juni - 8. Oktober 1984/Musei Capitolini, Rom, 6. November 1984 - 13. Januar 1985, Kestner-Gesellschaft, Hannover, 1. Februar - 8. April 1985/Kunsthaus Zürich, Zürich, 27. September - 1. Dezember 1985.
Marc Chagall, Galerie Beyeler, Basel, November 1984 - Februar 1985.

1985
Marc Chagall, Work on Paper, Center for the Fine Arts, Miami, 29. Juni - 8. September 1985, The Art Institute of Chicago, Chicago, 3. Oktober - 1. Dezember 1985.
Chagall, Royal Academy of Arts, London, 11. Januar - 31. März 1985/Philadelphia Museum of Arts, Philadelphia, 12. Mai - 7. Juli 1985.
Marc Chagall, Druckgraphik, Westfälisches Landesmuseum für Kunst und Kulturgeschichte Münster, Münster, 8. September - 10. November 1985, Mittelrheinisches Landesmuseum Mainz, Mainz, 30. November 1985 - 19. Januar 1986.

1986
Chagall, una mistenosa quarta o quinta dimensione, chiesa di San Stae, Venedig, 1986.
Pioniere der Abstrakten Kunst aus der Sammlung Thyssen-Bornemisza, Galerie Gmurzynska, Köln, 1986.
Venezia-Europa-Regione Veneto, 12. September - 5. November 1986.
Marc Chagall, Konsthall, Malmö, 14. Juni - 17. August 1986.
One Hundred Works on Paper from the Collection of The Israel Museum, The Israel Museum, Jerusalem, 1986.
The Expressive Figure from Rousseau to Bacon : European Art in the Solomon R. Guggenheim Museum Collection, The Solomon R. Guggenheim Museum, New York, 18. Juli - 21. September 1986.

1987
Weltausstellung von 1937. Die Axt hat geblüht, Städtische Kunsthalle, Düsseldorf, 1987.
Marc Chagall zum 100. Geburtstag: Öffentliche und private Sammlungen aus Frankreich und der Sowietunion, Puschkin Museum, Moskau, 1987.
Marc Chagall zum 100. Geburtstag, Gouachen und Aquarelle, Stadthalle Balingen, Balingen, 1987.
Marc Chagall, l'œuvre gravé, Musée national Message biblique Marc Chagall, Nizza, 4. Juli - 5. Oktober 1987.
Chagall and the Bible, The Jewish Museum, New York, Mai - August 1987.
Tradition and Revolution; The Jewish Renaissance in Russian Avant-Garde Art, 1912-1928, The Israel Museum, Jerusalem, Juni 1987.
Marc Chagall 100th Anniversary of his Birth. The Marcus Diener Collection, The Tel Aviv Museum, Tel Aviv, 1987.
50 Years of Collecting: An Anniversary Selection, The Solomon R. Guggenheim Museum, New York, 13. November 1987 - 13. März 1988.

1988
I and the Village : Early Works by Marc Chagall, The Jewish Community Museum, San Francisco, 11. Januar - 30. März 1988.
La Dation Chagall, Centre Georges Pompidou, Musée national d'Art moderne, Paris, 29. März - 30. Mai 1988.
Marc Chagall, Listasafn Islands, Rejkjavik, 4. Juni - 14. August 1988.
Marc Chagall, 147 œuvres de la dation,

Musée national Message biblique Marc Chagall, Nizza, 2. Juli - 3. Oktober 1988.
Wege zur Abstraktion, 80 Meisterwerke aus der Sammlung Thyssen-Bornemisza, Villa Vauban, Luxembourg, 1988/Haus der Kunst, München, 1988-1989/Museum des 20. Jahrhunderts, Wien, 1989.
Marc Chagall. Oeuvres des collections du musée national d'Art moderne, Centre Georges Pompidou, Paris, Musée des beaux-arts de Montréal, Montreal, 28. Oktober 1988 - 26. Februar 1989.
Monet to Matisse, Modern Masters from Swiss Private Collections, The Israel Museum, Jerusalem, Oktober 1988 - Januar 1989.
Französische Kunst des 19. Jahrhunderts aus dem Museum der Bildenden Künste Budapest : Gemälde, Aquarelle, Zeichnungen, Kunsthalle Bern, Bern, 2. Oktober 1988 - 8. Januar 1989/Neue Pinakothek, München, 20. Januar - 5. März 1989.
Modern Treasures from The Solomon R. Guggenheim Foundation, Narodni Galerie, Prag, 1. November 1988 - 1. Januar 1989, Nationalgalerie, Berlin, 19. Januar - 19. März 1989.

1989
Birth and Life of Modernity, National Gallery of Art, New Delhi, 6. Februar - 5. März 1989.
Von Goya bis Tinguely. Aquarelle und Zeichnungen aus einer Privatsammlung, Kunstmuseum Bern, Bern, 10. März - 21. Mai 1989.
Chagall. De collectie Marcus Diener/The Collection Marcus Diener, De Beyerd, Breda, 30. April - 26. Juni 1989.
Marc Chagall, 112 obras de la dacion, Museo Nacional de Bellas Artes, Buenos Aires, 23. Juni - 13. August 1989.
Selection from the Permanent Collection, The Solomon R. Guggenheim Museum, New York, 26. Mai - 3. September 1989.
The Expressive Figure from Rousseau to Bacon, The Solomon R. Guggenheim Museum, New York, 18. Juli - 21. September 1989.
Marc Chagall : peintures, sculptures, temperas, Oeuvres sur papier, Galerie Enrico Navarra, Paris, 1989.
Chagall, Museo Nacional de Artes Visuales, Montevideo, September-Oktober 1989.
20th Century Modern Masters. The Jacques and Natasha Gelman Collection, The Metropolitan Museum of Art, New York, 1989/Royal Academy of Arts, London, 1990.
Die Chagalls von Chagall, Hokkaido Museum of Modern Art, Sapporo, 30. September - 26. Oktober 1989/Setagaya Museum, Tokyo, 3. November - 20. Dezember 1990/Hyogo Prefectural Museum of Modern Art, Kobe, 5. Januar - 12. Februar 1990.
Chagall, Museum of Modern Art of Bumkamura, Tokyo, 13. Oktober-26. November 1989/Kasama Nichido Museum, Ibaraki, 2. Dezember 1989 - 21. Januar 1990/Nagoya City Art Museum, Nagoya, 27. Januar - 11. März 1990.
Marc Chagall, Die Bibel, Gouachen, Aquarelle, Pastelle und Zeichnungen aus dem Nachlaß des Künstlers, Bundeskanzleramt Bonn, Bonn, 15. November 1989 - 12. Januar 1990/Landesmuseum Mainz, Mainz, 4. Februar - 22. April 1990.

1990
Da Kandinsky a Chagall, aspetti delle avanguardie storiche del 1900 della Galleria d'Arte Moderna di ca'Pesaro, Mestre, 1990.
Collection du C.A.G., Centre Georges Pompidou, Musée national d'Art moderne, Paris, 20. März - 24. Juni 1990.
Chagall. La Dation arven efter Marc Chagall, Louisiana Museum of Art, Humlebaek, 21. März - 5. Juni 1990.
Mein Leben-Mein Traum, Berlin und Paris, 1922-1940, Wilhelm-Hack-Museum, Ludwigshafen, 7. April - 3. Juni 1990.
From Van Gogh to Picasso, from Kandinsky to Pollock: Masterpieces of Modern Art, Palazzo Grassi, Venedig, 9. September - 9. Dezember 1990.
Capolavori della Collezione Thyssen-Bornemisza, Da V. Van Gogh a P. Klee, Palazzo Ruspoli, Rom, 1990-1991.
Twentieth Century European Paintings from The Solomon R. Guggenheim Museum: Collection Sharing Program, The Museum of Modern Art, Saint-Petersbourg, Florida, 23. September 1990 - 31. August 1991.
Jewish Experience in the Art of the 20th Century, Barbican Art Gallery, London, 10. Oktober 1990 - 6. Januar 1991.

1991
*Marc Chagall. Chagall en Russie,*Fondation Pierre Gianadda, Martigny, 1. März - 9. Juni 1991.
Marc Chagall, Kunsthalle der Hypo-Kulturstiftung München, München, 23. März - 30. Juni 1991.
Marc Chagall. Die russischen Jahre 1906-1922, Schirn Kunsthalle Frankfurt, Frankfurt am Main, 16. Juni - 8. September 1991.
Marc Chagall. Die Sammlung Marcus Diener, Salzburger Landessammlungen Rupertinum, Salzburg, 5. April - 17. Mai 1991/Kulturhaus der Stadt Graz, Graz, 1991.
Die russische Avantgarde und die Bühne 1890-1930. Ausgewählt aus der Sammlung Lobanow-Rostowsky von Nikita Lobanow, Schleswig-Holsteinisches Landesmuseum, Schloß Gottorf, Schleswig, 10. März - 16. Juni 1991/Landesmuseum, Wiesbaden, 4. August - 17. November 1991/Saarland Museum, Saarbrücken, 1. Dezember 1991 - 11. Januar 1992/Kunsthalle, Tübingen, 18. Januar - 15. März 1992.
Entartete Kunst : das Schicksal der Avantgarde im Nazi-Deutschland, Los Angeles County Museum, Los Angeles, 17. Februar - 12. Mai 1991/The Art Institute of Chicago, Chicago, 22. Juni - 8. September 1991/International Gallery, Smithsonian Institution, Washington, 8. Oktober 1991 - 12. Januar 1992/Altes Museum, Berlin, 4. März - 31. Mai 1992.
Chagall en nuestro siglo, Centro Cultural Arte Contemporaneo, Mexico, Oktober 1991 - Januar 1992.

1992
Die Toten Seelen, Galerie Welz, Salzburg, April 1992/Ernst Barlach Museum, Wedel, November 1992 - Januar 1993.
Marc Chagall et les Fables *de La Fontaine*, Musée du pays de Sarrebourg, 15. Mai - 15. Juli 1992.
Chagalls Zeichnungen in den Sammlungen, Puschkin Museum, Moskau, 1992.
Die Gemälde aus dem Jüdischen Theater, Galerie Tretiakov, Moskau, 1992/Museum für russische Kunst, St. Petersburg, 1992.
Marc Chagall and the Jewish Theater, The Solomon R. Guggenheim Museum, New York Soho, 23. September 1992 - 17. Januar 1993/The Art Institute of Chicago, Chicago, 30. Januar - 7. Mai 1993.
Marc Chagall, Odakyu Museum, Tokyo, 21. Oktober - 15. November 1992/Städtisches Kunstmuseum, Himeji, 21. November - 23. Dezember 1992, Tsu, 5. Januar - 14. Februar 1993/Kunstmuseum

der Präfektur, Yamaguchi,
4. März - 11. April 1993.
Marc Chagall, 1908-1985, Palazzo dei Diamanti, Ferrara, 20. September 1992 - 3. Januar 1993.

1993
Marc Chagall, gli anni russi 1908-1922, Museo Mediceo, Palazzo Medici-Ricardi, Florenz, 9. Januar - 21. Februar 1993.
Marc Chagall, Witebsk, St. Petersburg, Paris, Galerie Gérald Piltzer, Paris, 5. März - 8. Mai 1993.
Chagall, Atheneum, Helsinki, 1993.
Chagall : Dreams and Drama, Early Russian Works and Murals for the Jewish Theater, The Israel Museum, Jerusalem, Oktober 1993 - Januar 1994.
Marc Chagall, Enrico Navarra Gallery-Representative Office, Tokyo, 1993/Ho-Am Art Gallery, Seoul, 1993/Taiwan, 1993/Chinesischer Kunstpalast, Peking, 1994/Kunstmuseum Hongkong, Hongkong, 1994.
Marc Chagall 1887-1985, 80 signierte Graphiken, Galerie Orangerie-Reinz, Köln, 3. Dezember 1993 - 25. Januar 1994.
Izis fotografeert/Photographs Chagall, Joods Historisch Museum, Amsterdam, 10. Dezember 1993 - 10. April 1994.

1994
Marc Chagall, 1887-1985, Neue Galerie der Stadt Linz, Linz, 10. März - 5. Juni 1994.
Chagall. Bilder, Träume, Theater 1908-1920, Jüdisches Museum der Stadt Wien, Wien, 10. März - 12. Juni 1994.
Marc Chagall. Träume und Dramen, Schleswig-Holsteinisches Landesmuseum, Schloß Gottorf, Schleswig, 26. Juni - 11. September 1994.
Il disegno del nostro secolo ; da Klimt a Wols, Fondazione Antonio Mazzotta, Mailand, 11. April - 10. Juli 1994.
De Matisse à Picasso : collection Jacques et Natasha Gelman, Fondation Pierre Gianadda, Martigny, 18. Juni - 1. November 1994.
Marc Chagall, les années méditerranéennes 1949-1985, Musée national Message biblique Marc Chagall, Nizza und Fondation Émile Hugues, Vence, 2. Juli - 30. Oktober 1994.
Chagall méditerranéen, Fondation Basil & Élise Goulandris, Andros, 26. Juni - 18. September 1994.
Marc Chagall, Druckgraphik, Saarland Museum Saarbrücken, Stiftung Saarländischer Kulturbesitz, 11. September - 13. November 1994.
Marc Chagall e il suo mondo tra Vitebsk e Parigi, Castello Svevo, Bari, 30. September - 20. November 1994/Palazzo Ducale, Genova, 1. Dezember 1994 - 20. Januar 1995.
Marc Chagall, il Teatro dei sogni, Fondazione Antonio Mazzotta, Mailand, 24. September 1994 - 5. März 1995.

1995
Chagall, les années russes, Musée d'Art moderne de la Ville de Paris, Paris, 12. April - 17. September 1995.

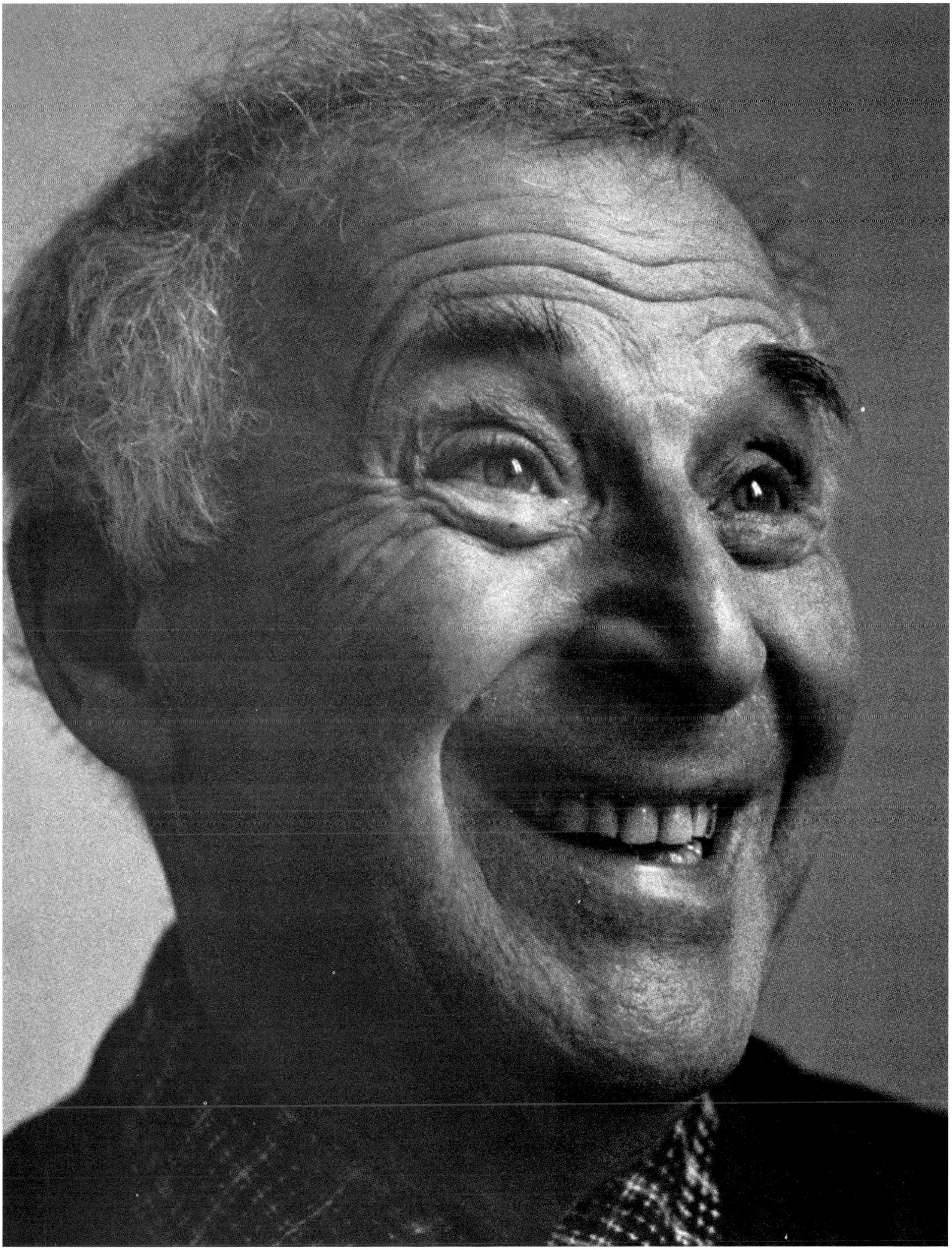

INDEX

Printed in France

€ 7,-

(2)